海外中国研究丛书

刘东 主编

[美] 陆束屏 编著/翻译

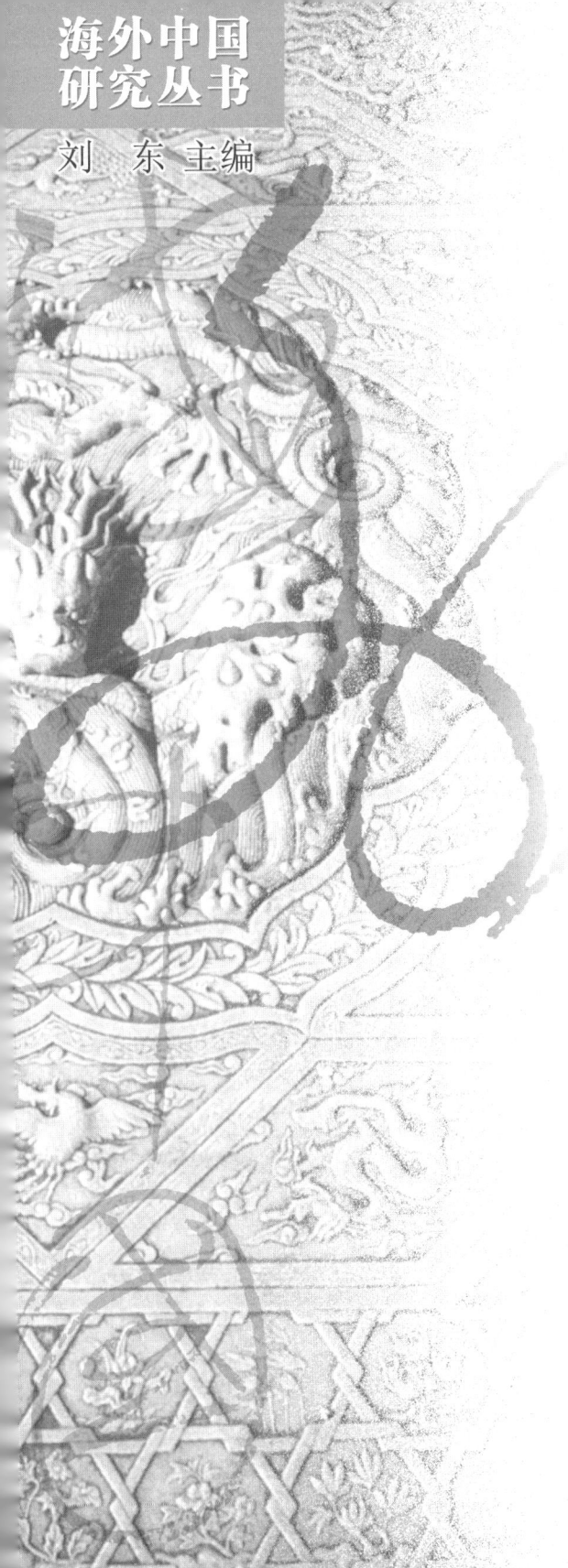

忍辱负重的使命

A MISSION UNDER DURESS

美国外交官记载的南京大屠杀与劫后的社会状况

The Nanjing Massacre and Post-Massacre Social Conditions Documented by American Diplomats

江苏人民出版社

图书在版编目(CIP)数据

忍辱负重的使命:美国外交官记载的南京大屠杀与劫后的社会状况/(美)陆束屏编著.翻译.—南京:江苏人民出版社,2018.12(2021.12重印)

(海外中国研究丛书/刘东主编)

书名原文:The Nanjing Massacre and Post-Massacre Social Conditions Documented by American Diplomats

ISBN 978-7-214-22973-1

Ⅰ.①忍… Ⅱ.①陆… Ⅲ.①南京大屠杀-史料 Ⅳ.①K265.606

中国版本图书馆 CIP 数据核字(2018)第 271667 号

AN MISSION UNDER DURESS: The Nanjing Massacre and Post—Massacre Social Conditions Documented by American Diplomats by Suping Lu
Copyright © 2002 Rowman & Littlefield Publishing House. All rights reserved.
This edition was published by agreement with Rowman & Littlefield Publishing Group through the Chinese Connection Agency, a division of The Yao Enterprises, LLC.
Simplified Chinese edition copyright © 2018 by Jiangsu People's Publishing House. All rights reserved.
江苏省版权局著作权合同登记:图字 10-2016-512

书　　名	忍辱负重的使命:美国外交官记载的南京大屠杀与劫后的社会状况
编　　著	[美]陆束屏
译　　者	[美]陆束屏
责任编辑	卞清波　康海源
特约编辑	李　旭
装帧设计	陈　婕
责任监制	王　娟
出版发行	江苏人民出版社
地　　址	南京市湖南路 1 号 A 楼,邮编:210009
照　　排	江苏凤凰制版有限公司
印　　刷	江苏凤凰通达印刷有限公司
开　　本	652 毫米×960 毫米　1/16
印　　张	32.25　插页 4
字　　数	428 千字
版　　次	2018 年 12 月第 1 版
印　　次	2021 年 12 月第 2 次印刷
标准书号	ISBN 978-7-214-22973-1
定　　价	96.00 元

(江苏人民出版社图书凡印装错误可向承印厂调换)

序"海外中国研究丛书"

中国曾经遗忘过世界,但世界却并未因此而遗忘中国。令人嗟讶的是,20世纪60年代以后,就在中国越来越闭锁的同时,世界各国的中国研究却得到了越来越富于成果的发展。而到了中国门户重开的今天,这种发展就把国内学界逼到了如此的窘境:我们不仅必须放眼海外去认识世界,还必须放眼海外来重新认识中国;不仅必须向国内读者迻译海外的西学,还必须向他们系统地介绍海外的中学。

这个系列不可避免地会加深我们150年以来一直怀有的危机感和失落感,因为单是它的学术水准也足以提醒我们,中国文明在现时代所面对的绝不再是某个粗蛮不文的、很快就将被自己同化的、马背上的战胜者,而是一个高度发展了的、必将对自己的根本价值取向大大触动的文明。可正因为这样,借别人的眼光去获得自知之明,又正是摆在我们面前的紧迫历史使命,因为只要不跳出自家的文化圈子去透过强烈的反差反观自身,中华文明就找不到进入其现代形态的入口。

  当然,既是本着这样的目的,我们就不能只从各家学说中筛选那些我们可以或者乐于接受的东西,否则我们的"筛子"本身就可能使读者失去选择、挑剔和批判的广阔天地。我们的译介毕竟还只是初步的尝试,而我们所努力去做的,毕竟也只是和读者一起去反复思索这些奉献给大家的东西。

刘　东

目 录

序 *1*

前言 *1*

1. 初抵遭蹂躏的南京 *1*
2. 着手调查日军暴行 *46*
3. 日本兵殴打爱利生 *145*
4. 日军损毁美国财产 *184*
5. 维新政府正式成立 *321*
6. 日本商人涌入南京 *353*
7. 汤姆森遭殴打事件 *379*
8. 索赔美国公民损失 *400*

序

　　笔者十多年前在搜寻南京大屠杀期间英美人士目击证词的初始阶段,获得了一些由美国驻南京大使馆三等秘书约翰·摩尔·爱利生(John Moore Allison)1938年初从南京发给美国国务院与美国驻中国其他使领馆的外交电报。这些电报从美国外交官的视角,对惨绝人寰的屠杀以及恐怖笼罩的氛围、荒凉的城市、平民百姓遭受的苦难这些劫后南京社会的状况作了独特的描述。而令笔者印象尤深的是爱利生在中国往昔的首都所肩负的艰巨使命,以及他和领事小组的成员与日本同行以及日军当局所进行的斗争。

　　由于爱利生的电报大多数都是前后连贯有编号的,从自己所掌握的数量有限的电报来看,笔者意识到有一座外交文献资料的宝藏有待探索、挖掘。笔者非常感激美国国家档案馆的档案文献专家米尔顿·奥代尔·古斯塔夫逊(Milton Odell Gustafson),他指点迷津,提供了珍贵的线索,并引领笔者在美国国家档案馆的迷宫中踯躅穿行,去搜索、寻获爱利生留下的文件。没有他的帮助,这项任务是难以完成的,因为美国国家档案馆的文件是以主题而不是以文件的撰写者来分类的,而爱利生的电报涉及众多的主题、领域。

　　在位于马里兰州学院公园的美国国家第二档案馆内,笔者寻获了将近190份相关的电报、报告、备忘录和其他文件。在编辑过程中,明显的笔误、拼写错误,标点符号的误用,以及漏字、错别字,或者直接加以更正,或者加注说明。除此之外,笔者努力使文字内容尽可能地接近原文的风格以保持历史的原貌。

在这些文件中,提及了众多的人名、地名、机构和街道的名称。没有足够的信息资料,读者很难对这些文件有透彻的理解。在广泛深入研究的基础上,笔者做了必要的注释,加以解释,提供简略的个人生平与背景信息以帮助阅读,使读者能够更好地理解这些文件。

在二十世纪三十年代,中国现行的标准拼音系统汉语拼音,尚未面世。然而,韦氏音标系统(Wade Giles),以及它的诸多变体,还有陈旧的邮政系统的拼法如重庆(Chungking)、南京(Nanking)、北京(Peking),有时甚至随意信手拈来的拼音形式都被广泛使用。这不仅使还原中文的原文非常困难,而且也难以保持中文拼音的一致性。不幸的是,这些外交文件使用的人名、地名的拼音形式即是如此。虽然没有以汉语拼音的拼写方式来取代旧的拼音形式,但笔者只要能够准确地识别中文名称或短语的原文,便配以注释,除了其他内容外,提供其汉语拼音的拼写形式、汉字原文,以及电文中原有的拼音形式。就南京的拼写形式而论,在文件原文中保持了旧的邮政系统的拼法 Nanking。然而,编者在前言与注释中提及这座城市时则采用汉语拼音的拼法 Nanjing,不过在引文中仍然保留了 Nanking 的拼法。

同时,笔者借此机会感谢内布拉斯加大学林肯校园科研基金会,该基金会提供的科研经费使这本书的出版成为可能。这个研究项目也得到了各方人士的帮助,在此谨致以感激之情。正如我前面提到的,米尔顿·奥代尔·古斯塔夫逊提供了宝贵的建议,为追寻这些文件提供了协助。特别感谢朱莉·道安·麦克林(Julie Dawn Macklin)为前言的草稿提供意见和建议。还要感谢巴波·透纳(Barb Turner)协助将一部分原始文件转换成电子文件。

陆束屏
2010 年于美国内布拉斯加大学

前　言

一

1937年11月中旬日军攻占上海后,迅速向西推进,追击溃退的中国军队,向中国首都南京进军。中国军队未能在上海以西进行任何有效的抵抗。日军包围南京城后,于1937年12月10日发起总攻。3天后,南京陷落。随着城市被攻占而来的是大肆集体屠杀放下武器的中国军人与平民,到处强奸妇女,四处掳掠,大规模地焚烧。放纵的日本兵对城市及其居民犯下了暴行。根据1948年远东国际军事法庭的判决:

> 日后所作的估计显示,在日本人攻占后最初的六周,南京及其附近被杀害的平民与战俘的总数超过20万。殡葬团体和其他组织统计他们掩埋了15万5千多具尸体,这一事实证实这些估计并不夸张。他们还报告说,大多数尸体的双手被绑在身后。这些数字并不包括那些被日本人焚毁,或扔进扬子江,或以其他方式处理的尸体。①

---

① R. John Pritchard and Sonia Magbanua Zaide (罗勃特·约翰·普理查德、苏妮娅·马格巴努亚·扎伊德), *The Tokyo War Crimes Trial*, Vol. XX, *Judgment and* Annexes(东京战犯审判,第20卷,判决书与附录),纽约:加兰出版社1981年版,第49608页。

法庭的判决书陈述了强奸妇女的情况：

> 有很多强奸案。处死是稍有不从的受害者或者试图对其加以保护的家人经常遭受的惩罚。全城各处，甚至稚嫩女孩与老年妇女也被大批强奸，很多强奸案中还伴随着变态的施虐行为。很多女性在遭受凌辱之后被杀害，肢体支离破碎。日军占领之后最初的一个月内在城内大约发生了2万多起强奸案。①

除了残暴地对待中国人以外，日军不加区别地闯入、洗劫、掳掠外国财产，侵犯外国利益。在日本发动最后的总攻之前，所有的外国外交官都已撤离。然而，仍有少数西方籍公民，包括14名美国人，在城市遭围困与大屠杀期间一直留在城内。在致力于为安全区内的中国难民提供食物和房屋，以及保护难民免遭日军迫害的同时，留下来的美国居民也尽其所能地试图保护美国财产。然而，他们的努力在全副武装的日本兵面前显得苍白无力。因此，虽然他们多次向日本当局提出抗议，但无济于事。城里的14名美国人联合要求美国外交官回城，希望他们能对美国的财产和利益提供有效而充分的保护。随着市政系统的崩溃，电话、电报和邮政服务不复存在，向美国驻上海总领事馆发送任何信息的唯一途径是向日本当局寻求协助，通过他们的军用无线电设备发送电报。美国人两次提出发送电报的请求，但是日本人一直没有将电报发出去。

与此同时，美国国务院指示，一旦局势明朗，美国外交官将返回南京。日本人攻占南京两周后，美国军舰瓦胡号搭载着3人美国领事小组，于1937年12月28日从上海启程，前往位于南京上游约20英里的安徽和县，打捞在南京遭围困之际于1937年12月12日被日军飞机炸沉的美舰巴纳号。在协助打捞作业，特别是将美国驻南京大使馆的财物从巴纳号的保险柜中打捞上来后，领事小组将在南京登岸，重开大使馆。

---

① R. John Pritchard and Sonia Magbanua Zaide（罗勃特·约翰·普理查德、苏妮娅·马格巴努亚·扎伊德），*The Tokyo War Crimes Trial*，Vol. XX，*Judgment and* Annexes（东京战犯审判，第20卷，判决书与附录），纽约：加兰出版社1981年版，第49605—49606页。

美舰瓦胡号于1937年12月31日下午2时30分驶抵南京水域。观察到江边一带呈现出一片惨败混乱的景象,听到步枪的射击声,在城内各处见到小火在燃烧。① 停泊在南京旁边的英国军舰蜜蜂号船长告知美国官员:"〔日军〕仍不允许外国人在南京登岸,根据日军司令官代表的说法,1月5日之前不允许任何人上岸。他们所给的理由是,'扫荡'行动仍在进行中,还不安全。"② 随后,瓦胡号在次日早晨驶往巴纳号沉船地点。

到1938年1月4日,在已将所有可能从巴纳号找到的东西打捞上来以后,美国外交官仍然没有获准在南京登岸。③ 然后,瓦胡号于1月5日驶往上游,前往距离南京约50英里的城市芜湖,运送医疗用品给芜湖总医院,并查看美国居民和财产的情况。他们从留下的美国传教士那儿获悉,"日军占领最初的一个星期里'残酷对待并屠杀平民,肆无忌惮地掳掠破坏'城内的私人财产。外国人的人身能受到尊重,但无人看管的财产一般均遭偷盗。"④

美国官员最终在1938年1月6日上午11时获准在南京登岸。他们"受到非常合作的日本领事、海军和陆军代表的接待",⑤ 不过他们对日本官员的印象很快就会改变。

二

美国领事小组以三等秘书约翰·摩尔·爱利生(John Moore Allison)为首,副领事詹姆斯·爱斯比与编码职员小阿契包德·亚历山大·

---

① 约翰·M.爱利生,1937年12月31日晚6时发未编号电报,原件藏美国国家档案馆,59档案组国务院档案,微缩胶卷M976组,48卷。
② 同上。
③ 约翰·M.爱利生:《来自草原的大使》,波士顿:豪顿·米弗林(Houghton Mifflin)出版公司1973年版,第34页。
④ 约翰·M.爱利生,1938年1月5日下午4时发4号电报,原件藏美国国家档案馆,59档案组国务院档案,微缩胶卷M976组,48卷。
⑤ 约翰·M.爱利生,1938年1月6日下午5时发7号电报,原件藏美国国家档案馆,59档案组国务院档案,1795盒。

3

麦克法瑾为他的工作人员。

约翰·摩尔·爱利生(1905—1978)1905年4月7日在堪萨斯州的小镇霍顿(Holton)出生,是奥斯卡·约翰·爱利生(Oscar John Allison)与安妮·B.摩尔·爱利生(Annie B. Moore Allison)的独生子。他的父亲从事火炉经销、维修的生意,在他年幼时便举家迁往内布拉斯加州的首府林肯市(Lincoln)。爱利生在林肯长大、就学,1922年从林肯高级中学毕业后进入内布拉斯加大学,主修政治学,辅修英文。在他读大学二年级时结识了亚瑟·约金森(Arthur Jorgensen)。约金森多年前毕业于内布拉斯加大学,曾在日本的基督教青年会工作了15年。此时,他回到母校主持内布拉斯加大学基督教青年会的工作。与约金森的交往对爱利生往后的生活道路产生了深远的影响。许多年以后,爱利生在他的回忆录里写道:"出于某种原因,我一直向往能够去亚洲,而不是欧洲。"①在约金森的影响下,爱利生决定去日本教英文。1927年6月大学毕业后,爱利生在基督教青年会的推荐安排下前往日本教书。

爱利生在日本待了两年,先在神奈川县的小田原(Odawara)中学、厚木(Atsugi)中学两所学校教英文,以后于1928年4月在位于京都舞鹤地区的日本海军机关学校(Naval Engineer Officer's Academy)教英语。一个偶然的机会,爱利生在火车上和一位美国商人相遇。闲谈之余,这位商人介绍爱利生去上海工作。于是,爱利生在1929年6月成为美国通用汽车公司上海分公司的推销经理。在上海,爱利生结识了不少朋友,其中有年轻的记者埃德加·斯诺(Edgar Snow)、同情中国革命的爱格妮丝·史沫特莱(Agnes Smedly),还有一位来自内布拉斯加州奥马哈(Omaha)的老乡亚瑟·雷渥特(Arthur Ringwalt)。雷渥特当时在美国驻上海总领事馆任副领事。

二十世纪二十年代末并不是个从商的好年头。大萧条的到来断送了无数人从商谋生的前程。眼看着爱利生就要失业的时候,老乡雷渥特

---

① 约翰·M.爱利生:《来自草原的大使》,第1页。

在1930年4月把爱利生介绍进了上海总领事馆,在商务处做个职员,由此,开始了他的外交生涯。1930年10月正式通过美国国务院的外交人员资格考试之后,他晋升为副领事,被派往驻日本神户领事馆工作。为了更好地学习掌握日语,他在1932年2月到驻东京大使馆参加为期两年的强化学习日本语言、历史和文化的训练班,大大提高了他的日语能力。其间,他于1932年圣诞节为埃德加·斯诺与海伦·福斯特(Helen Folster)在东京操办婚礼。爱利生本人做伴郎,并说服在东京一所美国学校教授法语的玛丽·简妮特·布鲁克斯(Marie Jeanette Brooks)做伴娘。6个月后的1933年6月,爱利生又成功地说服帮忙做伴娘的布鲁克斯小姐做自己的新娘,不过,这段婚姻最后以离异而告终。

1935年11月,爱利生晋升为领事,被派往驻大连领事馆,1936年7月又奉调至驻济南领事馆。爱利生在日本生活了6年,在中国一直被安排在与日本人打交道的岗位上,1937年9月,当日军逼近黄河,离济南城只有4英里之际,他奉命关闭领事馆,撤往南京。此时,爱利生晋升为三等秘书,在南京待到11月,但日本人并没有越过黄河进入济南,许多离开这座城市的美国人也开始返回。美国驻华大使纳尔逊·杜鲁斯勒·约翰逊(Nelson Trusler Johnson)批准他返回济南。①

然而,爱利生抵达济南仅几天,形势骤变。很明显,日本人将渡过黄河,进攻济南已迫在眉睫。爱利生接到国务院的指示,要他经青岛、上海、撤往南京。他在感恩节前抵达上海,当时南京周围的局势随着日军向中国首都逼近而变得紧张起来。驻上海总领事克莱伦斯·爱德华·高思(Clarence Edward Gauss)认为,爱利生在这种情况下去南京是不明智的。他给华盛顿发电报请示。美国国务院建议:"爱利生应该留在上海,直至局势明朗。"②

日军攻占南京15天后,战事稍平,爱利生就率领美国领事小组于

---

① 约翰·M.爱利生:《来自草原的大使》,第14—30页。
② 同上,第31—32页。

1937年12月28日踏上了前往南京的征程,并于1938年1月6日获准进入南京,重开美国驻南京大使馆。甫抵南京,爱利生丝毫没有想到自己会在美日之间的外交纠纷中扮演重要的角色,也不知道他的名字将载入史册,后来成为"爱利生事件"的关键人物。他在南京工作的7个多月里,做出了非常出色的成绩,也给后人留下大量涉及南京大屠杀期间以及之后南京状况的珍贵记录。

爱利生1938年8月10日离开南京,回国休假。途中,在日本将1937年8月便从济南撤往东京的妻子简妮特接上船。夫妇俩回到内布拉斯加,和他的双亲久别重逢的喜悦自不待言。1938年底,爱利生奉调到驻日本大阪总领事馆。

珍珠港事件爆发后,他和美国驻日本大使约瑟夫·克拉克·格鲁(Joseph Clark Grew)以及其他在日本的美国外交官一道被日方羁押了6个月,直至1942年6月美日两国相互交换被扣留人员。从1942年至1945年,爱利生担任美国驻伦敦大使馆二等秘书,以后升任一等秘书。战后,他在美国国务院负责远东事务(1946—1948),担任驻新加坡总领事(1950—1952)。在和日本谈判和平条约时担任国务卿约翰·福斯特·杜勒斯(John Fotster Dulles)的特别助手。他还出任过负责远东事务的助理国务卿(1952—1953),美国驻日本大使(1953—1957),驻印度尼西亚大使(1957—1958)。他由于同情印尼总统苏加诺而和美国国务院决策层发生龃龉,遂被调任驻捷克斯洛伐克大使(1958—1960),这也最终导致他在1960年6月离开外交界,到夏威夷大学任教。爱利生1978年10月28日在檀香山辞世。

爱利生曾于1973年出版回忆录《来自草原的大使(*Ambassador from the Prairie*)》,其中第三章讲述了他1938年在南京的经历。

詹姆斯·爱斯比(James Espy, 1908—1976)1908年3月23日出生在俄亥俄州的辛辛那提,父亲亚瑟·爱斯比(Arthur Espy)是当地富有的银行家,担任南俄亥俄州储蓄银行的总裁;母亲为伊丽莎白·戴维斯·西里·爱斯比(Elizabeth Davis Seely Espy)。爱斯比自幼在辛辛那提长大,就读核桃山中学与休斯高中。此后进入耶鲁大学学习。1930年从耶鲁大学毕业后,他曾在剑桥大学科珀斯·克里斯蒂学院深造一年,随后在辛辛那提大学修读法律课程。他于1932年在辛辛那提市福利局工作6个月。然后他进入银行金融界,主要从事贷款和房地产财会部门的工作(1932—1935)。

爱斯比1935年10月进入外交界,在美国驻墨西哥城大使馆任副领事。在外交学院学习数月后,于1937年4月被调往驻上海总领事馆,同年底随爱利生、麦克法瑾前往南京。虽然在困苦紧张的环境里工作,但爱斯比在南京工作勤奋,效率极高,展现了他在进行调查、整理材料、撰写报告等方面的出众才华。记载日军在南京暴行最重要的两份长篇报告即由其整理撰写。他也多次向日本当局抗议日军侵犯美国以及其他西方国家的财产。爱斯比1938年6月3日离开南京,奉调至驻广州总领事馆。1938年底晋升为三等秘书,调任驻东京大使馆直至珍珠港事件爆发,他也和其他在日本的美国外交官一道被日本当局羁押了6个月。

此后三年,爱斯比在美国驻中东的使领馆任职,1942年7月在驻土耳其伊斯坦布尔总领事馆工作,同年10月调往驻埃及亚历山大港总领事馆,1943年4月到驻开罗大使馆,并于1944年晋升为二等秘书。战后,他于1947年奉调回华盛顿,在国务院担任北方与西部海岸事务的助理主管,1948年被调至驻玻利维亚拉巴斯大使馆任一等秘书。1951年任职驻奥地利维也纳大使馆,1952年为驻奥地利萨尔斯堡(Salzburg)领事,1953年任驻锡兰科伦坡大使馆公使,1956年担任驻乌拉圭蒙得维的亚大使馆公使。爱斯比1963年退休,1976年1月27日在华盛顿特区逝世。

小阿契包德·亚历山大·麦克法瑾(Archibald Alexander McFadyen, Jr., 1911—2001)1911年8月20日在中国江西庐山牯岭出生于一个美国传教士医生的家庭。其父阿契包德·亚历山大·麦克法瑾长期在徐州行医,1938年夏曾向美国驻上海总领事馆报告日军占领徐州后的残暴行径。① 小麦克法瑾在中国长大，曾就读于上海的美国学校，以后回美国乔治亚州罗马小镇上中学，1935年毕业于北卡罗来纳州的大卫逊（Davidson）学院，主修经济学。大学毕业后即返回中国，供职于中华全国饥馑救济委员会。

他于1937年4月在美国驻上海总领事馆开始了外交生涯。同年底前往南京，参与了调查日军暴行及美国财产和权益遭破坏、损失的工作。他在南京工作的时间短暂，于1938年3月13日奉调回上海总领事馆。

珍珠港事件后，他在上海和其他美国外交官，包括总领事弗兰克·普鲁特·洛克哈特（Frank Pruit Lockhart）一道被羁押了6个月，直至1942年乘坐交换外交人员的船只被遣返。此后，他先后任职于美国驻乌拉圭蒙得维的亚大使馆（1942年9月），驻重庆大使馆（1943年10月），驻昆明总领事馆（1943年12月），并晋升为副领事。战后，他辗转于世界各地的使领馆工作，包括驻上海总领事馆（1945年9月），驻天津总领事馆（1946年1月），驻爱尔兰都柏林大使馆（1946年9月）和驻加拿大多伦多总领事馆（1949年2月）。

1950年，他被调回华盛顿，在国务院任职。然而，1955年10月，与他相伴17年的妻子海伦·叶茨（Helen Yates）的逝世对他的打击很大，尤其是另一个家庭悲剧接踵而至，他的长子在1956年1月病逝，使他难以承受。他的精神和健康状况迅速恶化，导致他无法继续在外交界工作，病退离职。此后30年，他在佛罗里达州的圣彼得堡生活在社会的底层，靠打零工、杂活，诸如在餐馆厨房洗碗谋生。他于1962年与爱瑟·肖布（Either Schaub）结婚，并于1986年移居纽约。麦克法瑾2001年3月1日在纽约州克林顿的凯瑟琳·路德之家老人院去世。

---

① A. A. McFadyen（A. A. 麦克法瑾），给弗兰克 P. 洛克哈特（Frank P. Lockhart）的报告"Hsuchow Incident（徐州事件）"的附件—"Looting, Raping and Murder by the Japanese Army on Entering Hsuchow, Kiangsu Province（日军攻入江苏省徐州之际的掳掠、强奸、屠杀）"，1938年7月29日，美国国务院档案编号 793.94/13752，美国国家第二档案馆，59档案组国务院档案，微缩胶卷 M976组，56卷。

1938年5月4日,另一名美国外交官,三等秘书查尔斯·阿尔伯特·库柏(Charles Albert Cooper,1908—1960)抵达南京,作为5月去上海休假的爱斯比副领事的替换官员。爱斯比6月3日调往美国驻广州总领事馆之后,库柏接替爱斯比的工作。库柏1908年10月21日出生于内布拉斯加州的小镇洪堡(Humboldt),1930年毕业于内布拉斯加大学,是爱利生的校友。大学毕业后,他进入华盛顿特区的克劳福德研究生院,准备从事外交职业,并于1931年9月开启了自己的外交生涯,在美国驻法国勒阿弗尔(Le Havre)领事馆任职员,同年12月晋升为副领事。1932年12月被调往驻广州总领事馆。1933年8月起在驻东京大使馆参加强化学习日本语言、历史和文化的训练班,再度和爱利生成为前后同学。1935年至1937年,他在驻日本东京大使馆和名古屋总领事馆任副领事。1937年10月调至驻上海总领事馆,1938年5月前往南京,并晋升为三等秘书。

库柏抵达南京之际,暴行案件的数量已大为减少,但他参与了为美国公民申报财产遭日军破坏所受损失索赔的工作,并为这些美国受害人准备宣誓作证的材料。他在南京工作到1939年7月。

珍珠港事件爆发之际,他在驻东京大使馆任三等秘书,并被羁押至1942年9月遣返回美国。由于羁押期间及遣返途中生活条件极差,回美国不久即患中风,并从未完全康复。结果,他一度丧失了说话和走路的能力,无法继续工作,不得不离职,回老家养病。病情稳定时,能够为家庭办的企业做些会计之类的工作,但最终于1960年6月3日在老家洪堡病逝,年仅51岁。

三

刚刚抵达南京,爱利生及其工作人员就与那些留在城内并目睹暴行的美国居民会面,并着手对美国财产损失开展正式的调查。虽然在所有的美国房产上都张贴着中文、英文和日文的官方布告,希望日本兵尊重

这些房产,但这显然是徒劳的。美国外交官从传教士那儿听说:

  大使馆三等秘书道格拉斯·简金斯的小别墅遭洗劫,留在屋子里的中国仆人遇害。这再真实不过了。小别墅被完全毁坏,房门只有一个铰链还连着,窗户被打破,书籍、文件、破损的床单、枕套、撕破的地毯四散在地板上。显示这是美国财产的告示被撕成两半。仆人的尸体已被搬运走。我们发现许多美国人家里的情况相似。最大的一座房屋坐落在城市边缘的一座山丘上,显然在炮火线上,几面墙壁上都有被炮弹射穿的大洞,屋顶大部分被烧毁。炮击之后,日本兵蜂拥而过,大部分可以搬运的家具都被劫走,还有盘碟、餐具、床单、毯子,以及任何可以塞进衣袋里的东西都被席卷而去。看房子的中国人还在那儿,只是身首两处,躯干在后花园,头颅在前面的花园里。①

  根据美国居民的报告和他们自己的调查,爱利生就侵犯美国财产的行为多次向日本大使馆提出抗议,还将有关日军暴行的报告及其他电报几乎每天报告给美国国务院和美国驻中国与日本的其他外交机构。爱利生一天之内发送数份电报的情况也并不少见。1938年1月9日,《纽约时报》报道:"美国大使馆三等秘书约翰·爱利生在给驻华大使纳尔逊·T.约翰逊的电文中报告了自从日军占领南京以来,美国财产遭到大规模洗劫的情况。"②数天后,《洛杉矶时报》报道了另一个类似的事件:"国务院今天宣布,驻南京领事约翰·M.爱利生已照会日本大使馆,尽管先前美国提出抗议,但日本兵持续闯入美国产业,抢劫美国机构的商品,劫持机构的员工。"③美国人的抗议似乎并没有制止这些非法的行为,与此同时,爱利生持续不断地提出抗议。1938年1月23日,他的抗议报

---

① 约翰·M.爱利生:《来自草原的大使》,第36页。
② F.提尔曼·杜丁:《美国财产遭洗劫》,《纽约时报》1938年1月9日第1版。
③《再向日本提出抗议》,《洛杉矶时报》1938年1月15日第3版。

告再次出现在《纽约时报》上：

> 虽然美国通过驻东京的大使约瑟夫·格鲁数次提出正式抗议，但美国国务院今天从身处沦陷的中国首都的美国领事约翰·爱利生那儿获悉，日军仍在南京抢劫美国人的财产。美国人的房屋中有一定数量的财物被抢劫走，有一次，在美国建筑物中躲避的10名中国妇女被强行劫持走。……
>
> "他报告的最近一个，也是最明目张胆的案子，"公告说，"发生在1月18日上午，日本军人与两辆卡车进入属于联合基督教会的大院，搬运走一架钢琴和其他财物。在搬运钢琴的过程中，他们毁坏了一大段院墙。爱利生领事进一步报告，他多次提请日本大使馆注意这些问题，但这些仍然每天都在发生。"①

由于爱利生的报告，日本外务省向南京的外交官发出指示，东京最高统帅部也命令上海和南京的日军当局"禁止擅自闯入美国房产"。② 结果，爱利生的报告极大地激怒了南京的日本当局和军人。代总领事福井淳公然指责爱利生"只听信那些偏护中国人的美国传教士"以及他"不应过于轻信他们的申诉"。为了反驳这一指责，爱利生决定"亲自调查下一个报告来的日军非法擅闯的案件"。③ 他根本不必等待。当天下午就有人向他报案。

1938年1月25日，任教于美国机构金陵大学的马内·舍尔·贝茨报告说，前一天晚上，全副武装的日本兵强行闯入金陵大学的农具店，绑架了一名中国籍女性员工。那个妇女说她被强奸了3次才被释放。贝茨和另一位任教于金陵大学的美国人，查尔斯·亨利·里格斯询问了这位妇女，向她了解情况。她指认自己被强奸的地方是天主教牧师以往的

---

① 《日本人在南京持续掳掠，美国领事提出正式抗议》，《纽约时报》1938年1月23日第35版。
② 同上。
③ 约翰·M.爱利生：《来自草原的大使》，第39页。

住所,后来被日本兵占用。爱利生就此案照会了日本大使馆,并安排与日方在第二天进行联合调查。1月26日下午,在日本领事警察和便衣宪兵的陪同下,爱利生和里格斯先到农具店询问其他中国雇员,然后将女子和另外两名中国男职工带到那座房屋。抵达后,女子和其中一名中国男子被日本人推搡着进入院门。爱利生和里格斯正讨论着他们是否应该陪同女子进入那座房屋。①

宪兵警告爱利生和里格斯说,他们最好不要进入房屋,但并没有肯定地说他们不能进去。由于以前中国人没有陪伴而遭受虐待的情况,他们决定跟随他们进入大院。刚刚走进大门,他们停下商量。

> 正商量间,一个日本兵愤怒地冲过来,用英语大声嚷嚷,"退出去,退出去",与此同时,把我往后推向大门。我慢慢向后退,还没来得及出门,他就打了我的耳光。然后转身同样打了里格斯先生。和我在一起的宪兵只稍微作了制止日本兵的动作,其中一个宪兵用日语说,"这些是美国人"或者意思差不多的话。这时我们已到大门外的街上。一听说我们是美国人,那个日本兵气得脸色发青,重复"美国人"这个词,并企图袭击离他最近的里格斯先生。宪兵制止了他,但他已把里格斯的衬衫的衣领和纽扣撕扯下来。此时,这个部队的指挥官出现了,对我们无礼地大声叫喊。里格斯和我没有碰过日本兵,除了和跟我们在一起的宪兵说过话,我们没有和任何日本兵讲过一句话。②

爱利生立即和里格斯还有那个妇女一起前往日本大使馆,提出强烈的抗议。他向国务院报告该事件之后,国务卿考德尔·豪尔指示格鲁大使在东京向日本外务省提出抗议。在美国的压力下,日本最终正式道

---

① 约翰·M. 爱利生:《来自草原的大使》,第39页。
② 约翰·M. 爱利生,1938年1月27日下午2时发第40号电报,美国国家第二档案馆,59档案组国务院档案,355盒。

12

歉。日本驻上海总领事冈崎胜男作为日本政府的特使被派往南京,亲自向爱利生道歉。

四

爱利生及其领事小组在南京忠实地履行他们的外交使命。打耳光事件丝毫没有阻止他们继续从事维护美国公民人身安全、保护美国权益免遭日军侵扰的努力;也没有阻止他们不遗余力地尝试为中国老百姓争取起码的人道待遇,尽管他们不得不在艰难困苦、充满敌意的环境下工作;更没有阻碍他们忠于职守,日复一日持续不断地把日军占领下的南京城中真实的政治、经济状况,以及社会生活各方面的情况报告给美国国务院和在汉口的美国大使。

一、二月间,爱利生及其领事小组忙于和留在南京的美国公民及其他西方人士会谈,巡视美国产业,进行调查,记载并报告了他们抵达之前,南京大屠杀期间发生的情况:日军的暴行和美国权益遭受的损失。他们还不断地向日本大使馆就日军持续地侵扰美国财产提出抗议。在此期间,除了爱利生报告每日发生情况的电文外,爱斯比编撰的容量极大的两份报告出色地将大屠杀期间和大屠杀之后那段时间日军的暴行,对美国财产的侵犯记载下来。《1938年1月南京的状况》是一份长达135页的文件,其中包括30个附件。该报告采用了亲历南京城陷及大屠杀的美国公民和其他西方人士的目击证词,记载了大屠杀期间和之后那段时间里日军的暴行。爱斯比的第二份报告《南京美国财产与权益的状况》共计165页,含有71个附件,详细记录了日军侵犯美国财产与权益的情况。在记载侵犯财产情况的同时,该报告所附的文件也描述了日军的暴行。

到春暖花开以后,日军侵扰案件数量才逐渐减少,安全地在南京街头行走才变得可能。三、四月间,美国外交官的工作重点转移到监视并报告日本人扶持的华中维新政府的酝酿与成立,该政府的活动及其实施的方针政策；对日方追索日军对美国财产造成损失的赔偿；并争取让美国传教士能在南京上海之间往返旅行，并为美国商人获准来南京巡察他们的生意和产业而努力，虽然这些努力并不太成功。直到1938年5月，在南京的美国传教士才能比较自由地在南京上海之间来往，疏散到外地的美国传教士直到1938年6月才被允许返回南京，而美国商人则迟至1938年7月才最终获准回南京作短期的逗留。

相对说来，五月较为平静，但六月和七月，爱利生非常繁忙，处理金陵大学的美国教授詹姆斯·克劳德·汤姆森（James Claude Thomson）被打耳光事件，施美洋行（Werner G. Smith）的桐油事宜，以及芜湖诊所骚扰案。还要为数名财产遭到日军严重损毁的美国公民准备向日本政府索赔的材料，并将这些材料寄往国务院、美国驻东京大使馆与驻上海总领事馆。

爱利生和他的同事们留下的大量电文、报告等文件本身就是最好的证明，揭示了美国外交官与日军当局和日本外交官进行的艰巨而毫不留情的斗争，显示出他们辛勤努力，为保护美国权益而工作，为中国百姓维护最起码的人道待遇。美国外交官所作的努力和当时美国政府的官方立场也是一致的：虽然在中日冲突的最初几年美国政府保持中立，但是美国人同情中国，反对日军的侵略与暴行。

这些外交电文、报告等文件于二十世纪七十年代中叶解密，现藏位于马里兰州学院公园的美国国家第二档案馆。从美国国家档案馆搜寻到的，由爱利生和其他外交官在1937年12月28日至1938年8月10日之间从美国驻南京大使馆或美舰瓦胡号发出的外交文件计有189件，其中有164份电报、16份报告、5个月度总结报告、两个备忘录和两个信件。

在大多数情况下，一份报告包含报告本身，以及作为附件的原始文件、信件，以提供有关事件或案情的详细信息。除了爱斯比的两份报告，其他14份均由爱利生撰写。作为使馆的最高官员，爱利生为爱斯比的两个报告写了简短的信函作为封面，以示其批准了报告的内容。

164份电报可大致归为三大类：1）报告南京当时的情况，绝大多数电报属于这一类；2）在南京的美国公民通过使馆向在美国国内的工作单位、亲朋通报情况、报平安的电报，或者外交官对美国国内发来询问情况、询问亲朋在中国现状的电报的回复；3）南京使馆涉及给养、人事变动、工资奖金等的工作电文。除去小乔治·爱契逊（George Atcheson, Jr.）本人拍发2封以及由高思转发的2封，库柏发的4封，以及罗勃特·莱斯·史密斯（Robert Lacy Smyth）发的一封，其余154份电报均由爱利生签发。爱利生1938年5月16日所发、没有编号的电报起初拍发给在汉口的美国大使约翰逊，再由约翰逊在其编号为261的电报中转发给美国国务院。

5份月度情况总结报告的电文都由爱利生起草，拍发给美国驻北平大使馆。每个月，北平大使馆的一等秘书劳伦斯·尤笛斯·赛斯伯雷（Laurence Eutis Salisbury）都要起草一份全中国情况的总结报告，因此要求美国驻中国各地的使领馆报告各地当月的情况。爱利生的月度情况总结报告对南京及周围地区的政治形势、经济情况和军事活动提供了非常珍贵的材料。爱利生签署了两封发给在南京的美国公民和机构的信件。这些信件涉及美国公民及机构向日本政府提出赔偿日军造成的财产损失要求时应遵循的原则与程序。两份备忘录由爱斯比起草。第一份是有关日军非法闯入美国和意大利房产的备忘录。第二份备忘录涉及日军占领下南京港口设施的状况。

本书收录了爱利生及其他美国外交官1937年12月28日至1938年8月10日从南京发出的16份报告、5个月度总结报告、两个备忘录、两封信件，以及158份电报。还收有另一份报告，即詹姆斯·亨利·麦考伦（James Henry McCallum）的财产赔偿要求报告。虽然这份报告1938年8月23日由接替爱利生的史密斯签发，但是这些由日军造成的财产损失发生在1937年12月至1938年1月之间，相关的宣誓证词和其他文件都是在爱利生离开南京之前准备好。这样，本书共收录了184份各类外交文件，按时间顺序及各个阶段的主要事件编成8章。

在编辑过程中,笔者删除了每个电报开头和结尾处的通信标签,并给每份电报冠以日期与时间,以便将它们连贯排列在一起,从而使读者觉得本书似乎是爱利生逐日记录下他在南京的那几个月中亲身经历并由他组织安排的活动,处理各类事件的一个连贯的叙述。为每份文件加了脚注,以注明电报的号码,国务院档案编号或南京大使馆文件号码(如果有的话),美国国家档案馆档案组、文件盒号码或卷数。除了约翰逊转发的 261 号电报,爱契逊的两封电报与高思转发的另外两封电报,库柏发的 4 封电报和史密斯所发 149 号电报,其他的电报均由爱利生拍发,并以相同的方式进行处理。约翰逊、爱契逊、高思、库柏与史密斯的电报均保留了原始的格式,包括签名,而爱利生拍发的电报,签名则予以删除。同时,所有的报告、备忘录和信件都保留了原来的格式,并按时间顺序插入爱利生的电报之中。

五

这些外交文件从近距离详尽描述了日军在南京的暴行。虽然在美国外交官抵达南京之时,最残酷的暴行已经结束,但是日军肆意摧残的痕迹在全城随处可见。他们到达的当天,日本官员告诉他们前一天清理掉很多尸体,但是,"仍然可以在房屋内、池塘里、偏僻些的街道旁见到尸体"。美国外交官亲眼看见了"在使馆附近的小池塘里打捞尸体,捞上来二三十具身着平民服装的中国人的尸体"。① 抵达南京数小时后,爱利生向国务院报告了日军"触目惊心地肆意屠杀中国平民、强奸妇女的情况,有的就发生在美国人的房产上"。②

美国外交官在和留在城内的美国居民访谈,再亲自调查、查证之后,

---

① 詹姆斯·爱斯比,《1938 年 1 月南京的状况》,美国国家档案馆,59 档案组国务院档案,微缩胶卷 M976 组,51 卷,第 8—9 页。
② 约翰·M. 爱利生,1938 年 1 月 6 日下午 5 时发第 7 号电报,原件藏美国国家档案馆,59 档案组国务院档案,1795 盒。

向华盛顿与驻中国、日本的使领馆报告了日军在他们抵达之前犯下的暴行。爱斯比在《1938年1月南京的状况》中报告,美国目击者所有的思绪似乎都集中于南京发生的情况,他们描述了日军进城以来触目惊心的恐怖与暴行:

> 他们描述的南京是一幅日军占领之际降临并笼罩着全城的恐怖画面。他们以及德国居民讲述了这座犹如被捕获的战利品而落入日军手中的城市的情况。这不仅仅是在有组织的战争过程中被占领的城市,而且是被入侵的军队攫取的城市,这支军队的成员似乎对战利品猛扑上去,毫无节制地掳掠,施以暴行。更为完整的数据和我们自己的观察并没有得出能质疑他们所提供材料的事实。留在城内的中国平民犹如难民拥挤在所谓的'安全区'的街道上,他们中许多人赤贫如洗。屠杀男子、妇女、儿童,闯房入舍,掳掠财产,焚烧、毁坏房屋建筑的确凿证据几乎无所不在。①

根据外籍目击者的叙述,"数以千计的日本兵仍继续蜂拥在城内,犯下难以言说的掳掠与暴行",那些"被放纵的日本兵犹如一群野蛮之徒蹂躏着全城。全城各处数不清的男子、妇女和儿童遭屠戮"。② 12月13日夜晚与14日清晨,日军派遣一队队的日本兵去搜捕、清剿留在城内的中国军人,"在城内所有街道与建筑物里进行仔仔细细的搜查。曾经当过兵的,以及被怀疑当过兵的人都被有组织地枪毙。虽然没有确切的记录,但估计以这种方式被处决的人远远超过两万人。日军似乎没有对当过兵的人和那些实际上从未在中国军队服役者加以区别。如果稍微怀疑一个人曾经当过兵,这个人肯定会被押走枪毙。日本人要'歼灭'所有

---

① 詹姆斯·爱斯比,《1938年1月南京的状况》,美国国家档案馆,59档案组国务院档案,微缩胶卷M976组,51卷,第2页。
② 同上,第8—9页。

中国政府军队残余分子的决心显然是不可变更的"。①

爱斯比还选取几个集体屠杀的事件作为例证。12月15日或16日,一队日本兵开到英国公司和记洋行,当时有54名下关电厂的雇员在和记洋行避难,但是其中11个人同时也在和记洋行兼职。日本人认定其中43名电厂的全职雇员曾为中国政府效力,将他们押走,全部枪毙。②

12月25日前后,日本军官来到金陵大学,登记在大学校舍里避难的3万多中国难民。日本军官向难民宣布,如果以前在中国军队服役的难民自己坦白出来,他们将受到保护,虽然他们得给日本人干些活。一连重复了几遍他们将受到保护的话。但是,如果他们不坦白,以后被发现当过兵,肯定要拉出去枪毙。③

由于这一受到保护的保证,大约200个人向日本人坦白他们曾经是中国军人。因此他们被押走。四五个伤势严重的人后来回来讲述了他们的经历:这200个人和其他在路上抓来的中国人一道被一小组一小组地押到不同的地点,或者被刺杀,或者被日军行刑队枪毙。只有这四五个受了伤、搁在那儿等死的人成了这场屠杀的幸存者。④

日军部队在搜捕、屠杀中国军人的同时,两三个人一伙的散兵游勇任意在南京全城游荡。这些游荡的日本兵在南京犯下最恶劣、最恐怖的罪行。到底是日本兵受命可以随意胡作非为,还是日军进城后完全失控,则没有得到充分的解释。⑤

---

① 詹姆斯·爱斯比,《1938年1月南京的状况》,美国国家档案馆,59档案组国务院档案,微缩胶卷M976组,51卷,第6页。
② 同上,第6—7页。
③ 同上,第7页。
④ 同上,第7—8页。
⑤ 同上,第8页。

日本兵到处搜寻当地的妇女供其强奸。外国观察者相信,日军占领的最初几周,每晚有1 000多桩强奸案发生,一个美国人统计,在一处美国房产上,一个晚上发生了30起强奸案。① 美国居民和国际委员会的其他成员记载下许多桩强奸案。以下是爱斯比1938年1月报告中的两桩强奸案:

　　115. 12月19日下午,在希尔克里斯特美国学校,日本兵企图强奸一位有6个半月身孕的19岁姑娘,她进行反抗,日本兵用刀(或刺刀)刺她。她胸部被刺19刀,腿上数刀,腹部有一很深的刀伤。已听不到胎儿的心音。她现在鼓楼医院。(威尔逊)

　　……

　　117. 12月19日,金陵大学蚕桑大楼难民营报告,从昨晚8时到今天凌晨1时,共有8名妇女遭强奸,其中一位妇女被刺。试图保护这些妇女的4名男子都被刀捅刺。被劫持走的妇女均陆续被放回来了。(第六区吴国京)②

　　时至1938年1月22日,爱利生和其他美国外交官"仍持续收到美籍居民平均每天3到4次在安全区内的强奸或图谋强奸案件的报告。还有多少没有引起美国人注意的案件发生,那根本就不可能说得清"。③

　　进行屠杀与强奸的同时,四处掳掠的日军彻底搜索、劫掠了全城。日本兵闯入、洗劫了几乎每一栋房屋、建筑,并将中意的物品掳掠而去。④ 根据国际委员会和美国居民提供的情况,以及美国使馆工作人员的调

---

① 詹姆斯·爱斯比,《1938年1月南京的状况》,美国国家档案馆,59档案组国务院档案,微缩胶卷M976组,51卷,第9页。
② 案件115号、117号,《1938年1月南京的状况》,附件一e,美国国家档案馆,59档案组国务院档案,微缩胶卷M976组,51卷。
③ 约翰·M. 爱利生,1938年1月22日中午发第32号电报,美国国家档案馆,59档案组国务院档案,微缩胶卷M976组,49卷。
④ 詹姆斯·爱斯比,《1938年1月南京的状况》,美国国家档案馆,59档案组国务院档案,微缩胶卷M976组,51卷,第9页。

19

查，可以相信在南京几乎没有一处房舍未被日军闯入、掳掠。

不管这座院子、房屋、商店或建筑物是外国教会的产业，还是外国人或中国人个人的房产，统统被闯入，并在不同程度上被洗劫、掳掠。人们都知道美国、英国、德国和法国的大使馆被闯入，物品被抢走。据报告，意大利大使馆的遭遇也一样。1月1日，俄国大使馆被神秘的大火焚毁。我们察看过的，或美国居民报告的美国房产无一例外地被日本兵一而再再而三地多次闯入。甚至现在有美国人居住的住宅也发生这样的情况。一直到撰写这份报告时为止，美国居民与国际委员会的其他成员仍在不断地将闯入外国人房产，搜寻财物与妇女的日本兵驱赶出去。①

然而使南京的房产遭受最严重损失的是焚烧。城南遭焚烧所受损失最为严重。外交官巡视了南京这片商业闹市区，看到成片街区的房屋建筑被烧毁。许多街区中仅剩下10来栋或更少的房屋兀立着。在很多情况下，主要街道上临街的建筑被焚毁，而后面的房屋大都没有被烧到。纵火或其他原因任意造成的焚烧遍及全城。在许多街道上，有些间隔在完好的房屋之间的建筑被完全烧毁。甚至在爱斯比撰写这份1月25日报告时仍可见到数处大火在城内燃烧。②

在报告中，爱斯比还驳斥了日军竟然将纵火焚烧的罪责转嫁到中国人身上的企图：

这里的日本当局争辩说，南京城内的大部分焚烧是在城陷之后由撤退的中国军队或便衣军人干的。有些也许是中国人干的，然而，即使以种种理由相信那是真的，但和日军占领南京，战斗结束后蓄意或由于玩忽大意造成的焚烧相比也是微乎

---

① 詹姆斯·爱斯比，《1938年1月南京的状况》，美国国家档案馆，59档案组国务院档案，微缩胶卷M976组，51卷，第10页。
② 同上，第12—13页。

其微的。建筑物要么在被闯入、掳掠之后,被蓄意放火焚烧,要么由于疏忽在屋内留下火种而起火,要么由于附近燃烧的建筑而着火。没有听说当局采取措施救灭房屋上的烈火。①

南京安全区国际委员会将报告给他们的暴行事件一一存档立案。从1937年12月15日至1938年1月10日,有188桩屠杀、强奸、掳掠和纵火的案件整理出来。所有188桩案件都作为附件收录在爱斯比的报告中。

六

由于美国大使馆的职责权限是保护美国权益及美国公民的人身安全,所以爱利生的许多外交电报均涉及日本兵非法擅闯美国人的房舍,洗劫财物,撕扯并践踏、焚烧美国国旗以及日本兵在美国房产上劫持、强奸中国妇女等案件。1938年1月6日,爱利生刚抵南京就报告了日本兵造成相当多的美国财产损失和破坏。无人照看的房屋里的东西基本上被洗劫。使馆大院里的数辆汽车被劫走。②

1月14日爱利生报告了数起日军违法暴力事件,并以这些事件为依据向日本大使馆提出抗议。

> 几乎每天都收到有关日军持续侵犯美国人及其财产的报告。最近的一次发生在1月12日夜间,日本兵逾墙爬进金陵大学附中,在一间住满难民的教室里开了两枪后,掳走一名姑娘,再翻墙而出。1月10日下午,一名全副武装的日本兵强迫金陵神学院的门卫带他上行政楼的三楼,抢去一大堆蜡烛。1月11日下午,日本宪兵闯入金陵大学美籍教授 M. S. 贝茨的住

---

① 詹姆斯·爱斯比,《1938年1月南京的状况》,美国国家档案馆,59档案组国务院档案,微缩胶卷 M976组,51卷,第13—14页。
② 约翰·M.爱利生,1938年1月6日下午5时发第7号电报,美国国家档案馆,59档案组国务院档案,1795盒。

宅,在未经允许、没有解释的情况下,带走一名在金陵大学附中做日语翻译的中国人。最后两起事件可用来作为我1月13日中午发21号电报所提抗议的依据。①

1月18日,爱利生再次向国务院发电报,谈到1月15日中午至18日有15起日军非法擅闯美国房产的案件报告给美国大使馆,"擅自闯入的过程中除了抢劫走美国公民及机构的财产外,还强行将住在上述房屋里的10名中国妇女难民掳掠走"。②1月22日,爱利生和爱斯比两人在美国大使馆大院内制止了一起劫持妇女并企图强奸的案件的发生。爱利生在1月23日的电报中报告:

> 昨晚约8点半,三个日本兵破门闯入大使馆的一座汽车库。车库现在由使馆警察几家人住着,一个日本兵将其中一名警察的妹妹掳走后,另外两名日本兵留下来竭力不让中国人去报告情况。然而,我被告知情况不对,便和副领事爱斯比到警察那儿,发现两个日本兵。那时我们还不知道姑娘被劫走。两个日本兵一见外国人就溜,我们也没有阻拦。一个身着海军制服,携有一把大号手枪,另一个平民模样,穿着日本基督教青年会那样的制服。我们准备去找姑娘时,她回来了,并说我们见到的那两个日本人在姑娘就要被弄上车开走时赶到,劝说第一个日本兵把她放了,因为她为外国人做事。显然这些日本人不知道自己闯到使馆的房子里,但这不是借口。这次事件所幸没有酿成严重的人员或财产损失,但如果没有外国人到场就会造成损失。虽然日军当局保证要防止这类事件发生,这却是现在

---

① 约翰·M.爱利生,1938年1月14日上午9时发第22号电报,美国国家档案馆,59档案组国务院档案,1833盒。
② 约翰·M.爱利生,1938年1月18日下午4时发第27号电报,美国国家档案馆,59档案组国务院档案,1820盒。

南京一直发生的极其典型的情况。①

由于日军侵扰的案件源源不断地报告给美国大使馆,爱利生接二连三地向华盛顿拍发了一封又一封电报。但是日军当局似乎不大可能在短期内控制住他们的军队。根据留在南京城内的美国公民提供的情况和美国使馆人员所作的调查,爱斯比于1938年2月28日编撰完成一份长达165页、题为《南京美国财产与权益的状况》的长篇报告。爱斯比报告道:"本使馆知悉的美国房产,没有一座不在一定程度上受到侵犯,这包括大使馆馆舍。"日军"蜂拥进入任何一座,或所有的房屋,全然不顾房产的性质和国籍,日军占领城市后立即闯入美国人的房舍,这样的行为甚至持续到2月23日。"②他逐一描述了日军对一系列美国机构造成的损失,这些机构包括金陵大学、金陵女子文理学院、美国基督教长老会、统一基督教会、金陵神学院、卫理圣公会、美国基督教会、来复会、大来公司、菲尔科销售公司、胜家缝纫机公司、美孚石油公司、大华大戏院和德士古公司。

仅在金陵大学,大约100多座校舍和建筑被日军非法闯入达1 700多次。在校园里许多中国难民被劫持。大批妇女遭强奸。金陵大学教授贝茨博士写信给日本大使馆,报告日军对校园中避难的平民百姓造成的苦难与恐惧。

  12月15日。在我们照管1 500名老百姓的新建的图书馆里,4名妇女遭强奸;2名被劫持、强奸后放回;3名妇女被劫持走,尚未回来;1名妇女遭劫持,但在贵使馆附近碰到宪兵而放了回来。日本兵的行径给这些家庭,给他们的邻居,给住在城市这一带的所有中国人带来了极大的痛苦与恐惧。今天下午

---

① 约翰·M.爱利生,1938年1月23日中午发第34号电报,美国国家档案馆,59档案组国务院档案,0815盒。
② 詹姆斯·爱斯比,《南京美国财产与权益的状况》,美国国家档案馆,59档案组国务院档案,1821盒,第1页。

我又接到了100多起发生在安全区其他地方的类似案件的报告。这些案件现在不该由我来管,但是我提及这些案件是为了显示在你们近邻金陵大学发生的问题只是日本兵抢劫、强奸老百姓造成巨大苦难的一个例证。

我们真切希望能恢复军纪。现在老百姓甚至恐惧得都不敢去领取食品,也就不可能有正常的生活与正常的工作。我们满怀敬意地敦促贵当局安排开展有规律,并由军官直接指挥的检查工作,而不是由散兵游勇在一天之内擅自闯入同一个地点达10次之多,盗窃老百姓的食物与金钱。其次,我们敦促,为了日军与日本帝国的名誉,为了日本当局与中国老百姓之间的良好关系,也为你们对自己妻子、姐妹、女儿的思念,应该保护南京众多家庭免遭日军的暴行。①

1937年12月27日在向日本大使馆报告另一处金大校产——金陵女子神学院的情况时,贝茨教授写到,那个地方受到日本兵严重的骚扰。前一天,三四个成群的日本兵在不同的时间,7次闯到那儿,从以前遭掳掠但还剩些东西的人们那里抢走衣服、食品与金钱。日本兵强奸了7名妇女,其中有个12岁的姑娘。夜晚,有12到14个成伙的大群日本兵又来了4次,奸淫了20名妇女。②

美国基督教会的传教士欧内斯特·赫曼·福斯特(Ernest Herman Forster)向爱利生报告了日军对位于太平路的教堂大院的侵扰。1938年2月3日,福斯特陪几个佣人来到这座教会大院,发现八九个日本兵在草坪上生火烧饭。他们围着火,坐在从教堂搬出来的椅子上,并用一张雕刻精致的柚木牧师座椅支撑着他们在火堆上悬吊饭盒的铁棒。在此之前他们在附近生火留下的余烬中,房门与门锁的残骸仍然依稀

---

① 《南京美国财产与权益的状况》,附件一A,美国国家档案馆,59档案组国务院档案,1821盒。
② 《南京美国财产与权益的状况》,附件一K,美国国家档案馆,59档案组国务院档案,1821盒。

可辨。①

1938年1月17日,美国北方基督教长老会的传教士威尔逊·波鲁默·米尔斯(Wilson Plumer Mills)写信给爱利生,报告了该教会位于南京城西南部的一处房产,双塘,在此前25个小时内发生的情况:

1月15日下午2:00	两个日本兵来劫持走一名妇女。
1月15日晚上6:00	一个穿军装和一个着便服的日本兵来劫持,并强奸了两个姑娘。
1月15日晚上7:30	两个日本兵来,劫持了姓许和姓丁的两名姑娘,并强奸了她们。
1月15日晚上8:25	两个武装的日本兵来,在这个地方待了半个小时之后,劫持走两个姑娘。(有人告诉我这些士兵把老百姓吓死了。)
1月16日上午9:30	两个日本兵来。
1月16日上午11:30	一个日本兵来,在这里待了一小时之后离开。
1月16日下午2:00	一个日本兵来劫持走一个名字为刘王氏的已婚妇女。
1月16日下午3:30	三个日本兵来劫持走两个妇女。

昨天下午约4时,我本人在双塘。刚刚坐进汽车,准备离开那地方,听说两个日本兵来了。司机把车倒了一些,我出了车又进院门。这时,我注意到两个日本兵跑走。他们显然听到车子来了,或者听到有人喊,或看见我,决定最好离开,或者与之差不多的情况。无论如何,他们跑了。这次事件显示如果我当时不在那儿,毫无疑问双塘还会被日本兵再光顾一次。②

---

① 《南京美国财产与权益的状况》,附件六A,美国国家档案馆,59档案组国务院档案,1821盒。
② 《南京美国财产与权益的状况》,附件三H,美国国家档案馆,59档案组国务院档案,1821盒。

甚至美国大使馆的馆舍也无法逃脱日军的骚扰。1937年12月23日,数伙日本兵拥进使馆的两个大院,抢走3辆汽车、5辆自行车、灯和手电筒等物。他们搜查了使馆里的每一个人,抢走他们的金钱和个人用品,还强迫使馆工作人员打开锁着的门。一个日本兵用刺刀捅破使馆二等秘书约翰·豪尔·巴克斯顿(John Hall Paxton)办公室的门。两个日本兵甚至想强奸在使馆院子里的两名妇女,竟企图脱去一名妇女的衣服,并劫持另一名妇女到大院内偏僻的地方。①

美国公民的私人住宅也遭到不同程度的损坏。在美国国务院的档案与驻南京大使馆的文件中可以发现不少美国公民向日本政府正式提出赔偿损失要求的完整文献。乔治·爱希默·菲齐(George Ashmore Fitch)、罗勃特·斯坦利·诺曼(Robert Stanley Norman)、查尔斯·亨利·里格斯(Charles Henry Riggs)、马内·舍尔·贝茨(Miner Searle Bates)、理查德·弗里曼·布莱笛(Richard Freeman Brady)、菲勒比·凯瑟琳·布莱恩(Ferrebee Catherine Bryan)和詹姆斯·亨利·麦考伦(James Henry McCallum)都通过美国驻南京大使馆填报了要求日本当局赔偿损失的正式申请材料。除了详细记叙了受损失的细节,每份申请材料中都有一份分类仔细、附有明细金额的清单。爱利生、爱斯比、麦克法瑾和库柏做了大量的工作,调查证实这些赔偿要求,并不遗余力地和日方交涉、谈判,迫使日方作出赔偿。

除了以上这些正式提出赔偿要求的美国公民外,爱斯比在他的报告中还记载了其他美国人遭受的损失。他们是爱米琳·阿格罗(Emmeline Arguello)、朱利斯·巴尔(Julius Barr)、汤姆斯·约瑟夫·布鲁德里克(Thomas Joseph Broderick)、布莱恩·达雅(Bryan Dyer)、贝蒂·林(Betty Ling)、海泽尔·M.惠特尼·刘(Hazel M. Witney Liu)、查尔斯·叶兹·麦克丹尼尔(Charles Yates McDaniel)、弗兰克·海顿·瓦

---

① 《南京美国财产与权益的状况》,附件十五F,美国国家档案馆,59档案组国务院档案,1821盒。

因斯(Frank Hayden Vines)和约翰·威斯利·巴森斯(John Wesley Parsons)。

擅闯美国房产,掳掠洗劫财物之际,日本兵还亵渎、侮辱美国国旗,藐视美国使馆阐明房产性质的告示。有一次,在位于五台山的美国小学,日本兵扯下美国旗,在上面践踏,并威胁中国佣人,如果再挂旗就杀了他。① 另一次,日本兵来到德士古(中国)有限公司的大院,抢走库存的汽油和其他物资,并"扯下飘扬在大院入口处旗杆上的美国旗践踏,将其焚毁,并说'美国对日本不友好'因此日本人不会尊重他们的国旗和财产"。② 1937年12月22日,美国传教士米尔斯牧师报告,美国国旗至少有8次被日本兵或者扯下,或者以恐吓逼迫佣人降下旗帜,或者以武力威胁佣人,不准他们再把旗帜挂起来。③ 在金陵大学,日本兵在校园里不同的校舍上7次扯下美国旗,其中包括"一起当场毁旗,一起从房屋上扯下旗帜,另外两起践踏侮辱国旗"。④

在南京不仅中国难民是日军暴行的受害者,美国人也频繁地遭到日本兵的攻击殴打,或其他形式的暴力威胁。除了最臭名昭著的"爱利生事件"之外,许多美国人被日军打耳光、殴打或是粗暴地对待。日本军官未经调查便于1937年12月16日对金陵大学美国教授里格斯拳脚相向。同一天夜里,贝茨和另一个美国人被一名手持步枪、喝得醉醺醺的日本兵从被窝里拖起来。⑤

12月17日晚,日本兵非法闯入金陵女子文理学院,借口搜查中国军人,企图闯进妇女难民居住的校舍。米妮·魏特琳(Minnie Vautrin)和

---

① 《南京美国财产与权益的状况》,附件一F,美国国家档案馆,59档案组国务院档案,1821盒。
② 詹姆斯·爱斯比,《南京美国财产与权益的状况》,美国国家档案馆,59档案组国务院档案,1821盒,第40页。
③ 《南京美国财产与权益的状况》,附件十五C,美国国家档案馆,59档案组国务院档案,1821盒。
④ 詹姆斯·爱斯比,《南京美国财产与权益的状况》,美国国家档案馆,59档案组国务院档案,1821盒,第6页。
⑤ 《南京美国财产与权益的状况》,附件一C,美国国家档案馆,59档案组国务院档案,1821盒;乔治·A.菲齐:《旅华岁月八十载》,台北:美亚出版公司1967年版,第440页。

他们讲理,拒绝为他们开门,并告诉他们楼里面肯定没有中国军人,日本兵当即凶狠地打了她一个耳光。然后,日本兵强迫校园里所有的工作人员,包括魏特琳和玛利·特威楠(Mary Twinem),在寒冷的黑夜里,或跪或站在离难民楼很远的学校大门口达数小时之久。与此同时,日本兵在难民楼内搜寻并劫持走12名妇女。①

1937年12月18日上午,在金陵大学农业经济系,6个日本兵走近贝茨,其中一个日本兵手扣扳机,用枪瞄准贝茨,虽然后者只是问问他在那儿有没有遇到麻烦。② 12月18日65岁的美国护士伊娃·海因兹(Iva Hynds)在金大医院上班时被日本兵抢去手表。③ 1937年12月19日下午约3时,一个日本兵闯入金大医院的大院。当麦考伦和医院医生克利福德·夏普·特里默(Clifford Sharp Trimmer)要他离开时,日本兵立即向他们开枪。所幸枪弹打偏了,从麦考伦身旁穿过,没有伤着人。④

12月23日下午约5时,两个日本兵来到位于上海路2号、属于美国机构金陵神学院的一座住宅,要强行占用这座住宅大院。日本兵在强占时拳打脚踢金陵神学院的美国教师胡勃特·拉法耶特·索尼(Hubert Lafayette Sone)。

> 就在我发现日本兵扯下美国旗之前几分钟,张贴在前门上的日本使馆布告被撕去。美国使馆的布告仍张贴在显著的地方。其中一个日本兵显然喝醉了。他们坚持要借用这地方10天,我不同意。此后,他们气愤异常,对我动粗,大喊大叫,拳击我的肩膀,最后强行抓住我,把我拖着穿过院子到外面的上海

---

① 《南京美国财产与权益的状况》,附件二 B,美国国家档案馆,59 档案组国务院档案,1821 盒和米妮·魏特琳 1937 年 12 月 17 日日记,耶鲁大学神学院图书馆特藏室,第 8 组档案,第 206 盒。
② 《南京美国财产与权益的状况》,附件一 D,美国国家档案馆,59 档案组国务院档案,1821 盒。
③ 《南京美国财产与权益的状况》,附件一 E,美国国家档案馆,59 档案组国务院档案,1821 盒。
④ 案件 77 号,《1938 年 1 月南京的状况》,附件一 C,美国国家档案馆,59 档案组国务院档案,微缩胶卷 M976 组,51 卷。

路中央。直到我同意签署一个让他们借用房屋两周的字据,他们才肯放我。签了字据后,他们放了我,并同意我们重新挂起美国旗。但是,他们把自己的旗帜挂在前门上,并说今天9点来占房子。他们命令目前住在这座房屋里的中国难民全部搬出去。①

1937年圣诞节,里格斯在为保护一名中国妇女不受日军骚扰,并护送她回难民营去的路上,一个日本军官当胸打了他,并要求查看他的护照。由于里格斯没有将护照带在身边,军官又打了他一个耳光。"军官然后指了指地上,抓住里格斯先生的头,使得里格斯先生认为军官要他磕头。但里格斯先生不干。于是,军官又打了里格斯先生一个耳光。"②

贝茨于1938年1月8日来到日本宪兵队,询问受雇于金大附中任日语翻译的一名中国青年被捕一事。虽然贝茨只是礼貌地提了个问题,但一名军官对他极为恼怒。然后这军官和另一个日本兵对他粗暴地推推搡搡。③

1月27日下午,两个日本骑兵强行闯入金大医院,麦考伦示意他们出去,日本兵立即对他动起粗来:"这时穿骑兵靴的一个对我动起粗来,抓住我的胳膊,推推搡搡差不多有100英尺远。此刻他拔出刺刀,朝我腹部一划,但我站稳脚跟。然后,他用刺刀尖顶着我的颈脖子,向前轻轻一戳。我把头向后一让,只轻轻被刺破点皮。"④

甚至到1938年6月15日,金陵大学的教授詹姆斯·克劳德·汤姆森博士在南京的大街上还被日军哨兵拦截下来,进行搜查,汤姆森并未有任何反抗的举动,却给日本哨兵无端打了耳光。⑤ 在给国务卿发的报

---

① 《南京美国财产与权益的状况》,附件五A,美国国家档案馆,59档案组国务院档案,1821盒。
② 《南京美国财产与权益的状况》,附件一J,美国国家档案馆,59档案组国务院档案,1821盒。
③ 《南京美国财产与权益的状况》,附件一P,美国国家档案馆,59档案组国务院档案,1821盒。
④ 《南京美国财产与权益的状况》,附件一Y,美国国家档案馆,59档案组国务院档案,1821盒。
⑤ 约翰·M.爱利生,1938年6月15日下午5时发第117号电报,美国国家档案馆,59档案组国务院档案,1847盒。

告中,爱利生全面报告了这起打耳光事件,他提的抗议,以及日方的反应。1938年6月15日上午,汤姆森坐着人力车穿行在南京的大街上,途中虽然遇到几个日本哨兵,但均没有阻拦他,然而到大石桥附近时,一个哨兵却突然拦住他。

> 卫兵首先检查人力车苦力的良民证,接着搜查人力车,最后讯问汤姆森博士并搜查了他。搜查的过程中,汤姆森博士没有任何反抗哨兵的行为,事实上,他还提供协助,出示用英、中两种文字印有姓名、住址的名片。卫兵显然不会说英文,但能说一些中文。搜查中,汤姆森博士用英文对卫兵说:"我要把你的行为报告给日本大使馆。"这时,哨兵转过身,在他右脸颊上狠狠打了个耳光。汤姆森博士仍没有任何举动,搜查继续进行着。在验看了上海日军当局发给汤姆森博士来南京的通行证之后,哨兵终于感到满意了。①

汤姆森被打之后,立即前往美国大使馆报告这一事件。他出现在大使馆时,爱利生见到他"显得极度紧张,被打的右脸颊上有一道淡淡的红印"。② 听了他的报告后,爱利生陪同汤姆森到日本总领事馆提出强烈抗议。日本官员保证要进行调查。

当天下午,日本使馆的副领事粕谷孝夫(Yoshio Kasu)来见爱利生,并告诉他"日军进行的首次调查的结论是哨兵没有打汤姆森博士"。③ 爱利生对此表示震惊,要求作进一步的调查。6月16日晚收到日本总领事馆的照会。该照会称"到那时为止,日军调查的结果没有显示出汤姆森博士被打耳光"。④ 6月17日下午日本总领事对美国使馆的一名工作人员说汤姆森没有被打耳光,南京日军当局对这样的指控感到非常愤怒,

---

① 约翰·M.爱利生,《日军哨兵打美国公民汤姆森博士耳光事件》,1938年6月25日,美国国家档案馆,59档案组国务院档案,1847盒。
② 同上。
③ 同上。
④ 同上。

还说美国大使馆以后还会收到有关此案更多的报告。第二天下午,又收到一份日本总领事的照会,称日军进行的彻底调查显示汤姆森没有被打耳光。照会继续道,应严肃考虑对哨兵的侮辱行为,并要求对制造不实夸大之词的汤姆森给予"适当规劝"。照会最后竟称如果这样侮辱日本士兵的事件再度发生,日军当局将保留采取措施的权利。这似乎是对将来报告日本兵恶劣行径的任何美国人直接的威胁,也暗示日军有权管辖在中国的美国人。①

七

这些外交文件详细记载了沦陷后南京社会生活的各个方面。爱斯比在《1938年1月南京的状况》中,报告了南京安全区国际委员会的各项活动,以及委员会取得的工作成绩:

> 22名西方籍人士在南京开展的工作在此尤其值得关注。他们不知疲倦,持续不断地努力为中国老百姓获得人道的待遇,他们始终不渝地设法保护生命财产免受日本兵的侵犯,他们在艰难困苦中处理问题的非凡能力,他们在日本兵侮辱与粗暴对待时表现出的克制忍让,应予以高度赞扬。很可能这些外国人仅仅人在南京便对日军的所作所为至少有一定的制约作用。然而毫无疑问,国际委员会以及外国人个人所作的努力使老百姓免遭更为糟糕的厄运,也防止了比目前更为严重的财产损失。已经提及的"安全区"的情况本身便是他们努力结果的明证。②

留在城内的居民主要来自贫困的阶层,"绝大多数人像难民一样拥

---

① 约翰·M.爱利生,《日军哨兵打美国公民汤姆森博士耳光事件》,1938年6月25日,美国国家档案馆,59档案组国务院档案,1847盒。
② 詹姆斯·爱斯比,《1938年1月南京的状况》,美国国家档案馆,59档案组国务院档案,微缩胶卷M976组,51卷,第27页。

挤在'安全区'内临时的难民营中"。① 老百姓在没有供水,没有电,没有邮电通讯,没有燃料供应,粮食极少的情况下谋求生存。消防队和卫生部门已不复存在。老百姓可以使用的唯一医疗设施是美国人开办的教会医院——鼓楼医院。城市的公共交通系统已瘫痪,"可以看到以前在城市作为公共交通工具的公共汽车的残骸躺在路旁,要不然就是车子已被拖走,充作军用"。②

除了日军征用,平民百姓没有工作可做。城市遭受的破坏使之无法恢复任何贸易。唯一的商业活动是在街道边的摊铺出售或交换食物及其他小物品。

爱利生在二月份的总结报告中指出,南京的经济和商业活动被严格限制,除种植蔬菜供应市场和一些修补家庭日用品的活计以外,在南京根本没有生产活动可言。城内近30万居民中只有一万人左右有酬劳地被雇用。有一些从城里收捡来物品的中国人经营的路边货摊和小店铺,此外,中国人开的商店为数极少。③

直到1938年3月才有所改善。爱利生报道说,三月份的经济状况略有改善,但远远不能令人满意。虽然邮政服务恢复,大米的价格有所下降,但面粉极少,肉类和蔬菜的数量也很少,大部分商业都掌握在日本人手中。④

数月来,除外交官员外,日军当局以城内仍不安全为借口,阻止除了外交官以外的外国人返回南京。然而,与此同时,包括许多商人在内的大批日本平民却获准进城来。据报道,截至3月31日,约有810名日本平民居住在城内。日本商人开设了商店,从事面粉、食品、酒店、梳妆用

---

① 詹姆斯·爱斯比,《1938年1月南京的状况》,美国国家档案馆,59档案组国务院档案,微缩胶卷M976组,51卷,第20—21页。
② 同上,第21—22页。
③ 约翰·M.爱利生,《1938年2月南京情况总结报告》,美国国家档案馆,84档案组国务院驻外使领馆档案,驻中国使领馆档案第2169卷(驻南京大使馆1938年档案第10卷)。
④ 约翰·M.爱利生,《1938年3月南京情况总结报告》,美国国家档案馆,84档案组国务院驻外使领馆档案,驻中国使领馆档案第2169卷(驻南京大使馆1938年档案第10卷)。

品、保险和交通等各种业务。①

日本人还竭力设法控制南京的金融与经济。日本官员告诉美国大使馆的工作人员,如果在南京的日本商店购买东西,必须付日元。② 日军当局命令南京的中国官员将中国币与日元间的兑换率定在1元中国币兑7角日元上。③ 在当地的一家银行,一名美国使馆的工作人员试图以美元兑换中国币或日元的努力都遭到拒绝。他被告知"在任何情况下"都不会收美元。他在中国人和日本人经营的商店里兑换美元的尝试也没有成功。这些商店告诉他中国币只有在打20%的折扣的情况下才能收。据说这是"固定的兑换率",但却没有说明是谁定的。还有大量10元、5元、1元以及50分和10分不等的日本军票在南京流通。④ 爱利生在三月份的总结报告中指出:"除非美国和英国这两个直接相关国家的政府采取强硬措施,否则在一段时间内日本将不会允许外国人返回南京。当外国人回来时,将会发现他们通常的活动领域已为日本人占据。"⑤

日本人迫不及待地成立一个傀儡政权来控制老百姓。爱利生的电报报告了一个有9名中国成员的南京自治委员会的成立。他评论道,这些委员会的成员可以说没有一个是资深高强的人。这个在日军特务机关监督下的委员会不仅必须得到日军特务机关的同意才能行事,而且除非在事先能肯定得到允许,它绝对不敢提出开展工作的建议。⑥

---

① 约翰·M.爱利生,1938年4月15日中午发第93号电报,美国国家档案馆,59档案组国务院档案,1797盒。
② 詹姆斯·爱斯比,《1938年1月南京的状况》,美国国家档案馆,59档案组国务院档案,微缩胶卷M976组,51卷,第26页。
③ 约翰·M.爱利生,1938年4月1日晚9时发第89号电报,美国国家档案馆,59档案组国务院档案,微缩胶卷LM63组,135卷。
④ 约翰·M.爱利生,1938年6月13日下午6时发第114号电报,美国国家档案馆,59档案组国务院档案,微缩胶卷LM63组,136卷。
⑤ 约翰·M.爱利生,《1938年3月南京情况总结报告》,美国国家档案馆,84档案组国务院驻外使领馆档案,驻中国使领馆档案第2169卷(驻南京大使馆1938年档案第10卷)。
⑥ 同上和约翰·M.爱利生,1938年1月8日中午发第10号电报,美国国家档案馆,59档案组国务院档案,微缩胶卷LM63组,63卷。

爱利生发回 10 多封涉及日本人操控的傀儡政权——华中维新政府——的电报，向美国政府及时报告最新的有关维新政府的酝酿、成立、就职典礼、新政权的功能，以及可能采取的政策。爱利生对维新政府的就职典礼作了详细的描述：

> 日本煞费苦心地采取了防范措施，以确保新政府的中国官员不致受到伤害。不仅在举行就职典礼活动的中心地区设置警戒部队，全城各处都有部队。典礼举行前两天，附近村庄的中国人就被禁止进入南京城。就职典礼之后两天，政府的主要官员都回到上海，相信他们仍在上海，政府的实际运作由低级官员和日本人负责。官方颁布的一份声明称华中政府最终将与北平的政权合并……。"维新"政府成立之际颁发的各种文告中含有相当多的诋毁外国人的宣传。①

维新政府的重要会议也都是在上海而不是在南京举行。爱利生还报告了日本人扶植的北平政权和南京维新政府之间的龃龉，以及官员相互间的钩心斗角。②

在日本人的统治下，贩卖毒品的现象也很严重。爱利生不仅报告自治委员会的成员本人吸食鸦片，而且指出贩卖鸦片的小商贩从日军特务机关获取鸦片。他还发现在一家招待日军的饭馆里年轻女郎吸食的鸦片均是日本兵提供的。可以相信鸦片的销售即使不是确实由日军倡导，日军当局也是详悉就里的。③ 美国大使馆的工作人员在大街上亲眼见到

---

① 约翰·M. 爱利生，《1938 年 3 月南京情况总结报告》，美国国家档案馆，84 档案组国务院驻外使领馆档案，驻中国使领馆档案第 2169 卷（驻南京大使馆 1938 年档案第 10 卷）。
② 约翰·M. 爱利生，1938 年 3 月 24 日下午 4 时发第 83 号电报和 1938 年 3 月 28 日中午发第 85 号电报，美国国家档案馆，59 档案组国务院档案，7171 盒，以及爱利生的 1938 年 3 月和 5 月南京情况总结报告，美国国家档案馆，84 档案组国务院驻外使领馆档案，驻中国使领馆档案第 2169 卷（驻南京大使馆 1938 年档案第 10 卷）。
③ 约翰·M. 爱利生，《南京的毒品贩卖》，1938 年 3 月 18 日，美国国家档案馆，59 档案组国务院档案，微缩胶卷 LM63 组，88 卷。

公开出售吸食鸦片的用具。①

爱利生报告了南京居民反抗日军的统治。1938年7月26日上午有人将炸弹扔进市长办公室和老市政府办公地点。虽然没有造成严重损坏,也没有伤及高级官员,但是日军当局采取了严厉的措施封锁爆炸案件的消息,不让南京的老百姓得知。据传有9名预谋此案的中国人被日军处决。②7月29日上午从上海驶往南京的列车被游击队拦截了达20多个小时,通往上海的铁路线因此中断。③8月4日,身份不明的中国爱国志士将手榴弹扔进鼓楼附近的日本宪兵队。据日本总领事说,有几个日本兵受了伤,但是来自中国人的消息称数名日军被炸死。据报道,在此之前的几个星期中,中国爱国志士经常枪击南京的日军哨兵。日军部队采取措施严加防范,使人相信即使在日军占领7个多月之后,南京城的老百姓仍没有顺从日本人的统治。④

这些外交文件还留下一份南京大屠杀期间留在城里的外籍人士的名单。《南京美国财产与权益的状况》报告附件十五A列出在南京的22名外籍人士的姓名、国籍、工作单位。计有14名美国人,5名德国人,1位奥地利人和2个白俄。⑤这个名单为后人提供了当时在恐怖的环境中留在南京的外籍人员可靠准确的资料。

日军占领南京后近两个月的时间内,对外国人的行动和活动严加限制,不允许他们出城。爱利生到达南京两天后报告道,日军严禁人们在

---

① 约翰·M.爱利生,《1938年6月南京情况总结报告》,美国国家档案馆,84档案组国务院驻外使领馆档案,驻中国使领馆档案第2169卷(驻南京大使馆1938年档案第10卷)。
② 约翰·M.爱利生,《1938年7月南京情况总结报告》,美国国家档案馆,84档案组国务院驻外使领馆档案,驻中国使领馆档案第2169卷(驻南京大使馆1938年档案第10卷)。
③ 约翰·M.爱利生,1938年7月30日下午5时发往美国驻上海总领事馆没有编号的电报,美国国家档案馆,84档案组国务院驻外使领馆档案,驻中国使领馆档案第2172卷(驻南京大使馆1938年档案第13卷)。
④ 约翰·M.爱利生,下午5时发没有编号的电报 (1938年8月6日),美国国家档案馆,59档案组国务院档案,微缩胶卷M976组,55卷。
⑤ 《南京美国财产与权益的状况》,附件十五A,美国国家档案馆,59档案组国务院档案,1821盒。

天黑之后出城,美国使馆的工作人员则是唯一能在白天出城的外国人。① 实际上,美国使馆的工作人员也只有在事先做了安排才能获准出城。② 美国外交官在城内实际上也不能自由行动。爱利生无论什么时候离开使馆大院,都要由一名日本宪兵陪同"保护"他。③ 南京城内的外国人被禁止离开南京的同时,外地的外籍人士也不得前往南京。到1938年1月10日为止日军当局只允许使馆或领事官员来南京。其他人员一概不得进城。④ 当时南京急需的两名医生回南京的请求亦遭断然拒绝。⑤ 爱利生指出:"日军限制外国人来往于上海南京之间的真正原因是怕说出日本人在此所作所为的真相,而不是所宣称的关心外国人的安全。"⑥ 直到1938年2月中旬,对外国人行动的限制才有所松动。⑦ 然而,当美国传教士最终在1938年6月被允许回南京之际,日本宪兵在他们抵达时,强令彻底搜查他们的行李。⑧

八

由于西方籍人士的行动受到严格限制,他们很少得到大规模集体屠

---

① 约翰·M. 爱利生,1938年1月8日上午9时发第9号电报,美国国家档案馆,59档案组国务院档案,0815盒。
② 詹姆斯·爱斯比,《南京美国财产与权益的状况》,美国国家档案馆,59档案组国务院档案,1821盒,第30页。
③ 约翰·M. 爱利生,1938年1月29日下午4时发第43号电报,美国国家档案馆,59档案组国务院档案,355盒。
④ 约翰·M. 爱利生,1938年1月10日下午4时发第15号电报,美国国家档案馆,59档案组国务院档案,微缩胶卷M976组,48卷。
⑤ 约翰·M. 爱利生,1938年1月23日中午发第34号电报,美国国家档案馆,59档案组国务院档案,0815盒。
⑥ 约翰·M. 爱利生,1938年4月1日下午4时发第90号电报,美国国家档案馆,59档案组国务院档案,1797盒。
⑦ 约翰·M. 爱利生,1938年2月18日下午4时发第61号电报,美国国家档案馆,59档案组国务院档案,微缩胶卷M976组,50卷。
⑧ 约翰·M. 爱利生,1938年6月18日下午1时发往美国驻北平大使馆没有编号的电报,美国国家档案馆,84档案组国务院驻外使领馆档案,驻中国使领馆档案第2172卷(驻南京大使馆1938年档案第13卷)。

杀的第一手材料,因为这些大规模的集体屠杀在南京陷落后两周内主要发生在城外长江沿岸的一些地点。美国外交官获准进入南京之际,最残酷的大规模屠杀已经结束。因此,这些外交电文没有提供可以证实大屠杀的规模与地点,以及被害人数等的资料。

这些外交文件的另一个不足之处是它们多半以美国人为中心,因此,对中国百姓所受苦难的报道有限。因为美国使馆的管理范围限于美国财产和人员,这些电文主要报告了美国财产受损,被掳掠,日军殴打美国公民,以及在美国产业上的中国人遭掳掠,被强奸等情况。

随着有关南京大屠杀的研究不断深入,不少当时在南京亲身经历大屠杀期间腥风血雨的西方人士的目击证词逐步公之于世。德国商人、南京国际委员会会长约翰·拉贝在他的日记中记载了日军的残暴,国际委员会保护中国难民免遭日军蹂躏的努力,以及日军对德国财产造成的损失。

就目前发现的材料来看,大屠杀期间留在南京的14名美国公民中,有13个人留下了不同种类的文字记录。金陵大学的三位美籍教授,贝茨、路易斯·斯特朗·凯瑟·史迈斯(Lewis Strong Casey Smythe)和里格斯的信件、报告详细记叙了当时城内的惨景,特别是发生在金陵大学的诸多事件。鼓楼医院的两名美国医生威尔逊和特里默,还有在医院实验室工作的格蕾丝·露易丝·鲍尔(Grace Louise Bauer),以及临时担任医院总务主任的麦考伦,都在给家人的信件中描述了城里恐怖的状况和医院中受难者的惨状。威尔逊是当时唯一留在南京的外科医生,他夜以继日地为源源不断抬进来的病人动手术,病人中的绝大多数都是日军暴行的受害者。在大屠杀期间写给他妻子马娇妮(Marjorie)的信中,威尔逊以一个受过科学训练的外科医生特有的精确,揭示了日军对待老百姓极其血腥的野蛮残暴。隶属于美国基督教会的约翰·吉利比斯·麦琪(John Gillespie Magee)和福斯特着重叙述了他们教会、教友所受的遭遇:在最恐怖的日子里发生在他们那儿的杀人、强奸、纵火等情况。麦琪还在鼓楼医院用电影摄影机拍摄了很多日军暴行的受害者。基督教青年会的菲齐逐日写下的日记为读者描绘了每天在南京发生的惨剧。金陵女子文理学院的魏特琳每日不辍地记日记,记录了当时发生在金陵女子文理学院的真实情况,特别是在那儿避难的近万名妇女儿童的命运。北方长老会的美国传教士米尔斯在1938年1月3日至3月18日给他妻子妮娜(Nina)写的信中,除去描写全城的惨景外,着重讲述了他的教会和其他教会组织所受的损失。

上述美国目击者的证词曾收录在哈罗德·约翰·田伯烈的《战争意味着什么:日军在华暴行(What War Means: Japanese Terror in China)》(1938),徐淑希的《日本战争行为(The War Conduct of the Japanese)》(1938)与《南京安全区文件(Documents of the Nanking Safety Zone)》(1939),章开沅的《目击大屠杀:美国传教士在南京见证的日军暴行(Eyewitnesses to Massacre: American Missionaries Bear Witness to Japanese Atrocities in Nanjing)》(2001),以及陆束屏的《他们就在南京:美国和英国公民见证的南京大屠杀(They Were in Nanjing: The Nanjing Massacre Witnessed by American and British Nationals)》(2004)与《魏特琳经历的南京恐怖:日记与信件,1937—1938(Terror in Minnie Vautrin's Nanjing: Diaries and Correspondence, 1937—38)》(2008)中。

虽然上述这些西方人士的目击记录为我们提供了大屠杀期间极其珍贵的第一手证据材料,但是这些材料或多或少地着眼于城市某一部分,或侧重于某一个组织或机构。然而,爱利生及其他美国外交官留下来的外交文件却比较全面地汇集了许多个人、机构,以及不同国籍公民的材料,尽管对材料有所取舍。这些外交文件涉及南京地区各个方面的情况,范围广泛,包括日军暴行、生活条件、经济状况、政治生活、军事行动和南京居民的反抗。更加重要的是,到目前为止,这些外交文件是记载南京大屠杀期间和大屠杀之后那段时期唯一具有连贯性的官方记录材料。没有其他任何材料提供如此连贯、广泛详尽的情况。

因此，尽管有些不足之处，这些外交文件提供了1937年12月13日南京被日军占领后发生情况的第一手珍贵的官方资料，描绘了大屠杀期间和大屠杀之后那段时期真实的情景。与西方人士留下的证据，以及其他目击证词一道，这些外交电文提供了日军对南京人民所犯暴行无可辩驳的证据，毫无疑问，它们将大大加强并促进对南京大屠杀的进一步研究。

1. 初抵遭蹂躏的南京

12月28日上午9时。①

参阅国务院12月27日上午11时发697号电。

今天上午7时和工作人员乘瓦胡舰②离开上海。

建议在南京上岸前,我乘瓦胡舰前往芜湖,调查美国人员及财产的状况,然后等候巴纳舰③打捞作业,从巴纳舰的保险箱中打捞出大使馆的

---

① 第1号电报,美国国务院档案编号124.93/421。原件藏位于马里兰州学院公园(College Park)的美国国家第二档案馆,59档案组国务院档案,0813盒。本书收录的大部分外交电报、报告及文件均由美国驻南京大使馆三等秘书约翰·摩尔·爱利生(1905—1978)从南京大使馆或美国炮艇瓦胡号发给美国国务卿考德尔·豪尔(1871—1955)或美国驻中国的其他使领馆。当时,美国驻南京大使馆位于上海路与广州路相交处附近,现地址为上海路82号。

② 美国军舰瓦胡号〔United States Ship (USS) Oahu〕,460吨,1927年在上海江南造船厂建造下水,1928年服役,部署在美国亚洲舰队,作为长江巡逻炮艇。1937年12月12日,瓦胡号的姊妹炮艇巴纳号在安徽和县被日军飞机炸沉,当时停泊在江西九江的瓦胡号迅即赶赴沉船水域,营救人员去上海。1941年11月,前往菲律宾马尼拉湾巡防。珍珠港事件爆发后,支援美军在巴丹(Batang)抗击日军直至1942年5月6日在科雷希多岛(Corregidor)附近海域被日军击沉。

③ 美国军舰巴纳号(USS Panay),482吨,1927年在上海江南造船厂建造下水,1928年服役,部署在美国亚洲舰队,作为长江巡逻炮艇。1937年12月10日,日军兵临南京城下发起总攻之际,巴纳号载着撤离南京的最后一批美国外交官、记者、商人,以及其他难民,驶离南京。12月12日,在南京上游20多公里处的安徽和县水域被日军飞机炸沉。

财物。如果上述计划得以实施,估计将在1月4日,或1月4日左右抵达南京。请求给予指示。

抄发汉口①和上海。②

12月31日晚6时。③

今天下午2时30分抵达南京,江边一带景象惨败,枪声入耳,还见到城内有多处小火在燃烧。

在瓦胡舰船长④的陪同下,我拜访了英国炮艇蜜蜂号⑤的船长。⑥他

---

① 1937年11月日军攻占上海后向南京推进之际,国民政府于11月20日决定迁都重庆。同时,一些政府机构,如外交部,先迁往汉口。一些国家的大使馆和大使也随着这些政府机构迁往汉口,其中包括美国驻华大使纳尔逊·杜鲁斯勒·约翰逊（Nelson Trusler Johnson, 1887—1954）。该电报抄发给在汉口的约翰逊大使。

② 此处指美国驻上海总领事馆。当时美国驻上海总领事为克莱伦斯·爱德华·高思（Clarence Edward Gauss, 1887—1960）。

③ 爱利生发给在汉口的美国大使没有编号的电报,美国国务院档案编号793.94/11921。原件藏美国国家第二档案馆,59档案组国务院档案,微缩胶卷M976组,48卷。

④ 当时美舰瓦胡号的船长为约翰·米歇尔·希汉（John Mitchell Sheehan, 1893—1956）,他1893年5月17日出生在波士顿。第一次世界大战时参加海军作战,此后,服役于肖莫特号（USS Shawmut）军舰,亚洲舰队飞行队,位于华盛顿的航空局,怀俄明号（USS Wyoming）军舰,西雅图号（USS Seattle）军舰。1937年2月调到亚洲舰队任长江巡逻炮艇瓦胡号船长直至1938年3月调往位于菲律宾的卡维特（Cavite）海军船厂。他曾发表多篇有关海军工程和在中国,特别是在南京经历的文章。希汉1947年退役,1956年4月11日在罗得岛州的新港（New Port）逝世,安葬于阿灵顿国家公墓。

⑤ 英国军舰蜜蜂号(His Majesty's Ship(HMS)Bee)、蟋蟀号（HMS Cricket),以及后文提及的蚜虫号(HMS Aphis)、瓢虫号(HSM Ladybird)、圣甲虫号(HMS Scarab),还有大甲虫号(HMS Cockchafer),均为英国皇家海军在长江上巡逻的昆虫级(Insect Class)炮艇。蜜蜂号(HMS Bee)1915年在英国建造下水,625吨,第一次世界大战期间部署在多瑙河巡逻,1920年加入英国皇家海军驻中国舰队(China Station),作为长江巡逻炮艇,并曾是英国长江巡逻的旗舰。1939年3月被拆解。

⑥ 当时英舰蜜蜂号的船长为哈罗德·汤姆斯·阿姆斯特朗（Harold Thomas Armstrong, 1904—1944）,他1904年9月出生于汉普郡(Hampshire)的波茨茅斯(Portsmouth),1922年加入皇家海军,1925年入读皇家海军学院。他1934年晋升为海军少校,1937年为海军中校,1941年升为海军上校。1937年8月担任英舰大甲虫号(HMS Cockchafer)船长,1937年12月24日调任蜜蜂号船长。此后他曾任蟋蟀号(HMS Cricket)船长（1938—1939),鹪鹩号(HMS Wren)船长（1940),毛利号（HMS Maori）舰长（1940—1941）,莱弗瑞号（HMS Laforey)舰长（1943—1944)。1944年3月30日,他任舰长的莱弗瑞号在意大利西西里岛巴勒莫(Palermo)港东北60海里的海面上被德国潜水艇击沉而殉职。

在日本军舰上与日军当局人员进行首次会谈后刚刚回来。据英国军官说,〔日军〕仍不允许外国人在南京登岸,根据日军司令官代表的说法,1月5日之前不允许任何人上岸。所给的理由是,"扫荡"行动仍在进行中,还不安全。英国人不打算在1月6日前上岸。一名英国官员可望于1月5日乘英国军舰蟋蟀号①抵南京。

瓦胡舰计划1月1日早晨前往和县、芜湖。发往汉口。抄发国务院和上海。上海请抄发东京。②

1938年1月2日。③

打捞的工作取得进展。考虑到有可能找回大使馆的财物,相信目前应当在此等候。瓦胡舰可能不会(重复不会)在1月5日前回到南京。发往汉口大使馆,抄发国务院和上海。

1月4日。④

瓦胡舰5日早晨前往芜湖,大约上午11时到达,当日下午返回。可望在6日驶往南京,约上午11时抵达,将和工作人员一起上岸。请照会日本总领事,⑤以便他通知南京军事当局。发往上海,抄发汉口大使馆。上海请抄发东京。

1月5日。⑥

---

① 英国军舰蟋蟀号(HMS Cricket)1915年在英国建造下水,第一次世界大战中部署在美索不达米亚(今伊拉克)的幼发拉底河与底格里斯河,1920年加入英国皇家海军驻中国舰队,作为长江巡逻炮艇。1939年改建为扫雷艇,并于1940年加入英国地中海舰队,1941年6月在埃及马特鲁港(Mersa Matruth)附近海域被水雷炸成重伤后退役。
② 此处指美国驻东京大使馆。当时美国驻日本大使为约瑟夫·克拉克·格鲁(Joseph Clark Grew, 1880—1965)。
③ 第1号电报,美国国务院档案编号124.93/427。原件藏美国国家第二档案馆,59档案组国务院档案,0813盒。
④ 第2号电报,美国国务院档案编号124.93/428。原件藏美国国家第二档案馆,59档案组国务院档案,0813盒。
⑤ 此处指日本驻上海总领事。当时日本驻上海总领事为冈本季正(Suemasa Okamota)。
⑥ 第3号电报,美国国务院档案编号393.1115/2553。原件藏美国国家第二档案馆,59档案组国务院档案,1795盒。

以下是克莱格希尔①发给纽约第四大道281号圣公会全国委员会秘书长约翰·W.伍德②的电文:"康斯坦丝修女③、珍妮特·安德生修女④、茂斯教士⑤、

---

① 劳德·鲁瑟福特·克莱格希尔(Lloyd Rutherford Craighill,1886—1971),中文名葛兴仁,1886年9月3日出生于弗吉尼亚州林奇伯格(Lynchburg),1912年毕业于华盛顿与李大学(Washington & Lee University),1915年从弗吉尼亚神学院毕业后,受圣公会差遣,同年7月前往中国,曾在南昌传教19年,1937年11月到芜湖做救济难民的工作。1940至1949年担任圣公会皖赣(安庆)教区第二任主教,驻节芜湖。珍珠港事件之后,他被日军羁押,关进上海浦东集中营至1943年遣返美国。他战后回到中国,1949年离开,1971年3月13日在弗吉尼亚州莱克星顿(Lexington)去世。他的妻子玛丽安·加登纳·克莱格希尔(Marian Gardner Craighill,1890—1982)1972年出版了回忆录《葛家旅华回忆》(The Craighills of China)》。
② 约翰·威尔逊·伍德(John Wilson Wood,1866—1947)1866年8月4日出生于纽约,1886年毕业于纽约市立学院(New York City College),1915年在南方大学获神学学位。1900至1940年担任圣公会全国委员会(National Council of the Protestant Episcopal Church)国内、国外事务秘书长,曾于1918—19,1923—24,1927—28,1930,1933到中国与其他亚洲国家指导、检查工作,并任华中大学董事、福建协和大学(Fukien Christian University)董事。他1940年退休,1947年8月7日在纽约逝世。
③ 康斯坦丝·安娜修女(Sister Constance Anna,1884—1972),本名为安娜·马丽·海斯(Anna Mary Hayes),1884年2月10日出生于俄亥俄州克里夫兰,1909至1912年在天主教开办的医院中受训成为护士。1918年到安徽芜湖传教,做医护工作,抗战爆发后,收养了大批孤儿。珍珠港事件之后,被日军关进上海浦东集中营直至1945年8月战争结束。她1947年离开中国,1972年5月30日在俄亥俄州的格兰戴尔(Glendale)逝世。
④ 海伦·珍妮特·安德生(Helen Janet Anderson,1897—1995),圣公会的教名为珍妮特·玛格丽特修女(Sister Janet Margaret),1897年11月15日出生于威斯康星州苏必利尔(Superior),1924年毕业于位于洛杉矶的西方(Occidental)学院,1930年在位于费城的宾夕法尼亚女子医学院获得医学博士学位,1935年作为圣公会传教士医生前往菲律宾萨加达(Sagada)山区的圣西尔多(St. Theodore)医院行医。她1937年来到中国,日军向南京进军之际,她在南京,并疏散至芜湖,为难民服务,在美国基督教会的诊所治病救人。1939年回到菲律宾行医,1941年6月到夏威夷。回到美国后,在波士顿圣公会的老人院任医生达25年,1995年8月15日在波士顿逝世。
⑤ 瓦特·贝瑞·茂斯(Walter Perry Morse,1892—1976)1892年6月17日出生于威斯康星州密瓦基(Milwaukee),毕业于威斯康星的雷辛(Racine)学院。1920年从威斯康纳肖塔(Nshotah)神学院获得神学学位后于1922年作为圣公会的传教士前往朝鲜传教,10年后于1932年到日本传教。1937年夏,抗日战争爆发之际,他从日本来到中国上海,从事难民救济工作。日军向西推进后,他于1937年11月间抵达芜湖,救助难民。以后随着日军向内陆进军,他到汉口、沙市,最后在宜昌落脚。珍珠港事件之后,被日军羁押,1942年8月遣返美国。1944年10月回到中国,抗战胜利后回到宜昌传教。他1952年离开中国大陆,以后曾去台湾传教,1976年3月23日在马萨诸塞州水城(Watertown)逝世。

1. 初抵遭蹂躏的南京

兰费尔教士①、劳德·R.克莱格希尔教士在芜湖安然无恙。情况有所好转。"

1月5日下午4时。②

中国飞机进行猛烈的空袭进入尾声之际,我们于上午10时30分抵达芜湖。九架中国重型轰炸机在飞机场投了大约17枚炸弹,在芜湖市内四个不同的地方投了数目不明的炸弹。没有造成美国财产和人员的伤害。

我和工作人员一起上岸,L.R.克莱格希尔教士陪同爱斯比③和麦克法瑾④

---

① 波纳德·伍德渥德·兰费尔(Bernard Woodward Lamphear, 1886—1951),中文名蓝斐然,圣公会教士,1886年5月26日出生于马萨诸塞州渥斯特(Worcester),1909年毕业于克拉克大学(Clark Universitt),1917年前往中国,在芜湖传教、教书。1923年任芜湖圣雅阁中学(St. Lioba's School,1927年后中文校名更改为广益中学)校长。中共早期领导人王稼祥青年时代就读此校闹学潮时,曾与蓝斐然校长正面交锋。他在芜湖工作至珍珠港事件爆发,此后被日军羁押,关进上海沪西第二集中营(Ash Camp)直至1945年8月战争结束。他于1951年7月4日在上海逝世。
② 第4号电报,美国国务院档案编号793.94/11974。原件藏美国国家第二档案馆,59档案组国务院档案,微缩胶卷M976组,48卷。
③ 詹姆斯·爱斯比(James Espy,1908—1976)1908年3月23日出生于俄亥俄州辛辛那提,1930年毕业于耶鲁大学,1935年进入外交界,在美国驻墨西哥城大使馆任职。1937年4月调往美国驻上海总领事馆。1938年1月6日和爱利生、麦克法瑾前往南京,重开美国大使馆。在南京期间,爱斯比做了大量的工作,调查日军暴行,撰写了两份分别长达100多页的日军暴行报告。爱斯比在南京工作到1938年6月3日,然后调往美国驻广州总领事馆。1938年底晋升为三等秘书,调往美国驻东京大使馆。珍珠港事件后,他和许多美国外交官一道,被日本羁押了六个月。此后,他任职于中东的伊斯坦布尔(1942年7月)、亚历山大港(1942年10月)和开罗(1943),并于1944年在开罗晋升为二等秘书。1948年,他在美国驻玻利维亚大使馆晋升为一等秘书。以后任职于维也纳(1951),奥地利萨尔斯堡(1952),并担任美国驻锡兰(今斯里兰卡)大使馆公使(1953),驻乌拉圭大使馆公使(1956)。爱斯比1963年从外交界退休,1976年1月27日在美国首都华盛顿逝世。
④ 小阿契鲍德·亚历山大·麦克法瑾(Archibald Alexander McFadyen, Jr., 1911—2001)1911年8月20日出生于江西牯岭,在中国长大,就学,其父长期在江苏徐州教会医院做医生,他1935年毕业于北卡罗来纳州的大卫逊(Davidson)学院后,回到上海,在中华全国饥馑救济会工作,1937年4月进入外交界,在美国驻上海总领事馆任职员,1937年底,随爱利生和爱斯比前往南京,于1938年1月6日上午抵南京重开美国大使馆。他1938年3月13日离开南京回上海总领事馆工作直至珍珠港事件后被日军羁押六个月。此后在美国驻乌拉圭蒙的维地亚、中国重庆、昆明、上海、天津、爱尔兰都柏林和加拿大多伦多的使领馆任职。1956年离开外交界,2001年3月1日在纽约州克林顿(Clinton)逝世。

在其他地方视察美国房产之际,我和芜湖总医院的R. E. 布朗医生①谈了谈。据布朗医生说,日军占领最初的一个星期里"残酷对待并屠杀平民,肆无忌惮地掳掠破坏"城内的私人财产。外国人的人身能受到尊重,但无人看管的财产一般均遭偷盗。日本陆军、海军和领事官员分别拜访了他,对医院船上的美国旗于12月13日被扯下一事致以歉意。两名美国护士,弗朗西丝·科利小姐②和魏玛·梅夫人③希望在1月8日乘汽轮黄埔号④离开芜湖去上海。

美孚石油公司⑤和德士古公司⑥均没有遭到损坏。日本海军闯入美孚公司,劫走14吨半燃料油,并留下收条。两个公司在城内的办公室没有受损,但被彻底洗劫。美孚石油公司办公室里的小保险箱被撬开,箱

---

① 罗勃特·埃尔斯渥兹·布朗(Robert Ellsworth Brown,1886—1948),中文名包让,1886年11月29日出生于堪萨斯州的里昂斯(Lyons),1910年毕业于伊利诺伊大学,1916与1918年从密歇根大学分别获公共卫生硕士和医学博士学位。随即于1918年8月前往中国,担任芜湖总医院院长直至1939年春天,他到中国的西部地区调查公共卫生的状况,并在成都的华西联合大学医院工作。1943至1945年,任中国旅行服务社的医疗顾问,在美国陆军任文职医官,以及中国政府的医疗事务顾问。布朗1948年5月20日在洛杉矶逝世。

② 弗朗西丝·伊丽莎白·科利(Frances Elizabeth Culley, 1899—1974)1899年3月9日出生于纽约州莫利山(Mt. Morris),1921年作为圣公会的护士前往中国,在南京与芜湖总医院先后任护士、护士长。1951年离开中国后,曾于1953至1954年在菲律宾工作。她1974年1月1日逝世。

③ 魏玛·玛丽艾塔·斯塔兹·梅(Wilma Marietta Stiles May, 1912—1992),中文名史维美,1912年6月21日出生于宾夕法尼亚州的东莫契蕾克(East Mauch Chunk),即今金松普(Jim Thorpe),1933年做护士时结识了在同一所医院任实习医生的中国留学生梅国祯(英文名Wesley K. C. May),并与之结婚。1934年丈夫前往中国上海,1937年随夫到芜湖总医院工作。日军攻占芜湖时,她与丈夫都在医院救治伤病员。日军的暴行使她震惊,并于1938年1月带两个儿子回上海,同年7月回美国。由于梅国祯决意留在中国组织医疗队参加抗战,于1941年离婚,她以后和威廉·瑞蒙·路易斯(William Raymond Lewis)结婚,更名为魏玛·斯塔兹·路易斯(Wilma Stiles Lewis),她1992年10月3日在俄亥俄州麦利恩(Marion)逝世。

④ 汽轮黄埔号〔Steam Ship (S. S.) Whangpoo〕,3 204吨,为英国太古(Butterfield & Swire)洋行行驶于上海至汉口航线的客轮。

⑤ 美孚石油公司(Standard Vacuum Oil Company)最初于1870在美国俄亥俄州成立。1890年以后,该公司拓展海外市场,进入中国,公司取中文名"美孚",以期销售煤油灯油给四亿中国人。1911年美国最高法院裁定该公司垄断,迫其分裂成许多小公司,但是美孚中国公司一直存在至二十世纪四十年代末。

⑥ 德士古公司(Texas Corporation)为美国的石油公司,1901年成立于得克萨斯州的贝盟(Beaumont),创建之初的英文名称为 Texas Fuel Company(得克萨斯燃料公司),1902年更名为 Texas Corporation。1928年该石油公司的销售业务已遍及美国各州,三十年代初,扩展海外业务,将油料产品推销到50多个国家,包括中国。1959年,公司的英文名改称 Texaco,并沿用至今。

内的东西不知去向,但是大保险柜没有打开。大来公司①的建筑物未受损,但办公室均遭偷盗。美国基督教会和来复会的房产没有受损,所有美国居民都平安。

将邮寄一份详细的报告。瓦胡舰下午2时离开芜湖,在我们的归途上,见到江南岸一片大火,大概是日本人放的火。

发往汉口大使馆,抄发上海。

1月6日。②

参阅国务院1月3日发给上海的2号电,以及上海1月5日上午11时的17号电。

福斯特③和麦琪④在南京安然无恙。

---

① 大来公司(Robert Dollar Company)是由美国人罗勃特·大来(Robert Dollar,1844—1932)于1903年成立,总部设在旧金山,主要经营木材、航运业。巅峰时期,在世界各地开辟远洋客运航线。二十世纪三四十年代在太平洋上穿梭于中美两国之间的柯律纪总统号(S. S. President Coolidge)、胡福总统号(S. S. President Hoover)、威尔逊总统号(S. S. President Wilson)均是该公司的远洋客轮。
② 第5号电报,美国国务院档案编号393.1115/2444。原件藏美国国家第二档案馆,59档案组国务院档案,1795盒。
③ 欧内斯特·赫曼·福斯特(Ernest Herman Forster,1896—1971)1896年11月1日出生在费城,1917年毕业于普林斯顿大学,1920年作为圣公会的传教士前往中国,在扬州的美汉学校(Mahan School)教书。日军攻占南京一个月之前的1937年11月,他奉教会的调遣,来到南京,是大屠杀期间,留在南京城内保护、帮助中国难民的14名美国公民之一。他和麦琪一道,保护了他们教会的许多教友和其他难民。继麦琪之后,他于1938年6月担任南京国际红十字会会长,并于1939年6月回美国休假。珍珠港事件爆发时,他人在南京,被日军软禁在家中直至1943年遣返回美国。战后,他立即回到南京,在下关教堂传教至1948年受聘于上海的圣约翰大学的神学院任教授。福斯特1951年离开中国,曾先后在弗吉尼亚州和康涅狄格州的教会与学校中工作,1971年12月18日在康涅狄格州的纽黑文(New Haven)去世。
④ 约翰·吉利斯比·麦琪(John Gillespie Magee,1884—1953)1884年10月10日出生在宾夕法尼亚州的匹兹堡,1906年毕业于耶鲁大学。作为隶属于美国基督教传教会(American Church Mission)的圣公会牧师,麦琪1912年来到南京传教,在那儿生活、工作到1940年。1937年12月13日日军攻占南京实施大屠杀之际,他是留在南京城内的14名美国公民之一。并在大屠杀期间从事大量帮助、保护中国难民的工作。他组织成立南京国际红十字会,并担任会长,协助建立红十字会医院,保护了一批中国伤兵。麦琪在大屠杀期间所做的,对后世最有意义的工作,是他在南京鼓楼医院用16毫米的电影摄影机拍摄了日军暴行的受害者以及其他屠杀场面。这是记录南京大屠杀仅存于世的影片资料。麦琪1940年回美国,曾在华盛顿特区任牧师,1944年罗斯福总统逝世时,他是三位主祭牧师之一。他1946年前往东京在远东国际军事法庭就日军在南京的暴行作证。他于1953年9月9日在家乡匹兹堡辞世。

抄发上海。

1月6日。①

以下是魏特琳小姐②发给纽约中国基督教学院联合董事会③格雷斯特④的电文:"请告知创校董事们和瑟斯顿⑤及我的家人,所有工作人员均平安。一名佣人仍失踪。教学楼没有受损。目前收容着一万名妇女儿童。有许多理由感恩上苍。"

1月6日下午5时。⑥

上午11时抵达南京,受到非常合作的日本领事、海军,以及军方代表的迎接。以下是有关美国人的生命、财产情况初步而简短的报告。

---

① 第6号电报,美国国务院档案编号393.1115/2443。原件藏美国国家第二档案馆,59档案组国务院档案,1795盒。
② 明妮·魏特琳(Minnie Vautrin,1886—1941)1886年9月27日出生于美国伊利诺伊州的小镇赛科(Secor)。1912年毕业于伊利诺伊大学后,即赴中国,在安徽合肥的三育女子学校(Coe Memorial School)教书。1919年调入金陵女子文理学院从事教学及行政管理工作。她是南京大屠杀期间留在南京庇护中国难民的14名美国人之一,负责管理金陵女子文理学院难民营,收容了上万名妇女儿童。日军在南京的暴行对她的身心健康造成巨大的伤害,触发了抑郁症,精神崩溃,于1940年4月回美国治疗,最终导致她于1941年5月14日在印第安纳州的印第安纳波利斯(Indianapolis)自杀。
③ 此处英文原文Abchicol是Associated Boards of Christian Colleges in China(中国基督教学院联合董事会)收发电报的缩写地址。该组织的办公地点为纽约第五大道150号。
④ 吕蓓卡·沃顿·格雷斯特(Rebecca Walton Griest,1890—1978)1890年5月10日出生于宾夕法尼亚州兰科斯特(Lancaster),1912年毕业于威斯利女子(Wellesley)学院,1919至1927年在金陵女子文理学院教授英语和历史。其间,她于1922至1924年在哥伦比亚大学学习,并获硕士学位。1927年回美国后担任金陵女子文理学院在纽约的创始者董事会成员,并同时兼任中国基督教学院联合董事会董事。格雷斯特1978年1月15日在家乡兰科斯特逝世。
⑤ 劳伦斯·瑟斯顿夫人(Mrs. Laurence Thurston)的本名为莫蒂尔塔·史麦瑞尔·卡德尔·瑟斯顿(Matilda Smyrell Calder Thurston,1875—1958),中文名德本康,金陵女子文理学院第一任院长。她1875年5月16日出生于康涅狄格州的哈特福特(Hartford),1896年毕业于麻省赫利佑克山(Mt. Holyoke)学院。她在1913年受美国基督教长老会的委派前往南京,并于同年被推选为金陵女子文理学院院长,筹建学校。她担任金陵女子文理学院院长直至1928年吴贻芳接任。此后,她继续在金陵女子文理学院工作,担任顾问、教师等职。珍珠港事件之后,她在南京被日本当局羁押直到1943年被遣返回美国。退休后,她居住在马萨诸塞州的阿郡藏尔(Auburndale),并在那儿于1958年4月18日去世。1955年,她出版了与他人合著的金陵文理学院校史《金陵文理学院(*Ginling College*)》。
⑥ 第7号电报,美国国务院档案编号393.1115/2447。原件藏美国国家第二档案馆,59档案组国务院档案,1795盒。

城内美国人均安然无恙。虽然最近情况有所改善,但是日军对美国人的财产已进行了相当严重的劫掠。房屋只受到轻微的破坏,而屋内无人看管的东西一般均被洗劫而去。和我共进午餐的几位美国居民讲述了肆意屠杀中国平民、强奸妇女骇人听闻的情况,有的就发生在美国人的房产上。美孚石油公司和德士古公司的设施被闯入,库存货物遭抢,只是被抢走的数量尚不得而知。

城里总的情况正慢慢恢复正常。大使馆里有水,但没有电。食品供应较为紧缺。日军部队仍没有很好地受到约束,但相信最糟糕的状况已经结束。

在两座大院里的使馆建筑和财产总的来看情况良好。日军已归还了两辆抢走的汽车,并主动要用新车赔偿六辆没有归还的车子。没有归还的大使馆车辆是大使、奥德里吉①、简金斯②和拉封③的车子。使馆的雇员和仆役都平安,只有简金斯的仆人试图守卫位于使馆大院外简金斯的住所时遭杀害。该住宅被洗劫一空。

---

① 克莱逊·韦勒·奥德里吉(Clayson Wheeler Aldridge, 1899—1944)1899年10月19日出生于纽约州罗马(Rome), 1922年从普林斯顿大学毕业后获奖学金前往丹麦哥本哈根大学学习一年,1925年进入外交界,曾长期在美国驻雅典大使馆任职,并于1934年2月升任二等秘书,1936年1月从雅典调往南京大使馆任二等秘书。日军攻占南京之前,他已撤离,以后在美国驻马尼拉、新加坡和悉尼使领馆工作,1944年3月30日去世。
② 小詹姆斯·道格拉斯·简金斯(James Douglas Jenkins, Jr., 1910—1980)1910年1月17日出生于加拿大的圣彼尔与米科隆群岛(St. Pierre et Miquelon),其父为美国著名外交官,曾任驻玻利维亚大使。他幼年随父母在中国上学,毕业于北京美国学校后回美国就读南卡罗来纳大学,再转学至弗吉尼亚大学,并于1930年毕业。他1931年进入外交界,1932年4月在美国驻昆明领事馆任副领事,1933年3月调入南京大使馆,1935年9月升任三等秘书,日军攻占南京之前已撤往上海。1938年8月以后分别在华沙、斯德哥尔摩使馆工作,1941年在斯德哥尔摩升任二等秘书。此后在圭亚那马那瓜、澳大利亚堪培拉和日本的横滨、神户使领馆任职。1950年调往驻伦敦大使馆任一等秘书,1955年7月升任总领事,同年8月调任驻特立尼达的西班牙港总领事。他1961年从外交界退休后,居住在南卡罗来纳查尔斯顿,并在那儿于1980年1月26日去世。
③ 悉尼·肯尼迪·拉封(Sidney Kennedy Lafoon, 1904—1978)1904年7月12日出生于弗吉尼亚州丹尼尔顿(Danieltown),曾经在美国驻巴格达、新加坡使领馆任职员,1934年4月调往驻北平使馆,1935年8月调任南京大使馆,1936年3月升任副领事,分别在驻上海、汉口、重庆使领馆工作,1945年1月升任驻瑞士伯尔尼大使馆三等秘书,1947年晋升驻乌拉圭蒙德维的亚大使馆二等秘书,1951年在同一使馆升任一等秘书,1957年出任驻百慕大汉米尔顿总领事。拉封1978年6月在佛罗里达逝世。

瓦胡号计划在南京停留约两天,再回去进行打捞作业。将设法在瓦胡号离开之前发出更为详细的报告。

发往汉口大使馆。抄发国务院和上海。

1月7日下午4时。①

12月的最后一个星期,日本兵经常破门闯入大使馆的两个院落,除了抢走以前报告过的两辆汽车,还从使馆的中国籍工作人员和仆役那儿抢走钱和其他财物,包括首饰、手表,价值共计中国币数百元。除了汽车,属于使馆美国工作人员的财物没有受到什么损失。12月30日,日本使馆的代表主动赔偿使馆内所有中国人的损失。和美国居民商量之后,使馆职员塞尔顿(Seldon)②先生接受了中国币801.30元,分发给中国雇员。

昨天和日本使馆的中村先生③交谈时,我指出侵犯大使馆财产和雇员的严重性,并陈述必须做出某种形式的赔偿。中村承认侵犯了大使馆的财产,并表示日本政府愿意作出正式道歉。由于该地区的日军总司令是皇叔④,他询问是否总司令的参谋长向作为美国代表的我道歉就足够了。如果不行,中村先生问是否需要日本大使向美国大使道歉,或者美国政府是否要求日本驻华盛顿大使代表日本政府道歉。中村先生说他的政府希望此事能够就地在南京作出道歉加以解决。日本政府怕更为正式的道歉会导致对此事过度张扬,日本和美国的舆论将被煽动起来,也许会导致两国间的关系进一步紧张。我回答说,有必要请示大使和国务院之后才

---

① 第8号电报,美国国务院档案编号124.932/550。原件藏美国国家第二档案馆,59档案组国务院档案,0815盒。
② 这个名字不准确,因为当时没有美国工作人员留在使馆内,而留下来的中国职员没有人有这个名字。此人应是大使馆的中国籍职员T. C. Teng。见本书340至345页所列编号为124.932/595(1938年3月21日)的文件。
③ 中村奕之助(Ekinosuke Okamura)1890年出生于东京,1909年毕业于岛根县商业学校,1921年进入外交界,曾于1934年在日本驻"满州国"使馆供职,1937年调往上海总领事馆,并于1942年起任职于驻南京的日本大使馆。
④ 朝香宫鸠彦(Yasuhiko Asaka, 1887—1981)1937年12月2日至1938年2月14日接替松井石根担任上海派遣军司令,为南京大屠杀元凶之一,但因是日本皇族,未受远东国际军事法庭审判。

能通知他以什么形式的道歉才是满意的。请求就此事给予指示。

除了上述情况,有关其他美国财产遭损坏的详细情况将于明天报告。

发往汉口。抄发国务院和上海。

1月8日上午9时。①

瓦胡舰船长通知我他必须于明天凌晨返回和县,但是他预期在明天下午4时与绍斯号②救援拖轮一起回南京。还不确定他是否要护航绍斯号去上海。如果他去上海,通讯联络实际上就不可能了。由于瓦胡号必须停泊在上游大约三英里处,以及汽油储备有限,船长说他只能一天发送小汽艇靠岸两次,目前的通讯联络已很困难。天黑后日本人不准任何人出城,我们的工作人员是唯一白天获准出城的外国人。

希汉③海军少校主动提出在大使馆安装一部便携式无线电发报机,留一名士兵在这儿操作发报机,但是我预期这样做会和日军当局有麻烦。我已通知日本使馆安装这部发报机是极其重要的,但是他说这事一定得通知军方。除非得到其他的指示,我打算坚持在大使馆安装这部发报机。

发往汉口大使馆。抄发上海让总司令④得知。

1月8日中午。⑤

1月1日宣布成立了由9名中国委员组成的南京自治委员会。⑥会

---

① 第9号电报,美国国务院档案编号124.932/552。原件藏美国国家第二档案馆,59档案组国务院档案,0815盒。这电报的编号应为9号,而不是10号。
② 绍斯号〔Salvage Tug (S. T.) Saucy〕是隶属于美孚石油公司的一艘救援打捞拖船。
③ 即瓦胡号船长约翰·米歇尔·希汉(John Mitchell Sheehan, 1893—1956),见本书第2页注④。
④ 美国亚洲舰队总司令哈利·欧文·雅纳尔(Harry Ervin Yarnell, 1875—1959)海军上将。他1875年10月18日出生于艾奥瓦州的独立城(Independence),1897年毕业于海军学院后加入美国亚洲舰队,参加了菲律宾及镇压义和团的战役。1936年10月被任命为美国亚洲舰队总司令。雅纳尔1944年12月退役,1959年7月2日在罗德岛州的新港(Newport)去世。
⑤ 第10号电报,美国国务院档案编号893.101 Nanking/14。原件藏美国国家第二档案馆,59档案组国务院档案,微缩胶卷LM63组,63卷。
⑥ 1938年1月1日成立的南京自治委员会成员如下:会长陶保晋,副会长孙叔荣、程朗波,委员赵威权、赵公瑾、马锡侯、黄月轩、胡启阀、王春生;另有顾问5名:张南梧、许传音、王承典、陶觉三、詹紫光,秘书长为王仲涛。另据《读卖新闻》1937年12月24日第一版报道,南京自治委员会于是年12月23日成立。陶锡三出任会长,王春生与程朗波担任副会长,委员为程调元、孙叔荣、胡启阀、罗逸民、赵威权、赵公瑾、马锡侯、黄月轩11人,多出程调元与罗逸民两人。

长陶保晋①是红卍字会的副会长,也是齐燮元②将军忠实的部下。据本地传说齐燮元曾协助日本人攻打南京。

根据美国居民的说法,上述委员会成立之际俄国大使馆被日本人焚毁。往日的中国五色旗③通常和日本旗张挂在一起在全城各处飘扬。

发往汉口大使馆,抄发北平。④

1月8日下午4时。⑤

参阅我1月6日下午5时发7号电和1月7日下午4时发8号电。

昨天下午大使的汽车完好无损地归还。不久之后,日本代理总领事福井⑥到使馆来送交160加仑汽油。他说汽油是作为日本大使馆"借去"3辆使馆汽车的部分赔偿。鉴于汽油供应困难,我接受了这些汽油,

---

① 陶保晋(1875—1948),字锡三、席三,1875年2月7日出生于南京,早年毕业于南京格致书院,后赴日本政法大学留学。1909年任江苏咨议局议员、省政法学校校长,1913年当选为省众议院议员,兼业律师并任江宁县律师公会会长,1923年被推为世界红卍字会南京分会副会长。1927年国民政府定都南京后,他退出政界,从事慈善事业,在社会上有一些影响,与齐燮元是至交。1937年12月南京沦陷后,陶保晋于1938年元旦出任南京自治委员会会长。1938年出任伪大民会副会长。1938年8月,在伪维新政府立法院院长温宗尧的拉拢下,出任立法委员。日本投降后,以汉奸罪判处有期徒刑2年,没收私有财产。1948年4月,陶保晋刑满获释,6月,患脑出血在南京去世。

② 齐燮元(Chi Hsueh Yuan, 1879—1946),原名齐英,字抚万,号耀珊,1879年出生于河北宁河,北洋陆军速成学堂二期炮兵科毕业。1917年随李纯赴江苏,任江宁镇守使、苏皖赣巡阅副使、督办江苏军务善后事宜、苏皖赣巡阅使等职,是北洋军中直系的重要人物。1930年中原大战时,齐燮元出任江北招抚使,失败后隐居天津英租界。1937年日本发动侵华战争后,他又出面成立伪天津治安维持会,后任伪华北临时政府委员兼治安总署督办。1940年,接受南京汪伪政府的任命,出任伪华北绥靖军总司令等职。1945年抗战胜利后以叛国投敌罪被捕,1946年被处决于南京。

③ 1912年至1927年间使用的中国国旗。

④ 美国大使馆于1935年从北平(北京)迁往南京,但仍称北平的使馆为大使馆。这时在美国驻北平大使馆主持日常工作的是参赞弗兰克·布鲁特·洛克哈特(Frank Pruit Lockhart, 1881—1949)。

⑤ 第11号电报,美国国务院档案编号124.932/553。原件藏美国国家第二档案馆,59档案组国务院档案,0815盒。

⑥ 福井淳(Kiyoshi Fukui, 1898—1955)1898年2月1日出生于日本神奈川县,1923年毕业于东京工商大学,同年进入外交界。曾任日本驻南京大使馆二等秘书。1936年在上总领馆任领事。1937年底至1938年2月担任日本驻南京代理总领事。此后调往孟买任领事,1940年出任日本驻缅甸仰光总领事。1944年任日本海军司政长官,同年任外务省调查官。他于1955年5月3日去世。

但表示，此事的最后解决尚待以后讨论而定。

对大使馆以外的美国产业所做的进一步调查显示位于升州路的卫理公会主要建筑据称是在南京陷落后几天被日军放火烧毁的。其他遭破坏的美国产业有统一基督教会的男子学校内两幢建筑被烧毁，美国基督教会的教区房屋被炮火击中。

德士古公司的设施在12月30日和1月4日被日本兵闯入，美国国旗被扯下烧毁，几乎所有的库存物品，以及雇员的私人物品都被掠走。建筑未损坏。美孚公司的设施和住宅完好无损，但有一部分被劫掠。美国居民报告了数起日本兵扯下美国旗，撕毁美国旗，罔顾美国与日本使馆阐明其为美国财产而张贴布告举措的事件。位于所谓的"安全区"内的美国产业，除了偶尔的抢劫、盗窃外，一般均没有受损。

我已数次向日本大使馆提出口头、非正式的抗议，并已通报他们，我认为妥当的做法是在有机会进行全面调查之后，再正式处理各项事宜。

与我们抵达南京前有关日军行为的报道成鲜明对照的是，到目前为止，所有日本文武官员的态度非常有礼貌，协助提供设施给我们的工作人员开展工作。

对南京中心商业区的察访显示范围广大的摧毁破坏，主要街道上几乎每一座商店、建筑都被洗劫，其中大部分遭焚毁。这些摧毁破坏绝大部分应该是在日军进城后发生的。我们的供水再次被切断，仍没有电。

发往汉口大使馆。抄发上海。

394.115 Panay/351

美利坚合众国大使馆

1938年1月9日，南京

编号 1

(旧编号 620)

文件主题：在巴纳号沉没水域与芜湖的调查①

华盛顿

尊敬的国务卿

先生阁下：

非常荣幸地向您提交在前往芜湖的旅途中我本人以及工作人员就发现的情况所作的记述。对芜湖的总体情况作了简短的评述；对于在巴纳号沉没水域和芜湖发生的涉及美国财产与权益的事件提供了在有限的时间内能够获得的详细情况。

美舰巴纳号沉没水域

1月1日下午美舰瓦胡号驶抵美舰巴纳号沉没水域。从上海护送到这片水域的美孚石油公司的救援拖轮绍斯号立即开始打捞作业，当天下午就成功地找到了沉没的巴纳号。

美孚石油公司

乘瓦胡号来调查因巴纳号和美孚石油公司船只沉没他们公司所受损失的美孚石油公司的代表找到他们公司船队的4艘船。这些船只包

---

① 原件藏美国国家第二档案馆,59档案组国务院档案,1852盒。

括柴油发动的70吨钢制驳船美意号和美英号①，一艘称为"大舢板"的没有发动机的钢制驳船，以及一艘标有"O.B. 206"的钢制"大驳船"。前3艘船均没有受损，船上仍装载着所有的设备以及留在船上的燃料油和润滑油。船只被中国机组人员驶抵长江北岸，在通往和县的河口附近，拴在岸边。钢制"大驳船"在江南岸找到，船泊在茂船边，已被烧焦，驳船尾建成船桥式的船舱已烧毁。这艘船上有一根钢缆连接到一旁被炸沉的美夏号和美平号。一名在那儿负责这些船只的水手长告诉美孚石油公司的代表，大约有140多名公司的中国籍雇员和家属在和县及附近地区避难。这些是美孚船队的幸存者。许多人被炸死。此后3天，6名受伤的幸存者被抬到瓦胡号，由船上的医生医治或手术治疗。

美孚石油公司的代表还数次察看了该公司1500吨的货轮美安号。这艘船在巴纳号事件中，和其他船只一道被炸，但这艘船很快就在巴纳号沉没水域下游两英里处的长江北岸搁浅。我的一名工作人员两次陪同公司的代表去察看。发现从船首到船中部船桥后面，往上到后桅杆，完全被烧毁。船首的甲板、前舱，除了船中部船桥结构的金属部件，所有部分均被焚毁。

船壳上的油漆直到吃水线都被烧焦，有些钢板弯曲了。火没有烧到后舱和船尾甲板，但发现里面的东西全遭掳掠。锅炉和引擎完好，但所有能搬走的器材也都给拿走，引擎室的设备不是被烧掉就是被搬走。在煤舱里发现有一些煤炭，其中一个煤舱还在燃烧着。

这艘船被发现时的情况可以说该船还有个钢船壳，船桥的金属残骸，所有的附件都被劫走的锅炉和引擎。

根据前面提到的水手长的说法，美安号是在12月18日晚被人放火烧的。没有人留下来看守这艘船，他无法断言是谁放的火，是谁洗劫掳掠了船上的货物、部件。有理由推断可能是当地的中国人干的，因为在我们到达时，见到许多中国人在船四周，忙着搬运剩下的煤炭，拿走所有能敲下来的东西。

---

① 美意号(S. S. Mei Yi)(47吨)、美英号(S. S. Mei Ying)(44吨)，以及后文提及的美夏号(S. S. Mei Hsia)(1 048吨)、美平号(S. S. Mei Ping)(1 118吨)和美安号(S. S. Mei An)(935吨)，均为美孚石油公司运油的油轮。

除了找到美孚石油公司的船只,据报告有一艘小摩托艇隐藏在通往和县的河里,这艘摩托艇属于一个名为巴克斯特①的美国人。还没有获得完整的细节,瓦胡号启程前往南京那天,还没有找到摩托艇。

芜湖

1月5日上午10时30分,瓦胡号驶抵芜湖。我们似乎及时赶上目睹中国飞机空袭的尾声,看到空投炸弹在城南两处造成巨大的爆炸。我们并没有再往上游行驶到城市本身,而是在英舰蚜虫号停泊的亚细亚石油公司设施对面,邻近美孚石油公司和德士古(中国)有限公司的设施,在耸立着卫理公会建筑的江岸边矮丘稍微往下一些的位置抛锚。我们上岸到教会大院,在我拜访教会主任罗勃特·E.布朗之际,别的工作人员到城里其他地方察访美国产业。布朗医生告诉我,在芜湖的所有美国人均安然无恙。在芜湖所有察访过的美国房产也都完好无损。

芜湖卫理公会

教会的房产完全没有受损。据信,除了大约5 000人,在芜湖的所有中国居民都在日军占领前离城出走。布朗医生说他曾一度在教会大院内收容了近2 000留下来的市民,目前仍有约1 400名中国难民住在大院内。布朗医生交给我一份他从12月17日至30日所写信件摘要的副本,这些信件描述了那段时间芜湖的情况。在此附上副本。值得注意的是,12月13日将美国国旗从医院的舢板上扯下来的事件之后(该事件已由美国驻上海总领事报告给国务院),日本陆军和海军的代表,以及日本驻芜湖的领事拜访了他,对那个事件表示道歉。布朗医生还告诉我,眼下他对日本人在芜湖对待美国人的态度没有什么要抱怨的。

芜湖美孚石油公司

位于江边的美孚石油公司的设施没有受损。一艘日本炮艇停泊在

---

① 威廉·亨利·巴克斯特(William Henry Baxter, 1889—1950)1889年7月7日出生于缅因州邦格(Bangor),1912年毕业于麻省理工学院,1924年在法国巴黎创办氮化工程公司,1929年该公司并入纽约化学建筑公司(Chemical Construction Company)。他曾在欧洲多国与中国承包氮固化建筑工程,三十年代曾作为纽约化学建筑公司的总工程师在南京工作。1950年1月20日在新泽西州朗布兰契(Lang Branch)逝世。

趸船旁。几个日本水兵在公司的设施上站岗。英舰蚜虫号①船长②报告说设置水兵岗哨是为了保护房产，他们到达时将一些日本兵从房产上驱赶走。巡察设施之际发现仓库被破门而入，但里面的东西还井然有序。然而日本人先前搬运走14吨半燃料油，但是，就拿走的油料留了收条。

坐落在公司设施上游约一英里处的建筑物中的办公室则被彻底洗劫，遭盗窃。家具被掀翻，地板上到处散落着纸张和其他物品。如果有财产被抢劫走的话，无法断定有多少遭抢劫，但是一只保险箱被拖到院子里，从顶上撬开，里面的东西都给劫走。另一个标记为"索尼克2226，耶鲁"的保险箱没有给打开，虽然上面有撬的痕迹。一只沙发和几张椅子躺在院子里。院子四周的篱笆没有遭到破坏，几扇大门还锁着。

德士古（中国）有限公司

德士古（中国）有限公司的建筑设施完好，没有受损。房屋的大门敞开着。相信一些库存物品被抢劫走，但不能断定有多少遭抢劫。

我们无法进入该公司位于大来公司建筑南半部的办公室。然而有明显的迹象表明整个建筑已被洗劫，据说很多东西从房屋里被劫走。建筑物本身看上去没有受损。

芜湖美国基督教会

美国基督教会的负责人L. C.克莱格希尔博士陪同我的工作人员视察了芜湖的美国产业，带他们看了教会的院落。教会两座大院内的房屋都没

---

① 英国军舰蚜虫号（HMS Aphis）1915年在英国建造下水，625吨，第一次世界大战中部署在罗马尼亚布加勒斯特基地，在多瑙河巡逻。1919年加入英国皇家海军驻中国舰队，在长江上巡逻至1939年5月。此后，前往位于埃及亚历山大港的英国地中海舰队，参加第二次世界大战。战后于1945年回到亚洲，驻防新加坡，1946年退役，1947年拆解。

② 当时英舰蚜虫号的船长为罗勃特·巴斯尔·斯图亚特·坦能特（Robert Basil Stewart Tennant，1905—1969），他1905年1月30日出生于英国苏格兰的斯桌兹·布罗克（Strath Brock）。在担任蚜虫号船长之后，他曾于1940年任萨道尼克斯号（HMS Sardonyx）舰长，1942年任道格拉斯号（HMS Douglas）舰长，1943年任威舍林顿号（HMS Whitherington）舰长。1946年，他被授予大英帝国勋章（Order of British Empire）。他1950年退役，1969年在威尔士的南麦云耐兹（Merioneth South）逝世。

有受损。日本兵企图闯入圣雅阁修道院①和真理之光工艺劳作建筑②所在的院落,但被赶走。有些日本兵砸开大门,闯入另一座大院。他们没有抢劫走什么,但克莱格希尔博士报告说日本兵在院子里强奸了3名中国妇女。

芜湖来复会

来复会的建筑同样也完全没有受损。该教会的负责人,一位英国臣民J.华顿先生③报告说有一次日本兵闯入大院,破门进屋,搬走并撬开一个保险箱,从中抢走两百元中国币。向日军指挥机关报告了这一偷盗案后,他们主动偿还了这笔钱。

顺便提一下在芜湖的英国财产遭受的损失。太古洋行④的汽轮大通号⑤的船壳12月5日被日军炸了个洞,在江边搁浅。同一天,怡和洋行⑥汽轮德和号⑦被炸起火,沉没在一艘江轮边上。还能看见这艘船的桅杆,而那艘仍漂浮着的江轮由于大火烧毁了船桥,仍在冒着烟。炸弹对太古洋行和怡和洋行仓库造成的损失也显而易见。

离开芜湖前,在和克莱格希尔博士与英舰蚜虫号船长谈话中,劝说克莱格希尔博士要他和他的工作人员,以及其他留下来的外国人至少在白天搬到卫理公会的建筑里去,尽可能远离在中国飞机再次空袭时可能

---

① 隶属于圣公会美国传教会的圣雅阁修道院(St. Lioba's Convent)在日军攻占芜湖之后曾于1937年末与1938年在修道院内收留了几百名难民。
② 此处英文原文为Free Light Industrial Work buildings,然而,根据玛丽安·加登纳·克莱格希尔所著回忆录《葛家旅华回忆(The Craighills of China)》第206页所载为True Light Industrial Building。此处根据克莱格希尔回忆录修正。
③ 约瑟夫·华顿(Joseph Wharton)1909年来到芜湖,在来复会(Christian Advent Mission)担任司库,传教直至1950年。日军进攻、占领芜湖的过程中,他一直留守芜湖,照顾、保护中国难民,中国国民政府曾授予他勋章。
④ 太古洋行(Butterfield & Swire)为1832年成立的英国公司;在英国国内,该公司名为约翰·斯瓦尔父子公司(John Swire & Sons)。这个公司起先经营船纺织品,以后转为船舶运输、制糖和造船业。
⑤ 汽轮大通号(S. S. Tatung),2 548吨,为英国太古洋行行驶于上海至汉口航线的客轮。
⑥ 怡和洋行(Jardine Matheson and Company)为英国人威廉·佳定(William Jardine)和詹姆斯·马塞逊(James Matheson)于1832年在中国成立,主要进行鸦片走私。中国政府采取措施禁烟之际,该公司竭力怂恿英国政府,挑起1840年的鸦片战争。经营鸦片获巨利之后,公司发展成经营多种产业的跨国公司。二十世纪初叶,公司的总部设在上海,1949年迁往香港,1997年香港回归之前,再度迁至百慕大(Bermuda)。
⑦ 汽轮德和号(S. S. Tuckwo),3 770吨,为英国怡和洋行行驶于上海至汉口航线的客轮。

造成的危险。并指出这样的空袭很可能是任意乱炸,由于卫理公会显著的位置,现在无疑已向日本与中国空军标明,很有可能它在芜湖可以提供最为安全的避难所。克莱格希尔博士说他不知道将他教会中所有的人为此目的搬过去是否可行,但他会考虑这一忠告。

我想借此机会对英舰蚜虫号船长和军官的行为给予最崇高的赞扬与感激,他们在协助自己英国人与保护在芜湖的美国人员与财产两方面,都同样花费了时间和精力。

驶回巴纳号被炸水域时,见到江南岸一连串大火。显然有很多中国人的棚舍、房屋遭大火焚毁。

    谨致敬意
    大使馆三等秘书
     J. M. 爱利生

附件:

1/布朗医生1937年12月17日至30日信件摘录的副本。

300/350

JE/JMA:T

原件及两个副本发往国务院。

一个副本发往美国驻北平大使馆。

一个副本发给在汉口的 N. T. 纳尔逊大使。[①]

一个副本发往美国驻东京大使馆。

一个副本发往美国驻上海总领事馆。

[①] 纳尔逊·图鲁斯勒·约翰逊(Nelson Trusler Johnson,1887—1954)1887年4月3在华盛顿特区出生,曾就读乔治·华盛顿大学,1907年进入外交界,在美国驻沈阳、哈尔滨、汉口、上海、重庆等使领馆工作。1921年任无任所总领事。1925年任国务院东亚事务部主任。1929年至1941年任美国驻中国大使。1941年调任驻澳大利亚大使。1946年被任命为远东国际委员会秘书长。约翰逊1952年退休,1954年12月4日因突发心脏病在华盛顿特区去世。

中国芜湖

芜湖总医院

罗勃特·E.布朗医生12月17日与30日信件的摘录

1937年12月17日

  战争降临到我们芜湖地区以来,毫无疑问,你们会一直惦记我们,我们也会想念你们。我将寄上一份材料,简略地陈述这里发生的一些情况。一份12月5日以来情况的总结报告将使你们了解我们度过的那些危急日子的状况。5日是星期天,我们在教堂做礼拜,头顶上传来已习以为常的飞机轰鸣声,突然间响起一连串剧烈的炸弹爆炸声。听布道的人们不约而同,犹如一个人似的一起站起来。我们建议打开窗户,不必惊慌。然而我们继续布道了约10分钟,听到一阵更大的剧烈爆炸声。走到房屋前面,看见怡和洋行的一艘船在烈焰之中,以及似乎是从火车站那一带升腾起的滚滚浓烟。观察飞机几分钟直至它们飞走之后,我要人把汽车开到大门口,但是发觉找不到司机,于是我自己开车,并带上一名工作人员。飞机离开半小时后,我们来到江边,开始将伤员送往医院。由于人们毫无准备,轰炸造成的伤亡特别严重。到处是尸首和垂死的人。我到英国炮艇上,发现许多弹片击中了炮艇,巴洛①船长负了轻伤。船上的人员正忙着把人从水里救上来,船上的医生已给几个伤员进行了紧急救护。一艘英国拖轮开到燃烧的德和轮边上,协助把船上的人救出来。太古洋行的轮船大通号刚刚驶到他们公司的旧船边上,准备把旧船拖走。它也被击中,但没有起火,便立即往江对岸驶去。那天下午和晚上,我们在医院收治了100号人。80多人需要住院,星期天下午和晚上,医务人员除了在门诊室治疗伤病员,还做了30个手术。

---

① 哈利·道格拉斯·巴洛(Harry Douglas Barlow)为英国军舰瓢虫号(HMS Ladybird)的船长。他协助救援被炸沉后的美舰巴纳号人员,为此,美国政府授予皇家海军少校巴洛海军十字勋章。

12月5日以来的日子对我们来说相当繁忙而紧张。我们连续3天遭到轰炸,出城的所有道路上从早到晚都拥塞着寻求安全庇护的市民。悲哀的惨景在我们大门口经过。家家户户扛着他们所能带的铺盖,被迫出城到山上和田野里逃难,父母或者背着婴儿,或用扁担箩筐挑着他们,所有这些神色焦虑的人群构成了逃难的行列。

那些日子里,城内四处燃烧起大火,显然希望在日本人进城之前尽可能多地摧毁城市。桥梁被炸毁,城内商业区的掳掠现象也很普遍。到10日日本人抵达时只有极少数的军民还在城里。大火仍在燃烧,夜晚全城一片漆黑。我们只得依赖自己的照明设施。

10日以来占领城市的日军部队与日俱增,并在太古洋行江边设施下方的江边火车站一带建立起炮兵阵地。他们惨无人道地对待少数不知日军到来而留在城内的中国军人。也以同样的方式对待没有完全满足他们要求的平民百姓。任何试图过江的小船和舢板均遭机枪扫射。一艘3人乘坐的小船遭到如此扫射,漂到医院下方的江岸边,他们被送到医院治疗。其中一个人有10处枪伤。

上个星期天,12日早上,我们在用早餐时,从太古洋行趸船这边的日军火炮阵地发出可怕的轰炸声。炮弹从医院上方呼啸而过。我们非常关注这到底是怎么回事,害怕炮弹瞄准目标太低会击中我们的建筑。我立即出去,到江边去,试图和日军军官取得联系,并从他们那儿得知,他们看见英国炮艇和3艘汽轮驶近亚细亚火油公司①设施,误以为是从南京逃出来的中国船只。军官还说,他们受命炮击江面上的任何船只。英

---

① 1883年,英国人马科斯·塞缪尔(Marcus Samuel)成立壳牌(Shell)公司,出售贝壳等小宗进出口贸易,1892年公司生意扩展,开始从事石油运输业务。此时,荷兰一家石油公司 N. V. Koninklijke Nederlandsche Maatschappij tot Explot—atie van Petroleum—bronnen in Nederlandsch—Indië 大肆收购油田,建立自己的运油船队,与壳牌公司竞争。1903年,该荷兰石油公司和壳牌公司合并,成立亚细亚火油公司(Asiatic Petroleum Company)。亚细亚火油公司以后又演变发展为皇家荷兰/壳牌(Royal Dutch/Shell)公司。

舰瓢虫号①被击中4炮,炸死一人,伤了数名,你肯定在收音机里听到这一消息。

在日军司令官抵达后,我尽快和他取得联系,告诉他医院的位置和医院的工作人员以及仍留在芜湖的其他美国人的位置。他保证为我们提供保护,考虑到他们前几天误炸了英美舰只,我们希望他们能更加谨慎地提供保护。

我们的大院里现在有1 400人:工作人员、病人和难民。在这座饱受战争蹂躏,人口稀少,仍在燃烧的城市中,这座小山丘的确是个安全的孤岛。日本人到来之前,警察、邮局雇员和政府官员均已撤离。这确实是座无政府的城市,城内几乎没有什么人口。除了城区几处同时燃起的大火照耀,全城完全处于黑暗之中。新建的火车站,楼宇和机车都被中国人在撤离前焚毁。我们仍有自己的照明、供水和其他一些通常具有的舒适条件。我们日复一日怀着感恩的心情来面对并尽我们所能解决许多出现的问题。我们工作人员中大约有一半,主要是实习护士,因为害怕而离开了,但其他人忠于职守。现在我们这儿山丘上的难民、教师、牧师,以及其他人中涌现出一大批志愿服务者。

这儿有几次不期而至的援助物资,满足了我们目前的需求。一个医院的主任要我到他们的仓库去,让我们能用多少米就运多少。这是在日本人来之前。由于美国船长的摩托艇帮忙,我们守候在舢板上,工作人员装载了足足150袋米。另一天,一艘装载了60吨煤的舢板出现在我们门前。船老大说他本该送煤给芜湖的一个人,但人们都走了,他没法送出去,便将煤送给医院。我们周围的农民把几群猪赶进医院大院,说宁愿把猪送给医院也不让日本人抢去。我们提出,如果我们有可能保护并使用它们,我们将给他们的牲口付款。一个经营外国货的买办来对我

---

① 英国军舰瓢虫号(HMS Ladybird)1916年在英国建造下水,1917年部署在地中海,1919年加入英国皇家海军驻中国舰队,作为长江巡逻炮舰。1937年12月12日,瓢虫号在芜湖港口被日军炮火炸伤。1940年回到地中海舰队,部署在北非海岸。1941年5月12日在利比亚港口图卜鲁格(Tubruk)附近被德国飞机炸沉。

说,街上的商店都遭掳掠,因此他很乐意将他的存货送给我们,我们能拿多少,他就送多少。我们开车去,装了12袋面粉、一袋食糖,还有其他商品,以确保我们有8至10人吃饭的餐桌上有食品。只要我有能力从仓库运出来,政府给我300箱汽油。我们只能运出约250箱。市长离开之前,将芜湖仓库中的5 000袋米给我,用于救济难民。我不能肯定能把这些米运出来。我将和10日以来入主城市的日本当局进行谈判。

在山丘上的难民中,有27个行业或职业的代表,从剃头匠、鞋匠到牧师、银行家和电器工程师应有尽有。来避难的电灯厂的工程师现正在我们昼夜不停运转的电机房当班。有芜湖所有教派的牧师和基督徒难民,还有许多没有入教的。我们建议他们利用这一机会在教堂里为了大家的福祉举行晚间布道。在这些日子里,他们非常需要安慰与精神上的帮助。我还请一些牧师组成一个大院委员会,照管难民的住房、卫生和吃饭等事宜。有人开玩笑地说,弋矶山①已成为一个小小的王国,拥有所有的政府部门与公共服务设施。

过去的一个月里,每天都充满了激动人心,艰难困苦,以及有时是危险的经历,但是到目前为止,住在我们医院的小山上,把他们的生命托付给我们保护与照顾的1400多人当中,没有失去一个人。我们要保护他们免遭时常在大门口试图进来或翻越大院围墙过来的日本兵的骚扰,为他们提供住房、食品和卫生设备,管理居住在只能容纳400人的设施中的这么一大群人,每一天都是对我们的聪明才智、耐心与忠诚的挑战。

日军占领最初的一个星期里残酷对待并屠杀平民,肆无忌惮地掳掠毁坏城内的住家,这远远超出了我在中国20年生活经历中的所见所闻。中国军人没有闯进来骚扰任何在芜湖的外国人财产。然而日本兵闯入并掳掠城内几乎每一座外国房产。两三个幸免的地方是因为我们几个

---

① 弋矶山(Ichishan)是芜湖总医院所在的山丘名,这里即指芜湖总医院。该医院现为皖南医学院附属弋矶山医院。

美国人待在那儿,把他们赶了出去。

也许芜湖的情况和大多数地方比还不算严重,因为这里几乎没有打什么仗。日本兵似乎专门寻找中国妇女强奸,因此救这些妇女成了我们数天之中主要的活动之一。得知妇女在城内的藏身之所,不管是在那儿,我毫不犹豫地驾驶我们的一辆,或两辆车一起进城,把妇女接走。有些日子,我去了四趟,接回满车的年轻妇女和姑娘。如果我们的汽车未作任何其他用途,在这几周内,它们的价值远远超过了它们的身价。我希望能找到某种方式专门感谢在密歇根阿尔比和安娜堡①的那些送给我汽车的朋友们。没有这些汽车,完全不可能救出这些妇女,或运进粮食,从而使这个机构保持运转。

我一直与日军当局以及刚刚抵达的日本领事保持联系。他们坚定地保证,会保护美国的人员与财产,我也竭尽所有的影响力,促使他们约束暴戾地对待中国平民的日本兵。他们向我保证已禁止日本兵侵犯中国人或强迫拉夫,大多数军官希望防止这些犯法行径。尽管有这些保证,中国男子在街上行走仍不安全,更不用说妇女行走在大街上了。两天前,我尝试性地让医院的两个工役出去,他们遭抢劫,还被强迫去挑东西。我立即给日军司令官发信抗议,收到他的致歉信和还来的钱,但是没有得到这座美国大院保护的那些人根本不会得到赔偿。

12月13日,一面美国国旗被日本兵从我们医院的舢板上扯下来。我立即到船上,用竹竿从水中捞起旗子。拿着还潮湿的国旗找日军司令。我还将这一事件和其他几个事件报告给上海的美国当局,打那以后,日本海军、陆军和领事的代表来拜访我,致以歉意。自从炸了巴纳号以后,他们似乎总想向美国人赔不是。在巴纳号上受伤的几名美国人和中国人被送到这座医院进行治疗。

情况一直如此,医院的男人出去掩埋尸体都不安全,医院太平间的死尸越积越多。做棺材的木料也用完了。最后,只得在医院的大院内挖

---

① 阿尔比(Albion)和安娜堡(Ann Arbor)是美国密歇根州的两个城镇的名字。

了个大墓坑，掩埋了 20 具尸体。

尽管环境令人沮丧，我们中的大多数人仍觉得应该庆祝耶稣的诞生日，因为只有在他一个人身上我们寄托了更加美好世界的希望。起初似乎很难让我们的心境转到圣诞节应该进行的欢庆活动，但是，当护士、病人和难民将医院装点起来，教堂布道时唱起圣诞颂歌，一种全新的欢乐精神似乎感染了我们所有的人。圣诞装饰很简单，因为无法买到新东西，然而真实的感恩精神弥补了物质的不足。两组学龄儿童、医院的合唱队、一个男子 8 人四重唱组合准备了特别的歌曲。经常在我们排练，或在布道时，装满炸弹的飞机在头顶上呼啸而过，把死神和灾难带到某个地方。我们仍然像平时那样举行社区演唱会，只是今年的社区已经在弋矶山上了。圣诞除夕的暮色中，护士们手持蜡烛在病房中穿行，深受喜爱，也使每个人受到鼓舞。在作白十字架布道时，收到大量慷慨捐赠的钱物，将用于以后几个寒冷星期里与日俱增地来到我们这儿的贫困民众。

1 月 10 日。①

以下是发给匹兹堡的斯凯夫父子公司②的电文：

"安然地经历了许多危险，目睹了难以言说的景象。我很好。告知菲丝。③充满了爱。约翰·麦琪。"

---

① 第 12 号电报，美国国务院档案编号 393.1115/2481。原件藏美国国家第二档案馆，59 档案组国务院档案，1795 盒。
② 杰弗雷·斯凯夫(Jeffery Scaife)1802 年在匹兹堡开设制造钢铁产品的工厂，1834 年其子威廉·巴瑞特·斯凯夫(William Barett Scaife, 1812—1876)组织成立威廉 B. 斯凯夫公司(William B. Scaife and Company)，1870 年该公司更名为斯凯夫父子公司(Scaife & Sons)，公司主要生产、经销建筑部件、桥梁钢架、轮船部件、锅炉、火车蒸汽机车等。该公司一直存在到 1952 年。约翰·麦琪与斯凯夫家族有亲戚关系，其姐玛丽·麦琪(Mary Magee)嫁入斯凯夫家。
③ 菲丝·爱密琳·贝克哈斯·麦琪 (Faith Emmeline Backhouse Magee, 1891—1975)1891 年 10 月 1 日出生于英国苏弗克(Suffolk)的海明翰(Helmingham)，是隶属于英国中国内地会(China Inland Mission)的传教士，在南京和约翰·麦琪邂逅，并于 1921 年 7 月在江西牯岭与之结为夫妇。1937 年夏，菲丝带着孩子回到麦琪的家乡匹兹堡。菲丝 1975 年 4 月在匹兹堡逝世。

1月10日。①

以下是发给波士顿埃默瑞—布斯—坚尼—瓦尼律师事务所②的汤森德③的电文：

"安然地经历了危险，我很好。克瑞莎④可望从香港抵上海。充满了爱。欧内斯特。"⑤

1月10日。⑥

以下是发给费城福克斯·蔡斯（Fox Chase）邮局，布莱克大道115号福斯特⑦的电文：

"安然地经历了危险，我很好。克瑞莎可望从香港抵上海。充满了爱。欧内斯特。"

1月10日下午4时。⑧

英国和德国使馆的官员昨天上午抵达南京。迄今为止，军事当局除

---

① 第13号电报，美国国务院档案编号393.1115/2477。原件藏美国国家第二档案馆，59档案组国务院档案，1795盒。
② 此处英文原文为Embova，是埃默瑞—布斯—坚尼—瓦尼律师事务所（Emery, Booth, Janney & Varney Lawyers）的收发电报的缩写地址，当时该律师事务所的办公地址为波士顿国会路（Congress Street）50号。
③ 欧内斯特·福斯特妻子克瑞莎 L. 汤森德·福斯特的大哥小欧文·厄普森·汤森德（Irving Upson Townsend, Jr.）1895年出生于华盛顿特区，1915年毕业于哈佛大学，1922年加入波士顿其父任职的埃默瑞—布斯—坚尼—瓦尼律师事务所。
④ 克瑞莎·露可瑞霞·汤森德·福斯特（Clarissa Lucretia Townsend Forster, 1900—1973）1900年9月21日出生于华盛顿特区，1923毕业于顾切（Goucher）学院，1926年在约翰·霍普金斯大学获硕士学位，1936年和欧内斯特·福斯特结婚后，前往中国扬州。1937年11月12日，克瑞莎随刚刚调动工作的丈夫由扬州抵达南京，并在下关火车站帮助照料伤兵。11月20日左右，美国大使馆敦促美国妇女撤离南京，克瑞莎随即独自登上前往上游的船，并于感恩节那天抵达汉口。两个星期后，接到圣公会上海教区主教威廉·潘恩·罗伯兹（William Payne Roberts, 1888—1971）发的电报，要她经香港去上海。她在12月10日离开汉口，圣诞节夜晚登上海轮，于12月28日抵达上海，1938年6月回到南京和丈夫团聚。克瑞莎1973年1月在康涅狄格州的纽黑文（New Haven）逝世。
⑤ 美国基督教会的欧内斯特·赫曼·福斯特。
⑥ 第14号电报，美国国务院档案编号393.1115/2478。原件藏美国国家第二档案馆，59档案组国务院档案，1795盒。
⑦ 欧内斯特·福斯特仍住在家乡费城的亲人。
⑧ 第15号电报，美国国务院档案编号793.94/12026。原件藏美国国家第二档案馆，59档案组国务院档案，微缩胶卷M976组，48卷。

了使馆和领事馆官员外,不允许任何人上岸,禁令涉及不隶属于大使馆的外国军事和海军官员。

我被告知,英国和德国外交官已请求各自在汉口的大使馆和中国政府联系,以劝阻中国空袭南京,也请求我将此事通报美国大使。这儿除了一小群外籍人士,据说城内大约有20万中国难民,其中绝大多数聚居在所谓的"安全区"内。如果美国大使没有反对意见,请求告知中国政府以上内容,并请求制止不加区别地轰炸南京城。发往汉口大使馆。

1月11日。①

以下是福斯特、麦琪致纽约第4大道181号圣公会教会伍德②的电文:

"谢谢来电,经历了许多危险,目睹恐怖后,我俩安然无恙。中国籍的工作人员也都平安,只有和15名我们的基督徒与信徒在一起的J. L. 陈(J. L. Chen)牧师14岁的儿子被日军掳掠去后,仍不见踪影。情况在好转中。在难民区的两个中心,我们继续定期做礼拜。圣诞节期间有许多浸礼会的新信徒。公布我们的情况要谨慎,以免给我们在这儿带来麻烦。"

1月11日。③

以下是现在碧瑶④的爱契逊⑤发来的电文:

"由于在南京的最后几天非常匆忙,我们没有向国务院申请100美

---

① 第17号电报,美国国务院档案编号393.1115/2492。原件藏美国国家第二档案馆,59档案组国务院档案,1795盒。
② 约翰·威尔逊·伍德(John Wilson Wood, 1866—1947),见本书第4页注②。
③ 第18号电报。原件藏美国国家第二档案馆第84档案组国务院驻外使领馆档案,驻中国使领馆档案第2163卷(驻南京大使馆1938年档案第3卷)。
④ 碧瑶(Baguio)是位于菲律宾吕宋岛北部本格特(Benquet)省的一座城市。爱契逊在巴纳号被炸时受伤,在此养伤。
⑤ 小乔治·爱契逊(George Atcheson, Jr.,1896—1947)1896年10月20日出生于科罗拉多州的丹佛,1919年毕业于加利福尼亚大学,1920年进入外交界,大部分时间在美国驻中国使领馆任职。1923至1928年在美国驻长沙、天津、福州等地的领事馆任副领事、领事;1934年10月调到驻南京大使馆,升任二等秘书。日军进攻南京时,于1937年12月10日乘巴纳号撤离南京。巴纳号被炸沉后,他受伤,与其他人员一道被送往上海。他于1938年3月11日回到南京,两天后又离开南京去上海。1938年3月前往驻北平、天津使领馆工作。1947年8月16日爱契逊乘坐的军用飞机在太平洋上空失事而殉职。

27

元的款项来支付我们招募的临时使馆警察。如果警察仍在使馆,请向国务院询问是否能够支付这笔款项,此外巴克斯顿①现在华盛顿,可以提供需要的信息。"

20名警察仍在使馆大院中,自从11月31日以来,还没有付给他们工资。2月1日以后,我打算只留10名警察。如果有可能,需申领上述款项,以支付这些到目前为止一直忠心耿耿守卫使馆房产的警察。抄送汉口大使馆。

爱利生

1月12日下午2时。②

参阅国务院1月8日下午3时发给汉口大使馆的8号电,以及我1月8日上午9时发的电文。

日本大使馆通知我日军当局勉强同意在大使馆安装无线电发报装置。但是他们不允许一名海军人员上岸来操纵发报机。我申述道,没有海军人员操纵,无线电装置就毫无用处,此事必须重新考虑。我说发报员是一名海军军士,③上岸后应该认为是我的一名工作人员。我请求日本大使馆通知他们的联络人员,我很想与他们在最大程度上合作,但这

---

① 约翰·豪尔·巴克斯顿(John Hall Paxton,1899—1952)1899年7月28日出生于伊利诺伊州的盖尔斯伯格(Galesburg),1922年毕业于耶鲁大学,曾就读于英国剑桥大学和法国自由政治学院。1925年进入外交界,在美国驻南京总领事馆任副领事。以后曾在美国驻中国的北京、广州、烟台等使领馆工作。1936年7月调回南京,升任二等秘书。日军攻城之前乘美舰巴纳号撤离南京,巴纳号被炸沉后,被救援到上海。1938年3月以后,在美国驻上海总领事馆工作。珍珠港事件爆发时,他在南京大使馆任职,被日本人羁押6个月。1942年以后,在美国驻德黑兰、重庆、昆明、南京、乌鲁木齐等使领馆工作。1952年6月23日,他在美国驻伊朗伊斯法罕(Isfahan)领事馆任上,因突发心脏病去世。
② 第19号电报,美国国务院档案编号124.932/557。原件藏美国国家第二档案馆,59档案组国务院档案,0815盒。
③ 这位海军发报员是詹姆斯·门罗·顿莱伯(James Monroe Dunlap,1912—1945),他1912年9月6日出生于上海,父亲是在上海的美国医生,自幼在上海与北京长大,1932年回美国读大学。因为他懂日语,1938年1月19日作为美国海军的发报员,到美国驻南京大使馆工作,负责电报的收发工作。1940年回上海,担任教育组织工作。珍珠港事件之后,被日军关进上海闸北集中营,1945年7月3日因脑出血在集中营中去世。另见本章爱利生1938年1月19日下午2时发28号电报,第6章爱利生1938年6月13日晚6时发114号电报,以及第8章爱利生1938年7月9日上午11时发131号电报。

事至关重要,我打算下周头一两天带发报机和发报员上岸,相信不会引起麻烦。除非另有指示,我将不再提及此事。除非日本人先来找我,我将在下周二安装发报机。

抄发汉口和上海让总司令得知。上海请抄发东京。

1月12日。①

参阅国务院10日的1号电文。

以下是索尼牧师②发给伊利诺伊大学保罗·金(Paul Chin)的电文:"您的妻子、孩子11月24日和李汉铎③一家去了安徽和州。④最后听到他们的消息是在12月10日,都平安。之后没有再有消息。您的母亲现住在神学院的寓所里,安然无恙。"

---

① 第20号电报,美国国务院档案编号393.1115/2509。原件藏美国国家第二档案馆,59档案组国务院档案,1795盒。该电编号应为20,而不是10号。
② 胡勃特·拉法耶特·索尼(Hubert Lafayette Sone, 1892—1970),中文名宋煦伯,1892年6月7日出生于得克萨斯的丹顿(Denton)。1917年毕业于达拉斯的南方卫理公会大学,并于1926、1927年在同一所大学分别获得硕士和神学学士。1920年前往中国,先在浙江湖州的教会机构中任职,1933年调往南京金陵神学院任教。他是南京大屠杀期间留在南京庇护中国难民的14名美国人之一,在国际委员会主管粮食的负责人。他为保护,救济难民做了大量的工作。索尼1941年夏回美国休假,珍珠港事件爆发使他无法回中国工作,他1941至1945年在芝加哥大学神学院学习研究生课程。1945年回到金陵神学院任教至1951年4月离开中国。此后他于1952年任教于新加坡协和三一神学院(Union Trinity Theological College)至1961年退休,其间,他曾于1958年在位于阿肯色州的约翰·布朗(John Brown)大学获神学博士学位。索尼1970年9月6日在得克萨斯的福德·沃斯(Fort Worth)逝世。
③ 李汉铎(Handel Lee, 1886—1961),原名李友融,1886年出生于江苏江宁县。在南京教会学校读完小学、中学,并受洗入基督教。1912年毕业于金陵大学后,进入金陵神学院读神学,并于1915年毕业。之后,前往安徽教会工作。1921年到美国留学,次年,在波士顿大学获神学院学士学位。1923年,又在耶鲁大学神学院获硕士学位。回国后任南京估衣廊教堂牧师。1931年,任金陵神学院首任华人院长,但并未到院就职,前往美国耶鲁大学学习,1933年,获博士学位。1937年下半年,回南京正式就任金陵神学院院长职。同年11月,南京濒临沦陷,金陵神学院被迫停办,李汉铎夫妇于1937年11月到安徽和县附近避难。次年,到上海租界租屋续办神学院。1941年12月,太平洋战争爆发,学校经济来源断绝,仍想方设法维持办学,坚持到抗日战争胜利。1948年底,李汉铎与学校多数教师研究决定,坚持南京办学。1949年7月,因健康原因辞院长职务,改聘为金陵神学院名誉院长。1961年5月24日因病逝世于北京。
④ 安徽和州,即今安徽和县。

有关日军擅闯美国及其他外国房产的备忘录①

1938年1月12日

昨天下午3时,一名日本宪兵闯入M.S.贝茨②位于汉口路21号的房屋,从那儿带走任职于金陵大学附属中学③(擅长中日文互译)的中国翻译刘文彬。在美国房主没有授权,没有允许的情况下,宪兵从贝茨先生的房屋里拘捕人员。

贝茨先生向日本大使馆提交了书面照会,抗议日本当局如此不正当的行事方法。在此附上贝茨先生就此案件呈交给日本使馆的抗议和另一份信件。④

---

① 原件藏美国国家第二档案馆第84档案组国务院驻外使领馆档案,驻中国使领馆档案第2164卷(驻南京大使馆1938年档案第5卷)。
② 马内·舍尔·贝茨(Miner Searle Bates,1897—1978),中文名贝德士,1897年5月28日出生在俄亥俄州的纽渥克(Newark),1916年从俄亥俄的休伦(Hiram)学院毕业,并获得罗德学者(Rhodes Scholar)荣誉,前往英国牛津大学留学,于1920年获历史硕士,以后,他曾就读耶鲁大学,在1935年获历史博士学位。贝茨1920年来到中国,在金陵大学历史系任教授至1950年。日军在南京大屠杀期间,他是留在南京城内帮助、保护中国难民的14名美国公民之一。珍珠港事件爆发之前,他回到美国休假,1942至1945年在耶鲁大学做访问学者,1945年春回到西迁的金陵大学,并于1946年赴东京在远东国际军事法庭上就日军在南京的暴行作证。贝茨1950至1965年在纽约的协和神学院任教,1978年10月28日在新泽西州远足时突发心脏病逝世。
③ 1888年美国卫理公会在南京干河沿创立汇文书院(Nanking University);美国基督会(Disciples of Christ)1891年建立的基督书院(Nanking Christian College)与美国长老会(Presbyterian Church)1894年开办的益智书院(Presbyterian Academy)于1907年合并成立宏育书院(Union Christian College)。1892年,汇文书院授课分为大学堂、高等学堂、中学堂、小学堂四级,每级学制四年。1910年,汇文书院和宏育书院合并创立金陵大学堂(University of Nanking),改中学堂为金陵大学附属中学(University of Nanking Middle School)。1929至1951年,张坊任该校校长。1951年,金陵大学附属中学与金陵女子文理学院附属实验中学合并成立南京市第十中学;1988年该校更名为南京金陵中学至今。
④ 在这份备忘录中未发现两个附件,相关文件请见第四章"南京美国财产与权益状况"附件一P和附件一Q的信件。

今天上午，在德国使馆秘书罗森先生①的陪同下，约翰·D.拉贝先生②来访，向我们通报昨天发生的另外两起日军未经授权强行闯入外国房产的事件。他们说昨天下午约1时30分，日军包围了国际委员会总部，③日本兵持着上了刺刀的枪，翻过院墙，经房门闯入建筑物。日本军官强令交出据说是由一名中国难民从某处房产偷走的一包衣服，但这包衣服已从该难民处拿走，交给了菲齐④先生，后者将包裹存放在这栋建筑中的

---

① 乔治 F. 罗森（Georg F. Rosen, 1895—1961）1895年9月14日出生于波斯（今伊朗）德黑兰，其父弗瑞德里克·罗森曾任德国外交部长。他1913年作为罗德学者（Rhodes Scholar）前往英国牛津大学留学，1917年参加第一次世界大战作战，1921年进入德国外交界。1933至1938年在德国驻北京和南京大使馆任职。他率领德国领事小组成员保罗·沙尔芬贝格（Paul Scharffenberg）和阿尔佛雷德·休特（Alfred Huerter）于1938年1月9日上午乘英国军舰蟋蟀号抵达南京，重开德国大使馆。由于他的犹太裔身世，1938年离开南京回到德国后，被迫离开外交界，迁居伦敦，1940年移民美国，并于1942至1949年在美国纽约州的几所大学任教。他1950年回德国，曾在德国驻伦敦大使馆任职，1956至1960年任德国驻乌拉圭大使。罗森1960年退休，1961年7月22日在西德哥廷根（Göggingen）逝世。

② 约翰·海因雷克·代特莱夫·拉贝（John Heinrich Detlev Rabe, 1882—1950）1882年11月23日出生在德国汉堡。早年因父亲去世而被迫辍学去做学徒工，以后曾在非洲闯荡。1908年25岁时前往中国，1911年受雇于西门子中国公司，先后在沈阳、北京、天津、上海、南京等地工作；1931至1938年任西门子公司驻华总代表，在中国经商、生活长达30年。1937年日军进攻南京之际，他积极组建国际安全区，出任国际委员会会长，在难民营及在他自己的宅院里庇护了成千上万的中国难民。同时，他在日记中详细记叙了日军在南京的暴行。他于1938年2月23日奉召离开南京回德国。抵达德国后他四处演讲，放映麦琪拍摄的影片，揭露日军暴行，并写信给希特勒，提交关于南京大屠杀的报告，因此，他曾被盖世太保逮捕。战后，因曾是纳粹党员而被盟军逮捕，1946年6月获释，生活拮据，得到南京市民的捐助及国民政府每月金钱和粮食接济。1950年1月5日在贫困中逝世于柏林。1997年他的墓碑由柏林搬到南京大屠杀遇难同胞纪念馆保存。

③ 国际委员会总部位于南京宁海路5号。

④ 乔治·爱希默·菲齐（George Ashmore Fitch, 1883—1979）1883年1月23日在苏州出生，在中国度过青少年时代，1906年毕业于美国俄亥俄州的渥斯特（Wooster）学院，并在纽约的协和神学院深造。1909年回到中国，在上海基督教青年会任干事。1936年调到南京的基督教青年会工作。大屠杀期间，他是留在南京城内帮助、保护中国难民的14名美国公民之一，并担任南京安全区主任，做了大量的工作。菲齐1938年2月20日离开南京，将麦琪在鼓楼医院拍摄的日军暴行影片带出来。之后，他前往美国各地巡回演讲，放映影片，揭露日军在华暴行。他1939年初回到重庆，在中国工作至1947年。此后他曾在朝鲜和中国台湾任职，六十年代初退休回美国，著有回忆录《旅华岁月八十载（My Eighty Years in China）》，1979年1月21日在加州波蒙纳（Pomona）去世。

办公室里。克罗格①先生最终打开菲齐先生的办公室,日本人拿走包裹。另一起事件也发生在昨天下午,两个日本兵、两名军官和一名中国翻译闯入意大利使馆大院,抢劫走一辆汽车和10来听汽油和机油。

罗森先生请我转告爱利生先生他的看法,他认为3个目前在南京有代表的外国使馆应该到日本大使馆,或者呈递一份联合声明,或递交类似的照会,如他所说去"提要求"而不仅仅是请求,在日方有理由要搜查外国房产(不管他们有没有权利这么做)时,要通知房产的主人或相关的使馆官员,并在这样的主人或官员的陪同下进行搜查,而不是在没有通知,未经授权的情况下进行搜查。他指出,按现在的行事方法,根本无法分辨出目前进行的搜查是负责任的日本当局官方授权的,或者只是掳掠、行窃。他还说如果这事不能在此得到圆满的解决,他将通过东京向日本政府交涉。

爱斯比

1月13日中午。②

日军继续随意闯入美国人的房产,没有通知,也没有说明原因即劫走物品,掳走美国机构的雇员。最近的几次事件发生在这3天之内,因此我于今天向日本大使馆提出抗议。

我陈述道,美国居民通知我,他们不反对日军当局有充分理由、有规律地搜查美国人的房产,美国人不会保护做坏事的人,也不会干涉军队对居民采取适当的控制措施,但是,我必须对于肆意的、不加任何说明地强行闯入美国人房产的行为提出抗议。我进一步谈到,我必须坚持将来日军当局出于任何原因要搜查美国人的房屋,应照会本大使馆,并就搜

---

① 克里斯卿·杰考伯·克罗格(Christian Jakob Kröeger, 1903—1993) 1903年出生于德国奥藤森(Ottensen),1928年受礼和洋行(Carlowitz and Company)派遣到太原工作,因出差南京时结识一德国姑娘,于1936年调到南京礼和洋行。他是大屠杀期间留在南京的22名西方籍人士之一,主管南京安全区国际委员会财务,同时作了大量工作保护中国难民。他是第一个获准离开南京的外国公民,以结婚为由于1938年1月23日乘火车去上海,3月在香港结婚,1939年1月回德国。他1993年在汉堡逝世。
② 第21号电报,美国国务院档案编号393.115/113。原件藏美国国家第二档案馆,59档案组国务院档案,1820盒。

查的地点和目的提供具体细节。我补充说,很乐意指派一名使馆工作人员或负责任的美国人陪同日本兵,并提供一切合乎情理的协助。

我最后说,"我希望尽一切可能和日军当局合作,但是不能同意美国人的房产、美国公民的住宅被任意闯入,也不能同意美国机构的雇员在没有任何解释的情况下被日军带走"。

发往汉口大使馆,抄发上海。上海请抄发东京。

1月14日上午9时。①

参阅国务院1月12日下午4时经上海转来的32号电以及我1月8日下午4时发的电文。

根据负责任的美国公民称,卫理公会的建筑在12月28日或12月28日左右被烧毁。统一基督教会男子学校的建筑在12月24日到27日之间被烧。在这段时间内,该教会的一名美籍成员曾去察看这处房产。他昨晚告诉我那座建筑12月24日尚完好无损。上述建筑坐落在太平路附近,靠近城南众所周知被日军焚烧的区域。居民也对我说,除了一些准许待在那儿的中国人,他们没有在上述房产上见到别的中国人,却经常在这些房产上或附近见到日本兵。

关于我1月8日下午4时发的电报第三段提到美国居民报告的情况,已将负责任的美国公民签署的,阐明美国国旗被撕扯,或美国及日本使馆的布告被蓄意藐视等很多事件的陈述存入大使馆的档案中。除了以前报告过的在德士古公司发生的事件,这样的事件仅在金陵大学②的

---

① 第22号电报,美国国务院档案编号393.1163/782。原件藏美国国家第二档案馆,59档案组国务院档案,1833盒。
② 1888年美国卫理公会在南京创立汇文书院(Nanking University);美国基督会(Disciples of Christ)1891年建立的基督书院(Nanking Christian College)与美国长老会(Presbyterian Church)1894年开办的益智书院(Presbyterian Academy)于1907年合并成立宏育书院(Union Christian College);1910年,汇文书院和宏育书院合并创立金陵大学(University of Nanking)。陈裕光(Yuguang Chen,1893—1989)1925至1952年担任校长。1937年秋季,金陵大学西迁至四川成都华西坝,1946年迁回南京。1951年9月,金陵大学与金陵女子文理学院合并成立私立金陵大学。1952年院系调整,南京大学与金陵大学合并,在金陵大学原校址创建新的南京大学。

校舍上就发生6次,其他的发生在金陵女子文理学院、①美国学校,②以及住宅中。这些美国人表示,如果认为妥当的话,愿意做宣誓证词。

几乎每天都收到有关日军持续侵犯美国人及其财产的报告。最近的一次发生在1月12日夜间,日本兵逾墙爬进金陵大学附中,在一间住满难民的教室里开了两枪后,掳走一名姑娘,再翻墙而出。1月10日下午,一名全副武装的日本兵强迫金陵神学院③的门卫带他上行政楼的三楼,抢走一大堆蜡烛。1月11日下午,日本宪兵闯入金陵大学美籍教授M.S.贝茨的住宅,在未经允许,没有解释的情况下,带走一名在金陵大学附中做日语翻译的中国人。最后两起事件用来作为我1月13日中午发21号电报所提抗议的依据。

抄发汉口大使馆和上海。

1938年1月15日

美国驻南京大使馆
致南京的美国居民和组织④

先生们:

国务院指示大使馆向在南京相关的美国权益建议,任何希望对目前

---

① 美国北方浸礼会(Northern Baptists)、基督会(Disciples of Christ)、北方与南方卫理公会(Northern and Southern Methodists),以及北方长老会(Northern Presbyterians)五个教会的董事会1915年在南京正式创办金陵女子文理学院。1928至1951年,吴贻芳(Yi—fang Wu,1893—1985)为该学院院长。
② 南京美国学校,亦称希尔克斯特(Hillcrest)学校,由美国人在南京创办,原校址现为五台山小学。
③ 1911年美国卫理公会创办的圣道馆(The Fowler School of Theology)、长老会办的圣道书院和美国基督会开办的使徒圣经学院合并在南京成立金陵圣经学校(Nanking Bible Training School),1912年,更名为金陵神学(Nanking School of Theology),1917年,再度易名为金陵神学院(Nanking Theological Seminary)。李汉铎(Handel Lee,1886—1961)1937至1951年担任院长。1952年,金陵女子神学院和华东地区另外十所神学院并入金陵神学院,在铜银巷原金陵女子神学院的校址开办新的金陵神学院。金陵神学院在汉中路的校址改办南京医学院。
④ 原件藏美国国家第二档案馆第84档案组国务院驻外使领馆档案,驻中国使领馆档案第2164卷(驻南京大使馆1938年档案第5卷)。

战事中确实遭受的损失提出赔偿要求的人,尽快准备一式 4 份,分类列项的宣誓证词,并附上能获取的最好的证据。

万一各机构的成员不在南京,而在诸如汉口、上海等地,本使馆将乐于通过领事馆和他们联络,以获取他们就与其住所联系和准备赔偿要求提供的指示。如果各个组织能不久提交这些人员的姓名,由此可以开始着手解决这些事宜的话,将非常感激。

由于某种原因,无法在此时提交最终完整的赔偿要求,建议提交一份初步的最低数额的赔偿要求,但保留在进行彻底的调查时可能要求增加赔偿钱款数额的权利。

非常忠诚地
谨代表大使
使馆三等秘书
爱利生

1 月 17 日下午 4 时。①

参阅我 1 月 12 日下午 2 时发的 19 号电;及国务院 1 月 8 日下午 3 时的 8 号电。

日本代理总领事福井今天上午拜访了我,急切地要求我不要在此时让无线电发报员上岸。我在讨论中明确指出打算让发报员上岸,经过一番讨论后,我说为了避免和军方发生争吵,也为了不让福井先生难堪,我把这事搁置几天,但是让发报员和无线电设备在本周周末前上岸是绝对必要的。福井先生说他将立刻和军事当局联系并尽快让我得知他们的反应。抄发汉口大使馆和上海,以便总司令得知。上海请抄发东京。

1 月 18 日上午 8 时。②

参阅我 1 月 17 日下午 4 时的 23 号电文。

---

① 第 23 号电报,美国国务院档案编号 124.932/559。原件藏美国国家第二档案馆,59 档案组国务院档案,0815 盒。
② 第 24 号电报,美国国务院档案编号 124.932/560。原件藏美国国家第二档案馆,59 档案组国务院档案,0815 盒。

日本代理总领事刚刚通知我，他昨天下午会见了军事当局，就美国大使馆无线电设备和海军发报员上岸一事作出最后的安排。我问是否可以在星期三上午9时让设备和人员上岸，他回答可以。相信不会就此再有麻烦。

抄发汉口大使馆和上海，以便总司令得知。上海请抄发东京。

1月18日上午10时。①

参阅我1月7日下午4时发的电报，以及汉口大使馆1月10日中午电报中援引的国务院1月8日下午4时发给汉口的9号电文。

几天前在与日本无任所总领事冈崎②先生进行的一次非正式谈话中，我提起日方赔礼道歉、赔偿侵犯美国使馆财产一事，谈到我于1月7日下午4时电报中报告，由中村列出的三条建议。令我吃惊的是冈崎先生表示震惊，并说中村不可能如此正式地进行谈话，因为冈崎知道他接到什么样的指示，而且他们没有提出这样的建议。我说这是极其严重的事，已报告给国务院，并已得到指示。冈崎答道在如此情况下，日本必须履行它所有的官员所作的承诺，作出所要求的道歉，赔偿损失。然而，他认为由一名军官赔礼道歉有违常规。他建议由代表日本大使的代理总领事福井向代表美国大使的我赔礼道歉。我指出这样必须再作请示，并补充道要在明确得知日本官方的态度以后，我再请求指示。冈崎说他要

---

① 第25号电报，美国国务院档案编号124.932/562。原件藏美国国家第二档案馆，59档案组务院档案，0815盒。

② 冈崎胜男（Katsuo Okazaki，1897—1965）1897年7月10日出生于神奈川县横滨。1922年获东京帝国大学经济学学位后于1923年进入外交界，从1923年至1937年先后在日本驻英国、中国上海、美国的使领馆任职。1937年调往上海总领事馆任无任所总领事。此后任驻广州总领事（1938—1939），驻香港总领事（1939—1940），驻加尔各答总领事（1941）。珍珠港事件后担任上海工部局（Shanghai Municipal Council）最后一任局长至1943年解散。日本战败之际任终战联络中央事务局长官，是出席密苏里舰投降签字仪式的日方代表之一。曾任外务省次官（1947—1948），1949至1955年任众议员议员，内阁官房长官（1950—1951），外务大臣（1952—1948），并于1954年代表日本与时任美国驻日本大使的爱利生一起签署美日共同防卫协定。他曾任驻联合国大使（1961—1963），于1965年10月10日在东京去世。

叫福井发电报给川越大使①请求指示，冈崎在另一份补充电报中要建议由福井赔礼道歉，赔偿损失。我说要等到福井的正式消息之后再和国务院联系。

福井先生接到指示后，昨天下午拜访了我，讨论这事。以下是讨论内容的概要。以防再有误解，我将这概要写成备忘录的形式，并请福井先生签了字，以证实这是我们会谈的准确记录。

福井在重复了冈崎的话之后说由他代表日本大使作出所要求的道歉，这是日本当局的意愿。我说必须请示国务院和美国大使之后才能表示这样做是否令人满意。我对他说国务院的意见是道歉的内容要包括对数次侮辱美国国旗的行为表示遗憾。他答道得就此事请示指示。

接着谈到日本政府最近对美国财产损失作出适当赔偿的书面保证这一问题。福井说日方希望首先解决侵犯美国大使馆财产，赔偿使馆损坏以及属于使馆工作人员的财产所受损失的事宜，然后再讨论美国个人财产所受的损害。他补充道日方对使馆财产损害和使馆工作人员损失提出的赔偿要求将不作任何调查，并接受本使馆提出的损失数额。这也适用于从使馆大院被劫走的私人汽车。福井说他将在道歉之前或道歉之际交给我一封信。日本当局将赔偿这样的损失，但他希望写一份私人信件，而不是官方信函。我告诉他我认为这应该是官方的信函，但要请示指示。

就赔偿美国个人财产损害一事，福井说必须就提交的索赔由日方自己进行调查。他补充道他将发电报给日本政府以允许他给我写一份书面声明，声称除了由军事行动造成的损害，日本政府将赔偿证明由日军

---

① 川越茂（Shigeru Kawagoe，1881—1969）1881年1月14日出生于日本官崎县。1908年毕业于东京帝国大学法学部。1912年进入日本外交界，1919年任驻中国哈尔滨候补领事。后历任驻瑞士使馆三等秘书，外务省亚洲局第三课课长，驻德国大使馆一等秘书，驻中国吉林、青岛、广州总领事，驻伪满洲国大使馆参事官。1934年任驻天津总领事，1936至1938年担任日本驻中国大使。1938年后任外务省顾问。他1969年12月10日去世。

造成的所有美国财产的损害。我对他说不能肯定这样的声明能够令人满意,但将向我国政府汇报。因此,就以下几点请示指示:

(1) 由福井先生就侵犯大使馆财产和侮辱美国国旗赔礼道歉是否可以接受?

(2) 国务院满意福井就大使馆财产损害和使馆工作人员财产损失作出赔偿一事给我一份私人信件吗?

(3) 就美国个人财产损失进行赔偿所建议的书面声明令人满意吗?

鉴于日方显然真诚地希望迅速解决侵犯大使馆财产的问题,并提出迅速赔偿的建议,我提议对上述前两个问题给予肯定的答复。然而,我觉得就解决美国个人财产损失所建议的声明是不能令人满意的。

抄发汉口大使馆和上海。上海请抄发东京。

1月18日下午2时。①

由于我们回南京之际诸事繁忙,一直没有机会评论日军攻占南京的过程中一直留在南京使馆的中国籍工作人员出色的工作。邓先生②尤其值得赞扬,不仅因为他在守护馆舍方面所作的努力,而且因为他逐日地用打字机记下发生的情况,这些记录非常有用。

因此,提议给留在这儿的每一个中国籍雇员发放相当于一个月薪金的新年奖金。如您所知,国务院每年奖赏给年薪在300美元及以下的信使一个半月的薪金。相信这次国务院会包括吴③和邓在内。

如果能给予这笔奖金,总支出为661.40元中国币。这将为11个人,包括吴和邓,发放奖金。

虽然我相信应在此时发放奖金,但由于在南京很难获得资金,这笔

---

① 第26号电报,美国国务院档案编号124.933/604。原件藏美国国家第二档案馆,59档案组国务院档案,0815盒。
② 在美国大使馆留守的中国籍邓姓职员,根据美国驻南京大使馆1938年档案中1938年6月发放薪金的名单,此人英文名为Tingchang Teng,但未发现其中文姓名。
③ 吴越桥(Wu Yueh-chiao),大使馆的另一名中国籍职员。

钱可能要过一个阶段才能兑现。

发往汉口大使馆。

1月18日下午4时。①

从1月15日中午到今天中午,已有15件涉及日军擅自闯入美国人房产的事件报告到大使馆来。擅自闯入的过程中除了抢劫美国公民及机构的财产外,还将居住在上述房屋里的10名中国妇女难民强行劫持走。最近的一次,也是最明目张胆的事件,发生在今天上午。日本兵驾驶两辆卡车闯入属于统一基督教会的大院,搬走一架钢琴和其他财物。搬钢琴时,他们毁坏了一大段院墙。该教会的一位美籍成员说今晨他看到院墙完好无损。下午1时45分围墙倒塌后我亲自去察看,并可以证明围墙是在3小时之内被毁,因为今天凌晨下雨,而地上围墙的残段完全是干的。我一再提请日本使馆注意这些每天持续发生的事件,然而,我已被迫作出结论,要么日本大使馆无力制止这些劫掠的行为,要么日军不愿或不能为美国人的财产提供适当的保护。据东京1月15日下午5时发往上海的电报,1月15日日本参谋本部曾指示南京的军事当局禁止擅闯美国产业的事件发生,但自从1月15日以来情况没有明显的好转。

抄发汉口大使馆和上海。上海请抄发东京。

1月19日下午2时。②

参阅我涉及同一主题于1月18日上午8时发的24号电和以前发的电报。

今天上午无线电发报机和发报员已上岸,在使馆安装好,现已运行。

----

① 第27号电报,美国国务院档案编号393.115/125。原件藏美国国家第二档案馆,59档案组国务院档案,1820盒。
② 第28号电报,美国国务院档案编号124.932/564。原件藏美国国家档案馆第84档案组国务院驻外使领馆档案,驻中国使领馆档案第2172卷(驻南京大使馆1938年档案第13卷)。

发往国务院，抄发汉口大使馆、北平和上海。上海请抄发东京。

1月21日下午2时。①

今天上午一位日本官员透露给本使馆的官员，川越大使将于1月23日飞抵南京进行为期一天的访问。访问南京后他将立即回日本。

发往汉口大使馆，抄发北平和上海。上海请抄发东京。

1月21日下午4时。②

参阅我1月18日下午4时发27号电和东京1月19日晚7时发40号电。

日本使馆的福井先生和福田先生③以及驻屯军司令的参谋本乡少佐④刚刚来访。他们报告说接到了外务省涉及我1月18日下午4时27号电报部分内容的电报。他们来做解释，并保证目前正采取适当的措施以防将来再度发生侵犯财产的事件。

本乡少佐长篇大论地解释军方在保护外国房产方面面临的困难，并表示已下达严令惩处在外国房产上被发现的士兵，同时惩处有关中队的军官。他说几天内这一地区许多部队调防会引起混乱，他肯定调防结束后，秩序会完全恢复正常。他请我将他拜访我一事告知华盛顿和东京。

我感谢几位先生的造访，并告诉他们我希望过几天能够报告侵犯美国房舍的案件已大幅度减少。

---

① 第30号电报，美国国务院档案编号701.9493/126。原件藏美国国家第二档案馆，59档案组国务院档案，3687盒。
② 第31号电报，美国国务院档案编号393.115/134。原件藏美国国家第二档案馆，59档案组国务院档案，1820盒。
③ 福田笃泰（Tokuyasu Fukuda，1906—1993）1906年10月13日出生于日本东京，1930年毕业于东京帝国大学经济系，1935年通过外交官资格考试，进入外务省供职于外交界直至全战争结束。1937—1938年南京大屠杀期间，担任日本驻南京大使馆参赞。他战后从政，1949年1月当选众议院议员，并连续当选10次至1979年9月。他曾多次入阁任总理府总务长官（1959—1960），防卫厅长官（1963—1964），行政管理长官（1965—1966），邮政大臣（1976）。1979年落选议员而退出政界。他1993年8月7日在东京去世。
④ 本乡忠夫（Tadao Hongo，1899—1943）1899年10月16日出生于日本兵库县（Hyogo），1920年毕业于陆军士官学校，1933年毕业于陆军大学。作为上海派遣军司令部的陆军少佐参谋，本乡负责和当时在南京的西方外交官的联络工作。他于1941年晋升为大佐，1942年任51师团参谋长。1943年7月3日在新几内亚战死。死后追赠少将官价。

抄发汉口、北平和上海。请抄发东京。

1月22日中午。①

参阅大使馆1月21日中午电和东京1月19日中午发39号电报。

我在1月8日②下午4时发自芜湖的电报中报告了日军在占领后最初一周内"残酷对待并屠杀平民,肆无忌惮地掳掠破坏私人财产"。此后,1938年1月9日的报告的一个寄给东京的副本于1月10日从南京发往上海,详细报告了芜湖的情况,其中作为附件包括了一份由美国传教士写的有关日军在该城市所作所为的报告。

在1月6日下午5时的电报里,我报告了当地美国居民讲述的"骇人听闻的肆意屠杀中国平民、强奸妇女的情况,有的就发生在美国人的房产上",以及在我1月18日下午4时发的27号电报中,提供了从美国人房产上强行掳掠走中国妇女的进一步例证。用电报发送完整详细的暴行报告,我觉得不妥当,但是一份详细的报告正在准备之中,不久将以安全的方式送往上海。③然而,可以说上面提及的东京电报中报告的事实在此经核实完全属实,本使馆存档了负责任的美国公民的书面陈述,证明占领南京后日军士兵极端野蛮的行径,而军官没有明显地加以制止。

情况虽然有所好转,军纪并未完全恢复,我仍持续收到美国居民平均每天3次或4次在安全区内的强奸或图谋强奸案件的报告。还有多少没有引起美国人注意的案件发生,那根本就不可能说得清。日本人现在想方设法迫使中国难民回到位于安全区外面的家里,但是,很多人不愿意回去,因为很多回去的人被抢劫,遭强奸,在数起案件中,还有人被日本兵刺死。这些事件的记录都已在本使馆存档。

发往汉口大使馆、北平、上海。上海请抄发东京。

---

① 第32号电报,美国国务院档案编号793.94/12176。原件藏美国国家第二档案馆,59档案组国务院档案,微缩胶卷M976组,49卷。
② 此处日期应为1月5日。
③ 此处指副领事爱斯比1938年1月25日编撰完毕的题为《1938年1月南京的状况》的长篇报告。见本书第二章。

1月22日下午4时。①

我和英国及德国的同行一起收到南京安全区国际委员会会长——一位德国臣民的一封信,该信概述了日军造成现在南京城内大约25万中国难民粮食供应的困难。

国际委员会一直在给买不起粮食的难民免费分发米和面粉,向买得起的低价出售。从1月10日上午起,日军强行禁止他们出售,并说销售米面必须经由与日军合作的当地中国自治委员会承办。从12月13日日军攻占南京到1月19日之间,日军只调拨了2 200袋米和1 000袋面粉出售给平民。日军拒不同意国际委员会调进以前购买、现仍在城外的米和麦子,也不同意从上海运进粮食。

据国际委员会负责任的美国委员估计,通常一天需要1 600袋米才足以供应中国居民。目前,日军当局只允许一周出售1 000袋左右。据说一天至少需要供应40吨煤,而现在根本没有商店出售煤炭。据了解,有足够供应的粮食和煤炭,因此,难以理解日本人的行为。

由于私人家庭仍有储存,情况还没有严重起来,但随时都会变得严峻。国际委员会每天为5万人免费提供粮食,但是库存的粮食已经不多。如果不能给这些中国难民提供足够的粮食与燃料,很有可能会发生骚乱,最终会危及外籍人员的生命和财产安全。

对于此事除了人道方面的考虑,似乎由于缓慢地以饥饿相加在成千上万的中国人身上而引起对美国利益可能造成的危害,本使馆有充足的理由向日本当局提出这一问题。我的英国同行说他们不打算匆忙行动,而我的德国同行则一直对日军非人道的行为采取极其强硬的立场,愿意立即去和日本人交涉。大使能就此提出看法,将不胜感激。

发往汉口大使馆。抄发北平、上海;上海请抄发东京。

---

① 第33号电报,美国国务院档案编号893.48/1406。原件藏美国国家第二档案馆,59档案组国务院档案,7229盒。

1月23日中午。①

昨晚约8点半,3个日本兵闯入大使馆的一座汽车库。车库现在由使馆警察几家人住着,一个日本兵将其中一名警察的妹妹掳走后,另外两名日本兵留下来竭力不让中国人去报告。然而,我被告知情况不对,便和副领事爱斯比到警察那儿,发现两个日本兵。当时我们还不知道姑娘被劫走。两个日本兵一见外国人就溜,我们也没有阻拦。一个身着海军制服,携有一把大号手枪,另一个平民模样,穿着日本基督教青年会那样的制服。我们准备去找姑娘时,她回来了,并说我们见到的那两个日本人在姑娘就要被弄上车开走时赶到,劝说第一个日本兵把她放了,因为她为外国人做事。显然这些日本人不知道自己闯到使馆的房子里,但这不是借口。这次事件所幸没有酿成严重的人员或财产伤害,但如果没有外国人到场就会造成伤害。虽然日军当局保证正在努力防止这类事件发生,这却是现在南京一直发生的极其典型的情况。应当指出大使馆位于所谓的安全区内,只有经允许的日本兵才能入内,同时,被日本人闯入的汽车库离宪兵站不到两百码远。离海军控制的江边地区有几英里远,没有令人理解的理由让人想到一名全副武装的水兵会在附近出现。在街上偶尔会遇到日本平民,但这是第一次听说有日本平民从事非法活动。然而,也许重要的是有日本平民被允许进入南京,据称因为军方需要劳动力或小店老板。与此同时,日军当局刚刚拒绝了金陵大学医院迫切需要两名美国医生来南京的要求,理由是平民来此尚不安全。

今天上午我拜访了福井先生,就此事提出强烈的口头抗议,并告诉他我打算立即将此事报告给华盛顿和东京。福井恳求我这几天不要报告,因为他怕这将恶化美日关系。他再次提到日军当局采取了特别措

---

① 第34号电报,美国国务院档案编号124.932/565。原件藏美国国家第二档案馆,59档案组国务院档案,微缩胶卷M976组,49卷。但是该原件错误颇多,采用美国政府出版社出版的 *Foreign Relations of the United States Diplomatic Papers*, 1938, *The Far East*, Vol. IV, Washington, D. C. : United States Government Printing Office, 1955,第247至248页更正过的电文补充校正。

施来防止这类事件(参见我1月21日下午4时发31号电报),并向我保证,只要再等几天,一定会看到局势大为改观。我告诉福井先生必须报告此事,但愿意暂时不加以公开。因此,请求这件事近几天不要公之于众,以观察前面所提及的措施是否真有实效。如有明显改观当迅即报告。

抄发汉口大使馆、北平和上海。上海请抄发东京。

1月24日中午。①

参阅我1月21日下午4时发31号电。

川越大使在南京访问一天后今天上午飞回上海。他在南京会见了日本使馆官员和日本陆军、海军高级将领。他没有(重复没有)接见任何外国外交官员。

发往汉口大使馆。抄发北平和上海。上海请抄发东京。

1月24日下午。②

参阅国务院619号电文。

发给基督福音会圣路易斯分会的电报。

得知埃德娜·韦波·吉西③本周抵达上海。南京没有佳米·格雷④的消息。她离开此地去了芜湖,相信目前人已在汉口。请求上海进一步

---

① 第35号电报,美国国务院档案编号701.9493/128。原件藏美国国家第二档案馆,59档案组国务院档案,3687盒。
② 第36号电报,美国国务院档案编号393.1115/2647。原件藏美国国家第二档案馆,59档案组国务院档案,1796盒。
③ 埃德娜·梅·韦波·吉西(Edna May Whipple Gish, 1894—1995)1894年8月16日出生于俄克拉荷马州沃克密斯(Waukomis),1917年毕业于俄勒冈大学。1920年作为统一基督教会的传教士前往南京传教、教书,积极提倡妇女教育。1937年8月,她前往庐山牯岭教美国孩子,教授圣经课程至圣诞节。1938年夏回南京工作至1941年回美国。1943年再度来中国,在成都工作。战后于1945年回南京传教。她1949年离开中国,1995年7月29日在马萨诸塞州马尔伯罗(Marlborough)逝世。
④ 佳米·格瑞(Cammie Gray, 1891—1965)1891年12月2日出生于密苏里州的堪萨斯城,1915年毕业于堪萨斯州的贝克(Baker)大学,1916年前往中国,1917至1932年在芜湖传教、教书。1932年以后,在南京南门教堂传教,在中华女中教书。日军攻占南京之前,她撤离南京,前往重庆、成都,并在西迁的金陵大学教英文。格瑞1946年离开中国回国,1965年10月19日在洛杉矶逝世。

调查这两人的情况。抄发汉口。

1月25日下午4时。①

参阅我1月23日中午发34号电文。

日本使馆海军武官中原海军大佐②今天下午来拜访我,就一名海军人员非法闯入大使馆车库一事表示遗憾。他说正进行彻底的调查,已下达严格命令,禁止海军人员进城办公务或定期进行的参观游历。从我见到的那个人穿着的制服来判断,中原海军大佐可以断定他不是正规的水兵,而可能是海军劳工队的成员。他保证将不会再有涉及海军人员的事件发生。应该指出,在南京以及海军控制的沿江城区很少抱怨海军的所作所为。这些地区的情况比其他地方好得多。

抄发汉口大使馆、北平和上海。上海请抄发东京。

---

① 第37号电报,美国国务院档案编号124.932/568。原件藏美国国家第二档案馆,59档案组国务院档案,微缩胶卷M976组,49卷。
② 中原三郎(Saburo Nakahara,1889—1938)1889年出生于佐贺县(Saga),1912年毕业于日本海军学院,1925年晋升少佐,1926至1928年在日本驻中国的使馆任助理海军武官。1931年晋升中佐,并从1931年8月20日至1932年5月20日担任炮艇二见号(Futami)船长;1932年5月20日至1933年1月7日为炮艇嵯峨号(Saga)船长。此后调任军令部参谋,1936年晋升大佐,并出任日本驻南京大使馆海军武官。1938年12月5日病死。

2. 着手调查日军暴行

793.94/12674

1938年1月25日,南京
文件主题:南京的状况①

中国汉口

　尊敬的美国大使

　　纳尔逊·杜鲁斯勒·约翰逊

先生阁下:

1/ 　　非常荣幸地呈交在此附上,由副领事爱斯比撰写的关于1937年12月13日日军占领以来南京状况的报告。报告提供的信息是根据使馆工作人员的调查和南京陷落以来一直留在城内的美国居民的叙述作为依据,简要描述了取得胜利的日军进城以来城内发生的情况;对南京城目前状况的观察;以及对美国居民和"南京国际委员会"为改善军事占领

---

① 原件藏美国国家第二档案馆,59档案组国务院档案,微缩胶卷M976组,51卷。

造成的后果所作的工作,以及努力保护城内的生命和财产。

谨致敬意,

大使馆三等秘书

(签名)

约翰·M.爱利生

附件:

所述 1/

南京的状况
1938年1月

南京,美国大使馆

_____编撰

美国副领事詹姆斯·爱斯比

_____批准。

大使馆三等秘书约翰·M.爱利生

准备的时间:1月15日至24日

邮寄的时间:1938年2月2日

  1月6日上午我们抵达南京大使馆时受到使馆两名中国籍职员邓先生和吴先生的迎接。自从日军占领南京以来,他俩一直留在这儿。邓先生带我们四处看看,初步察看了两个大院里的建筑。除了使馆办公处的门被刺刀捅破,没有发现建筑物受到损害。美国工作人员留在屋内的物品都完好无损。邓先生解释了12月9日以来大使馆发生的情况,并呈示了他逐日记录的报告。他告诉我们使馆的两个大院里驻扎着5名日本宪兵和20名中国警察,有240名中国人在使馆的馆舍里避难,这个数字包括苦力、仆役,以及其他隶属于使馆的雇员与他们的家眷。

留在南京的14名美国居民立即前来拜访我们。虽然他们遭遇到一些不愉快的事件,但是他们以及仍在这儿的另外14名外国人①均没有受到伤害,都安然无恙。他们所有的思绪似乎都集中于南京发生的情况。他们向我们讲述了日军进城以来南京经历的一系列极度骇人听闻的恐怖与暴行。他们觉得最糟糕的情况已经结束,但是告诫说,仍持续发生着各种事件,城内的情况仍然很糟糕。

他们描述的南京是一幅日军占领之际降临并笼罩着全城的恐怖画面。他们以及德国居民讲述了这座犹如被捕获的猎物而落入日军手中城市的情况,不仅仅是有组织的战争过程中被占领,而且是被入侵的军队攫取的城市,这支军队的成员对战利品猛扑上去,毫无节制地掳掠,施以暴行。更为完整的数据和我们自己的观察并不能质疑他们所提供的信息。留在城内的中国平民犹如难民拥挤在所谓的"安全区"的街道上,他们中很多人都赤贫如洗。屠杀男子、妇女、儿童,闯房入舍,掳掠财产,焚烧、摧毁房屋建筑实实在在的证据几乎无所不在。

本报告后续的章节呈报了南京国际委员会和大使馆就侵犯美国财产而向日本当局提出的抗议和国际委员会就南京的状况提出的抗议。这些抗议极其详细地揭示了南京发生的情况。呈报的还有国际委员会就节制日军部队在南京城的行为而提出的请求与请愿。这些请求与请愿本身就反映了城内的状况,在此将这些请求与请愿提纲挈领地归纳,以彰显南京的状况。

第一次和美国居民会面结束之际,问他们——除了过去已经发生、目前不可能避免的事情——就南京的状况而论,特别希望提请日军当局注意的是什么。他们的答复是"促使日本当局约束他们的士兵,结束目前发生的恐怖与暴行。"或者,这句话的含意可以更确切地表达为:以人道的名义,日本当局应当结束日本士兵的胡作非为,停止屠杀、掳掠与焚

---

① 除了14名美国人之外,另有5名德国人,一名奥地利人,和两名白俄在南京,共计有22名西方籍人士在南京城内。这里应该是"仍在这儿的另外8名外国人"。见本书第四章《南京美国财产与权益的状况》附件十五A中当时留在南京西方籍人士的名单。

烧,恢复城市平民百姓的正常生活。

Ⅰ.12月10日以来南京发生情况的简述

根据现有信息显示,南京陷落之前,中国军队与平民已持续不断地从南京撤离。城里大约五分之四的人口已逃离南京城,大部分中国军队携带主要的军用物资与装备也已撤走。防守城市的军队不超过5万人,①如果确有那么多的军人。这些防守人员中相当多的人在城市陷落后也设法从北门、西门,翻越城墙逃出去,穿过日军的防线杀出血路撤退出去。为了军事目的而扫清地面的障碍,中国军队将城墙外大部分城区焚毁。但是,留在这儿的美国居民坚持道,撤退的中国军人在城内没有什么焚烧毁坏、掳掠财产的行为。

因此,当日军开进城时,发现这座城市几乎完好无损,五分之四的人口已离去,留下的居民大部分都在南京国际委员会正在设法建立的所谓"安全区"内寻求庇护,只有数量相对较小的中国军人,而不是大批军队困在城内。留在城内中国军人的数量不得而知,但是一定有数千军人脱掉军服换上便装和平民混杂在一起,或者在城内任何可能的地方藏匿。

美国居民认为日本人没有意识到有多少中国军人逃了出去,在旨在杀尽城内所有当过兵的中国人的"清剿残敌"的行动中,他们期望搜寻到10万多军人。他们在全城各处搜索当过兵的中国人之际,很有可能由于只搜捕到为数较少的可被认定为军人的中国人而感到恼怒或疑惑,这促使他们将许多无辜的平民和他们抓到的当过兵的人一道处死,促使他们比原来预计时间更长、更残暴地进行着以恐怖相伴随的"清剿行动"。

然而,这里应该指出,日军进城前,至少在一定程度上,中国人自己也并不是完全没有劫掠的行为。在最后那几天,他们无疑有侵犯人员与财产的行为。中国军人疯狂地急于脱掉军装换上便服,在有些情况下,

---

① 这个数字并不准确。1937年12月南京保卫战中,在南京城内与南京附近参战的中国军队有第36师、第41师、第48师、第51师、第56师、第87师、第88师、第103师、第112师、第154师、第156师、第159师、第160师、教导总队和宪兵部队,总数约11万多。很多在外围防守的部队,在作战的最后阶段也撤退进城。

打死平民以攫取他们的衣服。撤退的军人,还有平民,在那段无秩序的时期偶尔也掳掠。市政府完全瘫痪,所有公共设施与服务亦中止运转,中国政府的撤离与绝大多数中国老百姓的离开导致全城混乱无序的现象,都会使全城易于发生任何非法行为。应该指出,留下来的人们甚至有一种欢迎在日本人的统治下恢复他们渴望的秩序的感觉。

然而,日军刚进南京,非但没有恢复秩序、中止已经产生的混乱,笼罩全城的恐怖却的的确确地开始了。12月13日夜晚与14日清晨,已开始出现残暴的行为。首先派遣一队队日本兵去搜捕与"清剿"留在城内的中国军人、在城内所有街道与建筑物里进行仔仔细细的搜索。曾经当过兵的,以及被怀疑当过兵的人都被有组织地枪杀。虽然没有获得确切的记录,但估计以这种方式处决的人数远远超过两万人。〔日本人〕似乎没有对当过兵的人和那些实际上从未在中国军队服役者加以区别。如果稍微怀疑一个人曾经当过兵,这个人肯定被押走枪毙。日本人要"歼灭"所有中国政府军队残余分子的决心显然是不可变更的。

从不计其数的记录处决的报告中选取几个作为例证。南京电厂的54名雇员在和记洋行①的厂房里避难。12月15日或16日,一队日本兵来到工厂,强迫人们说出待在那儿的中国人有哪些不是和记洋行的雇员。他们得知有54个人过去受雇于电厂,但其中11个人也在和记兼职。因此,日军带走43名电厂的全职雇员,并说由于他们受雇于中国政府,要"枪毙"他们。与此同时,美国居民说日本官员不断地询问国际委员会日本人能在哪儿找到训练有素、从事公共服务的电工和雇员,以便为全城恢复供电、照明。

另一个报告记录了12月25日或12月25日左右发生在金陵大学校园的事件。日军刚刚开始在登记城里的所有中国居民,12月25日或那

---

① 1897年,英国商人威廉·韦思典、爱德蒙霍尔·韦思典兄弟在中国汉口开设和记洋行(International Import & Export Company),采用冰冻方法,对鸡蛋及肉食品进行加工,并获得了巨额利润。1912年,他们又在南京下关宝塔桥附近购地建厂,厂址为下关宝塔桥西街168号。和记洋行原址现为南京肉联加工厂。

个日子前后，几个日本军官来到金陵大学准备开始登记在该大学校舍里避难的3万多中国人。大约2 000多在校舍里避难的男子被召集出来，日军对他们讲话。说如果以前在中国军队服役的难民自己坦白出来，他们将受到保护——他们会受到保护的话重复了几遍——虽然他们可能要为日本人干些活，但是如果他们不坦白，以后被发现当过兵，肯定会被枪毙。由于这一保护的保证，大约200个人向日本人表明他们曾经是中国军人。因此他们被押走。四五个伤势严重的人后来回来讲述了他们的经历。这200个人和其他在路上抓来的中国人一道被一小组一小组地押到各个相隔绝的地点，被日军行刑队或刺死，或枪毙。只有这四五个受了伤、搁在那儿等死的人逃脱了这场屠杀。

除了日军分遣部队搜捕、处决所有的中国军人，还有两三个人一队，或人数更多的小股日本兵在南京全城任意游荡。正是这些游荡的日本兵在南京犯下屠杀、强奸和掳掠等罪行，造成了南京城最恶劣的恐怖。到底是日军进城后放纵这些士兵任意胡作非为，还是日军完全失控，仍未给予充分的解释。我们被告知，日军最高指挥机构至少颁发了两道管束士兵的命令，进城前发布了严令，禁止焚烧房屋。

然而，数千日本兵蜂拥进城，犯下难以言说的掳掠与暴戾罪行。根据外籍目击者对我们的叙述，放纵的日本兵犹如一群野蛮之徒蹂躏着全城。全城各处数不清的男子、妇女和儿童遭屠戮。还听说有些老百姓并没有什么明显的缘由便遭枪杀或被刺刀捅死。我们抵达南京的那天，日本人告诉我们不得不在前一天清理掉很多尸体。然而，仍然可以在房屋内、池塘里和偏僻些的街道旁见到尸体。一位美国公民告诉我们，日本兵闯进城南一处住有14口中国人的房舍。他说见到11具尸体，其中妇女据说被先奸后杀。仅有两个小孩和另一个人幸存。前些日子，在使馆附近的小池塘里打捞尸体，捞上来二三十具身着平民服装的中国人的尸体。

据报告，日本兵到处搜寻当地的妇女，无论在哪儿寻找到，便就地强奸她们。参阅本报告附件里对这些强奸案的描述。这里的外国人相信，日军占领的最初阶段,每晚有1000多桩强奸案发生,一个美国人统计,在一处美国房产上,一个晚上发生了30起强奸案。

进行屠杀与强奸的同时,四处掳掠的日军彻底搜索、劫掠了全城。日本兵闯入、洗劫了几乎每一栋房屋、建筑,并将中意的物品掳掠而去。

南京国际委员会记录了报告给他们并发生在"安全区"内的案件。委员会定期将这些案件报告给日本大使馆,提请他们注意这些记录,与此同时,就发生的事件提出抗议,要求日本当局采取措施防止这类事件再度发生。我们抵达南京时,这些报告和案件的副本被呈交给本使馆。到1月10日为止,记录了188起案子。在此附上委员会发送的信件及案件的副本。[1]

掳掠财物

根据国际委员会和美国居民个人提供的情况,以及本使馆工作人员的调查,可以相信在南京几乎没有一处房舍没有被日军闯入、掳掠。无论这座院落、房屋、商店或建筑物是外国教会的产业,还是外国人或中国人个人的房产,不加区别地悉数被闯入,并在不同程度上遭洗劫、掳掠。众所周知,美国、英国、德国和法国的大使馆被闯入,从中抢走物品。据报告,意大利大使馆的遭遇也一样。1月1日,俄国大使馆被大火神秘地焚毁。我们察看过的,或美国居民报告的美国房产无一例外地被日本兵一而再再而三地多次闯入。这样的情况甚至发生在现在仍有美国人居住的住宅。一直到撰写这份报告时为止,美国居民与国际委员会的其他成员仍持续不断地将闯入外国人房产、搜寻财物与妇女的日本兵驱赶出去。

日本兵能够拿走的各类物品似乎都是他们理所当然的掠夺品。特别就外国人的房屋而论,汽车、自行车、烈酒以及能装进口袋的小珍玩似乎是他们特意搜寻的目标。在所有的房屋里,不论是外国人的房产,还是中国人的屋宇,入侵者随心所欲地将他们中意的东西席卷而去。城里商业区残存的商家店铺显示,店内的货物被洗劫一空。在有些情况下,有证据显示,他们中意的东西太多,不能徒手搬走,于是开来卡车把货物运走。外国居民报告,他们有几次看见整卡车的货物从商店和仓库被运走。德士古(中国)有限公司仓库的保管员报告说日本兵从仓库抢走储存的汽油、油料,并用公司的卡车运走这些油料。

房屋与房屋之间被掳掠的程度相差很大。到目前为止,我们察看过的各类房产,虽然被闯入,但损坏的程度并不太厉害,偷盗的现象也不很严重。仅有几件物品被拿走,仅此而已。有些位于"安全区"外面的房屋没有被严重骚扰,尤其是在安全区内的房产被掳掠的程度最轻。这些案例是与那些被掳掠毁坏最严重的房屋相比较而言。以大使馆工作人员道格拉斯·简金斯的房子为例,在他的仆役被杀害后,不仅屋内所有的东西被洗劫,严重掳掠,而且有足够的证据显示他们肆意打破、砸碎家具及其他物品。如此对待美国人财产的另一个例子是上海路和中山路拐角上的金陵汽车行。车行的两扇门用木板钉上,木板外面还有上了锁的铁栅栏。两块木板上都张贴着使馆的布告,说明这是美国财产。我们抵达南京之后察看了车行,发现一块木板已从墙上被敲松动,推到一边。木板上仍贴着布告。车行然后被闯入,彻底洗劫。除了两只旧车胎、几根铁棍和小段铁丝,车行里只留下一台空气压缩机。几个办公室的地板上布满了文件、纸张,一张桌子被搬走当柴烧,两只保险箱从顶上被砸开。保险箱里的东西都不翼而飞。车行后面一个锁上的小棚子也被闯入。纸张、零件和设备散乱在地板上达6英寸厚。在杂乱堆中发现一部珍贵的标准尺码的电影放映机被打成碎片。

焚烧房屋

但是使南京的房产遭受最严重损失的是焚烧。撰写这份报告时仍可见到城内数处大火在燃烧。在"安全区"内没有焚烧。然而,除了安全区,纵火或其他原因任意造成的焚烧遍及全城。在许多街道上,间隔在完好的房屋之间,有些房屋建筑被完全烧毁。一条街道上,一两栋,或更多的房屋只剩下烧焦的残壁站立着,而边上的其他建筑却没有被大火触及。

城南遭受了大火最严重的蹂躏。巡视南京这片商业闹市区,可见成片街区的房屋建筑被烧毁。许多街区中仅剩下10来栋或更少的房屋挺立着。与整个城区几乎完全遭焚毁的上海闸北不同的是,这里通常是主要街道上临街的建筑被焚毁,而后面的房屋大都没有被烧到。

这里的日本当局争辩说,南京城内的大部分焚烧是在城陷之后由撤退的中国军队或便衣军干的。有些也许是中国人干的,然而,即使以种种理由相信那些说词,和日军占领南京,战斗结束后蓄意或由于玩忽大意造成的焚烧相比也是微乎其微的。建筑物要么在被闯入、掳掠之后,被蓄意放火焚烧,要么由于疏忽在屋内留下火种使房屋着火,要么由于附近燃烧的建筑而着火。没有听说采取措施救灭着火房屋上的烈焰。

2/ 在此附上在城市遭焚烧最严重的时候,由国际委员会成员签署的一份备忘录。该备忘录叙述了他们的观察,着火的原因,以及大火主要是由谁造成的。在备忘录的第一部分,观察者叙述了日本人进城前全城有多少地方被烧,并作证到那时为止没有什么纵火焚烧造成的损害。第二部分显示他们在12月20日夜里发现南京城内的情况。那时见到许多建筑物着火,日本兵在附近观望着着火的建筑物,从商店里清理出货物,用卡车运走。还有日本兵在其他房屋内的"地面上生起篝火"。

所谓的"安全区"内发生的情况

一般说来,所谓的"安全区"的情况要比南京其他城区好得多。这份报告随后还要讲述国际委员会在安全区的工作。虽然安全区并非没有日本兵掳掠、抢劫,也没有逃脱他们的劫掠与破坏,但它遭受的损害、发生的恐怖事件远远没有其他城区严重的程度。安全区发生了不计其数的强奸案,杀人案,所有的房屋均被闯入,并不同程度地被掳掠。但是,留在南京的大多数中国平民逃到安全区这个最安全的地方寻求庇护这一事实表明安全区内的情况比其他地方好得多。这些平民所受骚扰的程度没有其他城区的人们所受的那么严重,他们也没有被赶出房屋,赶出难民营。大多数房屋受到侵犯的程度也没有其他城区严重。最重要的是安全区内没有焚烧的现象。

我们抵达南京以来发生的情况

我们到达南京以来,虽然南京最糟糕的暴行事件,侵犯人员及财产的情况据说已经结束,但各类事件仍持续发生。美国居民几乎每天都会将日本兵侵入他们房产,洗劫房屋,从他们的院落里劫持走中国老百姓等事件的报告送到大使馆来。1月10日以来,已发生24起日本兵非法侵入美国人房舍的事件。其中3起涉及日本宪兵强行擅闯美国人的产业。

南京基督教青年会副秘书长乔治·A.菲齐报告了他位于保泰街①7号的住宅1月4日以来被日本兵闯入并抢走东西达7次之多。

1月13日报告来的两起事件成为1月13日向日本大使馆提出的一份书面抗议的主题。参阅本使馆1月13日中午所发,报告这一抗议的21号电报。在此附上该抗议的副本。这些事件涉及日本兵1月11日闯入金陵神学院抢劫物品,以及同一天日本宪兵强行闯入M.S.贝茨博士的住宅,从那儿抓走金陵大学一名中国雇员。

1月14日收到M.S.贝茨博士的另一封信,该信报告前一天夜里4名日本宪兵闯入金陵大学,劫持走一名中国姑娘。该信的副本已包括在爱利生先生1月14日给日本使馆K.福井先生的非正式信函中送交给日本大使馆。在此附上他的信函及贝茨博士信件的副本。

侵犯美国人房产的事件仍持续发生。参阅爱利生先生1月18日下午4时发给国务院的电报。该电报概述了这些事件,报告了那天发生的涉及统一基督教会房产的事件。在此对该事件作详细的描述。

---

① 二十世纪五十年代初,保泰街拓宽,更名为北京东路;原北平路更名为北京西路。

1月18日下午1时30分左右,W. P. 米尔斯先生①和 L. S. C. 史迈斯先生②报告说日本兵闯入位于中华路统一基督教会的院子,他们人还在那儿。得到消息,爱利生先生和爱斯比先生随即赶到那座大院。我们发现大院面朝一条小街的院墙有一大段被推倒,院子里面被人踩踏。倒下的一段院墙是干的。院墙肯定是在3小时之内推倒的,因为一直到凌晨都在下雨,除了倒下的院墙,周围的一切仍是湿漉漉的。我们到达时詹姆斯·H. 麦考伦③已在现场。他说早晨来教会时院墙完好无损。他接着说上次来教堂发现两个日本兵与两个中国人在教堂房产的一座屋子里,手里拿着教会的东西。向他们交涉之后,他们留下东西,离开了大院。他说早晨在屋子里看到的钢琴后来不见了。抢劫发生时就在附近

---

① 威尔逊·波鲁默·米尔斯(Wilson Plumer Mills, 1883—1959)1883年12月1日出生于南卡罗来纳州的温斯伯罗(Winnsboro),1903年毕业于北卡罗来纳州的大卫逊(Davidson)学院,1907年获得南卡罗来纳大学的硕士学位,1910年作为罗德学者(Rhodes Scholar)前往牛津大学学习。米尔斯1912年来到中国,在北京、南京等城市担任基督教青年会的干事至1932年。1932年,他成为美国北方长老南京教会的牧师。他是大屠杀期间留在南京城内的14名美国公民之一,并被推举为南京安全区国际委员会副会长。1938年2月23日,会长约翰·拉贝离开南京回德国之后,他继拉贝履行会长的职责,但仍将会长的头衔留给拉贝。珍珠港事件后他被日军关押在上海浦东集中营直至1943年9月遣返美国。1944年回到中国,在重庆、上海等地工作,1949年离开中国。米尔斯1959年2月26日在纽约逝世。
② 路易斯·斯特朗·凯瑟·史迈斯(Lewis Strong Casey Smythe, 1901—1978),中文名史密士,1901年1月31日出生在华盛顿特区,1923年毕业于艾奥瓦州的德雷克(Drake)大学,在大学读书期间,结识了一位出生在中国南京的美国姑娘,玛格丽特·盖瑞特(Margaret Garrett),并和她相爱,结婚。1928年获得芝加哥大学社会学博士学位后,他携妻子前往南京,任金陵大学社会学教授直至1951年。南京大屠杀期间,他是留在城内的14名美国公民之一,担任南京安全区国际委员会的秘书长,向日本大使馆和美国大使馆提交了很多日军暴行的材料。他1951年初离开中国,1951至1970年在肯塔基州莱克星顿神学院任社会学教授,1975年迁居加州。史迈斯1978年6月4日在加州罗丝米德(Rosemead)逝世。
③ 统一基督教会的詹姆斯·亨利·麦考伦(James Henry McCallum, 1893—1984)1893年11月19日出生于华盛顿州的奥林匹亚,1917年毕业于俄勒冈大学,1921年在耶鲁大学获得神学学位,并于同年前往中国,在南京南门教堂传教。1937年夏,日军进攻南京之前,麦考伦的传教工作告一段落,正准备回美国休假。此时,鼓楼医院急需一名总务主任,他应医院之邀担任该职。他是大屠杀期间留在南京的14名美国人之一,为医院筹措粮食、煤炭及其他物品,同时也帮助中国难民。麦考伦1939年回美国休假,1940年秋回到南京传教。珍珠港事件后,他被日军软禁在南京家中直至1942年8月遣返美国。1945年战争刚结束,他便急切地赶回南京工作至1951年回美国,定居加州。麦考伦1984年4月20日于加利福尼亚的彼克·瑞维拉(Pico Rivera)去世。

的一个中国老百姓说,我们来到现场之前不久,载着几名日本兵的两辆卡车开来,日本兵推倒院墙,把掳掠的物品运走。附上麦考伦先生向大使馆报告这一事件信函的副本。

在此,值得注意的是直到1月18日,英国公司祥泰木行①堆放木材的大院显然还没被闯入,大院的门关着,上了锁。那天,我们在每天去下关江边的路上看见日本兵从刚打开的门里搬出木材,将大木料从院子里用车装走。后来,我们从英国领事那里得知搬运木料完全是非法的,他正向日本使馆就掳掠英国财产一事提出抗议。

II. 南京目前的状况

在这个部分呈报南京当前的实际状况,以及对目前政治经济情况的各种评述。

南京的实际状况

环绕南京城墙外的地区遭受了严重损害。虽然没有得到机会去城市郊区仔细察看,相信在很大程度上已被摧毁。然而,紫金山脚下的中山陵不在此列。几天前从远处眺望中山陵看上去没有遭到损坏。

焚烧造成下关地区相当大的损失。从长江上对下关及其江边一带观察,可见江边一带房屋破败的景象。然而,仍有一些建筑物完好,例如大来公司的木材场、美孚石油公司的设施、扬子旅馆②和大型发电厂。电厂在轰炸中受损,但现在已恢复生产。我们刚抵达时,沿江一带除了"和记"公司的趸船,遗留下来的码头设施只有南京轮渡的趸船仍飘浮着。自那以来,日本人修复了其他一些码头,现在供日本船只使用。

南京城内受损失最严重的是城南的商业闹市区。南京城要恢复正常,几乎得将这个城区完全重建。新拓宽的主要街道如太平路、中山路、

---

① 祥泰木行(China Import & Export Lumber Company, Ltd.),又称中国木材进出口有限公司,1884年为德商控股,由法国商人创立,1914年英商在欧战爆发之际接管祥泰木行。该公司设在上海,并在汉口、南京、天津、福州等地设立分公司。鼎盛时期,在木材市场曾称雄半个世纪。1941年太平洋战争爆发,日军进驻上海租界,祥泰木行决定停业解散。
② 扬子旅馆(Yangtze Hotel)位于下关,离火车站不远,为一英国人所有、经营的旅馆。

中华路,以及其他主要街道上,每个街区临街的建筑除了十来幢或更少的房屋,其余均被焚毁。中山路上似乎只有店面和商业建筑被烧。唯一被摧毁的国民政府建筑是在日军占领城市前被焚毁的交通部。其余的政府建筑均完好,目前被日军占用着。

遍及南京城其他地区的房屋建筑,最通常的是贫困阶层的房子,间歇性地遭到焚烧。城北的住宅区受焚烧的损失最小。如前所述,"安全区"没有发生焚烧的情况。

目前大多数城区已恢复水电供应。无须费什么力就可以恢复电话系统。街上的碎片垃圾基本上已清除掉。城里的卫生系统已正常,但是还必须从池塘和建筑物里清理掉许多尸体。

南京的政治和经济状况

作为政治与经济实体的南京,应该说实际上已不复存在。实质上,这座城市仅仅是日军的兵营。大约百万之众的人口,目前只剩20到25万人。这些人大都由贫困阶层的人士构成。绝大多数人像难民一样拥挤在"安全区"内的房屋里与临时的难民营中。夜晚,他们挤在庇护所内,白天可见成千上万的人拥塞在安全区的街道上。以上海路为例,白天是一英里多长的人群;中国老百姓出来弄吃的,找烧的,或者四处站着,无所事事。

正如本使馆1月8日中午12时发的8号电所述,1月1日新的"自治委员会"宣布就职视事。这个委员会共有9名中国委员组成,会长是陶保晋,在日本人的指导与监督下,该委员会将接管市政府通常的职能。

然而,到目前为止,还没有见到新政府活动的迹象。有些中国警察驻守在各个建筑里,在街道上转悠。但是他们的职责仅仅是作为仪仗摆设而已。日本人调来大约100名宪兵,和日军哨兵一道在城里维持一种近乎疏忽大意程度的治安,如果那可以被称为治安的话。可以肯定,卫生系统、水电供应都在日军控制与运作之下。消防队和公共卫生部门已不复存在,除了城市被占领时已在这儿的几个中国伤兵之外,日军医院只收治日本军人。中国老百姓能够使用的医疗设施是外国传教士提供的。公共交通系统还没有运行。可以看到以前在城市作为公共交通工具的公共汽车的残骸躺在路旁,要不然就是车子已被拖走,充作军用。

值得注意的是,1月1日以来,据说日军通过市自治政府试图强迫老百姓离开"安全区"回到他们自己的住家。据说开头有些老百姓的确回到位于其他城区的家,但回去的人立即返回安全区。回到家,他们通常发现除了烧焦的废墟已一无所有,最重要的是他们得不到保护。据说他们报告了遭到日本兵抢劫,妇女被强奸,有的甚至被杀害。

粮食供应问题

新政府面临的最重要、最紧迫的问题是为中国老百姓提供粮食或对粮食供应作出安排。然而,这个问题显然只有通过日军才能解决。据说日军进入南京后立即控制了储存的大米,而城外的大米还没有运进来。国际委员会相信日军接管了储存在城内和下关仓库里的10万多石米。

本使馆1月22日下午4时发的33号电向国务院呈报了为25万中国老百姓提供粮食和燃料目前存在问题的一份提要。在此提供更详细的报告。

国际委员会在建立"安全区"时,于南京陷落前几天他们通知老百姓至少要带两个星期的粮食进入安全区。大多数难民照办了。此外,南京被占领前,毫无疑问,中国人家家户户确实都储存了大量的米,以供将来不测之需。12月13日之后,难民即是靠这些储粮生存;或者是靠向买得起的人们出售,向那些一贫如洗的人们免费分发米、面而生存。委员会的价格是9元中国币一石,这和南京被占领前通行的价格一致。12月中旬以来,委员会免费为大约5万人提供粮食。委员会估计,为所有的难民提供粮食,每天需要1 600袋米。估计每天烧饭至少需要40吨煤。

1月10日下午,在日军当局的奉劝之下,国际委员会停止售米。国际委员会被告知,此后市自治政府将处理粮食销售的事宜。委员会声称完全同意由市自治政府接手销售粮食。委员会可以恢复其纯救济组织的基本职能,并将存粮用于慈善事务。然而,市自治政府仍存在着从哪儿获取粮食供应老百姓的问题。1月10日,日军拨来1 000袋米,17日又发放了1 000袋米和1 000袋面粉。到目前为止,这是已知的可供出售的所有粮食。

由于私人储存的粮食显然还没有吃完,情况还没有严重起来。此外,沿街摆起的摊贩市场上只见到数量有限的绿色蔬菜与鲜肉出售。但是,私人储存的粮食和出售的粮食加起来也许不够过冬之需。最重要的是成千上万的难民由于战争而变得一贫如洗,他们目前的存粮吃完之后,将无力再去购买粮食。

平民百姓生活资料的问题

除了粮食与燃料的问题,还有老百姓生活资料的问题。到目前为止,还没有见到日军或市自治政府采取措施来解决这一问题。除了被日本陆军和海军征召去干活的一些人,老百姓没有工作可做。城里目前的情况还无法做生意。现存唯一的买卖交易是沿街出售与交换粮食和其他的诸如衣物、陶瓷等物品。

对目前状况的其他评论

日军已明确表示目前不允许任何外国人返回南京。我们已提出请求让两名教会医生回来协助鼓楼医院开展医疗工作。时至今日,日军仍拒绝这一请求。至于祥泰木行,该公司的一名雇员被破例获准从上海来南京。允许他来的唯一目的是来安排将该公司在这里木材场的木料出售给日军。然而,日军事前明确表示,安排完这笔交易,他得立即离开南京。

12月中旬以来,长江上各种大小型号的船只可以通行。最近,和上海之间的公路、铁路交通也已恢复。每天都有来去上海的火车。但是南京江边的设施,以及由公路、铁路来南京的交通工具,除了日本人可以使用,仍不对外国人开放。外国人也不能将商品运到南京。据说国际委员会试图运来救济食品所作的努力,只得到日本使馆官员一个断然的回答——"不行。"(参阅附件五,1月19日约翰·H. D. 拉贝的信件)。还没有恢复个人与商业用电报、邮政服务。

尽管日军当局声称南京还不适合外国平民回来,还不能恢复贸易、商业,日本人不允许外国人来这儿,但是有些日本平民已经返回。一些日本商人回来开设小店。他们主要出售日本货和朝鲜货给日本军人。还招来平民劳工为日本陆军与海军干活。

尚未获得足够的信息来提供有关南京交换媒介与货币的详细情况。也许值得注意的是日本使馆官员告诉我们,如果要从这里的日本商店购买东西,必须付日元。不过日本大使馆愿意将中国币兑换成日元。到现在为止还没有兑换率的报价。一位美国居民说中国老百姓不太想收中国币;如果可能,他们现在宁愿推迟接受付给他们的款项。然而街上中国人之间的现金贸易以及支付款项给市自治政府则使用中国币。

III. 南京国际委员会

本报告列出一个单独的部分来呈报南京国际委员会的工作,以及作为该委员会成员的美国居民通过他们各自的机构从事的公共福利工作。

22名西方籍人士在南京开展的工作在此值得特别致敬。他们不知疲倦,持续不断地努力为中国老百姓获得人道的待遇,他们始终不渝地设法保护生命财产免受日本兵的侵犯,他们在艰难困苦的环境中处理问题的能力,甚至在日本兵侮辱与粗暴对待时表现出的克制忍让,应予以高度赞扬。很可能这些外国人仅仅人在南京便对日军的所作所为至少有一定的制约作用。然而毫无疑问,国际委员会以及外国人个人所作的努力使老百姓免遭更为糟糕的厄运,也防止了比目前更为严重的财产损失。已经提及的"安全区"的情况本身便是他们努力结果的明证。

6/ 11月最后几天及12月初的几天,当南京即将陷落之际,南京国际委员会成立了——附件六提交了委员会成员的名单——从事为南京的百姓提供可能的救济工作。中国国民政府拨了10万元中国币给这个委员会,这笔款子将从军政部长的款项中拨付。实际收到8万元中国币,再加上出售大米所获1.8万元中国币。南京市政府还拨给委员会3万石米和2万石面粉供出售与救济发放。

7/ 12月的第一个星期,国际委员会建立了"安全区"——附件七是安全区的地图——留在城里的老百姓可以到安全区避难。他们向上海的日军司令部发出电报,请求提请进攻的日军注意安全区的存在,不要攻击这片难民区。委员会收到答复得知,虽然日方不承认安全区,但如果该区不驻扎军队或没有军事设施,日方将不会蓄意攻击它。

基于这样的保证,委员会开始让老百姓搬进安全区。南京马市长①在中国政府溃散逃离之际,将前市政府的所有职能移交给委员会。委员会担负起为难民提供食宿的任务。建起24个难民营;5万多难民住进金陵大学和金陵女子文理学院的校舍。委员会还开始尽可能地承担市政府的职能。在日军进城之际开始重新组建安全区警察,并收集了一些消防器材。

从委员会给日本大使馆以及后来给本使馆的报告中可以获得该委员会活动情况的描述。最能说明委员会工作以及它面临问题的那些报告在此收入附件八。

在1月7日给本使馆的一封信中,委员会解释了这些报告涉及的情况。12月14日,日本使馆的官员告诉委员会,日军——报告这么说——"决定把南京搞得糟糕透顶,但是日本使馆的人员将设法缓解事态"。得知这一情况,委员会开始吁请日本大使馆给予协助,以缓和南京的状况。委员会一直向日本使馆强调实际上南京的局势已很恶劣,以便他们将这些情况通报给日军。为了证实委员会对局势的陈述,为了让日军得知局势是否有所改善,委员会把(作为本报告附件一呈交的)事件的案例报告给日本大使馆。

在委员会12月14日的信件(附件八之一),也是该委员会第一次和日本当局联系并写给驻南京日军司令的信件中,委员会阐明了该委员会的主要目的是在"安全区"内照管中国老百姓。在谈到委员会负责让人

---

① 南京市市长马超俊(1886—1977)1886年9月20日出生于广东台山,1900年进入香港的一家机械工厂学徒。1902年前往美国旧金山机械工业学校学习,在那儿结识孙中山,并成为他忠实的追随者。他1911年回到中国,在广州参加辛亥革命。马超俊曾三度出任南京市市长(1932,1935—1937,1945—1946)。1949年,他随国民党政府迁往台湾,于1977年9月19日在台北去世。

们住进安全区的建筑与难民营里,储存米面临时为老百姓提供粮食,负责管理安全区内的警察之后,委员会请求:(1)有日本兵在安全区入口站岗,(2)获准让本地的平民警察维护安全区内的治安,(3)被允许在安全区售米,开办粥厂,并将储存在其他城区的米运进来,(4)获准在难民可能返回自己的家室之前继续为难民安排住房,(5)有机会和日方合作,尽早恢复电话、电、水的服务设施。

在12月15日《与特务机关长官会见备忘录》(附件八之二)中,特务机关长官在答复委员会前一天的信件时,除了必须从安全区搜查中国军人以外,实际上同意了委员会的所有要求。这一令他们鼓舞的讲话向委员会保证他们可以继续开展工作并有希望取得某些成功。

南京陷落后8天,即12月21日,委员会呈递了另一份请愿书(附件八之六)。除了粮食问题,这封请愿书概述了委员会和外国居民在设法改善南京局势的努力中面临的问题。本报告在开头指出了这些问题。

为老百姓提供粮食、燃料中出现的问题是委员会必须处理的另一重要任务。由于在报告的上一个章节论及南京目前状况时已讨论了这个问题,这里不再赘述。参阅呈报的附件八之八、之九、之十一和之十二。

这里最后再谈一谈国际委员会。这涉及委员会在南京的地位。应特别注意12月17日写给日本大使馆作为附件八之五的信件。该信阐明了委员会认为他们在社会上的地位,并向日本官员指出委员会要努力完成的任务。因此,(这里引述信里的内容)委员会就总领事冈崎胜男所说国际委员会没有法律地位一事,告知日本大使馆:"相对于日本当局,我们并不要求获得任何政治地位……。结果,当贵军取得胜利,于12月13日,星期一中午进城时,我们是城内唯一行使行政管理权力的机构。当然,这一管理权力并不超出安全区,也不涉及安全区内的主权。"同一封信还指出:"我们再次向您保证,我们无意继续履行前南京市政府授予我们的这种半行政职能。我们热切希望你们尽快接管这些职能。这样,我们可以成为一个纯粹的救济组织。"

1938年1月25日"南京的状况"报告附件一览表

注:在上海收到的这份未经装订的报告,上海总领事馆尽可能在该报告收到时的状况许可的情况下将其装订有序。

1/— 　1937年12月16日安全区秘书长路易斯·S.C.史迈斯致日本大使馆专员信件的副本;
　　　附件:日本兵在安全区内非法行为案件,编号1至15。

1—a/— 　无。

1—b/— 　1937年12月17日下午5时南京安全区国际委员会秘书长路易斯·S.C.史迈斯致日本帝国大使馆信函的副本;
　　　附件:日本兵在安全区内非法行为案件,编号16至70。

1—c/— 　1937年12月20日南京安全区国际委员会会长约翰·H.D.拉贝致日本帝国大使馆信函的副本;
　　　附件:日本兵在安全区内非法行为案件,编号71至96。

1—d/— 　1937年12月21日南京安全区国际委员会秘书长路易斯·S.C.史迈斯致日本帝国大使馆信函的副本;
　　　附件:日本兵在安全区内非法行为案件,编号97至113。

1—e/— 　1937年12月22日南京安全区国际委员会会长约翰·H.D.拉贝致日本帝国大使馆信函的副本;
　　　附件:日本兵在安全区内非法行为案件,编号114至136。

1—f/— 　1937年12月26日南京安全区国际委员会秘书长路易斯·S.C.史迈斯致日本帝国大使馆信函的副本;
　　　附件:日本兵在安全区内非法行为案件,编号137至154。

1—g/— 　1937年12月30日南京安全区国际委员会秘书长路易斯·S.C.史迈斯致日本帝国大使馆信函的副本;
　　　附件:日本兵在安全区内非法行为案件,编号155至164。

1—h/— 1938年1月2日南京安全区国际委员会会长约翰·H.D.拉贝致日本大使馆信函的副本；

附件：日本兵在安全区内非法行为案件，编号165至175。

1—i/— 1938年1月4日上午11时南京安全区国际委员会会长约翰·H.D.拉贝致日本大使馆信函的副本；

附件：日本兵在安全区内非法行为案件，编号176至179。许传音的证词"刘盘坤被谋杀案。"

1—j/— 1938年1月10日路易斯·S.C.史迈斯致爱利生先生信函的副本；

附件："目前状况纪要"，编号180至187。

1—k/— 1938年1月10日金陵大学紧急委员会会长M.S.贝茨致美国大使馆信函的副本；

1—l/— "目前状况纪要"，编号188的副本。

2/— 1937年12月21日"关于南京城遭焚烧所发现的情况"的副本。

3/— 1938年1月13日爱利生先生致日本代理总领事信函的副本。

4/— 1938年1月14日爱利生先生致日本代理总领事信函的副本；

附件：1938年1月14日M.S.贝茨致爱利生先生信函的副本。

5/— 1938年1月18日统一基督教会的詹姆斯·H.麦考伦致爱利生先生信函的副本。

6/— 南京安全区国际委员会成员名单。

7/— 南京安全区地图。

8/— 无。

8—1/— 1937年12月14日南京安全区国际委员会会长约翰·H.D.拉贝致驻南京日军司令信函的副本。

8—2/— 1937年12月15日与日军特务机关长官会谈备忘录。

8—3/— 1937年12月15日南京安全区国际委员会会长约翰·H.D.

拉贝致日本大使馆专员信函的副本。

8—4/— 1937年12月15日国际红十字会秘书长欧内斯特·H.福斯特致日本大使馆专员信函的副本；
附件："南京国际红十字会委员会"。

8—5/— 1937年12月17日南京安全区国际委员会会长约翰·H.D.拉贝致日本帝国大使馆信函的副本；
无附件。

8—6/— 1937年12月21日南京外籍社团致日本帝国大使馆信函的副本。

8—7/— 1937年12月27日下午5时南京安全区国际委员会秘书长路易斯·S.C.史迈斯致日本帝国大使馆信函的副本。

8—8/— 1937年12月27日南京安全区国际委员会会长约翰·H.D.拉贝致日本帝国大使馆信函的副本。

8—9/— 1938年1月15日南京安全区国际委员会会长约翰·H.D.拉贝致日本大使馆信函的副本。

8—10/— 1938年1月10日路易斯·S.C.史迈斯致爱利生先生信函的副本；
附件一；1938年1月7日约翰·H.D.拉贝致福田笃泰先生信函的副本；
附件二；"恢复南京的正常状况"的副本。

8—11/— 1938年1月19日约翰·H.D.拉贝会长致爱利生先生、普利涛—布伦先生和罗森博士信函的副本；
附件：1938年1月18日下午3时致博因顿电报的副本。

8—12/— 1938年1月14日L.史迈斯致爱利生先生信函的副本；
附件：1938年1月14日南京安全区国际委员会会长约翰·H.D.拉贝致福田笃泰先生信函的副本。

·····················

没有编号的附件：标为附件二的公告。（上海总领事馆无法为这一附件找到恰当的位置，因为另外还有一个附件二。）

·····················

1938年1月25日"南京的状况"报告附件一。

南京安全区国际委员会

宁海路5号

1937年12月16日

南　　京

日本大使馆专员

　福田笃泰先生

亲爱的先生阁下：

　　正如昨天中午我们和您一起在交通银行与之会谈的少佐所指出的，应当尽快恢复城市的正常生活。但是日本兵昨天在安全区内持续的非法行为加剧了难民的恐慌情绪。居住在大一些的建筑里的难民甚至不敢到附近的粥厂去领取米饭。结果，我们只得将米饭直接送到这些院落去，这样使我们面临的问题更加复杂。我们甚至找不到苦力出去把米、煤装运到粥厂，因此，今天早晨，数千人没有早饭吃。国际委员会的外国成员今晨不顾一切地开卡车穿越日军巡逻线，以使老百姓吃上饭。昨天，日本兵数次企图将我们委员会外国成员的私人汽车抢走。（附上非法暴力事件的清单。）

　　如果不能缓解这种恐慌的状态，就不可能在城内开展正常的活动，例如电话工人、电厂工人，也许还有水厂工人的工作，各种商店的营业，甚至清扫街道的工作。

　　为了迅速改善局势，国际委员会恭敬地建议日本皇军立即采取以下步骤：

　　1. 由负责任的军官指挥正规组织起来的士兵小分队进行搜索活动。（麻烦大都是由无军官带队的3到7人一伙的游荡日本兵造成的。）

　　2. 夜晚——如可能也在白天——在安全区各入口处派上岗哨（这是昨天由少佐建议的），以防止游散的日本兵进入安全区。

　　3. 今天就发给我们通行证，贴在我们私人汽车和卡车的挡风玻璃上,以阻止日本兵征用这些车辆。(即使是在城防战斗最紧张的时刻,中国军方司令部为我们提供这类通行证。在获得通行证之前被扣留的车子,在我们报告了案情之后,24小时之内便归还给委员会。此外,即使处境极为艰难,中国军队拨给我们3辆卡车用于运米,为老百姓提供粮食。日本皇军已完全控制了全城,也没有战事,并拥有更多的装备,肯定不会为受其照顾与保护的中国老百姓做得更差些。)

我们昨天没有提出抗议,因为我们认为最高指挥官抵达之后,城内的秩序便会恢复,但昨晚的情况比前一晚更加糟糕,因此,决定就这些情况引起日本皇军的注意,我们确信日本皇军不会赞同士兵的这种行为。

谨致敬意

(签名)

路易斯·S.C.史迈斯

日本兵在安全区内非法行为案件

1937年12月16日呈报

注解:这些仅仅是我们有时间仔细核实的案件。还有很多案件已报告给我们的工作人员。

1. 12月15日安全区卫生委员会第二分队的6名街道清扫工在他们位于鼓楼的屋子里被日本兵杀害,一名被刺刀刺成重伤。根本没有明显的缘由。这些人是我们的雇员。日本兵闯入这座屋子。(后来,第七个人来到鼓楼医院,颈部被刺伤。)

2. 12月15日下午4时,在金陵女子文理学院大门附近,日本兵抢走一车大米。

3. 12月14日夜,安全区第二分区的数名居民被驱赶出他们的家室,并被抢劫一空。区长本人被日本兵抢过两次。

4. 12月15日晚,即昨晚,7个日本兵闯入金陵大学图书馆,劫持7名妇女,其中3个被当场强奸。(这一案件完整详细的案情将由金陵大学紧急委员会会长M.S.贝茨博士呈报。)

5. 12月14日夜发生许多起日本兵闯入中国人房舍,强奸或劫持妇女的案件。这种情况在这个地区造成极度的恐慌,数百名妇女昨天搬入金陵女子文理学院的校园。结果,3 名美国男子昨天整夜守在金陵女子文理学院,保护校园里的 3000 名妇女儿童。

6. 12 月 14 日,30 来个显然没有军官带领的日本兵搜查了鼓楼医院和护士宿舍。医院的工作人员遭到有组织的抢劫。被抢走的东西有:六支钢笔、180 元现金、四只表、两个医院徽章、两只手电、两副手套、一件毛衣。

7. 昨天,12 月 15 日,位于公共建筑和机关建筑里的所有规模大的难民营都报告说日本兵光顾了那里,并数次抢劫难民。

8. 12 月 15 日,美国大使的官邸被破门而入,四处翻查,抢走几件小物品。

9. 12 月 15 日,日本兵翻越后院篱笆,砸破一扇门,进入金陵女子文理学院的教工宿舍。由于 12 月 13 日以来可以搬运的物品都已搬出这栋建筑,没有东西可偷!

10. 12 月 14 日中午,日本兵闯入铜银巷的一座房屋,劫持走 4 名姑娘,强奸了她们,两小时以后放她们回来。

11. 12 月 15 日下午,日本兵光顾了我们在宁海路的米店,买了 3 袋米(3.75 石米),只付了 5 块钱。通常的价格是 9 块钱一石,所以,日本兵欠国际委员会 28.75 元。

12. 12 月 14 日晚 10 时,11 个日本兵闯入铜银巷的一户中国人家,强奸了 4 名中国妇女。

13. 12 月 14 日,日本兵闯入美国传教士格瑞丝·鲍尔小姐①的住所,抢走一副皮手套,把桌上的牛奶都喝光,用手舀取食糖。

---

① 格瑞丝·露易丝·鲍尔(Grace Louise Bauer, 1896—1976),中文名鲍恩典,1896 年 1 月 20 日出生在美国马里兰州的巴尔的摩。她是隶属于统一基督教传教会/基督会(United Christian Missionary Society/Disciples of Christ)的医务工作者,于 1919 年来到南京鼓楼医院,负责病理化验室的工作,曾为中国培训大批医院化验员。南京大屠杀期间,她是留在南京城内帮助中国难民的 14 名美国公民之一。她坚守岗位直到 1941 年 10 月离开南京回国。此后,她在巴尔的摩一所大学医院的病理化验室工作,直至退休。鲍尔 1976 年 7 月 29 日在家乡巴尔的摩逝世。2006 年,她的亲属曾向南京鼓楼医院捐赠她在大屠杀期间所写的日记、书信。

14. 12月15日,日本兵闯入R.F.布莱笛医生①(美国人)位于双龙巷11号的车库,打碎了他的福特8缸车的玻璃,之后,带来机修工,企图发动车子。

15. 昨天,即12月15日晚上,日本兵闯入汉口路上一户中国人家,强奸了年轻的妻子,劫持走3名妇女,两个妇女的丈夫来追赶时,日本兵枪杀了他俩。

我们委员会的外籍成员或工作人员核查了上述案件。

　　　　　谨致敬意

　　　　　（签名）

秘书长路易斯·S.C.史迈斯

　　　　1938年1月25日"南京的状况"报告附件一b。

南京安全区国际委员会

宁海路5号

　　　　　　　　1937年12月19日下午5时

南　　　京

日本帝国大使馆

亲爱的先生们:

　　非常遗憾,不得不在此向你们提交"日本兵在安全区内非法行为案件"的续篇,编号为16至70案件的清单。正如注解所表明的,这只是报

---

① 理查德·弗里曼·布莱笛(Richard Freeman Brady, 1902—1995),中文名裴睿德,1902年2月12日出生于宾夕法尼亚州伊利市(Erie),1926年从医学院毕业后于1928年前往菲律宾行医,1931年来到南京鼓楼医院工作。1937年夏战事爆发后,他一直留在南京救治伤病员,直至1937年12月3日离开南京前往牯岭看望重病的女儿。由于日军占领南京后限制外籍人士进出南京,直到1938年2月21日布莱笛才获准回到南京,在鼓楼医院为难民治病扶伤。他于1941年秋回到美国,在肯塔基州行医,1944年移居加利福尼亚,继续行医。布莱笛1995年2月17日在加州波特维尔(Porterville)逝世。

告给我们的众多案件中的一部分。斯波林①先生(我们的总稽查)、克罗格先生、海兹先生②和里格斯先生③费了好多时间把闯入房舍的日本兵赶出去。他们甚至没有功夫把大部分案件的案情记下。

我也非常遗憾地报告,今天的局势仍然很糟糕。一名日军军官来到我们靠近宁海路的这一地段,训斥了一大群胡作非为的日本兵。但此举并不能制止胡作非为的行径!

拉贝先生这次没有来,请我代致歉意。300名妇女、儿童在他家的院子里避难,他觉得不能丢下他们。

我们真诚地相信你们将在我们昨天列出的18个难民营以及今天上午威尔逊医生④请求的鼓楼医院派遣日军岗哨。这至少可以在大肆劫掠的海洋之中提供19个安全处所,并保护三分之一或四分之一的人口。

---

① 上海保险行(Shanghai Insurance Company)的爱德华·斯波林(Eduard Sperling)为德国公民,是大屠杀期间留在南京的22名西方籍人士之一。他帮助组织安全区,协助保护中国难民。他也留下记录日军暴行的书面材料。

② 鲁波特·R.海兹(Rupert R. Hatz)为奥地利公民,安全区的机修工,也是大屠杀期间留在南京的22名西方籍人士之一。

③ 查尔斯·亨利·里格斯(Charles Henry Riggs, 1898—1953),中文名林查理,1892年2月6日出生在土耳其埃塔布(Aitab)的一个美国传教士的家庭,1914年毕业于俄亥俄州立大学,1932年获得康纳尔大学农业机械硕士学位。他1916年来到中国,在福建省山区的邵武工作。1932年调往金陵大学任农业机械教授至1951年。南京大屠杀期间,他是留在城内的14名美国公民之一,担任安全区国际委员会分配住房的负责人,尽力帮助、保护中国难民,并因此多次遭到日军的殴打。他1939年2月回美国休假3个月,之后回到西迁成都的金陵大学,并曾在重庆、贵阳工作,1946年回到南京。里格斯1951年离开中国,1953年3月13日在纽约逝世。

④ 罗勃特·奥利·威尔逊(Robert Ory Wilson, 1906—1967),中文名韦如柏,1906年10月5日在南京出生于一个美国传教士的家庭,自幼在南京长大、读书直至该上大学的年龄。他1927年毕业于普林斯顿大学,1933年毕业于哈佛大学医学院,在美国完成住院医生训练后,即于1936年1月回到南京,在鼓楼医院担任外科医生,立志为南京人民服务。日军攻占南京实施大屠杀之际,他是留在城内的14名美国公民之一,并是城内唯一的外科医生。他竟日竟夜地为遭日军伤害的难民动手术、治疗。他1940年回美国休假,因珍珠港事件爆发后无法回南京,于1943至1944年在巴拿马的医院工作,战后在加州行医。1946年,他前往东京,在远东国际军事法庭就日军在南京的暴行作证。威尔逊医生1967年11月16日患冠心病在加州阿卡迪亚(Arcadia)去世。

顺致我个人良好的问候,

   谨致敬意

   （签名）

秘书长路易斯·S.C.史迈斯

日本兵在安全区内非法行为案件

  注解：这些是书面报告给我们工作人员的案件。还有别的案件报告给我们,但是没有时间将它们记录下来。1至15号案件已于12月16日整理报告。

16. 12月15日,一名被刺伤的男子来到鼓楼医院。他报告说6名中国人被日本兵从安全区抓去,往下关运弹药。到了下关后日本兵将他们都刺杀。然而,他活了下来,回到鼓楼。（威尔逊）

17. 位于福建路6号,德国合中记联合公司（Ho Tzon Chi Liang Ho Kung Sze）的中国籍雇员王郁辉（Wang Yu-hwei）报告说几个日本兵于15日上午8时左右到他们那儿,抓住他,出示西侨证时,日本兵将之摔到地上。他还说他们扯下张挂在那儿的德国国旗。他被抓去,挑了一担东西去军官学校。之后放了他,给他一张显示他干过活的纸条。回家时在珠江路上,另一个或数个日本兵毫无缘由地从他身后开枪,他被击中两枪。他目前在鼓楼医院,可以和他谈谈。（麦考伦）

18. 12月15日晚,一帮日本兵闯入金陵大学位于陶园的校舍,当场强奸了30名妇女。有些妇女被6个日本兵轮奸。（索尼）

19. 12月15日一名男子来到鼓楼医院。他把60岁的叔叔背到安全区来。日本兵枪杀了他叔叔,打伤了他自己。（威尔逊）

20. 12月16日晚,7个日本兵打破窗户,抢劫了难民,刺伤一名金陵大学工作人员,原因是他既无手表,也没有姑娘供他们享用；并在房屋里强奸妇女。（贝茨）

21. 12月16日晚,日本兵强行闯入两栋现在有美国人居住的金陵大学校舍,并砸破一栋屋子的门。还有几处暂时由金陵大学中国籍工作人

员居住着的美国人拥有的住宅也经常被非法侵入。(贝茨)

22. 12月16日晚,日本兵在金陵大学附近殴打数名安全区警察,并强求他们在难民中为日本兵找姑娘。(贝茨)

23. 12月16日,日本兵在五台山抓走14名红卍字会的工人。(菲齐)

24. 12月16日,日本兵从红卍字会粥厂的工人那儿抢走一只烧饭锅,并将锅内的饭倒在地上。(菲齐)

25. 12月16日,日本兵从阴阳营的许氏牛奶场抢走两头奶牛,抓走两名男子。(菲齐)

26. 12月16日,日本兵将40名佩戴我们袖章的志愿工作人员从赤壁路9号的住所赶出去,还不准他们携带被褥、行李。同时还抢走我们的两辆卡车。(菲齐)

27. 12月16日,日本兵闯入牯岭路21号我们卫生总稽查的住所,抢去摩托车,一只垃圾桶和5辆自行车。(菲齐)

28. 12月16日下午4时,日本兵闯入莫干路11号民房,在那儿强奸妇女。(菲齐)

29. 12月16日,日本兵企图从鼓楼医院抢走救护车,委员会的美国成员约翰·麦琪牧师及时赶到,制止了他们。(麦琪)

30. 12月16日,位于汉口路25号的史迈斯博士的住宅被寻找"花姑娘"的日本散兵游勇闯入达5次之多。(里格斯)

31. 12月13日,中国军队已撤出那个地段时,我察看了位于中央路上孔士洋行①的房屋。12月15日中午,我再去察看时,大门洞开,每一扇门都被砸破,窗户破碎,东西均遭翻查。目前还不能肯定哪些东西被抢劫走。(克罗格)

32. 12月17日,日本兵从停在沅江新村6号门前的克罗格先生的汽车里

---

① 孔士洋行(Kunst and Albers)是一家德国大公司,经营大小五金、化工原料,并代销美孚石油公司的润滑油和机器油等,总行设在哈尔滨,在上海、南京、汉口、广州、天津、宁波等地有分支机构。1945年抗战胜利后,孔士洋行倒闭。

偷走蔡司·伊康①相机6×9公分的胶片板。(克罗格)

33. 12月17日,日本兵闯入珞珈路5号,强奸了4名妇女,抢走一辆自行车、被褥及其他物品。海兹和我到那儿时,他们迅速逃离。(克罗格)

34. 在伯夏特(Borchardt)先生和勃勒(Pohle)先生位于陵园11号的房屋里发现日本兵。房子上挂着德国旗,张贴着德国大使馆的布告。每个房间都被闯入。日本兵企图发动伯夏特的车,但我赶到时,他们停下来。然而,他们在12月17日抢走了汽车。12月15日我第一次到那儿时,一名日本军官告诉我他的名字。12月16日发现更多的日本兵在洗劫这栋房屋。(克罗格)

35. 12月16日约11时,一名日本军官请我去谈谈恢复电厂、水厂工作的事宜。路过家门时,对军官说我的车此刻可能被抢走。3时左右与3名高级军官回来时,车子,还有几本书、4听汽油都不见了。我的屋子在中山北路244号。12月17日上午约11时,在西门子公司附近找到我的车。很容易劝说日本兵将这部德国财产的车子归还给我。(克罗格)

36. 12月17日。这天下午约4时,在E.H.福斯特牧师、波德希伏洛夫先生②、扎尔先生③和我4个外国人居住的大方巷的住宅附近,三四个日本兵枪杀了一个老百姓。(麦琪)

37. 12月17日,在位于小桃园——干河沿我住宅后面的一座小房子里,一名妇女遭强奸,被刀刺。如果今天得到治疗,她可能还能得救。这位妇女的母亲头部被打成重伤。(拉贝)

---

① 德国光学家卡尔·蔡司(Carl Zeiss,1816—1888)和另外几个人于1846年创立卡尔·蔡司公司,生产光学仪器、测量设备、照相机等。蔡司是现存最古老的光学产品制造商之一。蔡司·伊康(Zeiss Ikon)是该公司生产的高级系列照相机的品牌。该公司现在仍生产这个系列品牌的照相机。

② 桑德格林电器商店(Sandgren's Electrical Shop)的尼古拉·波德希伏洛夫(Nicolai Podshivoloff,1912—?),中文名高良,1912年2月1日出生于俄国赤塔,1928年7月来到哈尔滨,1930年高中毕业后随亲戚至上海,1936年12月到南京。他是大屠杀期间留在南京的22名西方籍人士之一,并为保护中国难民做了大量的工作。

③ 另一名白俄人A.扎尔(A.Zial)为安全区的机修工,他是大屠杀期间留在南京的22名西方籍人士之一。

38. 12月17日,两个日本兵试图翻越院墙进入我们会长拉贝先生的私人住宅。拉贝先生正好在家,他露面时,他们解释说是搜查中国军人之后,仍以他进来的方式翻墙出去。(拉贝)

39. 12月17日,在金陵女子文理学院对面,靠近二条巷田祥(Tian Hsiang)先生家那儿报告有日本兵强奸妇女。(王)

40. 12月17日,在琅琊路(珞珈路25号对面),一个年轻姑娘被拖进房屋里强奸。(王)

41. 12月17日,司法院附近一名年轻姑娘遭强奸后,腹部被刺刀戳伤。(王)

42. 12月17日,在信府苑,一名40来岁的妇女遭劫持,被强奸。(王)

43. 12月17日,在三元巷附近两个姑娘遭许多日本兵轮奸。(王)

44. 15日晚,许多日本兵闯入三条巷一栋房屋,强奸了很多妇女。(王)

45. 12月17日,从五台山小学劫持走许多妇女,强奸了整整一夜后,第二天早晨放回来。(王)

46. 在吴家花园3个男子被杀,两名妇女遭劫持,下落不明。(王)

47. 住在干河沿18号的吴贤清(Wu Sian-tsing)报告16日晚8时,来了两个日本军官,两个日本兵。他们赶走男人。邻里的妇女纷纷逃走,没能逃脱而留在屋里的妇女都遭强奸。屋里留下一件日本兵的背心。30岁的吴贤清本人亦遭强奸。(王)

48. 12月17日,住在许府巷4号的住房委员会第四区稽查员王玉乾(Wang Yu-chien)报告,日本兵天天闯入他家,抢劫掳掠。妻子和两个儿子已逃往金陵女子文理学院。他的母亲和一个儿子留在家。王感到威胁,不得不离家。(菲齐)

49. 12月17日上午11时,日本兵来到安全区警察总部检查。结果,刚刚开始在厨房上班的名为张清亮(Chang Ching-liang)的仆役被抓走。这个人确是良民,从未当过兵。恳求您救救他。(安全区警察总部盖章)

50. 12月17日。今天上午11时,日本兵来搜查我家,抓走我儿子,警察局四分所副所长姚束池(Yao Shu-tsi)和19岁的外孙女杨旺聪(Yang Wang-tsung)。山西路105号,姚乾志(Yao Chien-sze)签名。

51. 我们的工作人员马步英(Ma Pu-ying)12月16日在前去报告要搜查金陵大学蚕桑大楼难民营消息的路上,被日本兵抓走。他佩戴袖章和难民营负责人的标志。在我们办公室干活的一名姓王的工人被抓走。第六区主管:吴国京。

52. 12月17日,两个日本兵闯入莫干路9号的住所,抓走我儿子、媳妇和我姨母。(王霈三 Wang Pei San)

53. 12月17日下午3时,5个日本兵轮奸了大方巷10号难民营里的3名姑娘。还有一名妇女被枪击致重伤。(大方巷10号难民营)

54. 12月18日约下午5时,约有10个日本兵闯进来,抢劫走100名难民、清洁卫生工,包括卫生站站长马森(Ma Sen)先生的所有被褥铺盖和其他财物。

55. 12月18日晚,450多名惊恐万状的妇女逃到我们办公地点避难,她们在院子里过了一夜。许多妇女已遭强奸。(菲齐)

56. 12月18日下午4时,日本兵在颐和路18号想要一个人的烟盒。在他犹豫之际,日本兵用刺刀敲破他的头。这个人现在鼓楼医院,恐怕活不了。(菲齐)

57. 12月16日,7名15至21岁的姑娘被从陆军大学劫持走。5个姑娘回来了。每个姑娘每天被强奸6到7次——12月18日报告。12月17日,日本兵爬墙进来,劫持走两名姑娘,但是30分钟后放她们回来。(单渊宽 Tsan Yuen-kwan)

58. 12月17日,拉贝先生报告他家被日本兵光顾了大约15次。有些日本兵爬墙进来,拔出刺刀,抢劫他的经理韩湘林的钱及其营业证件。钱是从他上衣里面的口袋掏出来的。已交给 Y. 永井(Y. Nagsi)少佐一份被抢走物品的完整清单。尽管永井少佐好意写了禁止日本兵闯入拉贝先生家的大幅布告,张贴在他家的大门上,尽管拉贝先生是德国臣民,他的房产上挂着4面德国卍字旗,大约6时,两个日本兵闯了进来,正在这时拉贝回到家,他发现其中一个日本兵已脱了些衣服,正要强奸一个姑娘。他命令这两个日本兵以他们进来的方式——翻越院墙——滚出去。拉贝先生家的一辆汽车被偷走,留下一张收条:"谢谢您的礼物,日军 K.佐藤(K. Sato)。"却没有按要求写出恰当的收条。汽车价值300元。(拉贝)

59. Y.永井少佐友善地到小桃园住所拜访会长拉贝先生之际,对面的邻居来要求帮忙,因为4个日本兵闯入他家,其中一个日本兵在强奸妇女。永井少佐抓住那个日本兵,打了他的耳光并命令他滚出去。另外3个日本兵看到少佐来,都跑走了。(拉贝)

60. 12月19日上午11时30分,海兹先生报告他在宁海路我们总部隔壁房屋的防空洞里发现两个日本兵企图强奸妇女。防空洞里约有20名妇女。听到妇女喊救命,海兹先生到洞里把这些高尚的日本兵赶走。(海兹)

61. 12月19日。今天上午约10时,贝茨博士、菲齐先生和我与田中先生①谈论了金陵大学附中发生的非法行为之后,又到附中看看夜里的情况如何。发现3个姑娘被劫持,3个日本兵在门房里轮奸一个姑娘。我们朝大门走去,正要离开,但还在院子里,珀尔·布隆利·吴小姐②进大门来,后面跟着3个步行的日本兵和一名骑马的下级军官。我们设法制止日本兵,叫布隆利·吴小姐进我们的车。军官不同意,策马拦住我们的去路,但是他的马见到汽车受到惊吓,我们得

---

① 田中正一(Masakazu Tanaka,1888—1957)1888年出生于东京,1911年从日本士官学校肄业,1913年被外务省选派到北京留学,1916年在外务省任职。从1919至1936年,他先后在日本驻美国旧金山、波特兰(Portland)、中国牛庄、汉口、上海、延边、长春、宜昌的领事馆任职。1937年12月日军攻占南京后,随部队进城,担任驻南京大使馆的副领事。其间,在南京的美国传教士曾多次就日军暴行向其致信,提抗议。1938年末,日军占领汉口后,调往驻汉口总领事馆工作。1941年出任驻太原总领事。他1957年去世。

② 珀尔·科维特·布隆利-吴(Pearl Covert Bromley-Wu)1912年7月14日出生于宁波,1918年5月被美国传教士夫妇查尔斯·卢克斯·布隆利(Charles Lucas Bromley,1885—1990)、简·弗朗西丝·道尔·布隆利(Jane Frances Dorr Bromley,1885—1980)收养,其养父的中文名为李佳思,于1911—1918年,1921—1925年在浙江、上海传教、教书,其中从1914至1918年在上海沪江大学任神学教授。她从1918年随养父母来住于中美两国,在美国读高中,1935年毕业于伊利诺伊大学心理学专业后,回到中国,在南京教书。1937年夏,日军开始轰炸南京,她曾到老家宁波乡下避难,轰炸稍微平息,再回到南京,大屠杀期间一直留在城内。她于1938年3月写信给在美国的养父母,讲述在南京的经历:"不管往哪个方向行走,都会在街上、巷子里见到尸体,令人震惊。"珍珠港事件之后,她被日军关押在上海江湾集中营。

以出门,带布隆利·吴小姐去日本使馆,并问他们今天她在这座城市里什么地方才能安全。布隆利·吴小姐是从美国归来的留学生,获优秀学生荣誉证章。她决定去鼓楼医院帮忙。(史迈斯)

62. 12月18日,陆军大学难民营报告:16日,200人被抓走,只有5个放回来,17日,26人被抓走,18日,30人被抓走。掳掠:现金、行李、一袋米和400多张医院的床单被抢走,一个25岁的人被杀害,一个老太被推倒,20分钟后死去。(单渊宽)

63. 日本兵在宁海路上抢走一个男孩的半听煤油,还狠狠地殴打男孩,强迫他拎油桶。早上约8时,日本兵在阴阳营肆意抢夺食品。日本兵从平仓巷6号抢走一头猪。5个日本兵抢走几匹马。在颐和路12号,日本兵赶走和妇女住在一起的男人之后,强奸了数名姑娘。一个茶馆老板17岁的女儿被7个日本兵轮奸后于18日死去。昨天晚上6点到10点之间,3个日本兵强奸了4名姑娘。莫干路5号的老头报告他的女儿被几个日本兵粗暴地轮奸了。昨天晚上日本兵从金陵女子文理学院劫持走3名姑娘,今天早晨把她们送回陶谷新村8号,情况非常糟糕。平安巷的一名姑娘被3个日本兵轮奸后死去。沿阴阳营这条街道,发生一系列强奸、抢劫、洗劫的事件。(马思华)12月18日报告。

64. 约有540名难民拥挤在广州路83号和85号里。本月13日到17日,这些房屋每天被三五成群的日本兵搜查、抢劫很多次。今天日本兵继续掳掠了上述地点,所有首饰、现金、手表、各种衣服都被抢走。目前,日本兵每晚开卡车来装载被强迫跟他们走的年轻妇女,第二天早晨再把她们放回来。30多名妇女、姑娘已遭强奸。妇女儿童整夜啼哭。那个院子里的情况糟糕得难以形容。请救救我们。真诚地,全体难民。(译文由韩湘林签名)

65. 1937年12月18日晚上6时过后不久,德国人詹姆森(Ziemssen)先生的一辆福特牌汽车被3个日本兵从琅琊路11号抢走。签名:孔清发。

66. (发生在安全区外面,但由安全区主任①观察到)昨天报告给我,美国使馆三等秘书小道格拉斯·简金斯的住宅被洗劫,在那儿的一名仆役被杀害。今天中午,我去马台街29号察看那地方,情况属实。整个房屋一片狼藉,仆人的尸体横陈在佣人的房间中。其他仆人已逃走,现在那儿无人看管。12月19日。(菲齐)

67. 我的司机李文元一家8口住在珞珈路16号,这是一栋德国人的住宅,挂着德国国旗,贴了封条。今天上午8点半,日本兵把他们所有的东西抢劫一空:7箱衣物、两筐家用杂物、6床被子、3顶蚊帐、饭碗、碟子,还有50元现金。这家人现在一贫如洗,甚至没有铺盖。12月19日。(菲齐)

68. 我们办公室6名工作人员居住的张挂着委员会标志及旗帜的宁海路21号昨天被3个日本兵闯入,抢走一副手套、拖鞋、剃须刀、蜡烛。第二天,即12月19日中午,两个日本兵闯入同一地点,抢走3床被子、一套蓝哔叽西装,还有一小箱个人用品。(菲齐)

69. 第八区卫生总稽查孟才德(Meng Chai Te)位于北平路59号的住所昨天被日本兵闯入6次,今天7次。17日,那儿的两个姑娘遭强奸,今天又有两个被奸,其中一个被残忍地摧残,可能活不成了。今天还从那儿劫持走一名姑娘。住在那屋子里的难民被抢去大部分现金、手表,以及其他小物品。海兹先生和我亲自调查了该案。(菲齐)

70. 红卍字会陶会长②位于莫干路2号的住宅今天下午3时30分被几个醉醺醺的日本兵闯入,撬开几只箱子。斯波林先生和我赶到那儿,可能防止了进一步的掳掠。(菲齐)

---

① 安全区主任为乔治·A.菲齐。
② 陶保晋为红卍字会南京分会副会长。详见本书第12页注①。

1938年1月25日"南京的状况"报告附件一c。

南京安全区国际委员会
宁海路5号

1937年12月20日。

南　京

日本帝国大使馆

亲爱的先生们：

　　　　　　致田中先生

这里提交的是日军在南京令人悲哀的非法行为事件持续的报告，案件71至96号。您会注意到昨天以来报告给我们的这26起案件中，有14起发生在昨天下午、晚上和今天。结果，局势看来没有多少改观。

贵使馆的一名警卫在金陵女子文理学院门口站岗，校园里仍发生日本兵强奸的事件，尽管如此，金陵大学的主校园没有什么麻烦。既然到目前为止没有其他方法能够奏效，我们真切希望从今晚起在18个难民营、鼓楼医院，以及白天在我们设立在五台山、金陵女子文理学院对面和金陵大学体育场的粥厂安置哨兵站岗。

我们希望采取更加严厉的措施，立即中止日军的不法行为。你们的宪兵数量不足以应付这个局面。

顺致个人最良好的问候

谨致敬意

（签名）

会长约翰·H.D.拉贝

日本兵在安全区内非法行为案件

*71. 12月19日约5时,一个年轻人由他的母亲送来我们总部。日本兵毫无缘由地当胸刺了他一刀。在去日本大使馆报告16至70号案件时,菲齐先生和史迈斯博士送他去鼓楼医院。(菲齐)

72. 12月19日,在金陵大学农业专修科,①日本兵继前一天抢走我们一位工作人员两块半钱之后,又抢去他10元钱。下午两名妇女遭日本兵强奸,晚上又有3名妇女被奸。(高)

*73. 12月19日约下午3时,一个日本兵闯入鼓楼医院大院。当麦考伦先生和担任总监的特里默医生②叫他离开时,日本兵向他们开枪。庆幸的是子弹从麦考伦先生身边穿过。(麦考伦)

74. 12月18日,贝茨博士在位于小桃园他办公室所在的金陵大学校舍里发现一个日本兵,问他要干什么时,日本兵用手枪威胁贝茨博士。(贝茨)

*75. 12月19日傍晚约4时45分,贝茨博士被叫到前几天日本兵赶走

---

① 此处英文原文为 Rural Leaders Training School。1914年,金陵大学创办农科,次年添设林科,1916年合称农林科。1922年在农林科增设农业专修科(Rural Leaders Training School),学制三年。农业专修科位于鼓楼二条巷。1930年农林科扩建为农学院。

② 克里福特·夏普·特里默(Clifford Sharp Trimmer, 1891—1974),中文名屈穆尔,1891年2月5日出生在新泽西州的中谷(Middle Valley),1913年毕业于宾夕法尼亚州的拉法耶特(Lafayette)学院,1918年获宾夕法尼亚大学医学博士,1922年来到中国,在鼓楼医院做内科医生(1922—1941,1946—1950)。大屠杀期间,他是留在南京城内的14名美国公民之一,在医院救治伤病员。珍珠港事件之后,他被日军关押直至1943年遣返回美国。他1946年秋回到鼓楼医院工作至1950年11月离开中国。1952年到巴基斯坦拉合尔(Lahore)的教会医院行医至1959年退休。1974年1月8日在新泽西州蒙特克莱尔(Montclair)去世。

难民的平仓巷 16 号(由里格斯、史密斯①和斯提尔②见到)。日本兵刚刚掳掠完,在三楼放火。贝茨博士试图灭火,但是太晚了,整个屋子都被烧毁。(贝茨)

*76. 12 月 19 日晚上约 6 时,黑暗中,6 个日本兵翻越位于小桃园拉贝先生家的院墙。拉贝先生用手电筒照着一个日本兵时,他伸手拿枪,但他很快意识到枪击德国臣民不是件好事。拉贝先生命令所有 6 个日本兵翻越墙头,从那儿来滚那儿去,他们又试图要他为他们开门,但他严词拒绝,不给他们从大门出去的面子,因为他们没有获准便擅闯进来。(拉贝)

*77. 12 月 19 日晚上 6 时左右,贝茨博士、菲齐先生和史迈斯博士被招到金陵大学一名工作人员居住,位于汉口路 19 号的金陵大学校舍去驱赶 4 个强奸妇女的日本兵。我们在妇女藏身的地下室找到日本兵。让日本兵爬墙滚出去之后,送所有的妇女儿童去金陵大学主楼。晚上那儿有一名使馆警卫站岗。(贝茨、菲齐、史迈斯)

*78. 12 月 20 日早晨约 7 时 30 分,里格斯路过汉口路 28 号时被叫进去,人们告诉他日本兵晚上闯来,因为妇女已送到金陵大学,日本兵枪击一个男子,把另一个刺成重伤,其他 3 个人被刺的伤势轻一些。(里格斯)

---

① 英国路透社记者莱斯利·C. 史密斯(Leslie C. Smith)留下来报道南京战役、南京城陷之后,于 1937 年 12 月 15 日乘坐英舰"瓢虫号"前往上海,并向英国发通讯稿,报道南京大屠杀的情况。珍珠港事件之后出任英国驻华使馆一等秘书,负责新闻方面的工作,战后重返新闻界,担任《星期日泰晤士报》(*Sunday Times*)驻中国记者。1949 年解放军攻占上海之前,前往香港,创立并主持英国的东南亚新闻中心。七十年代初退休,居住在台湾。
② 阿契包德·特洛简·斯提尔(Archibald Trojan Steele, 1903—1992)1903 年 6 月 25 日出生于加拿大的多伦多,1916 年移民到美国。1924 年毕业于斯坦福大学。1932 年成为《芝加哥每日新闻报》驻中国记者。1937 年卢沟桥事变爆发时,他在北京;日军攻打南京时,他留下来报道南京攻防战役、南京城陷之后于 1937 年 12 月 15 日乘美舰瓦湖号去上海。他利用瓦湖号的无线电设备向《芝加哥每日新闻报》发通讯稿,首先于 1937 年 12 月 15 日向全世界报道了南京大屠杀。他曾于三十年代访问延安,见过毛泽东。七十年代以后曾数次重访中国,并于 1978 年采访了邓小平。他曾出版多部关于中国的书籍。斯提尔 1992 年 2 月 28 日在亚利桑那州的赛多纳(Sedona)去世。

*79. 12月20日,在去宁海路5号总部的路上,一个日本兵拦住我的汽车,我向他大声叫喊,要他尊重车上的德国旗和卍字标志,并向他显示我是纳粹官员之后,才给我放行。约翰·H. D. 拉贝。

*80. 12月20日。今晨约7时,麦考伦先生在鼓楼医院值完夜班回家的路上发现许多妇女儿童到金陵大学去避难。来自不同地点的3户人家告诉他,夜里日本兵放火逼迫他们离家。(麦考伦)

*81. 12月20日。今天凌晨约3时,两个日本兵闯入金陵女子文理学院500号楼,①强奸两名妇女,虽然大门口有日本使馆官员站岗。(特威楠)②

82. 12月18日约下午4时,日本兵来到湖南路516号的大昌实业公司③索要这栋房屋外国主人的名片。因为我们手上没有名片,他们立即抢走旗子。后来,日军官兵多人又来了数次,砸破保险柜和许多箱子、工具。(守门人张海裕 Chang Hai-yu、黄凌 Hwang-ling)

83. 12月16日,我在峨眉路7号的房屋遭到洗劫,门给砸开,箱子被打开。写这报告时,仍无法核实被抢走的东西。可以肯定被劫的是一部1934年或1935年产、牌照为1080的道奇(Dodge)牌轿车。(许

---

① 金陵女子文理学院的办公、教学楼以100号、200号、300号等号码来命名,并一直沿用至今,坐落在原金陵女子文理学院校园上的南京师范大学仍这样称呼校园中的这些老楼宇。
② 玛丽·特威楠(Mary Twinem, 1895—1983),全名玛丽·道萝瑟·方茵·特威楠(Mary Dorothy Fine Twinem),中文名戴玛丽,1895年4月8日出生于新泽西州的泉顿市(Trenton),毕业于康涅狄格州哈特福德学院,获宗教教育学士学位,以后曾获得纽约大学硕士学位。她1919年9月作为长老会传教士来到中国,在安徽怀远传教。1922年5月与金陵大学美籍教授保罗·德威特·特威楠(Paul DeWitt Twinem)结婚,但是,婚后仅仅16个月保罗于1923年9月24日突然病逝。在此后漫长的岁月里,除了短期回美国休假、学习,她终身生活在中国,在金陵大学教书,协助宋美龄组织基督教团体,并加入了中国籍。南京沦陷后,她在1937年12月17日搬到金陵女子文理学院校园居住,帮助魏特琳管理难民营,驱赶前来骚扰、强奸妇女的日本兵。珍珠港事件之后,她前往重庆工作,战后回到南京。1949年随国民党政府迁往台湾。六七十年代,她和软禁中的张学良夫妇过从甚密,常有书信来往。她1983年9月9日在台北逝世。
③ 大昌实业公司(Chinese Engineering and Development Company)为一中美合资公司,1921年在北京创办,以后在天津、青岛、上海、南京均设有分支机构,经营进口机器、钢材、承建桥梁、铁路等工程。

传音)①

*84. 12月20日,卫生委员会第八区的几名官员的衣物、铺盖被抢走。他们无法待在办公室里。唯一的办法是想请您在委员会总部或其他官员那儿安置他们。这样他们可以在没有危险的情况下开展工作。(专员沈玉书牧师)

85. 12月20日,日本兵数次来到中山路209号的德士古公司,抢走铺盖、鞋子、地毯与其他家具,砸破保险柜,打碎许多窗户玻璃。日本兵从楼下的金陵汽车公司抢走3辆汽车。在卫生工程公司,他们砸开保险柜,抢劫走一只钟和其他一些东西。(守门人张平遥 Chang Ping-yao)

86. 12月17日,基督教青年会执行干事 Y.H.邵先生家的3个姑娘被从陆军大学劫持走。她们是从阴阳营47号搬到陆军大学避难的。日本兵将她们劫持到国府路强奸,半夜才送回来。(基督教青年会干事陈世裕 Chen Shih-yu)

*87. 12月20日,阴阳营47号一天之内被掳掠达7次之多。抢走许多贵重物品。搜查了家中每一个人。昨天日本兵又来了,抢走3元钱,搜寻女人。所幸没有妇女遭殃。从此以后,再没有人敢待在家里。(基督教青年会干事陈世裕)

*88. 12月19日中午12时,两个日本兵来到农业专修科21号房间,企图强奸一名妇女,但她丈夫能说日语,这救了她。(第六区第一难

---

① 许传音(Chuan-yin Hsu, 1884—1971),字澄之,1884年7月6日出生于安徽贵池,1905年在南京金陵大学的前身汇文书院毕业后教书多年,然后前往美国留学,于1915年在伊利诺伊大学获经济学硕士,1917年获经济学博士。1919年回国后曾任教于燕京大学等校,后任北洋政府铁道部营业司司长。北洋政府倒台后回到南京,供职铁道部。南京大屠杀期间,许传音留在南京,任红卍字会副会长,并任安全区住房专员,为难民提供住房等项工作。抗日战争胜利后,曾被委任为鼓楼医院副院长至1949年。1946年他在东京远东国际军事法庭上作证,揭露日军暴行。1949年以后,由于历史上任过旧职等原因,他没有再工作过,靠出租房屋度日。许传音于1971年9月24日在南京逝世。根据2007年安徽《池州日报》第一版题为《南京大屠杀见证人》的文章所载,许传音的生日为1884年农历十月初六,亦即公历1884年11月23日;而美国伊利诺伊大学档案中,许传音自己填写的生日为1884年7月6日。

民营)

89. 18日下午,金陵大学农业作物园内有100多名难民。日本兵劫持走4名妇女,强奸了整整一夜。她们第二天早晨都回来了。19日,两名妇女遭劫持,其中一个今晨(20日)放回来,另一个还没有回来。(第六区第一难民营)

90. 12月20日。今天一位盲人理发匠来到鼓楼医院。13日,他在城南抱着孩子,日本兵来跟他要钱,他没有,日本兵当胸打了他一枪。(威尔逊)

91. 日本兵向城南一家帽子店的老板要钱,他把钱都给了他们,但日本兵还要,他拿不出,日本兵当胸给了他一枪。他12月20日来到鼓楼医院。(威尔逊)

*92. 12月20日,日本兵来到金陵大学的红卍字会粥厂,从会计那儿抢走7元钱。(里格斯)

*93. 12月20日。今天下午2时30分,菲齐正要出去送汽车修理工家里的两位妇女,汽车修理工跑来说日本兵找到她们,并要强奸她们。我们来到平仓巷13号那座房屋,在门房里找到3个日本兵和两个脱了衣服的妇女。我们要他们滚出去,他们照办了。两个日本兵当即就走了,另一个搜查看门人,查看他的双手、背部和双脚,看看他是否当过兵。两名妇女迅速穿上衣服,坐进菲齐先生的车,他把她们送到金陵大学。(菲齐、威尔逊、麦考伦、史迈斯)

94. 12月17日晚,日本军官带领的搜索队在金陵女子文理学院大门口强迫工作人员站了一个多小时之际,日本兵从校园劫持走11名难民妇女。(魏特琳)

 *这名军官撕碎了证明这个机构已被搜查过的凭据。

95. 12月17日,住在金陵女子文理学院一家难民的媳妇在她的房间里遭强奸。一名教师的女儿被日本兵劫持走。(魏特琳)

96. 由美国国旗和美国使馆布告标明的5座教师住宅被日本兵闯入、洗劫,其中一所住宅被一而再再而三地闯入,3扇门被砸破。(魏特琳)

85

加＊号的是发生在 19 日下午与夜晚,以及 20 日的案件。报告来并记录下 14 个这样的案件。1937 年 12 月 20 日报告。

1938 年 1 月 25 日"南京的状况"报告附件一 d。

南京安全区国际委员会

宁海路 5 号

1937 年 12 月 21 日

南　　京
日本帝国大使馆

亲爱的先生们:

这里提交的是 97 至 113 号案件,供你们知悉。因为贝茨博士还在整理他获悉的另外一些案件,如同我们以前的做法,那些案子没有包括在现有的案件中。除了第一个,这些都是昨天下午以来发生的案件。我们还有老的案件在案,稍后再呈送。

应当记住,安全区内每天被强奸的妇女中有些是牧师的太太,基督教青年会工作人员和大学老师的妻子,以及其他一些一贯生活自尊自重人士的妻子。

这些案件显示,私人住家持续遭受危险,使得进入难民营的难民人数增加到 7 万 7 千人。当初估计这些地方的容量不到 3 万 5 千人。

相信贵军事当局将采取迅速而严厉的行动。

谨致敬意

(签名)

秘书长路易斯·S.C. 史迈斯

日本兵在安全区内非法行为案件

97. 12 月 17 日上午 8 点到 9 点之间,保罗·D. 特威楠夫人位于鼓楼头条巷 3 号私家车库里的一辆汽车被抢走。这是一部奥斯丁（Austin）7 型，深蓝色汽车；发动机号码为 230863；底盘号码为 229579；牌照号码为 1492。（特威楠夫人现在金陵女子文理学院帮忙，可以在那儿找到她。）（特威楠）

98. 12 月 20 晚 7 时 30 分，一名 17 岁已婚，并怀孕 9 个月的女子被两个日本兵强奸；晚 9 时开始临产阵痛；12 时产下婴儿。今天上午送她来鼓楼医院，因为晚上街道无法通行。母亲有些歇斯底里，但婴儿情况良好。（威尔逊）

99. 12 月 20 日下午，日本兵闯入鼓楼医院院长 J. H. 丹尼尔斯①位于汉口路 5 号，前门上张贴着日本使馆布告的住宅。他们破门闯入楼上的房间，劫持了两名妇女到那屋里强奸，在那儿待了 3 个小时。他们从地下室里抢走 3 辆自行车。丹尼尔斯医生不在城里，威尔逊医生一直使用着这所房屋。（威尔逊）

100. 12 月 21 日下午 1 时 15 分，威尔逊医生在金陵大学女生宿舍发现一个日本兵。他叫日本兵离开，日本兵便拿手枪威胁他。威尔逊医生在路上从这个日本兵身边经过时，日本兵把步枪上了膛。（威尔逊）

101. 12 月 20 日下午 3 时，3 个日本军官闯入汉口路小学难民营的办公室。工作人员通过翻译跟他们交谈，但军官命令他们滚出办公室，并在光天化日之下在那间办公室里强奸了两名妇女。（难民营负责人郑大成）

102. 12 月 20 日，在我们委员会成员舒尔兹·潘丁②的住所，麦琪牧师与

---

① 约翰·豪顿·丹尼尔斯（John Horton Daniels, 1891—1974），中文名谈和敦，1891 年 9 月 22 日出生于明尼阿波利斯（Minniapolis），1918 年从哥伦比亚大学医学院毕业后，前往南京鼓楼医院任内科医生。1931 年底出任鼓楼医院院长。日军攻占南京之前，他已撤离，1938 年 6 月回到南京。除了珍珠港事件爆发至 1945 年之间这段时期，他在鼓楼医院工作至 1950 年。他 1974 年 7 月 31 日在洛杉矶逝世。

② G. 舒尔兹·潘丁（G. Shultze—Pantin）为新民洋行（Shingming Trading Company (China), Ltd.）的德国商人。

帮助恢复电灯厂工作的波德希伏洛夫,以及在日本使馆修车的扎尔先生一起住着。日本兵破门闯入这栋房子,当着与麦琪牧师住在一起的中国朋友的面强奸了妇女。(这些都是从下关的美国基督教会搬来,具有良好素质的基督教徒家庭。有人竟有如此行为使他们感到震惊!)(中央神学院①汤院长②)

103. 12月20日晚10时,两个日本兵闯入位于鼓楼新村的程朗波③先生的住宅,钻到一个妇女的床上。然后,程先生叫来曾受雇于日本使馆的孙先生④用日文说服日本兵离去。(许传音)

104. 12月20日下午4时,4个日本兵在我们总部隔壁江苏路23号的屋子里,用枪逼迫男人到另一个房间后,强奸了3名妇女。这些妇女到我们总部的大院过夜,但今晨日本兵又来要女人。今天,即21日下午4时30分,两个日本兵又来轮奸另一个妇女。一个男子试图制止他们,日本兵用步枪朝他开枪,但子弹卡了壳。(王)

105. 12月21日,从昨晚以来,约有100名住在附近的妇女遭到强奸,今天下午她们到我们总部来请求保护。(以前来的妇女已送到金陵大

---

① 圣公会南京中央神学院(Central Theological Seminary)在中华圣公会成立之后,于1922年9月在南京开办,起初中文校名为中央神学校。1925年,由美国圣公会出资,购买南京太平门内兰家庄80余亩土地作为校舍,1926年开工建造。1927年3月,攻入南京的北伐军攻击基督教会,占据中央神学校校舍,中央神学校一度暂迁上海圣约翰大学,1929年迁返南京,这时改称中央神学院。1937年日军攻占南京,洗劫了中央神学院校舍,学校被迫迁至北平。1941年太平洋战争开始,中央神学院关闭。1947年,中央神学院在上海圣约翰大学内复校。1952年11月,院系调整时,中央神学院和华东地区其他11所神学院联合组成南京金陵协和神学院。1937年,汤忠谟为中央神学院的院长。

② 汤忠谟(1885—1968),浙江鄞县人,1907年毕业于上海圣约翰大学,1917至1919年在美国费城神学院留学。1929年获圣约翰大学神学博士学位,以后出任圣公会南京中央神学院院长。日军攻占南京大屠杀之际,他留在南京城内,救济难民,组织教会福音活动。此后,前往上海,先后担任圣约翰大学神学院院长与上海中央神学院院长。

③ 程朗波(Chen Lang-po)世居南京经商,曾任国华银行襄理、主任等职,并在南京市商会任职,1938年1月1日出任南京自治委员会副会长,负责财务科。当时已经七十多岁。

④ 即孙叔荣,他1884年出生于南京,毕业于南京金陵东文学堂后,前往日本留学,就读东京警务学堂。回国后曾长期在南京担任日语翻译,并受雇于日本驻南京大使馆,曾为日本人收集情报。1938年1月1日,孙叔荣被任命为南京自治委员会副会长。1938年2月,陶保晋辞去自治委员会会长一职,孙叔荣继任为会长,以后在伪南京市政府任职。

学。)(王)

106. 12月20日晚,位于北平路60号(中英文化大厦附近)的分区负责人的住处遭抢劫,掳掠的恶劣程度前所未有。(许传音)

107. 12月21日下午3时,斯波林先生被召到莫干路8号。他到达时,两个日本兵逃走,他发现一个日本兵和一个年轻姑娘关在房间里。斯波林先生叫门,日本兵开了门,穿上军装,斯波林先生命令他滚出去,他拔腿就跑。(斯波林)

108. 12月21日下午3时15分,斯波林先生被召到颐和路19号,发现两个日本兵翻查物品。他进门时,日本兵丢下东西离去。(斯波林)

109. 12月21日下午2时30分,斯波林先生发现两个日本兵正在掳掠兴华公司①汉蒙(Hammon)先生的住宅。斯波林先生到达时,他们丢下东西离去。斯波林先生将这家德国公司的两男两女雇员送到他自己的家予以保护。(斯波林)

110. 12月21日下午5时,斯波林先生不得不将两个醉醺醺的日本兵赶出莫干路6号的屋子。这些人佩戴着黄色领章,并说要自行车灯。这是斯波林先生第二次将日本兵赶出这栋房屋。(斯波林)

111. 12月21日,斯波林先生尾随上述两个日本兵,并制止他们闯入莫干路19号。(斯波林)

112. 12月21日下午4时50分,日本兵翻越我们总部的院墙,企图劫持一名妇女到防空洞里去。斯波林先生赶走日本兵后,妇女说那是以前来过两次的同一个日本兵。(斯波林)

113. 12月20日下午4时,两个全副武装的日本兵闯入第六区住房部门的办公室,抢走很多衣服。临走时还劫持走工人,说是要这个工人为他们拿衣服。他佩戴我们的袖章。(吴国京)

1937年12月21日报告。

---

① 兴华公司(Schmidt & Company)由德国人保罗·施密特(Paul Schmidt)于1896年创办,主要经营医疗器械、摄影器材、电子产品等。

1938年1月25日"南京的状况"报告附件一e。

南京安全区国际委员会

宁海路5号

1937年12月22日

南　　京
日本帝国大使馆

亲爱的先生们：

　　这里呈交的是114至136号案件，其中许多案件是昨天以来发生的。

　　冒昧地指出，我们发现在许多案件中同一帮日本兵一而再再而三地回到同一个地点掳掠或强奸。如果两名宪兵一同巡逻，见到日本兵在房屋中的所作所为，即刻加以逮捕，也许他们能很快肃清目前的状况。

谨致敬意

（签名）

会长约翰·H.D.拉贝

日本兵在安全区内非法行为案件

114. 12月19日，日本使馆的布告大约在下午2时张贴在里格斯先生位于汉口路23号的住宅上，但是天黑之前，这屋子被日本兵闯入，洗劫达6次之多。（到第二天，12月20日晚上，这屋子被掳掠了15次。）（里格斯）

115. 12月19日下午，在希尔克里斯特美国学校，①日本兵企图强奸一位怀孕6个半月的19岁姑娘，她进行反抗，日本兵用刀（或刺刀）刺

---

① 希尔克里斯特（Hillcrest）美国学校，即南京美国学校，在本书收录的文件中，大部分文件称该校为五台山小学。旧址现为南京五台山小学。

她。她胸部被刺 19 刀,腿上数刀,腹部有一很深的刀伤。已听不到胎儿的心音。她现在鼓楼医院。(威尔逊)

116. 12 月 19 日。昨天下午 3 时,日本兵破门闯入普陀路 7 号和 9 号楼上楼下无人居住的房间,日本兵撕去委员会的封条,砸破门,打碎窗户,抢走房主的东西。今天上午 10 时,4 个日本兵又来把普陀路 7 号和 9 号楼上楼下房间中的东西翻了个够,并把中意的东西拿走。(住在上述房屋里的 18 名难民签名)

117. 12 月 19 日,金陵大学蚕桑大楼难民营报告,从昨晚 8 时到今天凌晨 1 时,共有 8 名妇女遭到强奸,其中一个妇女被刺伤。试图保护这些妇女的 4 个男子都被刀捅伤。被劫持走的妇女均陆续放了回来。(第六区吴国京)

118. 12 月 19 日晚 6 时 7 个日本兵在颐和路 6 号强奸了 6 名妇女。晚上 8 时,她们又遭强奸。两名妇女被刺伤。此后,日本兵在门房用煤油灯点着毯子和铺盖。(杨冠频)

119. 12 月 20 日上午 9 时,4 个日本兵在宁海路 25 号二楼的红十字会强奸了 3 名妇女。她们中一个是寡妇,另外两个是年轻姑娘。(杨冠频)

120. 12 月 20 日,我有个 32 岁的姐姐住在阴阳营 47 号。她腹部肿胀了 3 个月,走路有困难。日本兵每天来,企图强奸她。她好言相求,使她免于被奸。鉴于我姐姐的病情加剧,也害怕被日本兵强奸,我请求您,菲齐先生,用您的车把她送到鼓楼医院。(菲齐先生照办了。)(朱寿义)

121. 12 月 20 日晚上 8 时到 10 时之间,在金陵女子神学院①难民营,日

---

① 金陵女子神学院(Bible Teachers Training School (BTTS) for Women)始建于 1912 年 9 月,资助该校的教会组织有美南长老会(American Presbyterian Church, South)、美北长老会(American Presbyterian Church, North)、基督会(Disciples of Christ)、监理会(Methodist Episcopal Church, South)、美以美会(Methodist Episcopal Church)。校址设在铜银巷,毗邻位于汉中路的金陵女子神学院。1931 至 1937 年,院长为贾玉铭(1880—1964)。1951 年,金陵女子神学院和华东地区另外十所神学院一起并入金陵神学院。新金陵神学院占用了金陵女子神学院的原址,而前者在汉中路的校址转让给南京医学院。

本兵来了3次,每次劫持走3名姑娘。(里格斯)

122. 12月21日上午8时,7个日本兵来要45名苦力,还要搜寻姑娘。下午2时,4个日本兵来挑选姑娘。下午3时30分,6个日本兵、一个军官企图强迫我们交给他们10名姑娘,他们最终劫持走4名姑娘。金陵女子神学院。(里格斯)

123. 12月22日,今天上午曾在奇望街邮局①工作的一名雇员向我们报告,留在邮局的许多包邮件被日本兵洗劫。(史迈斯)

124. 12月21日晚上8时,7个日本兵在金陵女子神学院难民营强奸了7名妇女。(王明德)

125. 12月21日下午5时,日本兵来到金陵女子神学院难民营,搬出几只外国人的箱子,掳掠其中的物品。(王明德)

126. (也由红卍字会报告)本月21日晚11时,携带手枪、刺刀的三个日本兵,翻越后墙进入宁海路2号的红卍字会,殴打日语翻译郭原森(Gwoh Yuen-seng),把他的妻子拖到佣人的房间里强奸了3次。红卍字会医务所所长孔金宪(Kong Chin-hsien)的腿被打伤。红卍字会的佣人和11名孤儿被逼迫关进偏房里,不准出声。后来,另外3个日本兵推开前门进来,询问屋里有没有日本兵。佣人说屋里有3个日本兵在强奸女人。这3个日本兵立即寻找强奸女人的日本兵,但这几个强奸的日本兵已翻后墙走了。由于没有找到什么,这3个搜查的日本兵又从前门离去。但是,不一会儿,又有3个日本兵翻后墙进来,到郭先生的房间,和他谈了几分钟,捐给红卍字会3元钱,以帮助他们的工作。然后,郭先生告诉他们刚刚在屋里发生强奸一事。听到此,这些日本兵要求看看他妻子的房间。领这些日本兵到强奸发生的地方后,他们也要和漂亮的姑娘睡觉。郭先生答道,没有姑娘。但是日本兵亮出刺刀在房屋内到处搜查。这样,他

---

① 奇望街原为南京城南一条小街道。二十世纪三十年代初,南京进行了一系列拓宽道路的城市建设工程。在城南,很多小的街道,包括奇望街,被拓宽连接形成一条大路,健康路。这里奇望街邮局是指坐落在原奇望街那一段的健康路上的南京邮政总局。

们找到郭先生的媳妇,拖到一个房间强奸了她。强奸之后,他们高声叫喊着走了。(红卍字会报告)

127. 12月22日中午12时30分,菲齐先生、贝茨先生和史迈斯先生在门上贴了日本使馆布告的金陵大学校舍,汉口路7号的阁楼上发现3个日本兵。他们企图抢走东西,但被我们制止了。

128. 12月22日中午12时45分,菲齐先生、贝茨先生和史迈斯先生在门上张贴了日本使馆布告的金陵大学校舍,汉口路5号发现两个日本兵。

129. 12月22日中午1时,菲齐先生、贝茨先生和史迈斯先生在汉口路小学发现8到10个日本兵,虽然校门上有日本使馆不准日本兵入内的布告。

130. 本月14日以来,日本兵每天到北秀村1、4、6、8号搜查。一开始,他们只要钱,但后来他们任意抢走所有的衣服、箱子。他们每天几乎要来3到9次。20日,6个姑娘在6号被强奸。21日,一名妇女在8号遭到强奸。(12月22日,第七区办公室)

131. 12月21日下午,两个日本兵闯入莫干路6号,大肆掳掠了那个地方。(第九区区长)

132. 12月21日晚上6时,4个日本兵掳掠了宁海路40号。(第九区区长)

133. 12月21日,4个日本兵轮奸了一名19岁的姑娘达两小时之久,之后,将她劫持走。(第九区区长)

134. 12月22日上午9时到下午1时,普陀路7号被洗劫了3次。每次有3到4个日本兵。国际委员会贴在7个地方的封条被撕去。

135. 12月22日下午1时,8个日本兵翻墙进入宁海路25号,抢走几块手表,40多块钱和两辆自行车。(杨冠频)

136. 12月22日下午4时30分,4个日本兵闯入宁海路4号。企图抓住一名16岁的姑娘。日本兵叫她过来,企图将她弄进一个房间。她跑了。日本兵企图用刺刀戳她,她又跑了。待在外面的日本兵喊起

来，他们都逃走了，因为他们看到菲齐先生和克罗格先生。（菲齐、克罗格）

（签名）路易斯·S.C.史迈斯，1937年12月21日呈交。

1938年1月25日"南京的状况"报告附件一f。

南京安全区国际委员会

宁海路5号

1937年12月26日

南　　京

日本帝国大使馆

亲爱的先生们：

我们在此呈交137至154号案件。我们非常高兴报告的案件有所减少，局势大为改观。但仍需努力，整顿这一局面。

夜里在3个地方一直有麻烦，特别是：（1）在过去4个晚上，7个日本兵来到金陵女子神学院难民营强奸姑娘，昨晚，他们甚至在那儿过夜；（2）汉口路小学难民营；（3）五台山小学难民营。

今天下午，菲齐先生和我为此事拜访了贵大使馆，并请求在这3个地方至少在几个夜晚派宪兵站岗，以整顿这样的局面。

感谢你们积极努力为此事帮忙，改善安全区内的情况。

谨致敬意

（签名）

秘书长路易斯·S.C.史迈斯

日本兵在安全区内非法行为案件

137. 12月22日下午约2时，威尔逊医生发现他位于汉口路5号的住所在一小时之内竟然没有日本兵出现（这是在菲齐、史迈斯和贝茨将他们赶走之后)。由于这几个人救了两名妇女免遭强奸,威尔逊医生送那两个妇女去了金陵大学。回来时,在楼上发现3个日本兵。威尔逊见到一名宪兵和两个日本兵走来。他叫宪兵,但宪兵自己不愿意进去,而是派两个日本兵进去,在威尔逊医生极力催促下,最终将那3个日本兵赶出去。(威尔逊)

138. 12月22日。今天日本兵强奸了两名妇女,又一次掳掠了里格斯先生的住所。晚上日本兵来,在屋子里强奸了一名53岁的妇女。(里格斯)

139. 12月13日,一个大约11岁的小姑娘和父母一起站在防空洞口,观看日军队列经过。一日本兵用刺刀把她父亲刺倒,枪杀了她母亲,又用刺刀砍了姑娘的胳膊,造成她的胳膊肘严重的复合骨折。一个星期之后,她才能来到医院。她没有兄弟姐妹。(威尔逊)

140. 12月23日。今天斯波林先生不得不将骚扰妇女的日本兵从莫干路7号赶走3次。(然而,他说山西路上安置了两个日本哨兵,这改善了这片城区的情况。)(斯波林)

141. 12月21日白天,一名13岁的小姑娘被强奸,另一个怀孕的妇女也遭强奸。夜里,两名妇女被劫持。整天都在抢劫,什么都抢,甚至抢铺盖。装满古代和现代字画和结婚礼品的筐子被抢走。然而,自从宪兵的布告张贴以来,秩序有所改善。(五台山小学难民营)

142. 12月22日下午从2时到4时,许多日本兵来抢去11床被子和很多钱(共计100元)(金陵女子神学院)

143. 12月22日,4个端着刺刀的日本兵来要香烟。难民立即凑钱为他们买了7听香烟。难民把这几个日本兵前一天给他们的5块钱还给日本兵。他们这么做是因为日本兵威胁要烧房子。后来,3个持步枪的日本兵要酒,难民为他们买了两大罐酒,4个难民去替他们把酒抬回去。3个日本兵抢去3辆自行车,3个难民为他们将车子推回去。一个难民回来了。4个日本兵还抢走人力车。还有其他日本兵光顾难民营,但没有进行骚扰。(汉口路小学难民营)

144. 12月23日,日本兵继续抢劫老百姓,一个喝醉的日本兵拳击一个难民的头部,强奸了一名妇女。日本兵来了3、4次,劫持妇女。(五台山小学难民营)

145. 12月23日晚上8时15分,7个日本兵劫持走4名姑娘。12月24日上午9时,日本兵来了3次,每次3到4个人,骚扰老百姓。下午2时,他们抢走衣服、钱,以及生活用品。(金陵女子神学院难民营)

146. 12月23日下午3时,两个日本兵来到汉口路小学难民营,搜寻财物,然后强奸了工作人员黄小姐。立即报告给宪兵特务处。他们派宪兵来抓,日本兵已经走掉,于是,他们把姑娘带到宪兵队,留下她作为证人。当天晚上,另外又来了日本兵强奸王太太的女儿。晚上大约7时,另外3个日本兵强奸了两个小姑娘,其中一个才13岁。(汉口路小学难民营负责人,郑大成)

147. 12月24日。4个日本兵从颐和路6号由马先生负责的卫生队办公室劫持走12个苦力。(菲齐)

148. 12月25日夜里,7个日本兵来到金陵女子神学院难民营,整夜待在那儿。白天在9点时,有4个日本兵来,2点时,3个日本兵来抢衣服、抢钱。他们强奸了两名妇女,其中一个只有12岁。(金陵女子神学院)

149. 12月25日上午10时,日军稽查队的一个军官在汉口路上把我们委员会的里格斯先生拦住,他抓住里格斯先生,殴打他,还打了他的耳光。(见12月20日的信)(里格斯)

150. 12月25日,日本兵从金陵大学农具店的院子里抢走两头水牛。地点:胡家菜园11号。里格斯)

151. 12月22日,两个日本兵在金陵大学蚕桑大楼强奸了一名13岁的难民姑娘,她母亲试图阻止日本兵时被打伤。另一名28岁的妇女也遭强奸。23日凌晨4时,日本兵劫持走两名姑娘,但遇到宪兵,日本兵逃走。(警官H.K.吴)

152. 12月25日下午3时,数名日本兵卸走两辆大型消防车的车轮。安全区消防队有4辆消防车,12个水泵。但是10天之内几乎都被日本兵抢走。我们现在拥有的水泵不是坏了就是没有轮子。只有一只可以使用的水泵。(警长 Y. H. 雍)

153. 12月25日,一个日本军官和两个日本兵从鼓楼新村14号劫持走15岁的姑娘,李小姐。(许传音)

154. 12月26日下午4时,3个日本兵在陈家巷6号强奸了一名13岁的姑娘。(王)

12月26日晚6时,路易斯·S.C.史迈斯报告给福井先生。

1938年1月25日"南京的状况"报告附件一 g。

南京安全区国际委员会

宁海路5号

1937年12月30日

南　　京

日本帝国大使馆

<u>致福井先生或田中先生</u>

亲爱的先生们:

我在此向你们提交155至164号案件。第一页上大部分案件,155至160号,以前至少简要地向你们报告过。但是第二页上的4起案件,161至164号,今天中午报告给我们。两起发生在今天上午。涉及一名12岁的姑娘被从中英文化大楼劫持走的164号案件,立即进行调查,也许你们能给予极大的帮助。

161至163号案件并没有发生在安全区内,但有两起发生在安全区的边界线上。无论如何,在靠近安全区的地方有这种行为,使人们重返家园变得非常困难和危险。

感谢你们礼貌耐心地接受这些案件,感谢你们及时关注这些案件,特别感谢你们立即调查160号案件。

谨致敬意

（签名）

秘书长路易斯·S.C.史迈斯

日本兵在安全区内非法行为案件

155. 12月26日下午1时30分,一个日本军官来到鼓楼医院,要求带走在那儿干活的一个苦力。鲍尔小姐说不行,但是军官愤怒异常,苦力怕军官会伤害鲍尔小姐,便跟他去了。3小时之后,苦力回来。但医院的人手已不够,鲍尔小姐还得跟着救护车出去,以防止日本兵抢走救护车。强行带走正在当班的工人是非常严重的事件。（威尔逊）

156. 12月26日,日本兵在金陵大学农业专修科扯下美国国旗。（贝茨、米尔斯）

157. 12月27日,日本兵来到金陵大学农业专修科,企图搬运走一座有铁皮屋顶的房子。（贝茨）

158. 12月26日晚上11时到12时之间,3个日本军人乘汽车来到金陵大学大门口,声称司令部派他们来检查。他们强行阻止看守人员报警,迫使这人在他们搜寻、强奸3个姑娘时和他们待在一起。被强奸的姑娘中有一个只有11岁。他们还劫持走其中一个姑娘。（贝茨）

159. 12月26日,3至4名成群的日本兵在白天先后来了7次,从前几天已遭类似抢劫但还有些东西的人们那儿抢走衣物、食品、现金。他们强奸了7名妇女,其中包括一名12岁的小姑娘。夜里,12个或14个成群的日本兵来了4次,强奸了20名妇女。（米尔斯）

160. 12月27日上午11时,人们把米尔斯先生从金陵大学召到汉口路7号（也是金陵大学的房产）,他发现一个日本兵端着打开保险的手枪。米尔斯先生要佣人到金陵大学叫一名协助登记的宪兵军官来。

日本兵不准他去,并要米尔斯离开。米尔斯回过头看到日本兵和几个佩戴日军支队袖章的中国人一道带走一名小姑娘。在金陵大学,米尔斯找到一名宪兵军官,直接来到那栋房子,并在汉口路拐角处遇到一卡车宪兵。中国人记下了和日本兵一起来的中国人袖章上的字,于是,他们来到南洋饭店,宪兵军官找到了日本兵所属的部门。给他们的解释是,长官需要一个小丫头,日本兵弄来那个姑娘时,他们已找到个更合适的。这个姑娘太大了(她20来岁)!长官说已把姑娘送回去了。米尔斯反驳道,这样找使唤丫头的方法太差劲了。他们回到那座房屋时姑娘还没有回来。米尔斯又去了日本人的办公室,他们说有事忙着呢。于是米尔斯回来,发现姑娘已回来了。(米尔斯)

12月28日上午9时,就这次事件而论,非常愉快地报告,宪兵队和相关的师团司令部均努力解决这事。他们向涉及的中国人和米尔斯先生表达了军事当局对此事的遗憾。因此,该事件可视为令人满意而迅速地解决了。

161. 在和平门,江南公司隔壁的德国人那儿帮工的一名中国人,昨天,即12月29日,被到他家来索要年轻女人的日本兵刺死。那儿只有年纪大的妇女,日本兵说带上她们。这个人不同意,结果被杀。(里格斯)

162. 昨天,日本兵指控在首都饭店①前面路过的3个人中有一个是中国军人,并用枪打,用刀刺他。

163. 12月30日上午,日本兵向路经估衣廊的4个人开枪。一个人当场死亡,第二个伤势很重,医生已不指望他能活。他目前在鼓楼医院。(威尔逊)

164. 12月30日中午12时15分,两个日本兵乘黄色轿车来到北平路69

---

① 隶属于中国旅行社的首都饭店(Metropolitan Hotel)位于西流湾,地址为中山北路178号,1932年由华启顾工程师设计,1933年竣工的豪华饭店,招待国民党军政要人及外国宾客。1937年,该旅店的经理为刘怀德(Walter Lowe),其旧址现为华江饭店。

号的中英文化大楼，劫持走一名12岁的小姑娘。她家人的名字为米超常(Mi Chao-tsan)。（史迈斯）

1937年12月30日报告。

1938年1月25日"南京的状况"报告附件一h。

南京安全区国际委员会

宁海路5号

1938年1月2日

南　　京

日本大使馆

<u>致福井先生</u>

亲爱的先生们：

　　非常感激29日向我们陈述有关四处流窜的日本兵不得进入安全区的命令。此举大大改善了局势。但是昨天和今天散兵游勇的情况似乎又让人失望。安全区的几处入口没有岗哨把守，许多5到6个成伙，没有佩戴袖章的日本兵，在安全区内到处游荡。

　　正如附上的案件表明的，散兵游勇又在安全区内出现，使得非法行为事件的数量增加。最后五起，171至175号案件，都发生在我们昨天下午就知道的那些地方。（见附上的案件表，165至175号。）

　　今天上午菲齐先生和史迈斯先生造访了北平路64号和69号，看看30日下午被日本兵从这两个地方劫持走的姑娘有没有回来。她们还没有回来。（见12月30日报告的164号案件和这次的169号案件。）

　　感谢你们对此的大力协助，相信你们新年一定过得非常愉快。

谨致敬意

（签名）

会长约翰·H.D.拉贝

日本兵在安全区内非法行为案件

165. 12月25日下午3时,位于峨眉路7号的许传音博士的家被日本兵闯入,抢劫走钢琴和一些衣物。(菲齐)

166. 12月27日下午,3个日本兵来到宁海路33号,撬开6只箱子,抢劫走一些贵重物品。这些都是我主人陈先生的财物。(看门人,赵志昌 Chao Chi-chang)

167. 12月27日下午1时,5个日本兵和一个仆人来到汉口路小学,劫持了两名姑娘。所幸,刚刚拖拽姑娘时,宪兵来检查,发现了这一情况,他们扣留了这3个日本兵和仆人。(汉口路小学难民营负责人郑大成)

168. 12月27日下午3时,3个佩戴黄色领章,端刺刀的日本兵来到珞珈路5号。他们企图强奸我18岁的妻子时,几个宪兵过来。抓走这3个日本兵。(难民:杜培英 Tu Peh-ying)

169. 12月30日下午,两个日本兵来到位于北平路64号一位意大利使馆官员的住宅,抢走100多块钱,劫持两名姑娘。我们恳求之后,放了一个姑娘,但是还是带走了名为宣世泽(Hsuan Shi-tse),身穿裘皮衣服的16岁的姑娘。3个日本兵进来,另外有两个在门口望风。(斯波林)

170. 12月29日晚,一个站岗的哨兵进楼来,在房间里强奸一名姑娘。27日晚,一个哨兵喝醉了,要找姑娘。已在29日报告给福井先生,并很高兴地报告30日晚上换了哨兵,没再有麻烦。(索尼)(金陵女子神学院)

171. 1938年1月1日下午3时,斯波林先生经过宁海路上靠近广州路拐角处,一个老太太从屋里跑出来。斯波林先生走进去,一个日本兵逃走,但在卧室里,他发现一个赤条条的日本兵刚刚强奸完一名脱掉部分衣服的中国姑娘。斯波林先生让日本兵穿上衣服,叫他滚出去。(斯波林)

172. 1938年1月1日晚9时,日本兵开卡车来到小桃园拉贝先生的家,要一卡车姑娘。拉贝先生不让他们进去,于是,他们去了金陵大学附中。(拉贝)

173. 1938年1月1日下午,3个日本兵闯进金陵女子文理学院校园。一个日本兵尾随一名姑娘来到有大片竹林的花园。有人叫来魏特琳小姐,及时救下姑娘免遭强奸。魏特琳小姐见到另外两个日本兵,他们声称是宪兵。(魏特琳)

174. 1938年1月1日下午1时40分,两个日本兵闯入福斯特牧师居住的珞珈路17号,强奸了一名姑娘,并殴打另一个抗拒强奸的姑娘。这是两周来,第一次在两小时内没有西方人士在屋内。福斯特牧师和菲齐先生去用晚餐。菲齐、麦琪和福斯特急忙开车赶到这地方,将两个姑娘送到鼓楼医院治疗。(菲齐)

175. 1938年1月1日下午4时,在位于汉口路11号金陵大学的一栋房屋(美国财产)里,3个日本兵强奸了一名14岁的姑娘。屋子里的妇女到金陵大学大门口去找宪兵,但是他们姗姗来迟,为时已晚。(贝茨)

(签名)路易斯·S.C.史迈斯

1938年1月25日"南京的状况"报告附件一 i。

南京安全区国际委员会
宁海路5号

1938年1月4日上午11时

南　　京
日本大使馆

亲爱的先生们:

非常抱歉为另一个案件来麻烦你们,但是由于涉及另外5名妇女,可能还有机会解救她们。你们会在呈交来的简短的案件(176 至 179 号案件)清单上注意到 178 号案件。这涉及从我们的一个难民营被劫持走的 6 名妇女。这个妇女已送到鼓楼医院,你们可以在那儿见到她。

如果有可能的话,不知你们愿不愿意和我们一起去见她,以便更好地了解其他 5 个妇女的下落? 那么,贵方宪兵可以调查,以解救其他妇女。

感谢你们对此案的协助!

谨致敬意

(签名)

会长约翰·H. D. 拉贝

日本兵在安全区内非法行为案件

176. 1938 年 1 月 2 日上午 10 时到 11 时之间,一个日本兵来到刘盘坤和他妻子、五个孩子居住的位于陈家巷 5 号的屋子。日本兵试图查看这栋房屋。然后,他看到刘盘坤的妻子,便询问她有关这座房子的情况。妇女开始回答了问题。屋里的人见此,示意妇女离开这屋子,因为日本兵想把她弄进房间。于是,她抽身离开。与此同时,她丈夫骂了日本兵几句,还打了他的耳光。日本兵随即离去。女人回到家,开始烧饭,丈夫拿饭跟 5 个孩子一起吃。下午约 4 时,日本兵携带枪支回来。日本兵叫丈夫出来,邻居们恳求饶他的命,一个人甚至在日本兵面前下跪。丈夫躲在厨房里。日本兵一看到他,就立即开枪,击中他的肩膀。大约下午 4 时 30 分,许传音博士被叫来,发现人已死了。约翰·麦琪牧师不一会也来了,发现情况确实如此。(许、麦琪)

177. 1938 年 1 月 2 日下午 3 时,斯波林先生和菲齐先生被叫到宁海路 13 号,4 个日本兵正在那儿掳掠、强奸。他们看到斯波林先生的黑卍字袖章,惊叫起来"德国人,德国人",然后溜走。(斯波林)

178. 1938 年 1 月 3 日。12 月 30 日,日本兵从铜银巷 6 号抓走 6 名妇女,表面上是为日本军官洗衣服,其中一个妇女来到鼓楼医院。她们被日本兵抓到南京城中西部,根据周围的活动情况,她判断是一所日军医院。这些妇女白天洗衣服,夜晚通宵达旦地遭强奸。年纪大的被奸 10 到 20 次。年轻漂亮的一夜被强奸多达 40 次。1 月 2 日,两个日本兵把我们这个病人拖到一所荒弃的学校校舍,用刺刀砍了她 10 来次:后颈砍了 4 刀,把肌肉切断,深至脊椎骨;手腕、脸上分别被砍一刀;背上被刺 4 次。她也许能痊愈,但颈子会僵直。日本兵把她丢在那儿等死。另一个日本兵发现了她,看到她的惨状,把她送到朋友那儿,朋友们送她来医院。(威尔逊)

179. 1938 年 1 月 3 日。一名尚未发育成熟的 14 岁姑娘遭到强奸,后果惨重,需要动大手术修复。(威尔逊)

杀害刘盘坤案,1938 年 1 月 2 日
许传音的证词,1938 年 1 月 3 日上午 10 时 30 分

1938 年 1 月 2 日上午 10 时到 11 时之间,一个日本兵来到刘盘坤和他妻子、五个孩子居住的位于陈家巷 5 号的屋子。日本兵试图查看这栋房屋。然后,他看到刘盘坤的妻子,便询问她有关这座房子的情况。妇女开始回答了问题。屋里的人见此,示意妇女离开这屋子,因为日本兵想把她弄进房间。于是,她抽身离开。与此同时,她丈夫骂了日本兵几句,还打了他的耳光。日本兵随即离去。女人回到家,开始烧饭,丈夫拿饭跟 5 个孩子一起吃。下午约 4 时,日本兵携带枪支回来。日本兵叫丈夫出来,邻居们恳求饶他的命,一个人甚至在日本兵面前下跪。丈夫躲在厨房里。日本兵一看到他,就立即开枪,击中他的肩膀。大约下午 4 时 30 分,我被叫来,发现人已死了。

南京安全区房管专员
(签名)许传音
1938 年 1 月 3 日上午 10 时 30 分于南京

1938年1月25日"南京的状况"报告附件一j。

1938年1月10日

南京宁海路5号

亲爱的爱利生先生：

　　因为贝茨博士调查了昨晚涉及里格斯先生的案件，我请他单独交一份报告给您。我们只是在"目前局势的纪要"的187号案件中做了概述。这些"纪要"是我的"日本兵在安全区内非法行为案件"的延续。

　　前面四起案件显示住在中山路上接近日军机构的老百姓所处的危险（案件180至183号）。184和186号案件说明试图搬回家的人们所面临的困难。185号案件显示行刑处决缺乏体面与人道，而我们更加关心的则是在这个地区，特别在池塘里继续布满尸体的情况，将危及老百姓的健康。到目前为止仍非常幸运，城里还没有发生严重的病疫。但是如果继续采取目前不卫生的措施，特别是城市的供水不可靠，我们将持续处于瘟疫流行的危险之中。

　　正如贝茨博士指出的那样，187号案件揭示了我们与中国人赖以维持军纪的某些宪兵所具有的品质。罗森博士今天对我说，他建议，如果需要的话，日方应从东京调来高质量的宪兵。

　　希望这些消息对您有所帮助。

谨致敬意

（签名）路易斯·S.C.史迈斯

目前局势的纪要

180. 1月8日，在沈举人巷22号，五六个日本兵夜里敲开门，强奸之后，用手枪打人。这个妇女姓李，32岁。

181. 1月8日，4个日本兵夜里来敲开门，强奸了3名妇女。她们动作慢了些，日本兵用手枪射击。居住在高家酒馆45号袁家的3名妇女年龄分别为 21、25、29 岁。

182. 1 月 7 日,两个日本兵企图强奸一个小女孩,张福海(Chang Foh-hai)试图制止他们时被刺杀。慈悲社 7 号。

183. 1 月 8 日晚 6 时,3 个日本飞行员在华侨路 4 号强奸了一名姓高的姑娘,并举枪胡乱射击。这个姑娘 18 岁。

184. 1 月 9 日,一个老人从安全区回到太古山,①看看家里的情况如何,是否能搬回去。到家时,3 个日本兵正在家门口,其中一个日本兵一言不发,举枪击穿他的双腿。这个人现在鼓楼医院。(威尔逊)

185. 1 月 9 日上午,克罗格先生和海兹先生见到日本军官和一个日本兵在中英文化大楼东边,安全区内山西路上的小池塘里处决一名身着平民服装的可怜的人。这个人站在齐腰深的池塘水中,水面上刚破的冰在四处浮动,这时克罗格先生和海兹先生赶到。日本军官发出命令,爬在沙袋后面的士兵向这个人开枪,击中他的肩膀。他又打一枪,没有击中。第三枪击毙了他。(克罗格、海兹)(注:我们无权抗议日军合法处决人犯。但这肯定是效率低,残忍的处决方式。此外,这又引起我们多次和日本使馆人员私下谈到的事:在安全区内的池塘里杀人严重污染水源,并由此减少了安全区内老百姓使用的水源。在这漫长的旱季,城市供水缓慢,这可是非常严重的问题。)

186. 1 月 9 日下午约 3 时,米尔斯牧师和史迈斯博士到双塘去看看,了解那里的情况是否可以让老百姓回到那片城区(城西南区)。到那儿,我们发现一个怀抱婴儿的妇女刚刚被 3 个日本兵轮奸。(史迈斯、米尔斯)(前几天米尔斯呈递了有关双塘情况的单独报告。)

187. 1 月 9 日晚,一个日本宪兵从汉口路 25 号史迈斯博士家劫持走一名妇女,从另一座房屋里带走另一名妇女。在返回汉口路 23 号住所的路上,里格斯先生遇到这个宪兵,他用刺刀威胁里格斯先生。(贝茨博士有单独报告)(里格斯、贝茨)

---

① 太古山(Taikoo Shan)是位于英国大使馆(现双门楼宾馆)以南的山丘,在今太古山庄一带。

1938年1月25日"南京的状况"报告附件一 k。

中国南京
金陵大学

1938年1月10日

南　京
美国大使馆

先生们：

　　请允许我向你们报告一起涉及美国财产和美国公民的非法行为案件，这也很好地说明日军的纪律普遍松弛，特别是这个地区日本宪兵的素质与行为难以令人满意。

　　我们的工作人员查尔斯·H.里格斯先生昨晚约8时45分回到汉口路23号的住所。他从大街拐进通向他家后门的小巷时，日本兵威胁他，并把他赶出巷子。最后，里格斯先生拿出钥匙给他看，使日本兵相信他是回家，才允许他通过。在汉口路25号（也是金陵大学的房产）旁边的墙根处蜷缩着一男一女，男的向里格斯先生断断续续地说出"25号"。日本兵听到说话，走过去，端起步枪对着里格斯先生，用刺刀威胁他，并从后面突然用力推他。里格斯先生进了自己的屋子；不一会他又出来瞧瞧，但什么也没有看到。

　　在我的要求下，今天上午里格斯先生去汉口路25号询问，找到了昨晚在巷子里见到的妇女。她和屋里其他人作了简单明了的陈述，昨晚约8点30分，两个宪兵翻越篱笆闯入这栋房屋，用手电筒逐屋搜寻女人。他们强迫这个妇女和家里的男人到巷子里去，一个宪兵看住他们，另一个则到街对面进行相同的搜索。

　　撞见里格斯先生之后，宪兵到汉口路上去找姑娘，约9点15分在平仓巷13号弄到一个姑娘。在路上放了男人后，两个宪兵劫持两名妇女到小桃园(也是金陵大学校产,过去用作语言学校,①现在是农业经济系。)对面天津路上的一栋房屋里,那儿有大约20个日本兵。今晨日本兵漱洗之际,两个妇女找机会溜出来。里格斯先生和妇女都清楚地注意到宪兵身着普通军装,佩戴宪兵的袖章。妇女描述的地点,邻近的建筑、大门,房屋的格式,辨别出一个地方:小粉桥38号,本地区的宪兵站。以免可能的差错,里格斯先生在平仓巷13号找到第二个妇女,她的叙述证实了前一个妇女的说法,没有矛盾之处。

让我再加上相关的两点:附近的居民,无论是外国人还是中国人,已多次抱怨附近的宪兵严酷而不可靠。还有汉口路上中国人的住家报告宪兵频繁光顾,搜寻女人。

我们严肃地反对擅自乱闯美国产业,反对从美国人的房屋里劫持人员。更要紧的,只要这个地区仍有肆意胡为,声名狼藉的宪兵,我们不可能感到安全。派到金陵大学站岗的宪兵的行为也很可耻,没有有效地加以保护。

感谢您的关注。

谨致敬意

金陵大学紧急事务委员会

(签名)M. S. 贝茨

1938年1月25日"南京的状况"报告附件一1。

目前局势的纪要

188. 今天上午,两个人(马和尹)登记之后,回到马位于汉西门的家,看望据邻居说被日军杀害了的双目失明的母亲。他们找到了马母的尸体。回来的路上,两个人遇到日本兵,跟他们要衣服,然后刺杀了他们,将他们仍进防空洞。其中一个人苏醒过来,爬出防空洞。有人见到

---

① 为了给新抵达中国的西方传教士提供基础的中文训练,以便利他们日后的工作,金陵大学从1912年至1926年开办传教士训练部(Department of Missionary Training),中文的正式名称为金陵大学华言科,但是人们通常称呼它为南京语言学校(Nanking Language School)。

他,给他衣服穿。然后,他走回蚕桑大楼。两个朋友用一张床把他抬到委员会总部。菲齐先生送他去鼓楼医院。(受伤者报告给吴先生。)

注意:这仅仅是在老百姓回家遇上困难的一系列案件上再增加一起案件。

(签名)史迈斯

1938年1月25日"南京的状况"报告附件二。

关于南京城遭焚烧所发现的情况

1937年12月21日

1937年12月13日日军占领城市时的情况

12月10日,星期五晚上,新街口南面大华大戏院①对面发生大火。我们委员会的几名成员晚上10时到那儿进行调查,发现那是木材场。市消防部门正忙着,已阻止火势蔓延到附近的建筑,也已在那时控制了火势。

12月11日,星期六晚上,城南被日军炮击的地方燃起几处大火。12月12日,星期天晚上的情况也是如此。那天晚上山西路北面谷正伦②的寓所和新建的交通部大楼被烧毁。这些是有些凭据,认为有可能为中国人自己烧毁的仅有的几座重要建筑物,但也不能确定。可能南门附近也烧了几栋小房子。

星期二上午,委员会的几名委员试图和日本当局取得联系,其他委员则到城南调查德国与美国房产的情况。我们惊讶地发现,被焚烧或炮

---

① 大华大戏院(State Theatre)位于中山南路67号,是南京建造最早的戏院之一,规模、设施均居民国南京之首。始建于1935年,由美籍华人、大华大戏院股份有限公司董事长司徒英铨筹资,为最大的股东,其他大股东还有铁道部部长和马头牌冰棒厂老板。大华大戏院由杨廷宝设计,上海建华建筑工程公司承建。1949年以后改名大华电影院。2002年列为江苏省文物保护单位。
② 谷正伦(Ku Tsen-lun,1890—1953)1890年9月23日出生于贵州安顺,1906年从贵州陆军小学毕业后入湖北陆军中学学习,1909年前往日本振武学校留学,并加入同盟会。回国后曾参加武昌起义和北伐战争。1932年出任南京首都卫戍司令,宪兵司令,代理南京市市长等职,1937年12月率部参加南京卫战。1940年以后曾先后担任甘肃、贵州省主席兼保安司令。谷正伦1949年11月撤往台湾,1953年11月3日在台北病逝。

火摧毁的建筑极少。太平路上唯一被严重烧坏的建筑还是夏天被烧的那座。中山东路上的新华信托公司的房屋被烧。但是城里根本没有大片建筑被焚烧。

观察以上情况人员的签名：

R. 翰培尔① 爱德华·斯波林 约翰·G. 麦琪 W. P. 米尔斯 R. 海兹 约翰·拉贝 N. 波德希伏洛夫 路易斯·S. C. 史迈斯 Aug. 晁提格② 欧内斯特·H. 福斯特 M. S. 贝茨

12月20日晚上的情况

12月19日晚，委员会的成员调查了安全区内焚烧的情况。日本兵在平仓巷16号的房屋上放火。斯波林先生和安全区消防队的官员赶到焚烧现场，但是我们的水泵和消防设备数天前被日本兵抢走。中山路和保泰街拐角处的一片房屋在白天遭焚毁。晚上观察到国府路方向有数处大火在燃烧。

12月20日下午5时到6时之间，菲齐先生和史迈斯博士前往保泰街，往南拐到太平路，再往南行，过白下路，到达一处日军的卡车、汽车拥塞在马路上，装运货物。从珠江路南面的小溪开始向南直到白下路，他们发现数伙15或20个成群的日本兵，显然在军曹的带领下，或者站在街道两旁，看着被大火燃烧的房屋，或者从商店里搬运货物，还看见日本兵在其他商店里的地板上生起篝火。

然后，他们去了中华路，看到同样的场面，基督教青年会建筑的北半部已在熊熊火焰之中。很显然，是从里面起的火，因为基督教青年会建筑周围没有着火的房屋。日本哨兵没有理会他们。

---

① 河北饭店（North Hotel）的 R. 翰培尔（R. Hempel）为德国商人。他是大屠杀期间留在南京的22名西方籍人士之一。他帮助组织安全区，保护中国难民。
② 起士林点心铺（Kiessling & Bader）的奥古斯特·晁提格（Auguste Zautig）为德国商人。他也是大屠杀期间留在南京的22名西方籍人士之一。

20日晚约9时许,克罗格先生和海兹先生开车沿中正路①到白下路,然后往东到中华路,但日本哨兵阻止他们继续往南开。基督教青年会的建筑就要烧完了。然后他们开往太平路,再往北拐,看到路两旁有十余处火在燃烧。其他建筑已成为灰烬。他们向西拐到中山东路,但在东海路和国府路拐角处见到一处大火。到达中山路和珠江路拐角处时,他们见到珠江路北有一处大火。在那儿,一队日军巡逻队禁止他们再往东开。周围有许多日本兵,但没有人去救火。他们正在搬运货物。

观察以上情况人员的签名:

克里斯卿·克罗格　　爱德华·斯波林

鲁勃特·海兹　　M. S. 贝茨

G. A. 菲齐　　路易斯·S. C. 史迈斯

1938年1月25日"南京的状况"报告附件三。

1938年1月13日,南京

南　　京

日本代理总领事

K. 福井先生

先生们:

非常荣幸地提请您注意最近两起日本兵侵犯在南京的美国财产的案件。

1月11日下午约3时,一个日本兵闯入美国机构金陵神学院,强迫看门人陪他到行政楼三楼,打开锁着的门,然后,日本兵拿走价值几元钱的一堆蜡烛。日本兵又逼迫看门人为他提着蜡烛走到中山路上。

同一天下午,一名日本宪兵闯入美国人M. S. 贝茨先生位于汉口路21号的寓所,从那儿抓走金陵大学附中名为刘文彬的雇员。

---

① 中正路1949年以后更名为中山南路。

上述两案中的房屋都清楚地标明为美国房产，但都没有通知美国居民或住在里面的人日方需要进入房屋，或解释日本兵的所作所为。美国居民通知我，他们不反对日军当局有充分理由、有规律地搜查美国人的房产，美国人也不会保护做坏事的人，更不会干涉军队对居民采取适当的控制措施，但是，对于肆意的、不加任何说明地强行闯入美国人房产的行为我必须提出强烈抗议。

我必须坚持今后日军无论出于何种原因要搜查美国人的房屋，应照会本大使馆，并就搜查的地点和目的提供细节。我将乐意指定一名使馆工作人员或负责任的美国人陪同日本兵，并提供各种合乎情理的协助。

可以肯定的是我愿意以各种可能的方式和日军合作，但是不能同意美国人的房产、美国公民的住宅被任意闯入，也不能同意美国机构的雇员在没有任何解释的情况下被日军带走。请将此内容报告给适当的军事当局，并向本使馆送交一份认可这一抗议的接受函。

谨致敬意

谨代表大使

使馆秘书

约翰·M.爱利生

1938年1月25日"南京的状况"报告附件四。

1938年1月14日，南京

亲爱的福井先生：

1/ 在此附上一份美国公民，M.S.贝茨先生，送来的一封明确涉及日本兵持续侵犯美国财产信件的副本。除了我已正式给您写信提及的刘文彬一案，我不希望此刻就信中谈到的案件提出正式抗议，但是，希望您深刻感受到我们以非常严肃的态度看待日本兵这样的行为。

如果贝茨先生报告的情况持续发生，我将不得不通报我国政府：南京的日军或者不愿意,或者无能力恰当地保护美国财产,并要求将此事正式提交给东京。我并不想这么做,所以写一封私人信件给您,以催促您再次敦促日军当局,必须中止这类事件。

非常感谢您对此事的协助。

真诚地
(签名)约翰·M.爱利生

附件:

所列 1/
南　　京
日本代理总领事
K.福井先生

1938年1月25日"南京的状况"报告附件四(1)。

中国南京
金陵大学

1938年1月14日

南　　京
美国大使馆

亲爱的爱利生先生:

　　昨晚,4个日本兵闯入金陵大学附属中学的教室。由于负责守夜的几个人受到严重恐吓,还没有获得日本兵行为详细完整的材料。然而,他们劫持走一名姑娘。这些日本人是宪兵,至少其中有人是被派到附中站岗的。他们穿中国人的布鞋,还有的穿中国人的服装。

　　这些情况极其严重,极不光彩,需要根本的解决方法。如果日军无视法度,不顾抗议,日复一日闯入美国产业,从事犯罪活动,那么,我们之间体面的关系业已中止。这完全不能容忍,只是我们已经历了这么长久!

至少，要对现有的宪兵采取行动，这些宪兵显然并不提供保护。我们有许多理由怀疑位于小粉桥 32 号这一地区的宪兵站。它离附中这么近，岗哨也是从那儿派出的。

刘文彬的太太得到消息，她丈夫已在山西路 21 号被枪毙。我此刻收到这一报告，还不能透露更多的情况。附中里的人们受到恐吓，目前非常害怕报复，以至很难得到完整的真实情况，人们也不能正常地工作。

写这封信的过程中，我被迫停顿半小时，把一个宪兵（佩戴日军特务机构"宪兵"袖章的日本兵）从挂有美国国旗，门上张贴了美国和日本使馆布告的美国房产，汉口路 19 号，赶出去。宪兵翻墙闯入，在那儿待了一小时左右，翻查搜索金陵大学教师和鼓楼医院布莱笛医生的私人财产。这栋房屋离上述地区宪兵站大约 250 码远。

今天上午，我们获得间接的报告说，讲堂街①教堂在 15 日/16 日夜里被烧毁：一个美国传教士的佣人 17 日早上回到教堂，看到木头还冒着烟，隔壁房间的屋顶就在她眼前塌下来。这个佣人受雇于一直在那儿住到夏天的布莱赫瑞斯特小姐。②首先向我们报告的是在教堂工作的老太太，日本兵数次闯入教堂建筑之后，她 15 日上午离开时，教堂仍然完好无损。两个日本兵 14 日晚睡在教堂里，另外两个日本兵 15 日上午开始抢劫、恐吓她。

敬呈
（签名）M. S. 贝茨

---

① 1930 年，南京进行大规模市政改造工程，将原来狭小的街道拓宽连接成宽大的长街。当时由西向东将水门大街、油市大街、讲堂街、行口街、坊口街与黑廊大街拓宽连接成一条通衢大路，升州路。1937 年时，人们对原来的街名仍记忆犹新。讲堂街的位置大致在现在的升州路从评事街至鼎新路那一段。

② 丝蒂芬·玛丽·布莱赫瑞斯特（Steffine Marie Brethorst，1882—1975）1882 年 3 月 31 日出生于艾奥瓦州勒玛斯（Le Mars），1913 年在南达科他州的达科他威斯利安（Dakota Wesleyan）学院毕业后前往中国，到四川资州（今资中）传教。1918 年回美国，1921 年在华盛顿大学（University of Washington）获硕士学位，以后曾在宾夕法尼亚大学和哥伦比亚大学进修。她 1927 年再度来中国，在四川遂宁与河北昌黎传教，但因战乱，1928 年回美国，在西弗吉尼亚州威斯利安学院任教，并担任女生部部长。她 1934 年来到南京传教，任校校教师。1937 年夏，中日战事爆发时，她正在上海，受命撤往马尼拉。1938 年 1 月回到上海，在难民营从事救济工作。她曾与宋美龄结识，交往。她 1941 年离开中国，1975 年 9 月 14 日在洛杉矶逝世。

1938年1月25日"南京的状况"报告附件五。

统一基督教会
中国教区

1938年1月18日,江苏南京

中国　南京
美国大使馆

亲爱的爱利生先生:

　　今天上午约8时30分,我造访了隶属于统一基督教会的中国基督教会,在中华女子中学①家政楼的二楼,发现两个日本兵。他们还带着两个显然是为他们拿东西的中国人。日本人和中国人手上都拿着属于这一房产的东西。毫无疑问,他们要拿走这些东西。我向他们交涉之后,他们把那些东西留在房屋里,屋子外面还留下一些至少我判断是他们带进院子来的东西。我陪他们一直走到他们位于考试院的司令部,他们叫来一个军官。我尽最大努力向军官解释这些日本兵跑到美国房产上,这是不妥当的。军官似乎理解,好像为当兵的表示道歉。

　　约1时15分,一个行人向我报告,一伙10到20个日本兵在同一房产上。我立即和一位美国朋友去调查,但他们已离去。我发现早上在家政楼里的一台钢琴被搬运走。院子东墙被推倒,以便搬出钢琴。动用了两辆卡车搬运东西。我注意到另一栋楼里的保险箱也不见了,虽然我早上没有见到保险箱。日本兵频繁地光顾这一房产,另外一架钢琴,以及许多其他物品——都是美国财产——已被抢劫走。

　　作为该教会一名负责任的成员,我觉得不可能在位于城北和城南的

---

① 中华女子中学(Chung Hwa Girls' School)由美国基督会传教士于1896年成立,始称金陵基督女书院,1927年改名为私立中华女子中学。当时校址在保泰街35号。1952年该校合并多所学校成立南京市第十一中学,移校址至鼓楼街83号。现更名为南京大学附属中学。1937年,该校的校长是陈熙仁小姐。

所有教会产业上履行一个小警官的职责。没有一处房产没有被那些显然是不负责任的日本兵频繁地光顾。然而,他们开着卡车,人数如此之多,如果日军认真采取措施,应该能查出他们的身份。

     真诚地

    统一基督教会－中国基督教会

     行政委员会委员

   (签名)詹姆斯·H. 麦考伦

1938 年 1 月 25 日"南京的状况"报告附件六。

南京安全区国际委员会

宁海路 5 号,电话:31961,32346,31641

委员会成员名单

姓名	国籍	单位
约翰·H. D. 拉贝先生,会长	德国	西门子公司
路易斯·S. C. 史迈斯博士,秘书长	美国	金陵大学
约翰·麦琪牧师	美国	美国基督教会
爱德华·斯波林先生	德国	上海保险行①
M. S. 贝茨博士	美国	金陵大学
W. P. 米尔斯牧师	美国	北方基督教长老会
C. S. 特里默医生	美国	鼓楼医院
查尔斯·里格斯先生	美国	金陵大学
乔治·菲齐先生	美国	基督教青年会

---

① 荷兰商人克鲁伦(R. A. Kreulen)和范扎南(L. F. van Zanen)等合伙于 1924 年在上海创办上海保险行(Shanghai Insurance Company),代理荷、德、英、美及丹麦诸国保险公司,经营水、火、汽车、伤害、人寿及其他保险业务。上海保险行初设于汉口路,后迁九江路及四川路营业。

| 克里斯卿·克罗格先生 | 德国 | 礼和洋行① |
| 胡勃特·L.索尼牧师 | 美国 | 金陵神学院 |

附件七

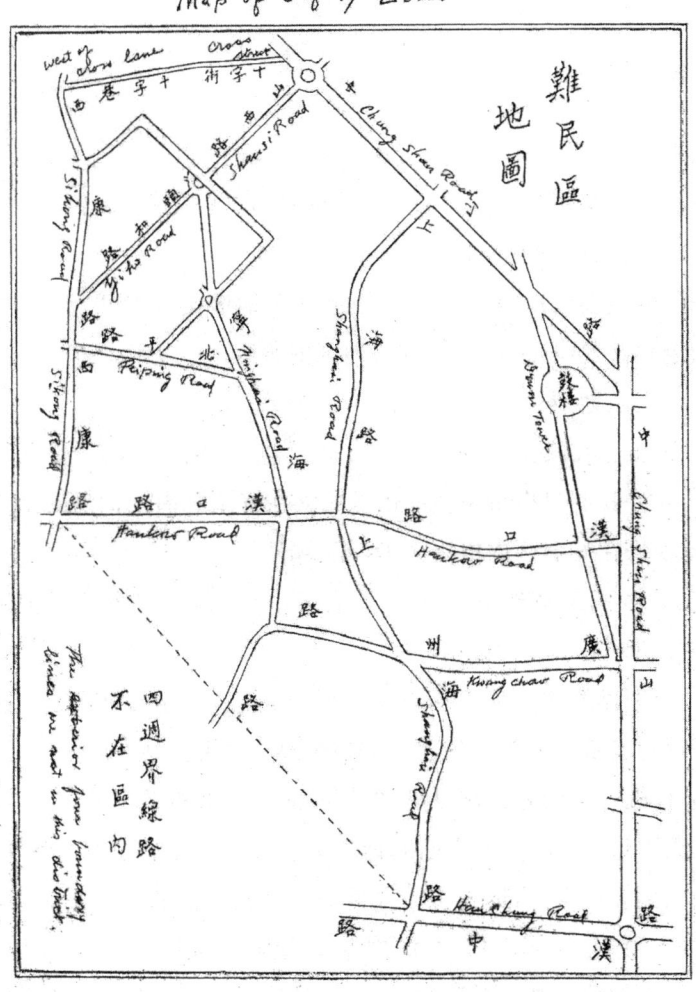

---

① 礼和洋行（Carlowitz and Company）为德国人里查德·冯·卡洛维兹（Richard von Carlowitz）创办的公司，总部在德国汉堡，1840年代即在广州经营，1877年进入上海，并将在中国的总行设在上海，1930年在南京设分行。主要从事进口德国重型机械、精密仪器、铁路与采矿设备、军火等业务。

1938年1月25日"南京的状况"报告附件八之一。

南京安全区国际委员会

宁海路5号

1937年12月14日

驻南京日军司令

尊敬的先生阁下：

我们感谢贵军没有炮击安全区，并来和您取得联系，制定将来照管安全区内中国难民的计划。

国际委员会已负责让老百姓住进这一地区的房屋里，储存了米面，暂时为老百姓提供粮食，并管理该地区的警察。

我们崇敬地请求委员会可以：

1. 请日军在安全区的入口处站岗。
2. 允许我们只携带手枪的便衣警察在安全区内维护治安。
3. 允许在安全区内出售大米，开办粥厂。

   a. 我们在其他城区储存了大米，希望能让卡车自由通行运送大米。

4. 允许目前的住房安排持续到老百姓能住回他们自己的住家（即使到那时仍然有数以千计无家可归的贫困难民需要照顾）。
5. 有机会与贵方合作，尽快恢复电话、电、水的供应设施。

昨天下午，一个未能预见的情况发生了：一批中国军人困在城北。有些人来到委员会总部，恳求以人道的名义救他们的命。委员会的代表试图找到贵军司令部，但只在汉中路上遇到一位上尉。于是，我们给这些中国军人解除武装，安置在安全区内的房屋里。我们恳求贵方慈悲为怀，允许这些人重新过上现在他们渴望的安静的平民生活。

我们还想给您介绍由约翰·麦琪牧师（美国人）为会长的"南京国际红十字会"。这个国际红十字会接管了位于外交部、铁道部和军政部的前军用医院。红十字会昨天将那几个地方的军人解除了武装,并保证那些建筑仅为医院所用。如有可能把所有伤员送入医院,我们建议将所有中国伤员转入外交部大楼。

非常高兴我们能以任何方式,为照顾这座城市的老百姓而合作。

谨致敬意
南京安全区国际委员会会长
(签名)
约翰·H. D. 拉贝

1938年1月25日"南京的状况"报告附件八之二。

与日军特务机关长官会见备忘录
1937年12月15日中午于交通银行

翻译:福田。(这次会见完全是长官不容置辩的言论,没有提问题,也没有讨论,是对我们12月14日信件的答复,该信于当日上午送交给福田先生,并用日文呈递给长官。)

1. 必须在全城搜索中国军人。
2. 将在安全区入口安置岗哨。
3. 老百姓要尽早搬回自己的家,因此,我们必须搜查安全区。
4. 相信日军会照顾解除武装的中国军人的人道态度。
5. 如果警察解除了武装,只携有警棍,可以在安全区内巡逻。
6. 委员会储存在安全区内的一万石米可以用于难民。但是日军也需要米,因此,应允许日军在安全区内购米。(有关我们储存在安全区以外的米,回答不明确。)
7. 电话、电、水必须修复,因此,今天下午将与拉贝先生一起去视察,采取相应的行动。
8. 希望找到工人。从明天起开始清理全城。请委员会协助。将付报酬。明天需要100到200名工人。

9. 将视察储存米的地点,设立岗哨。

　　　　南京安全区国际委员会秘书长

　　（签名）路易斯·S.C.史迈斯

　　　　　出席的委员会成员:

　　　　会长　　拉贝先生

　　　　秘书长　史迈斯博士

　　　　总督察　斯波林先生

1938年1月25日"南京的状况"报告附件八之三。

南京安全区国际委员会

宁海路5号

　　　　　　　　　　　　　　1937年12月15日

　　南　　京

日本大使馆专员

　福田笃泰先生

亲爱的先生阁下:

　　南京安全区国际委员会对已放下武器的中国军人的问题感到非常困惑。开始,委员会努力使安全区内完全不收留中国军人,到12月13日,星期一下午都是相当有成效的。那时有数百名中国军人从北面进入安全区,恳请我们帮助。委员会明白地告诉这些军人安全区不能保护他们。但是对他们说如果放下武器,停止抵抗日军,我们认为日军会善待他们。

　　那天晚上,在混乱与匆忙之中,委员会无法将解除武装的军人和平民百姓区分开来,这主要因为有些军人已脱掉军装。

　　委员会承认,甄别出的军人是合法的战俘。但是在处理解除武装士兵的过程中,委员会希望日军尽一切可能慎重行事,不要涉及平民百姓。

委员会还希望日军依照公认的涉及战俘的战争法律,并以人道的原因,对这些士兵宽大为怀。这些人可以作为有益的劳工,可能的话,会愉快地重新过上平民的生活。

谨致敬意
会长
(签名)
约翰·H.D.拉贝

1938年1月25日"南京的状况"报告附件八之四。

国际红十字会南京分会

宁海路5号

1937年12月15日

南　　京

日本大使馆专员

福田笃泰先生

先生阁下:

由于南京城内有大批负伤的军民,我们组织了国际红十字会分会来应付这一局面。

我们已请求上海的国际红十字会,以及中国红十字会予以承认。

现在我们请贵使馆代为请求南京的日军当局,允许我们开展这项人道的工作。

在此附上我会的成员表。

顺致良好的问候。

友善地
秘书长
欧内斯特·H.福斯特

南京国际红十字会

宁海路5号，电话：32346，31641，31961

约翰·G.麦琪牧师，会长

李春南先生，副会长（南京中国红十字会）

刘怀德先生①，副会长

欧内斯特·H.福斯特牧师，秘书长

克里斯卿·克罗格先生，司库

保罗·德威特·特威楠夫人

米妮·魏特琳小姐

罗勃特O.威尔逊医生

P.H.蒙罗—福勒先生②

C.S.特里默医生

詹姆斯·麦考伦牧师

M.S.贝茨博士

约翰·H.D.拉贝先生

路易斯·S.C.史迈斯博士

W.P.米尔斯牧师

---

① 此处英文原文为W. Lowe即Walter Lowe，是刘怀德的英文名。当时刘怀德是中国旅行社创办的南京首都饭店（Metropolitan Hotel）的经理，在南京留守饭店，同时积极参加安全区的工作，并担任救济重振委员会（Rehabilitation Commission）的主任，以及南京国际红十字会副会长。1938年12月，曾被日军逮捕下狱数月，经美国传教士营救出狱后即离开南京。此后，曾先后担任中旅社河内招待所经理与印度加尔各答中旅社开办的中国招待所经理。

② 英国公民保罗·海克特·蒙罗-福勒（Paul Hector Munro-Faure，1894—1956）1894年出生于英国，1912年参加预备役军队，并在第一次世界大战中参战。战后在亚细亚火油公司（Asiatic Petroleum Company）工作，任该公司驻中国数城市，包括南京的分部经理直至第二次世界大战爆发。日军向南京进军之际，他在南京协助组建南京安全区，并担任南京安全区国际委员会成员。1937年12月初，在其供职的亚细亚火油公司敦促之下，他撤离南京。所以，在大屠杀期间他没有留在南京城内。1939年第二次世界大战爆发后，他再次从军，在英军特别行动执行部（Special Operation Executives）任少校、中校，在缅甸与中国训练游击作战人员。1945年，他曾在英国驻罗马尼亚大使馆任专员，1949年退休，1956年逝世。

科拉·波德希伏洛夫先生
沈玉书牧师

1938年1月25日"南京的状况"报告附件八之五。

南京安全区国际委员会
宁海路5号

1937年12月17日

南　　京
日本帝国大使馆
　　　致日本大使馆二等秘书
　　　福井淳先生

亲爱的先生们：

　　鉴于冈崎胜男总领事昨天下午谈到国际委员会没有合法地位，似乎有必要作一些解释。相对于日本当局，我们并不要求获得任何政治地位。但是12月1日，南京市政府马市长移交给我们委员会几乎所有市政府紧急过渡时期的职能：警察、对基本设施的督察、消防部门、住房管理、粮食供应和卫生管理。结果，当贵军取胜，于12月13日，星期一中午进城时，我们是城内唯一行使行政管理权力的机构。当然，这一管理权力并不超出安全区，也不涉及安全区内的主权。

　　作为唯一的行政当局，并从上海的日军当局获得如果安全区内没有军队或军事设施，贵军将不会蓄意进攻它的保证后，我们立即和贵军队先头部队取得联系。12月13日下午，我们遇到和士兵一起在汉中路上休息的一名上尉。我们向他解释了安全区的位置，并在他的地图上标示出来。我们礼貌地提请他注意3个红十字会医院，并告诉他有关解除武装的中国军人的情况。他表示让我们放心，因此我们觉得一切都得到贵军的理解。

　　那天晚上及次日早晨，我们起草了12月14日的信件，并将它翻译成日文。接着，日本帝国使馆的专员福田先生也许会告诉您，拉贝先生、史迈斯先生和福斯特牧师一起去找一位日军高级军官,向他呈递这封信。我们分别和5位军官谈了,但他们要我们等待第二天将抵达南京的最高司令官。

次日,12月15日上午,承蒙日本帝国大使馆的福田笃泰先生和关口(Sekiguchi)先生携带日本军舰势多(Seta)号舰长和军官的名片拜访了委员会总部。我们呈递上述12月14日的信件给福田先生,并向关口先生保证,我们乐意协助恢复供电的工作。中午,我们有幸在交通银行会见了日军特务机关的长官,并从他那儿获得了对我们12月14日信件的正式口头答复。除了其他各项,他在答复中说将在安全区入口处设置岗哨;如果民警只携带警棍,可以在安全区内巡逻;委员会可以使用储存的一万石米,并可以将前市政府拨给,储存在其他地点的米运进来;尽快恢复电话、电、水等设施很重要。但是,除了说老百姓应尽早搬回自己的住家之外,没有答复14日信中的第四项。

依据他的答复,我们鼓励警察去履行职责,并向人们保证,既然我们已向日本军官解释过,会善待他们,同时开始搬运大米。但从那以来,只要没有西方人士坐在车上,卡车刚在街上出现就被征用;在我们指导下工作的红卍字会星期二上午开着卡车在安全区内收尸体,他们的车子不是被抢走,就是差点被扣住,昨天,他们的14名工人被抓走。我们的警察也受到干扰,昨天驻扎在司法部的50名警察被抓走,据负责的日本军官说,"去枪毙"。昨天下午46名志愿人员组成的警察也同样被抓走。(12月13日,看起来安全区内的工作量很大,日夜值班的穿制服的警察处理不过来,我们委员会组织了这些志愿者警察。他们既没有穿制服也没有任何武器。只是佩戴我们的袖章。他们更像西方社会的童子军,做做杂活,维持秩序,清扫卫生,紧急救护等等。)14日,日本兵征用了我们4部消防车去搞运输。

我们竭尽全力要传递给贵使馆,给日军的信息是,直到日军能建立一个新的市政府或其他组织来接管城市的这些职能之前,我们受委托为南京老百姓履行市政府管理服务的职责。然而,不幸的是贵军的士兵不愿意让我们在安全区内继续维持秩序,为老百姓服务。这导致一直到12月14日上午我们都用以维护秩序与提供基本服务的体系面临崩溃。换句话说，13日贵军进城之际，我们几乎把所有的老百姓集中到安全区，那儿没有因打偏的炮弹而遭毁坏，中国军队全面撤退之际也没有掳掠的现象。舞台已为贵方搭好，让贵方和平地接管这一地区，以便这里的正常生活不受干扰地延续下去，直到其他城区也恢复正常秩序。那样全城的正常生活可以继续下去。其时，城里全体27名西方籍人士[①]，以及中国老百姓完全被贵军士兵14日肇始的抢劫，强奸与屠杀震惊了。

我们在抗议中所要求的是贵军恢复军纪，尽快使城市的生活恢复正常。我们乐意在恢复城市正常生活的过程中以任何方式相助。但是，即使是在昨晚8时到9时之间，委员会的5名西方籍成员和工作人员在安

[①] 日军兵临城下，三面包围南京城之后，于1937年12月10日发起总攻。12月13日攻陷南京后实施了灭绝人性的大屠杀。这一切发生时，共有27名西方籍人士在南京城内。他们之中有4名美国记者和一名英国记者：《芝加哥每日新闻报》的阿契包德·特洛简·斯提尔(Archibald Trojan Steele)，美联社的查尔斯·叶兹·麦克丹尼尔(Charles Yates McDaniel)，《纽约时报》的弗兰克·提尔曼·杜丁(Frank Tillman Durdin)，帕拉蒙新闻电影社的亚瑟·冯·布里森·孟肯(Arthur von Briesen Menken)和路透社的莱斯利C.史密斯(Leslie C. Smith)。报道了南京战役、南京陷落之后，斯提尔、杜丁、孟肯和史密斯乘美舰瓦湖号与英舰瓢虫号于1937年12月15日离开南京去上海。麦克丹尼尔于次日乘日本军舰栂号(Tsuga)前往上海。离开南京后，这五位记者都向国外发通讯报道，首先揭露南京大屠杀的真相。从1937年12月16日到1938年1月6日由约翰·摩尔·爱利生率领的美国领事小组抵达南京之间，共有22名西方籍人士留在城内，组织管理安全区，竭力保护中国难民。他们是5名德国人：西门子公司的约翰·海因雷克·代特莱夫·拉贝(John Heinrich Detlev Rabe)，礼和洋行的克里斯卿·杰考伯·克罗格(Christian Jakob Kröeger)，上海保险行的爱德华·斯波林(Eduard Sperling)，起士林点心铺的奥古斯特·晁提格(Auguste Zautig)和河北饭店的R.翰培尔(R. Hempel)；一个奥地利人：南京安全区的机修工鲁波特R.海兹(Rupert R. Hatz)；两位白俄：桑德格林电器商店的尼古拉·波德希伏洛夫(Nicolai Podshivoloff)和南京安全区机修工A.扎尔(A. Zial)；14名美国人：金陵大学的马内·舍尔·贝茨(Miner Searle Bates)，金陵大学的路易斯·斯特朗·凯瑟·史迈斯(Lewis Strong Casey Smythe)，金陵大学的查尔斯·亨利·里格斯(Charles Henry Riggs)，鼓楼医院的罗勃特·奥利·威尔逊(Robert Ory Wilson)，鼓楼医院的克利福德·夏普·特里默(Clifford Sharp Trimmer)，鼓楼医院的伊娃M.海因兹(Iva M. Hynds)，鼓楼医院的格瑞丝·露易丝·鲍尔(Grace Louise Bauer)，金陵女子文理学院的明妮·魏特琳(Minnie Vautrin)，金陵神学院的胡勃特·拉法耶特·索尼(Hubert Lafayette Sone)，基督教青年会的乔治·爱希默·菲齐(George Ashmore Fitch)，美国基督教会的约翰·吉利斯比·麦琪(John Gillespie Magee)，美国基督教会的欧内斯特·赫曼·福斯特(Ernest Herman Forster)，统一基督教会的詹姆斯·亨利·麦考伦(James Henry McCallum)，北方基督教长老会的威尔逊·波鲁默·米尔斯(Wilson Plumer Mills)。

全区巡视情况时,没有见到一个日军哨兵在安全区内或入口处巡逻!昨天的威吓与押解走警察迫使我们的警察不敢上街。我们所能见到的是两三个人一伙的日本兵在安全区的街道上游荡。此刻,在我写信之际,从安全区各处发来的有关这些游荡,不受约束的日本兵犯下的抢劫破坏、强奸的报告纷至沓来。这说明没有就我们昨天(12月16日)信中提出的要求,也就是第二点,安全区入口处的岗哨禁止游荡的日本兵进入安全区的要求采取任何措施。

由此,作为向贵方当局移交维护安全区秩序责任的第一个步骤,我们建议:

1. 日本皇军建立起常规宪兵系统日夜在安全区巡逻,授权逮捕被发现劫掠、闯房入舍、强奸或劫持妇女的日本兵。

2. 日本当局接管由前南京市政府分派给我们的 450 名警察,组织他们维护老百姓的治安和秩序。(这一秩序从未在安全区内涣散过。)

3. 鉴于昨天与昨晚城内焚烧的数量(所幸不在安全区内)我们建议在当局的控制下。重新组建消防部门,日军应归还 4 部卡车供消防队使用。

4. 我们进一步崇敬地恳求在新的市政府成立之前,尽速派遣一名市政管理专家来南京维持管理老百姓的生活。(前市政府只留下在安全区内的警察、消防队员和 3 名职员。其他人员已离开南京。贵军接管了南京城的实体,以及贫困阶层的人口,然而大多数受过训练,具有聪明才智,机敏灵活的人们已西迁。)

我们再次向您保证,我们无意继续履行前南京市政府委托给我们的这种半行政职能。我们真切希望你们尽快接管这些职能。这样,我们可以成为一个纯粹的救济组织。

如果前 3 天的掳掠破坏持续下去,救济的问题将迅速地成倍增长。我们组织安全区基于这样的观念:每一个有能力的家庭应该自己安排住房与食粮,以减轻突然降临到我们这个特别组织机构肩上的管理负担。但是如果目前的状况持续下去,几天之后,就会有大批的人面临饥饿,个人储备的粮食、燃料就要用完了;许多难民的金钱、衣物和个人物品被游荡的日本兵抢劫去;不可能正常地做生意或从事其他活动,因为人们害怕开张店铺或者上街。另一个方面,12月14日上午以来,我们运输物品的卡车几乎停顿了。贵军入城之前,我们集中力量把物品运入安全区,希望以后再分发物品,因为我们敦促老百姓带一个星期的食品。但是,为了不使难民营断一天粮,委员会的西方籍成员和工作人员只得在天黑后用他们的私人汽车拖运一袋袋大米!

如果不继续供应粮食,老百姓就要面临饥饿,除此之外,还有对老百姓的骚扰。有些家庭的房舍被闯入,被抢劫,妇女一夜遭强奸达5次之多。他们第二天早晨要搬出去,寻找一个安全些的地点,难道这还奇怪吗?昨天下午,贵军供应部的3个军官请我们协助恢复电话服务时,佩戴我们标志的几名电话工人在安全区内被赶出他们的住所,现在散居在安全区内不明的地方。如果恐惧持续着,几乎不可能找到工人修复基本的服务设施。如果城内日军不能立即恢复军纪,则很难避免20万中国老百姓中的许多人要挨饿。

向您保证,我们乐意以任何方式为照顾这座城市的老百姓而合作。

谨致敬意

会长

(签名)

约翰·H.D.拉贝

附件:

中文解释。

中文规章。

附言:昨天中午以来日本兵在安全区非法行为的案件将在以后报告给您。

1938年1月25日"南京的状况"报告附件八之六。

1937年12月21日，中国南京

南　　京
日本帝国大使馆

亲爱的先生们：

我们以人道的名义为南京20万老百姓的福祉恳求采取下列步骤：

1. 禁止焚烧成片的城区，防止幸存未遭烧毁的城区再被草率或有组织地焚烧。
2. 日军在城内犯下的非法暴行一周以来已造成老百姓巨大的痛苦，应立即制止这些暴行。
3. 由于掳掠与焚烧已使得城市的商业生活陷于停顿，并使全城的老百姓沦落成一座巨大的难民营，鉴于国际委员会只有能供应20万人一周的储粮，我们急切地恳求你们立即采取措施恢复老百姓正常的生活环境，补充城市的粮食与燃料供应。

目前的状况必然迅速地导致严重的饥荒。我们恳求正常生活最基本的条件：住房、安全与粮食。

敬呈
南京的全体外国居民

1938年1月25日"南京的状况"报告附件八之七。

南京安全区国际委员会
宁海路5号

1937年12月27日下午5时

南　　京
日本帝国大使馆

致福井先生

亲爱的先生们：

因为今天中午您问拉贝先生与国际委员会有可能在哪儿搞到煤炭，今天下午，我们请里格斯先生四处去寻找。

结果，我们在此呈上日军还没有封存的4座煤场的"煤炭库存备忘录"。您将注意到我们提出要在位于美国产业上的最后一座煤场得到50吨煤的特别要求。这将满足我们迫切的需要。

但是，我们总共需要300吨煤炭才能使我们维持到2月1日左右，还需要300吨到3月1日。这只是粥厂所需要的，这还没有包括为也需要用煤的私人家庭提供煤炭。老百姓个人需要用的煤炭可能要超过1 000吨。因此，要留600吨煤给粥厂用，再加1 000吨或更多的留给老百姓私人使用。

感谢您对此的关注。

谨致敬意

秘书长

路易斯·S.C.史迈斯

1938年1月25日"南京的状况"报告附件八之八。

南京安全区国际委员会

宁海路5号

1937年12月27日

南　　京

日本帝国大使馆

致福井先生

亲爱的先生们：

12月1日，南京市前马市长移交给国际委员会照管安全区内老百姓的职责的同时，拨给委员会3万石米与一万袋面粉供老百姓食用。他同意由委员会酌情使用：需要时经由粥厂免费发放，或者出售给买得起粮食的人们。销售粮食获得的资金将用于开展为老百姓服务的事项，购买急需的物品，诸如为粥厂买燃料。（见附上的前马市长12月1日的中文信。面粉是口头说了加上去的。）

从12月1日到12月11日之间，贵军攻城，使得所有的城门必须关闭，但委员会成功地将一万石米与1 000袋面粉运入安全区。我们希望在战斗结束之后尽快将剩下的粮食运进来。

在12月14日给日军司令的信件中，我们提请他注意，我们在其他城区存放了大米，并希望能使卡车自由通行，将大米运来。

12月15日中午答复该信的会谈中，日军特务机关长官说我们可以使用一万石米，并将视察其他存米的地点，设立岗哨。迄今为止，我们还未获准用卡车去其他城区运米。由于中国军队拥有的10万石米（不包括我们在南京周围的3万石米）中的大部分已在占领南京之际落入贵军之手，恳请您允许我们运进这两万石米为20万老百姓提供粮食。

由于两个星期来秩序混乱，我们能做到的只是把米运送到各个难民营和粥厂。现在城内秩序稍有恢复，我们想乘天气好的时候运一些米、煤炭。

随着安全区内私人家庭的储粮迅速消耗,对我们粮食供应的要求将急剧增加。如果我们供粮给所有平民人口,我们的储备不够一个星期。即使恢复了秩序,还得供粮给成千上万的难民到春天。

我们供应粥厂用的煤炭只够一个星期。因此情况紧迫,要立即开始运送煤炭。

相信您能够与贵军事当局作出安排,由此我们可以马上运米、面粉和煤炭。

  谨致敬意
  会长
  (签名)
约翰·H.D.拉贝

1938年1月25日"南京的状况"报告附件八之九。

南京安全区国际委员会

宁海路5号

1938年1月15日

南 京
日本大使馆

亲爱的先生们:

今天上午我们从上海收到一份电报,说他们弄到大批(约600吨)副食品供应给南京。一旦我们从南京贵军当局获得许可,他们就发货。

在和石田(Ishida)少佐会谈时,他说日军没有青豆、花生或油、绿色蔬菜或代用品,可以出售给南京的老百姓。如果这么多的人口在冬天的许多星期里只有米吃,将会增加疾病流行的危险。结果,我们给上海发了电报要资金,安排购买这些副食品。

望你们请求贵军当局允许我们尽快运输,卸运,并将食品运进城。感谢你们对此给予的协助。

谨致敬意

会长

(签名)约翰·H.D.拉贝

1938年1月25日"南京的状况"报告附件八之十。

1938年1月10日,南京平仓巷3号

亲爱的爱利生先生:

您曾要求得到有关国际委员会的地位以及委员会对别人企图接管其物资所采取立场的保密情报,我将情况的进展作个简短概述,作为答复。

因为冈崎胜男总领事16日来访,对我们说他们不能合法地承认我们的地位,但将以似乎承认我们合法的态度和我们打交道,我们12月17日信件(文件Z9)的目的就是对此向日本当局表明立场。上述该信的第6页谈到:

> 我们再次向您保证,我们无意继续履行前南京市政府委托给我们的这种半行政职能。我们热切希望你们尽快接管这些职能。这样,我们可以成为一个纯粹的救济组织。

然而,至于物资,12月15日,日军特务机关长官在会谈中对我们说,可以留下我们已拥有的物资。

12月31日与1月1日,我们秘密地获悉日本领事对组建自治委员会的人员说,他们可以得到国际委员会拥有的物资和资金。因此,1月3日就我们的地位,作出如下陈述:

> 我们是为遭受战争苦难的老百姓提供协助的私人组织。这也是给予我们粮食、资金的目的。由于这笔资金是提供给这个委员会的,我们将继续委员会的工作,但将根据我们周围的

环境灵活使用这些物资。我们从事的政治性的服务项目是由我们正常的资金另外单独支付的。(警察的工资根本没有交给我们,而是由他们的办公室单独解决。我们按供应给难民和自愿工作人员的同样标准给他们供应米饭。)市政府派到委员会来的3名职员有单独分派的工资。

结果,在1月6日晚上,福田笃泰来以保密、非正式的方式告诉拉贝先生,日军当局希望将来所有的商业活动均经由自治委员会来处理,因此,要接管我们的资金和物资,拉贝先生准备给予答复,并非正式地告诉他我们的立场。但是由于福田先生说他很乐意收到拉贝先生陈述我们立场的私人信件,拉贝先生立即召集国际委员会常务委员会议,我们决定按拉贝先生1月7日致福田信件(文件Z29)的内容给予答复。

目前,这事就是如此。但是1月8日,星期六,日军当局要来强行关闭我们的米店。于是,昨天和自治委员会领导下的新的粮食专员王承典先生①商讨,我们主动于今天上午关闭米店。10天来我们一直想关,但直到昨天自治委员会才做好准备来接管销售米的工作。然而,我们将像以往那样继续免费分发粮食。我们安排了5辆卡车去运送日军拨给他们的一万袋米。那些用于销售的米,我们要收运输费;用于免费分发的米(外加将在安全区外面分发的1 250袋米)我们免费运送。

"排挤"我们的另一个步骤是日军供应部长石田少佐今天上午拒绝出售以前同意用于救济的3 000袋米和5 000袋面粉给我们。我们不打算从自治委员会购买粮食。只要他们保持将米、面、煤运入安全区或其他地方,供应给老百姓,我们就很高兴!我们想保留我们的物资,以防这些安排有可能失败,或者有企图垄断、抬高价格的做法。

---

① 王承典(Wang Chen-tien),英文名Jimmy Wang,南京城一个从事拍卖业的商人,与南京下层社会混得厮熟,曾任南京安全区国际委员会的办公室经理,1938年1月1日以后也担任南京自治委员会的顾问,在与日军联络,并取得日军同意运进粮食,供应难民等方面颇有成效。但是,他也协助日军搜寻妓女,开办慰安所。

感谢您有兴趣关注这些影响到南京老百姓福祉的事务。

谨致敬意

(签名)路易斯·S.C.史迈斯

附言:我在此附上下列的副本:

1. 拉贝先生1月7日给福田先生的信件(文件Z29)。

2. "恢复南京的正常局面"(文件Z30)。第二件是我们为自治委员会起草的,福田先生向拉贝先生要了一个副本。

1938年1月25日"南京的状况"报告附件八之十(1)。

1938年1月7日,南京

南　京

日本大使馆

福田笃泰先生

亲爱的福田先生:

关于我们昨天下午的会谈,我谨向您保证国际委员会急切地希望尽早恢复南京的秩序与正常的生活。为此目的,可以肯定委员会乐意见到本地自治委员会尽快履行本地行政机构的职能:维持治安、消防、卫生等等。我相当肯定,国际委员会不希望从事通常由本地主管行政机构履行的这些管理职责。

我们委员会主要是,的确应该说完完全全是个救济组织,是为了照顾遭受战争苦难的老百姓这一特殊目的而组建的。这些老百姓的命运不管在什么地方都非常可怜,值得怜悯与同情。在目前战争危机的情况下,好几个作用类似的委员会成立了。松井将军[①]本人对其中之一的上

[①] 松井石根(Iwane Matsui, 1878—1948)1878年7月27日出生于日本名古屋,1898年毕业于日本陆军士官学校,1906年毕业于陆军大学。参加过日俄战争,曾任驻上海武官、步兵团长、海参崴派遣军情报参谋、哈尔滨特务机关长。1923年晋升为陆军少将,1924年任35旅团长,1925年调任参谋本部第二部部长,1927年晋升陆军中将,1928年任11师团长。曾组织"大亚细亚协会",积极制造侵华舆论。1931年调任参谋本部副部长,1932年出席日内瓦裁军会议,回国后曾任军事参议官、驻台湾日军司令。1933年晋升大将。他前后驻华13年,是个"中国通"。1937年8月日军进攻上海时,任上海派遣军司令,后任华中方面军司令兼上海派遣军司令,1937年12月指挥攻占南京,对南京大屠杀的发生负有不可推卸的责任。1938年回国后曾任内阁参议。1948年作为南京大屠杀的首犯,被远东国际军事法庭于1948年12月23日在东京处以绞刑。

海委员会捐助了一万元,由此显示日军最高统帅赞同这类委员会的工作。

由于我们委员会获得的资金与物资是为了从事上述特别的目的而赋予的,我觉得委员会担负了这项特别的职责,尽其所能地履行对其信任的工作。因此我觉得我们不应该将资金或物资转交给任何别的组织。我们乐意和其他组织合作进行救济工作,犹如我们现在和红卍字会和红十字会进行的工作,但是我们应该极其负责地使用我们自己的物资。相信您也会理解这一立场是理智的。

此外,我也许应该指出,我们的资金和物资同现有的需求相比是极其有限的。即使是在最好的情况下,我们委员会所能做到的也仅仅是一项规模更大、更恰当的救济项目的补充部分。我个人希望本地的自治委员会能够担当这样大规模的救济工作。我们委员会像红十字会和红卍字会现在所作的,克尽自己的微劳,但是我们坚信自治委员会将会比我们委员会或其他两个团体做得更多。我们也希望日军当局将比现在更加慷慨地与自治委员会合作,为难民提供粮食与燃料。即便如此,所有机构的力量联合起来也将难以承当这一需求。

结束之际,让我再谈一件事。显然,最简单,同时也是最有效的救济措施是恢复日军的秩序与军纪。在这一点做到之前,老百姓不可能回到自己的住家,没法做生意,不能恢复交通,诸如水、电灯、电话等公共设施也无法恢复。一切的一切有赖于这桩事。但是,相辅相成地,军纪恢复了,救济的问题也就变得容易,重新建立起正常的局势也更加可行。我真诚地希望军事当局将把恢复秩序作为他们的首要工作。

请相信我,顺致良好的问候。

真诚地

约翰·H.D.拉贝

1938年1月25日"南京的状况"报告附件八之十(2)。

恢复南京的正常局面

1. 在安全区以外的其他城区恢复秩序的必要性。

(1) 在目前安全区外面不安全的情况下,很多老百姓想回家但不能回去。

(2) 在这样混乱的局面下,没有店家敢开张。没有商店老百姓怎么能买到米和其他生活必需品?

(3) 安全区的经济生活完全依赖于消费以往的物资。(没有进行生产,甚至没有从事农耕。)这样的局面持续得越长,我们应付的将是更加贫困的老百姓。人们要有安全保障,那样他们才能恢复某种经济生活。

2. 如何在其他城区恢复必要的秩序?

(1) 建议老百姓逐区逐区地搬到其他城区。(例如,向老百姓开放的第一个地区将是汉中门以南,南到城墙,东到中正路与中华路的地区。安全区内的老百姓大多数来自这一地区,也是焚烧相对较少的地区。)

(2) 开放一个地区让老百姓搬回家,做生意之前,要采取下列步骤:

a. 禁止日本兵在新的区域游荡。

b. 在整个地区要有强有力的宪兵体系,务必将散兵游勇清除出该地区。应明确指定一些宪兵军官,让老百姓安全地将日本兵骚扰的事件报告给他们。

c. 应在该区向老百姓开放的那天上午安排至关重要的米店开张。

d. 应在提供给老百姓居住的地区供水。

e. 应该调一些民警进入该地区,并将民警组织好。

3. 恢复经济生活。

(1) 本地老百姓为日军提供的经济服务应明确是以商业活动为出发点,而不是目前以征用为基础。

a. 为了对此提供帮助,自治委员会将乐于开始雇用苦力,开办职业介绍所。

(2) 迅速恢复秩序之际,连接城市内外经济生活的交通运输也应开通。

a. 应该建立起自由进出各城门的制度。

b. 运送客货的大车、卡车和船只应能安全行驶,没有遭抢劫之虑或没收货物、车辆的恐惧。

c. 人力车、马车应能在街道上安全通行。

d. 到2月1日,靠近城市的农业区域应恢复秩序,农民可以安全地进行春耕生产。(目前,城墙内的农民还不敢回家,耕种菜园。)

(3) 此外,除了以上列举的基本必须设施外,银行、电话、邮局、电报、铁路和公共汽车线路都应建立。铁路和轮船服务应该尽早开通。

4. 必须制止焚烧。

(1) 目前焚烧商店的阶段已过去了——也有许多人曾住在商店里——目前焚烧摧毁了民房,这些是人们回到其他城区必须居住的房屋。

(2) 纵火焚烧使得经济生活的起步或从事经济生活越来越困难。纵火摧毁了城市的物质资源。

(3) 纵火毁坏了电线、自来水管。

(4) 使老百姓心理上感到更不安全:害怕明天被烧,被迫搬出来,或者搬进老房子的第二天又被大火逼迫着搬出来。

1938年1月25日"南京的状况"报告附件八之十一。

南　　京

约翰·H. D. 拉贝

1938年1月19日

南　　京

美国大使馆，爱利生先生

英国大使馆，普利焘—布伦先生①

德国大使馆，罗森博士

先生们：

你们分别都对解决城里老百姓吃饭问题表示了友善的关注。正如史迈斯先生1月17日致爱利生先生的信件（该信你们均有副本）中表明的，我们已向日本人提出了三点建议：(1) 自治委员会要加快从事销售米、面粉和煤炭的商业活动；(2) 准许国际委员会运进从我们上海商业储蓄银行购买并储存在下关、三叉河和汉西门外的3 000袋米与9 000袋麦子；(3) 允许国际委员会从上海运进600吨副食品。

昨天，史迈斯先生第三次去要求对这三点建议给予答复。福井先生要他找田中先生。于是史迈斯先生和菲齐先生会晤了田中先生。他说日军已没收了存放在上述仓库的米、麦。他们指出这是私人的而非军用

---

① 英国驻南京大使馆领事亨弗雷·英吉兰·普利焘-布伦（Humphrey Ingelram Prideaux-Brune，1886—1979）1886年11月16日出生，毕业于牛津大学后，于1911年进入外交界，在英国驻北京大使馆任中文翻译见习生。在英国驻北京、上海、宁波、天津、唐山、威海卫和青岛的使领馆任职之后，于1935年任驻南京大使馆一等秘书、领事。1938年1月9日上午，他率领英国领事小组成员，武官威廉·亚利山大·洛维特-弗雷泽（William Alexander Lovatt-Fraser）和空军武官J. S. 沃斯勒（J. S. Wasler）乘英舰蟋蟀号与三名德国外交官一道抵达南京。但是日军借口事先不知道空军武官沃斯勒到来，当时不允许他上岸。经过交涉他于1月12日上岸。洛维特-弗雷泽和沃斯勒1月16日离开南京。普利焘-布伦1938年1月29日上午乘英舰蜜蜂号前往上海。在他离开南京之前，英国外交官欧内斯特·威廉·捷夫雷（Ernest William Jeffery）和沃特·亨利·威廉斯（Walter Henry Williams）于1938年1月27日抵达南京。1938年10月，普利焘-布伦担任英国驻上海大使馆参赞，1943年在印度任涉及中国关系的官员，1945年退休，1979年12月12日在英国林菲尔德（Linfield）逝世。

储粮时,他说日军可能将粮食给老百姓用了。接着,他们问日本当局是否允许我们从上海运进3 000袋米。他说:"不行。"涉及那3 000袋米以及从上海运来600吨副食品一事,他说没有船只。他们说可以用日本船只运来。他说他们的船只忙于军事运输。他们建议日本人让英国船只运输。他未作答复。于是,他们问他对此日方打算怎么办。

对于这个问题,田中先生答道日军会承担为老百姓提供粮食的责任。然后,他们对他说12月13日以来,只拨给2 000袋米、1 000袋面粉出售给老百姓。他觉得日军拨的比这多,但拿不出数字。(1月10日日军拨给自治委员会1 200袋米。1月17日拨给他们1 000袋米和1 000袋面粉到城南出售。国际委员会会帮着运输这两次拨给的粮食,因为日军没有提供运输。)会谈结束时,史迈斯先生问田中先生是否应告诉我,不允许我们运进在下关等处购买的米、麦,也不准我们从上海运来副食品。他说:"是的。"

至于托付上海办货一事,我们立即发电报给在上海的中华全国基督教协进会①的博因顿先生②(他一直为这事和我们联系),附上由菲齐先生签署的电报。这要看上海方面能有什么办法。

不知你们诸位先生准备对此采取什么行动,但我们将把事态的发展随时通报给你们,并向你们转告我们能提出的最好建议。我们觉得此刻

---

① 1913年在上海成立中华继进委员会(China Continuation Committee),以继续完成在爱丁堡召开的世界传教会议的任务。1922年,在上海召开全国基督教会议之后,决定成立中华全国基督教协进会(National Christian Council of China)来取代中华继进委员会,诚静怡任首届主席与秘书长至1933年;三十年代末,吴贻芳任主席,罗纳德·里斯任秘书长。该组织在1951年被三自运动委员会所取代。中华全国基督教协进会的历史档案现存纽约哥伦比亚大学协和神学院勃克(Burke)图书馆。
② 查尔斯·路德·博因顿(Charles Luther Boynton, 1881—1967)1881年6月8日出生于佛蒙特州汤森德(Townshend),1901年毕业于加州的波蒙纳(Pomona)学院,并继续在纽约的协和神学院(Union Theological Seminary)学习。他于1906年被浸会教委任神职后于1907年前往中国,在上海任基督教青年会国际部总干事(1907—1912),此后服务于中华继进委员会,以及该委员会的后续组织中华全国基督教协进会直至1946年。珍珠港事件后,他被日军关押在上海闸北集中营至1945年8月。他1946年回到美国,居住在加州克莱蒙(Claremont),并在那儿于1967年10月28日逝世。

请你们向日方施加压力,迫使他们答应我们的两个要求是不妥当的。但是,既然田中先生说日军自己要为老百姓提供粮食,你们可以非正式地向日方提议,"现在让咱们瞧瞧你们这样做了!"

做到那一点,或者最好是恢复秩序与交通,使得大米的商业流通能够正常运转,才是解决这个问题唯一的办法。国际委员会仅仅想提请日军注意到问题的严重性,同时为那些无力购买的老百姓免费提供粮食救济。

似乎有必要提醒日军承担提供粮食给老百姓的责任意味着什么。到目前为止,他们以戏弄的手法,偶尔出售1 000袋米给自治委员会。真正为老百姓提供粮食意味着:

(1) 每天正常供应两千石,亦即1 600袋米,或大约等量的面粉。(以100个成年人一天正常消耗一石米计算,25万人需要2 500石米,但是人口中的儿童每天不需要那么多米。)

(2) 每天至少需要40到50吨煤炭以及其他燃料。

(3) 由于自治委员会没有卡车每天运输这么多粮食,而日军的卡车在全城闲置,日军应该运送米、面到自治委员会的粮店。(我们和日军供应部队石田少佐商谈购买物资时,他很愿意送货给我们。由于来自供应部以外的指示,那笔交易没有做成。)

除了米、面粉之外,还要供应副食品,以减少疾病和可能会发生瘟疫的危险。这是我们要从上海弄来副食品的目的。日军也能这么做。

如果保证提供足够的粮食给自治委员会,他们能够把分发、销售经营好。

当然,正如任何有效的政府都应该做到的,日方必须为回家的老百姓提供充分的保护措施,还要正常地销售粮食、燃料。

感谢你们对此事友善的关注。

谨致敬意

南京安全区国际委员会会长

(签名)约翰·H. D. 拉贝

1938年1月25日"南京的状况"报告附件八之十一(1)。

上海中华全国基督教协进会博因顿：

粮食的问题越来越严重，因为老百姓得不到正常的粮食供应。12月13日以来只从大量库存中发放了2 200袋米，1 000袋面粉出售给25万老百姓。老百姓靠私人家庭储存的粮食过活，但存粮已消耗得差不多了。我们为5万人免费供应粮食。请求用卡车运进购买的米、麦子，以及请求必要的通行证从上海运入600吨副食品的申请均遭拒绝。请设法在上海进行谈判。如果您能在上海买到中国青豆，请申请通行证，尽快运100吨来。放手集资。我们会有办法用这些钱。请发报。

菲齐

1938年1月18日下午3时。

1938年1月25日"南京的状况"报告附件八之十二。

1938年1月14日，南京宁海路5号

亲爱的爱利生先生：

这是又一份安全区档案中的文件。

这是迄今为止为南京老百姓提供粮食和燃料而进行谈判的一个概要。我想这可以答复您昨晚向里格斯先生要一份煤炭情况备忘录的要求。

我们对煤炭的具体要求为:(12月30日，Z23)

600吨软煤供粥厂(两个月每天10吨)

50吨软煤供鼓楼医院(附:现在需要50吨硬煤)

1000吨煤炭(软煤和硬煤)供应私人家庭。

这很接近我们现在所谈需要2 000吨的数字。现在有办法得知老百姓私人消耗煤炭需要的数量。(有人建议，以粥厂烧一顿饭消耗一吨煤为基础，每天需要132吨煤，或者两个月需要8 000吨煤。当然，老百姓还会使用其他燃料。)

对于您有那封致福田的信一事，请保密，但您可以使用里面的信息。福田先生对此事非常友好，答应今天下午向日军提起这事。我们设法在信中明确说明了需要，而不是提出任何要求。

顺致良好的问候，感谢您的帮助。

谨致敬意

L. 史迈斯

1938年1月25日"南京的状况"报告附件八之十二(1)。

1938年1月14日，南京宁海路5号

南　　京

日 本 大 使 馆

福田笃泰先生

亲爱的福田先生：

12月21日，南京的外国居民提请日本当局注意南京老百姓的粮食和燃料供应已经非常不足，并请他们采取适当的步骤应对这一局面。12月27日，我与福井先生谈了此事，特别是有关米、煤的问题。福井先生说日军希望通过自治委员会来处理米的问题，但是他愿意帮我们为粥厂弄煤。然而，一座煤场已经拨给自治委员会供救济用。12月27日我们第一次调查时，这座煤场有550吨煤炭。但由于其他人同时也运走许多煤，只有100吨煤供粥厂使用。

我们与福井先生谈判的同时，日军供应部队T.石田少佐主动告诉斯波林先生他可以卖很多米、面粉给我们供救济之用。克罗格先生和斯波林先生为这事去找石田少佐，他愿提供5 000袋米与一万袋面粉。我们1月7日向他订了3 000袋米和5 000袋面。他还答应卖600吨煤炭给粥厂用。3天之后，克罗格先生又去安排运输米的事宜时，石田少佐说他不能卖米、面，或煤给我们，因为要给自治委员会去分发。

1月8日，自治委员会告诉我们拨了1 250袋米给他们在安全区外面免费分发，一万袋米出售，请我们帮着用卡车运米。我们在9日，星期天做了安排，派5辆卡车星期一上午运米。同时，他们获准销售原来拨给他们免费分发的1 250袋米，并从拨给的一万袋米中拿出相同的数量以后免费分发。1 250袋米两天运完，刚运到就卖完。当监督卡车运输的人12日开始运另外一万袋米时，被告知那一万袋米不给了，现在每隔3天给1 000袋米。两天已耽搁在交涉这件事上。昨天，1月13日检查显示，我们12月27日向您指出有可能提供老百姓煤炭使用的那几个煤场的煤炭不是被人拉走，就是被焚烧了。（12月27日，7个煤场有2 000多吨煤炭。）

我们乐意和您以及自治委员会合作，照顾这些现在毫无经济来源的老百姓。自治委员会在1月10日我们关米店的同一天请我们帮他们用卡车运输拨给他们的米——我们的粥厂、难民营没有得到一袋米，这一切都证明了我们的合作。

我们了解到你们为16万人进行了登记，其中不包括10岁以下的儿童，在某些区域也没有包括老年妇女。因此城里约有25万到30万老百姓。为这个数目的老百姓正常供应粮食，每天需要2 000石米（或者1 600袋米一天）。由此可以清楚地看到所建议的每隔两天1 000袋米都不及消费需求的三分之一。迄今为止，老百姓大部分靠私下储备的米度日，但储粮在迅速地消耗，1月1日以来，购买大米的需求急剧增长。应立即安排每天至少有1 000袋米出售给老百姓，要尽快增加到1 600袋一天。

除了这些，应有大量面粉供销售，供一个或两个月用的2 000吨煤炭，以及其他燃料。在这寒冬的天气，为了避免巨大的苦难，精心与有效的计划是非常必要的。

因此，我写信询问这事到底怎么样了，为什么以前的安排给取消了。老百姓得吃，没有米，没有燃料给他们烧饭，他们的境况的确凄苦。允许我请求你们和日军当局立即解决这事，这样才能有靠得住的大米、燃料持续供应给老百姓。大米和燃料是经由我们自己的委员会，还是通过自治委员会来供应，对我们来说没有什么区别。我们委员会所希望的是为老百姓提供充足的生活必需品。最好是尽可能以商品渠道来做到。

最后,让我再补充一句。如果您就我们委员会提供的服务还需要改进的地方提出建议,我们非常乐意听取这些建议。

顺致良好的问候,感谢您就此提供了不懈的协助。

      谨致敬意

      南京安全区国际委员会会长

      (签名)约翰·H.D.拉贝

      1938年1月25日"南京的状况"报告附件。

布 告[①]

本司令官由12月24日起向难民及一般老百姓们发给安居乐业为目的安民护照。故人民等各自向日本军发给所报到领取该照为要。如有代领者,概不许可。须要本人自己报到。如有年老幼小有病人等,均须跟同家人报到为要。以后倘若没有该护照,有一经查出,一概不许在南京城内居住。切切特示。

右谕通知。

      昭和12年[②]12月22日

      大日本军南京警备司令官

[①] 中文件采用约翰·拉贝日记德文原文中抄录该布告的中文原文。该件藏美国耶鲁大学神学院图书馆第8档案组,第149盒,第12文件夹。

[②] 日本昭和天皇1926年登基,昭和12年为1937年。

3. 日本兵殴打爱利生

1月26日。①

日本大使馆刚刚向我通报了他们在济南的领事发来的一份有关留在济南城的美国人均平安的电报。电报还称美国领事馆的建筑、屋内的物品以及所有中国雇员均安全。已撤离的美国人的房产据称受了轻微的损坏。估计仍由美国人居住的房产未受损坏。

1月27日上午10时。②

据传中国飞机昨天上午在飞机场附近投下炸弹,致使一些房屋着火。使馆的工作人员没有见到飞机,也没有听到任何高射炮火。

发往汉口大使馆,抄发北平和上海。上海请抄发东京。

1月27日下午2时。③

昨天在调查非法闯入美国产业并从那儿劫持走中国妇女难民一案的过程中,美国公民查尔斯·里格斯先生和我本人被日本兵打了耳光,

---

① 第38号电报,美国国务院档案编号393.1115/2674。原件藏美国国家第二档案馆,59档案组国务院档案,1796盒。这封电报的原文标注为28号,但其编号应为38号。
② 第39号电报,美国国务院档案编号793.94/12224。原件藏美国国家第二档案馆,59档案组国务院档案,微缩胶卷M976组,49卷。
③ 第40号电报,美国国务院档案编号123 Allison, John M./161。原件藏美国国家第二档案馆,59档案组国务院档案,355盒。

里格斯先生又遭到攻击,衣领被撕破。到了外面,一名日本军官①以傲慢侮辱的态度对我们大叫大嚷。

这是一连串事件以来登峰造极的事件,也显示本使馆近几天来为中止这种持续擅闯美国房产的行为所作的努力。1月25日晚泛泛谈到这些情况时,日本使馆的福井先生说我过于信任美国传教士的言辞。传教士讲的东西,在有些情况下根据受信任的中国籍雇员讲述的内容为依据。

接着,福井先生问我们为什么显得对中国人的情况如此感兴趣,由此流露出他的真实态度,那种日本人普遍都有的态度。由于这次谈话,我决定亲自调查下一个发生的案件。

25日我得到的报告称,前一天晚上约11点,全副武装的日本兵强行闯入美国机构金陵大学的农具店,搜查了屋内的一名中国人后,掳走一名妇女。两个小时之后她回来报告说被强奸了3次。25日下午,里格斯先生和美国教授贝茨博士与那位妇女谈了话,她能够指认被掳去的地方。那儿曾是天主教教士的住宅,现被日军占用。这个情况报告给日本大使馆。1月26日下午一名使馆警察和数名便衣宪兵来调查,里格斯先生和我陪同他们到妇女遭劫持的农具店。询问了那儿的人之后,日本人将妇女和两名中国人带到据称是强奸发生的房屋。这时,里格斯先生和我商量他与我是否应该陪同妇女进屋去指认强奸她的人。因为以往中国人指控日本人做坏事受到恐吓,里格斯先生不希望妇女单独进去。宪兵说我们最好不要进屋,但并没有肯定地说我们不能进去。一名宪兵强行带走妇女,穿过敞开的院门,后面跟着里格斯先生。我跟在后面,刚刚走进大门,我俩停下来商量。正商量间,一个日本兵愤怒地冲过来,用英语大声嚷嚷,"退出去,退出去",与此同时,把我往后推向大门。我慢慢向后退,还没来得及出门,他就打了我的耳光。然后转身同样打了里格

---

① 根据日军官兵日记的记载,这个军官是16师团33联队第二大队第八中队的天野乡三中尉(Kozo Amano)。16师团于1938年1月下旬调防至华北,南京城防由天谷直次郎统领的11师团第10旅团接防。由于"爱利生事件",第八中队被截留在南京接受调查。结果,天野乡三及其属下的一些士兵被送上军事法庭接受审判。

斯先生。和我在一起的宪兵只稍微作了制止日本兵的动作,其中一个宪兵用日语说"这些是美国人"或者意思差不多的话。这时我们已到大门外的街上。一听说我们是美国人,那个日本兵气得脸色发青,重复"美国人"这个词,并企图袭击离他最近的里格斯先生。宪兵制止了他,但他已把里格斯的衬衫的衣领和纽扣撕扯下来。此时,这个部队的指挥官出现了,对我们无礼地大声叫喊。里格斯和我没有碰过日本兵,除了和跟我们在一起的宪兵说过话,我们没有和任何日本兵讲过一句话。一起来的中国人已趁吵闹之际逃走。这时我坚持要把妇女带到日本大使馆,并向福井先生作了全面的报告。福井先生的态度却是:即使当时我们在调查上述日军擅闯美国房产的事件,我们也不应该进入军人的营房;日本兵要我们出去,因此看上去他有权打我的耳光。我告诉福井先生没有任何借口可以打耳光,并希望军方派人来向我解释此事。他将立即向军事当局报告。

离开日本使馆时,在福井先生口头保证不会伤害妇女并保证讯问之后送她到靠近日本使馆的贝茨先生的住所后,我们把她留下来接受讯问。妇女是在 26 日下午 3 时 30 分左右留下的,1 月 27 日上午 10 时还没有送她回来。

今天上午 11 点,本乡少佐代表日军司令来到美国大使馆,对此事件表示遗憾并道歉。他说已对对此事负有责任的部队进行严格的调查,这个部队已计划于今天调出南京,但为了完成调查,要再留他们几天。我告诉本乡少佐很赞赏他来拜访之举,虽然以个人的名义接受他的道歉,但还说不准我国政府将如何看待此事,可能会提出进一步解决的要求。

发往汉口大使馆。抄发北平和上海。上海请抄发东京。

1 月 28 日下午 4 时。①

以下是上海来的电文"1 月 27 日上午 11 时电报:

以下是东京 1 月 25 日晚 8 时电报(第二部分)。

---

① 第 41 号电报,美国国务院档案编号 893.48/1426。原件藏美国国家第二档案馆,59 档案组国务院档案,微缩胶卷 LM63 组,107 卷。

'三、绝密。我们从外务省得到这一印象:一直"承认"国际委员会的南京军事当局认为南京的状况不能保证该委员会继续从事帮助中国难民的工作,并急于将这一工作移交给当地中国人的自治调查委员会'。

请抄发国务院和汉口"。

1月28日晚7时。[①]

参阅我1月27日下午2时发40号电。

今天下午,我收听到广播里根据日本官方的说辞,说日本兵对我盘查时,我拒绝离开那座房屋,并侮辱日军军官,对此我感到极为震惊。

正如我40号电报中陈述的,对我进行袭击时,我正向后退出大院,据当时在我身边能看得清楚的里格斯先生所说,我实际上已退到背靠着门了,在没法再往后退的情况下被打了耳光。

就声称的侮辱而言,本乡少佐昨天上午来访致歉之际并未提到那样的事。今天晚上询问福井先生我怎么侮辱了日军,他回答说,那是由于我未经允许进入营房。我向他保证并没有侮辱日军当局的意图,并请他将此向当局转达。我指出作此声明只是希望消除这个显而易见的误会,并指出我遭到日本兵攻击一事的严重性。抄发汉口、北平、上海。上海请抄发东京。

---

① 第42号电报,美国国务院档案编号123 Allison, John M./164。原件藏美国国家第二档案馆,59档案组国务院档案,355盒。

123 Allison, John M. /193

1938年1月28日，南京
文件主题：日本兵殴打美国使馆官员与美国公民①

中国汉口

　　尊敬的美国大使

　　　　纳尔逊·杜鲁斯勒·约翰逊

先生阁下：

　　非常荣幸在此提及我1月27日下午2时发的40号电报，该电报报告在调查日本兵侵犯美国房产，并从那儿劫持走中国妇女难民一案时，查尔斯·里格斯先生和我本人被日本兵打了耳光。上述电报详细描述事件的经过，相信不必再作赘述。然而，希望在此附上里格斯先生就此事件起草的陈述材料，还有M.S.贝茨博士报告从美国房产上劫持走中国妇女的两封信。里格斯先生的陈述材料是在事发当晚他口授给金陵大学教授L.S.C.史迈斯博士记录的。我当时不在场，所以是一份完全独立的陈述材料。

　　里格斯先生在我边上稍前一些，能够全面地观察到发生的情况，根据他的说法，我已被推着背靠到大门，在已不能再往后退的情况下被打了耳光。由于日本当局散布了对此事件歪曲的报道，指出这点非常重要。由于当时本能的激烈骚动时刻，我无法断言自己是否还能往后退。里格斯先生说在整个讯问过程中他应该陪伴妇女是得到理解的，相信他是弄错了。对于这一点并没有说定。除此而外，里格斯先生的陈述材料是对发生事件所作的相当准确的叙述。

　　陈述材料中提到高玉(Takatama)这个人，他是日本使馆警察，由于

---

① 原件藏美国国家第二档案馆，59档案组国务院档案，355盒。

据称这个人以极不道德的目的设法搜寻女人，他在美国居民中的口碑极差。然而，对此也没有直接的证据。

涉及此案的妇女被扣留在日本大使馆讯问达 28 个小时，最终于 1 月 27 日晚 9 时释放。她说在讯问期间没有受虐待。将妇女送回贝茨博士家的使馆警察说已证明妇女被日本兵强奸，但并不是所声称的宪兵强奸的。他们说那些人已受惩罚，但没有说是什么样的惩罚。

据信，日方散布歪曲的说辞是因为本地的日本当局极端仇视留在南京的十四名美国人的行为，他们不懈地为防止美国产业遭受损失而努力，并协助中国难民。除了一些领事官员，这里没有英国公民，但有一些德国人。

谨致敬意，
大使馆三等秘书
约翰·M.爱利生

附件：
1/ 里格斯先生 1938 年 1 月 26 日的陈述材料。
2—3/ MS 贝茨博士 1938 年 1 月 25 日的信件。
原件送交驻汉口大使馆。
三个副本送交国务院。
一个副本送交驻北平大使馆。
一个副本送交驻东京大使馆。
一个副本送交驻上海总领事馆。

1938 年 1 月 26 日涉及爱利生先生与里格斯先生的事件

查尔斯·H.里格斯的陈述（同日晚 8 时 25 分，南京）

今天上午 11 时 15 分我正在平仓巷 3 号，身着便服的 3 名日本宪兵与高玉先生来问及贝茨博士。我告诉他们贝茨博士不在家。然后他们问里格斯先生，得知我就是里格斯，他们颇为惊讶。他们要我立即去见那位妇女。我说"不行"，因为我有个 12 点的约会，其次，这个案件已报告给了美国领事馆（我应该说大使馆），除非美国领馆的官员一起去，或指示我单独去，否则我不可以去。他们问我什么时候有空。我告诉他们大概下午4点（我已告诉贝茨博士这个时间，他再通知给美国使馆并和日本大使馆做了安排）。他们说可以，4点再见面。15分钟之后，我店里的一名工人来说一群日本人到了店里。我对他说不能去。过了几分钟，店里又来一个人，说穿便装的日本人来了。我告诉他不能去。接着，又来了个人，一定要我去，因为日本人要把涉及此案的一男一女带走。于是我急忙开车到美国大使馆。在那儿见到高玉先生、一名宪兵正在里面和爱利生先生和爱斯比先生谈话。我和爱斯比先生谈了谈，他说高玉先生和翻译正在办公室谈这事。爱斯比先生要跟我到店里去处理这事。发现店门口聚着一群店里的工人，他们说两个宪兵已进店了。由于高玉先生不在那儿，爱斯比和我又回到美国使馆，爱利生先生说宪兵急于解决这事。我对他们说尽量在1点赶回来。我于下午1点15分回到美国使馆，发现爱利生先生、爱斯比先生和麦克法瑾先生正等着随时会到来的日本人，但他们还没有到。于是，我到店里一边干活一边等。我把车开进去。从店里的工人那儿，又问到更多的详情。不久，包括高玉在内的四个日本宪兵和爱利生先生来了。

我让他们看了日本兵撕扯掉日本大使馆布告的那扇门。他们想得知这是不是日本兵敲开的第一扇门。我把前一天晚上开门放日本兵进来的老何（Lao Heh）叫出来。老何告诉我，他听到日本兵的敲门声后，出去开门让他们进来。他们跟他要"花姑娘"。他说这儿没有花姑娘，只有工人和他们的妻子。日本兵坚持说这儿有花姑娘，并用刺刀逼他到后面去，看看他们能不能找到几个。他们转到左面，进入他的厨房，敲门。没有得到满足。又去敲这个妇女住的第三个门。她最终打开门，放他们进去。一个日本兵赖在里面，另一个日本兵到店的大门那儿，然后把日本大使馆的布告撕掉。他搜查了我的职员，要女人。那儿没有女人。这两个日本兵便把上述妇女劫持走。我们在院子里找到这个证据。她那生病的丈夫当时在床上。

所有的人这时都到房间里讯问那个妇女。我把妇女的话翻译给那个做翻译的。她说日本兵到她的房间要"花姑娘"。她说那儿没有。然后日本兵要她跟他回去睡觉。她说听不懂他的话。丈夫说很抱歉没有烟，也没有茶。一个日本兵在她的床上坐下时，另一个出去了。第二个日本兵回来后，他们把妇女带走。

我们从房间出来时，翻译叫我不要和妇女讲那么多。然后我们出来走到院子里去。宪兵说："我们回去吧。"爱利生先生问宪兵要不要带妇女去。他们对此似乎并没有把握。他们想知道谁开的门，谁是店经理。我说我是经理。他们问谁是我的看管人。我说没有看管人，但老胡（Lao Hu）领工资并住在那儿。他们要带妇女走。到外面的马路上，爱利生先生叫妇女坐他的车。但是翻译不同意，说她应该坐他们的车。于是我们让她坐那车。他们把老何也弄进他们的车子，还想要带老胡。爱利生先生说这案子不关老胡的事。争论了一阵，爱利生先生让了步，让他们把3个人都带上。一名日本宪兵坐进我们车里。他们要妇女指出被劫持去的地方，她把小粉桥32号指给他们看，日本人在那儿停了车。我问道："你们带妇女进去吗？"他们犹豫了一下，说："不。"他们站在那儿，谈了一阵，好像不知该怎么办。然后，翻译对我说："我们得把妇女带到日军司令部去讯问。"我说："行，我们一起去。"翻译说："不行，你们不能来。"我对他说，他把妇女从我那儿带走，我即理解为他向我保证会同意我陪着她，基于这个理解，我才让她走。因此，我有必要跟着去。接着，他们小心翼翼地谈了一会，推开门四周看了看。一个没有戴帽子，没有打绑腿，但身穿军装的日本兵出来和宪兵说了句话，又进去。与此同时，他们让3个中国人下了车，翻译说，"我们带他们到里面去。"于是，我说："那样，我跟你们一起去。"他说："但这是中国人的房屋，不是你的屋子。"我给他指出大门上日本大使馆布告被撕去的事实，我明白这是外国人的房产。四个宪兵都看着布告。翻译说："我得把人带进去，你最好别进去。"我说："你明白我们不能分开。如果带妇女进去，你也得让我跟你走。"对此，他没有回答，但转身将老何与妇女推推搡搡地穿过大门。于是,我也跟上,爱利生先生跟在我后面。翻译走进去3步之后看见我进来了,他停下来争辩道,我进去是不合适的,说我最好别进去。我重复道,他把妇女从我那儿带走就是同意我陪着她。他把妇女带进去,便也给我进去的权利。我们刚进大门,在争论这个问题,还没有得出结果,这时,还是那个出大门一会的士兵冲上来,用我听不懂的语言叫嚷着,并把爱利生先生往后推。见此,我和爱利生先生停下来。日本兵又抓住爱利生先生的胳膊用力推他,但是爱利生先生已经退着背靠到大门上,不能再往后退了。这时,日本兵使劲打了爱利生先生的耳光,又立即当着宪兵的面打了我的耳光。与此同时,宪兵已进来,讨论是否应该让我们进屋(进院子是不成问题的)的问题。军官也从屋子里出来,沿台阶向我们走来。宪兵看见日本兵打耳光的行为,立即抓住他的胳膊,把他拉走,强迫他退回到路的另一边。宪兵和从屋里出来的一小群士兵之间激烈地争论着。他们争论之际,爱利生先生、妇女和我都退回到街上,这时军官怒气冲冲地对我们大叫大嚷。一个士兵端着枪,面对我站着,好像从弹药袋里取出弹夹装上去。显然在军官的命令下,另外3个士兵拿着上好刺刀的步枪从院子里走到街上,在汽车的那一边形成一道警戒线,这时翻译则试图强迫妇女坐进日本人的车子。爱利生先生站在另一边,两个宪兵站在我的前面,在他们前面是那个士兵,并与之争论。使馆警察对当兵的说"这些是美国人",这似乎激怒了他,他突然强行挣开他们,从他们之间猛冲过来,抓住我的衣领和西装的翻领,用劲拉扯,撕破了衬衣,扯掉几颗纽扣。宪兵再次抓住他的胳膊,让他放开我。这时我见到妇女挣扎着不让他们强行弄进日本人的车子,便走到她身边,问爱利生先生她该坐哪辆车。他答道他的车,尽管翻译反对,我把她带到车子边。但是翻译和3个出来站岗的士兵阻止了我带她坐进车子。此刻,翻译发觉两个中国男子不见了。得知这个消息,他们开始叫嚷追捕人犯,一个士兵快步沿街奔跑,但是显然被第一个士兵(那个打耳光,有一金色条杠一颗星的士兵)叫了回来。这时军官已出了院门,对我们,似乎也对宪兵,仍怒气冲冲,气急败坏地叫嚷着。他们最终同意让我们去日本领事馆。

这时高玉先生和爱利生先生、妇女和我自己坐进一辆车。另外 3 个宪兵还在和当兵的争论时,我们把车子倒到街上,去日本使馆报告这个案件。

我们在那儿和福井先生谈了这个案件,把妇女留给福井先生,他亲自保证对妇女的安全负责,并在不久之后将她送到平仓巷 3 号。

然后我回到店里,开着我的车在下午 4 点到达平仓巷 3 号。一共约 3 个小时。

现在是晚上 9 时 25 分,那个妇女还没有回来。

中国南京　金陵大学农学院农业经济系　农场商店部主任
1938 年 1 月 26 日　金陵大学　　　紧急委员会成员
查尔斯·H. 里格斯

CHR/lscs.

↑"宪兵"非常小心翼翼地从院子里退出来,显然惧怕日本兵。

金陵大学

1938 年 1 月 25 日,中国南京

南京
美国大使馆

亲爱的爱利生先生:

在有时间写出昨天白天和晚上在金陵大学发生的情况更加完整的报告之前,我必须先向您通报佩戴淡颜色袖章的日本兵于晚上 11 时来到胡家菜园 11 号农具店的情况。

他们持枪威胁店主,并搜查了他。然后,带走一名妇女,强奸了她,两小时之后放她回来。她相信能指认出自己被劫持去的地方。我们将设法获取这一信息以及能够获得的其他详情。

这个案件涉及强行非法闯入校舍,用军用武器恐吓、劫持人员,并强奸妇女。这宗案件估计是宪兵所为(从袖章来判断,另一种是可能性不大的特务部门的成员)。

我们这儿没有秩序,没有安全,不尊重由布告和国旗标示出的美国产业,也不尊重日本人的布告和命令。

谨致敬意

M. S. 贝茨

后记:写完这信之后,可靠人士告诉我日本兵从大门上撕扯掉日本大使馆的布告。　　M. S. 贝茨

金陵大学

1938年1月25日,中国南京

南京
美国大使馆

亲爱的爱利生先生:

接着今天上午的信续写下去,我应该补充说明里格斯先生和我本人慎重地带着昨晚从胡家菜园11号被劫持走的受害妇女,让她在没有外来干预的情况下,重新按被劫持的路线走一遍。她非常清楚地指认出她在里面被强奸了3次的建筑物。回来时她走错一条路,原因是那条路上没有正确的路途上容易认出的明显标志。核查的记号共有5个,似乎不可能出错。该建筑是位于小粉桥32号,大家熟知的本地区宪兵站。

持续不断地报告与正派人士为敌的这帮人的所作所为并没有带来任何缓解。看起来该是把包括官兵在内的整套人马扫除干净的时候了。已完全得到证实,只要他们在里面,就不得安宁,同样也证明,到目前为止,日本使馆的那帮人没有能够用他们可能采取的任何办法来办成事。

今天中午,我被请去帮着驱赶闯入金银街8号的日本兵。金银街8号的房舍虽然不是我们的财产,但和我们的蚕桑大楼同在一个院落内。昨天,日本兵穿过我们的房产到那个屋子去强奸。昨晚,已将住在那儿的妇女送到金陵大学寻求庇护。今天日本兵又来了,找不到女人,他们怒气冲冲地抢劫男人的东西,打碎窗户。这个案件说明我们美国人的福

祉有赖于全城良好的秩序,而不能依赖日本当局偶尔注意一下美国人的财产。过去一周内,那栋房屋被日本兵闯入5次,而且不止一次是穿过我们蚕桑大院闯进去的。只有到今天他们的遭遇越来越严峻之际,那儿的居民才鼓起勇气来寻求这片地区他们所能见到的唯一存在的援助。

敬　呈

(签名)M. S. 贝茨

金陵大学

1938年1月28日,中国南京

南京
美国大使馆

亲爱的爱利生先生:

昨天晚上大约8点45分,农具店的妇女被带到日本大使馆近30个小时之后,由高玉先生、翻译杉本(Sugimoto)和我们不认识的第三个人送回来。今天中午和里格斯核对了我今天上午作的笔记。没有发现我们的记忆有不同之处。

这个妇女根本没有什么动人之处,完全没有受过教育,但浑身都是生来具有的勇气和执拗,再加上某些地方她比讯问她的人聪明得多。她显得很累,但鉴于拘禁期间焦虑不安,这么长时间没有吃东西,情况并不算太差。她私下对我们说,没有受肢体之苦。总的来说,待她还算可以。

大部分问题都是由杉本提问,他用铅笔记了好几页大大潦草的英文记录。其他人,即使是用日语相互间交谈,讲得也较少;特别是高玉显得无聊或不舒服。30分钟的会谈主要是报告被讯问的妇女说的情况和美国使馆报告得不一致的地方(我承认使馆是根据我呈交给您的叙述写的报告),以及和她早先回答他们的问题时讲的东西不一致,或者他们看来与事实不符的地方。

(1) 妇女说"屋里的灯"从天花板上悬吊下来,但实际是在窗台上(回答我们后来的询问时,她说电灯从天花板上悬吊下来,但是窗子上还有一盏油灯)。

(2) 妇女说"床"是白的,实际上是黄的。

(3) 她称台阶在入口的右边,事实与之相反。(实际上,楼梯,我记得她指出过,是在房子入口的右面。她说她是那样理解那个问题的。)

(4) 她说有3级台阶,实际上是11级。(事实上大门口有3级水泥台阶,而楼梯是11级。在这一点上,他们把前一项的诡计只是颠倒一下,明显是孩子般的把戏。)

(5) 妇女称她曾去过"那座房屋"3次,只有3次:(a) 被日本兵劫持去;(b) 由您、里格斯和使馆警察带去;(c) 在讯问调查时被使馆警察从日本使馆带去。但是我曾说过里格斯和我带她去指认那栋房子,这样显露出有损于我们,或有损于妇女的矛盾。

(6) 妇女曾说第一次到那栋房子时,由一名日本兵送她回家,但另一次她说是独自回来的。

然后是三点附加的正式声明。

(1) 美国大使馆指控罪犯是"宪兵",这是不实之词。就此进行了讨论。福井和其他一些人用这个词称呼使馆警察;有的人用它称呼佩戴写着红色宪兵字样的白色袖章的正式宪兵;还有,或者到前些日子为止,有许多佩戴写了黑字的淡颜色袖章的临时宪兵。真正涉嫌的是最后这群宪兵。我们有很多证据可以证明在很长一段时间内他们占用这座房屋,虽然他们中一部分人在3天前不再使用袖章了。讨论的最终结论当然是我"不应再做这样的事"。

(2) 妇女说她不知道事件最初发生在什么时间。但我草率地说是11点钟。如果妇女本人不知道,也没有报告时间,我这么能知道? 在此,里格斯和我谨慎地保护前一天您记得的那两个人,并把我们回答局限于报告很多人被大门口的吵闹骚扰,闯入几个房间,使用手电等等情况。"除非你把人带给我们讯问,你不应该那么说。"对此我以问作答,那是不是意味着30个小时的拘禁,那不是讯问,而是惩罚。令人惊讶的抵赖。

不管怎样,黑字写在白纸上,我报告的时间没有依据。

（3）最后,"这个案件仅仅是美国大使馆的反日宣传。"我们说没有反日的想法,只是反对做坏事,对任何国家的人都是一样的。他们指责我们呈递反对日军的报告,我们答道,这样的报告是配合维护军纪,维护名誉,实际上日本大使馆曾一度要求这么做。然而,这是试图和中国人合为一股,反抗日军,中国人没有权利得到援助,因为"究竟是谁发动了这场战争?"

一直没有否认不法行为。的确,他们无意中说几个日本兵已受处罚。

请注意（里格斯报告的）福井先生在大使馆保证妇女将被留在使馆讯问,不会被带到别处去,根据警察自己的说辞,没有遵守这个保证。

妇女后来讲的话非常有趣。"他们找我的麻烦,问我灯是什么样子或形状,但我把它画出来,还可以。""他们找出四五个日本兵,要我认出劫持我的人。我说他们不在这儿,他们便指责我。但我对他们说不能指望我用这样的方法找出那几个人,因为他们昨天说那房子里有40多个当兵的。""他们问的问题很少,问过一个问题之后咕噜咕噜讲好长一段时间,动脑筋想下一个问题。我能够回答所有的问题。"

这份平实的记录本身便是对讯问的方法和动机最好的评述。

谨致敬意

（签名）M. S. 贝茨

1月29日下午4时。①

参阅我1月27日下午2时发40号电和1月28日晚7时发42号电。

昨晚无线电广播援引日本官员的话,说我拒绝日本宪兵陪我乘汽

---

① 第43号电报,美国国务院档案编号123 Allison, John M. /172。原件藏美国国家第二档案馆,59档案组国务院档案,355盒。

车,并用日语讲"八格亚鲁"①侮辱其中一个宪兵。我必须声明,本地的民政或军事当局都没有就拒绝宪兵或侮辱宪兵一事通报我,此外,我从来没有拒绝日本宪兵陪我。至于侮辱宪兵一事,军事发言人可能提到的是我被一名宪兵羞辱但我不希望报告的事件,因为我相信这是个别士兵孤立的行为,并无重要的含意。

事实是这样的:初抵南京时,我同意日方提出无论何时我离开使馆大院,由一名宪兵陪着"为我提供保护"的要求。我需要出去时,宪兵并不总在那儿。在这种情况下,我独自出去。近来日本当局对此越来越严格,并在离使馆区三四百码远的上海路上一座房屋里安置了宪兵站。在街上巡逻的宪兵看见使馆的车子出来时,便招呼另一名宪兵来陪坐使馆车子,但是总得等上几分钟,目前事情很多,很不方便。我通过福井先生向军事当局请求在大使馆内安排一名宪兵以免等待,我还在使馆的一楼安排了一名使馆的代表以供宪兵传唤。我通知了福井先生和本乡少佐,我不反对宪兵陪同,但不希望每次等着派宪兵来。他们对我说这很容易安排,但还未作任何安排。那一天,突然急需去日本大使馆,开到上海路时执勤的宪兵粗暴无礼地对我叫嚷停车。我对他说只是去日本大使馆,这么短的距离用不着宪兵跟着。他没说什么,于是我让司机开车。然而车子刚发动,日本宪兵怒气冲冲,持步枪跳上汽车踏脚板,骂骂咧咧。这时我们已到达宪兵站前面,我叫他下去。叫他离开时,通常陪我的宪兵已坐进车里。叫宪兵下去时我可能用了不很礼貌的言辞,他可能误解,但我没有用所指称的"八格亚鲁"一词。然后对陪我的宪兵说我非常忙,并问他为什么不能待在使馆大院里面。我没有赶他下车,也没有对他说任何可以被认为是侮辱性的话。上述事件发生一段时间了,本地的日本当局没有向我指出做了出轨的事。

今天上午我拜访了福井先生,对于事先没有给我机会解释我的行为是否为日本当局认可的情况下,军事发言人对我作出这样的讲话表示惊

---

① 此处英文原文"baka yaro"是日语"バカヤロウ"的音译,意为"蠢货"或"笨蛋"。

访。我详细解释了这一事件，并对福井说这不是道歉，我不相信这事需要道歉，但希望消除已产生的误会。福井先生似乎理解当时的情况，并答应向适当的上级汇报。他还再次保证迅速在使馆里安置宪兵，将来不会发生需要等待的情况。

我无法理解上海1月28日下午1时发159号电报报告的日本军事发言人所称我"直言不讳的批评"。应当指出我没有公开发表有关南京状况或日军行为的言论，虽然时常有必要向福井就日军的所作所为提出强烈抗议。

发往汉口大使馆。抄发北平和上海。上海请抄发东京。

1月30日下午4时。①

参阅我1月27日下午2时发40号电，1月28日晚7时发42号电和1月29日下午4时发43号电。

今天下午本乡少佐通知我，在初步调查之后，涉及"打耳光事件"的一个军官和20名士兵被送交军事法庭。少佐还说他意识到我侮辱日军一事是个误会，并已将此事向高一级军事当局解释。

发往汉口大使馆。抄发北平和上海。上海请抄发东京。

2月2日下午2时。②

参阅东京1月26日下午5时发53号电。

昨晚日本大使馆举行晚宴，以使外国外交官有机会会见本间少将，③

---

① 第44号电报，美国国务院档案编号123 Allison, John M. /168。原件藏美国国家第二档案馆，59档案组国务院档案，355盒。
② 第45号电报，美国国务院档案编号393.115/148。原件藏美国国家第二档案馆，59档案组国务院档案，1820盒。
③ 本间雅晴（Masaharu Homma, 1887—1946）1887年11月27日出生于日本新潟县，1907年毕业于日本陆军士官学校，1915年毕业于陆军大学，1918年派驻英国，先后任随从武官和驻英武官。1935年任第32旅团长。1937年就任参谋本部第二部部长。1938年7月晋升中将，任第27师团长。1940年任驻台湾日军司令官。太平洋战争爆发之初，任日本第14军司令官，指挥入侵菲律宾，攻占巴丹半岛，击败美军麦克阿瑟部。后因内部分歧于1942年8月被解职。战后因曾大量残杀美国和菲律宾战俘及死亡行军的罪责，本间雅晴被美国在马尼拉的军事法庭判处死刑，于1946年4月3日在马尼拉被枪决。

以及新任南京驻屯军司令,原陆军第1师团师团长天谷少将。①日本使馆的参赞日高先生②为此专程从上海飞来。

本间将军对我讲的第一句话即是对不幸事件③深表遗憾。我向将军保证,既然我国政府已得到日方通过我驻东京大使给予的答复,我唯一的愿望便是尽快将它忘记。

本间将军长篇大论地谈论了日军的战场心理问题,他认为这是南京产生麻烦的根源。他说来此的唯一目的就是要迫使本地的部队必须尊重外国人的财产。他要我们不要因为一些孤立的事件仍继续发生而不耐烦,因为他声称使最高指挥机构的命令立即由逐个士兵来执行是极度困难的。据本间将军说广田中佐④过几天将来南京,他敦促我们直接向他提出申诉,这样可以在本地解决问题,不要捅到东京去申诉。

似乎本间将军解释日方立场的兴趣比听外国外交官讲的内容要大得多。据了解,本间将军今天下午乘飞机回上海,不会再与任何外国人接触。然而,日高先生还要再待几天,他对我说他会定期来南京。相信有他这样

---

① 天谷直次郎(Shojikiro Amaya,1888—1966)为天谷支队支队长,即日军第11师团步兵第10旅团旅团长,而非第1师团师团长。他1888年6月12日出生于福井县,1909年从陆军士官学校毕业,1919年毕业于陆军大学,1933年晋升陆军大佐,1935年任步兵第42联队长,1937年8月晋升少将,并任步兵第10旅团长。天谷直次郎指挥天谷支队于1937年12月8日攻占镇江,然后在12月13日北渡长江,于12月14日攻占扬州。1938年1月16日,天谷支队调往南京接替第16师团驻防南京,天谷直次郎接任南京警备司令。他1940年晋升中将,任第40师团长。天谷直次郎1966年11月30日去世。
② 日高信六郎(Shinrokyro Hidaka,1893—1976)1893年4月10日出生于日本横滨,1919年毕业于东京大学,同年通过外交官资格考试,进入外务省条约局任职,此后曾先后在驻法国与国联的机构、使馆任职,1933年起任驻南京大使馆一等秘书,1937年起任参赞。1938年3月任驻上海总领事,1940年任驻中国公使,1943年出任日本驻意大利大使。战后于1946年离开外交界,1976年6月18日去世。
③ 此处指打耳光的事件。
④ 广田丰(Shigeru Hirota,1892—1972)中佐1938年1月30日起任上海派遣军参谋,他1892年出生于爱知县,1915年毕业于陆军士官学校,1923年毕业于陆军大学,1928至1929年在日本驻美国大使馆武官处工作,1935在日本驻加拿大大使馆任副武官,1938年3月晋升陆军航空兵大佐,并担任华中派遣军参谋。1939年4月调任飞行第27战队长,1940年12月晋升陆军少将,并任第10飞行团长,1945年2月任第53航空师团长,同年4月晋升中将。广田丰1972年3月21日去世。

级别的人经常来,将来就有可能从日本大使馆得到比以往更多的协助。

发往汉口大使馆。抄发北平和上海。上海请抄发东京。

2月2日下午4时。①

参阅大使馆2月1日中午和1月24日下午4时发的电报。

由于公务繁忙,福井先生一直到最近才有空来见我,讨论国务院的指示。就第一款而言,他说有必要和上级商量才能说出日本政府会如何行事。他问我为什么国务院不希望以本地的外交渠道赔礼道歉,而坚持由军官道歉。我答道,对此不得而知。

关于第三款,福井先生重申日本政府不能为军事行动造成的损失负责,并说如果要坚持下去,有必要把这些赔偿要求送到东京去处理。他建议首先解决侵犯大使馆财产一事,然后再讨论解决个人的赔偿要求。我对他说如果第一件事能迅速解决,我认为不会对这个程序持反对态度。福井先生答应不久再来拜访我,就国务院的要求给予日方的答复,但他至今还没有来。我打算今晚见他,问他何时能得到他的答复。

发往汉口大使馆,抄发北平和上海。上海请抄发东京。

2月3日下午4时。②

参阅我2月2日下午4时发46号电。

今天中午午餐时,福井先生告诉我他还没有得到有关侵犯大使馆财产赔礼道歉一事的指示,但可望在近几天收到这样的指示。

发往汉口大使馆。抄发国务院、北平和上海。上海请抄发东京。

2月5日。③

贝茨发给纽约中国基督教会学院联合董事会的电文。

"2月2日收到你们寄来的两万元。但南京所有的农场都灾难性地

---

① 第46号电报,美国国务院档案编号124.932/569。原件藏美国国家第二档案馆,59档案组国务院档案,0815盒。

② 第47号电报,美国国务院档案编号124.932/570。原件藏美国国家第二档案馆,59档案组国务院档案,0815盒。

③ 第48号电报,美国国务院档案编号393.1163/789。原件藏美国国家第二档案馆,59档案组国务院档案,1833盒。

被毁。损失也许有9万元。从我们的销售中得到的现金能维持到5月。预计下一个财政年度,每月支付4 000元给骨干工作人员、仆役和劳工。只能对妨碍农场运作并继续破损的加以维修。不会修复房屋,因为既没有工具也没有必要。这一濒于绝境的地区仍有很多需求。目前每月维持医院开张,提供有限服务的费用达1.4万元,本地实际上没有任何收入。以极少数人员开展小规模的紧急农业服务是有可能的。由于其他城区和乡村的情况不稳定,仍有1.9万难民寻求部分的庇护。"

2月6日下午5时。[①]

昨天下午新任驻屯军司令天谷少将在日本大使馆为在南京的外国外交代表举行欢迎茶会。茶会上,他作了长篇讲话,概括论述了他对本地局势的看法,批评了外国人向海外报道日军残暴行径与鼓动中国人抗日情绪的这种态度。以下是讲话的要点。因为讲话的重要性和长度,今天上午找了个机会和英国、德国外交官核对,查找可能的贻误之处,因此可以相信以下的概要是相当完整的。

将军对于海外显著报道日军在南京犯下暴行一事表示遗憾,并指出长期紧张作战,以及中国人出乎意料的坚强抵抗作为理由来为暴行加以袒护。迅速向前推进导致粮食供应不足,部队精疲力竭造成军纪涣散,因此从事抢劫,诉诸暴力。然而,他补充道日军是世界上纪律最严明的军队,在相对而言暴力程度轻些的日俄战争[②]和满洲事件[③]里,并没有发

[①] 第49号电报,美国国务院档案编号793.94/12336。原件藏美国国家第二档案馆,59档案组国务院档案,微缩胶卷M976组,50卷。
[②] 日俄战争是1904年2月8日至1905年9月5日,日本与沙皇俄国为争夺中国的辽东半岛和朝鲜半岛主要在中国领土、领海上进行的一场战争。结果,俄国战败,日俄双方在美国新罕布什尔州朴次茅斯(Portsmouth)签订条约,俄国割让库页岛南半部及附近岛屿给日本,承认日本在朝鲜的特权,转让俄国在辽东半岛的特权给日本,由此,日军得以在辽东驻军。
[③] 1931年"9·18事件"被日本人称之为"满洲事件",西方人则称"幕克顿事件(Mukden Incident)"。幕克顿是西方人对沈阳的旧称。1931年9月18日晚,日本关东军在沈阳东北郊柳条湖炸毁铁路路轨,却诡称是中国军队所为,并以此为借口,突然袭击柳条湖以北的东北军驻地北大营。由于东北军奉命不抵抗,9月19日,日军攻占沈阳,进而在此后的数月中侵占整个东北三省。

生暴行。他希望欧洲人和美国人不要妄加批评，保持旁观者的身份，尊重大日本民族。目前已努力恢复军纪。日军并不敌视中国公民，但是，由于蒋介石向人民及中国军人灌输抗日思想，平民百姓中存在着狙击手和间谍的情况，这使日本军人非常愤怒。

据称日本军方希望尽快在南京恢复秩序，恢复正常。这位将军刚从扬州调来。在扬州，中国人和日本人的关系良好，但是在南京，外国人干涉鼓励下的抗日情绪在本地中国居民中继续存在，妨碍了恢复正常局面，大批中国人仍住在所谓的"安全区"里。他特别提到"某个国家"的人所作的报道和从事的活动损害了日本与那个国家的关系（这显然指的是美国）。将军还表示他不喜欢外国人法庭里一位法官的态度，并警告他们妄加批评、干涉中日事务会激怒日军，可能导致某些不愉快的事件。他请求能得到信任，并保证尽最大努力来恢复这个国家的秩序与正常的生活，外国的人员和财产将受到保护。只要是涉及保护外国人财产的困难，他请求外国代表和他商量，但是不能干涉涉及中国人的事务。

讲话结束后，他请与会的外国人提出批评意见，但无人作声。当问及是否可以得到一份讲稿，日本使馆的日高参赞说这不是官方的声明。

他否认讲话明显把矛头指向主要由美国人组成，但由一个德国人任会长的国际救济委员会。该委员会每天为5万中国难民提供粮食，并积极地从事防止与报道日军的暴行。鉴于本地军事当局强烈反对国际委员会的立场，请给予指示本使馆应在何种程度上协助国际委员会的人道工作。

发往汉口大使馆。抄发北平和上海。上海请抄发东京。

2月7日下午1时。①

参阅大使馆2月5日下午5时援引国务院2月4日下午4时发51号电报的电文。

---

① 第50号电报，美国国务院档案编号124.932/571。原件藏美国国家第二档案馆，59档案组国务院档案，0815盒。

今天上午收悉上述电报中国务院的态度后，福井先生说他晚上来访商讨此事。

发往汉口大使馆，抄发国务院、北平和上海。上海请抄发东京。

2月7日晚上8时。①

参阅我2月7日下午1时发50号电和国务院2月4日下午4时发51号电。

福井先生今晚来访，并说他刚刚收到日本政府的指示，就国务院1月29日下午2时29号电报中提到对侵犯大使馆财产表示道歉的方式提出反对建议。日本政府现在建议由日本驻上海使馆的武官和上海派遣军特务部主任原田少将②向美国驻上海总领事道歉。福井先生指出特务部处理军队的对外事务，其他军官军务在身，不能来道歉。我对福井先生说不能肯定这样能令人满意，但将立即请示指示。福井先生继续说如果我能就大使馆财产及使馆工作人员财产损失给他一份备忘录，他会给我一份将赔偿全部金额的个人信件。他补充道，由于南京没有银行设施，相信可经由美国驻上海总领事迅速付款。我问他这是否意味着使馆损失赔偿付款要美国政府接受原田将军进行道歉的建议作为先决条件，他答道，他认为不会的，但将立即发电报加以证实。

一名俄国汽车修理工检查了被日本人抢去、后来归还的3辆汽车，他说日本人造成的损坏微不足道。由于日本使馆送给本使馆160加仑汽油，相信不必为使用这些汽车再要求赔偿。

福井先生说他明天来访，讨论美国个人财产损失的赔偿事宜。

发往汉口大使馆，抄发北平和上海。上海请抄发东京。

---

① 第51号电报，美国国务院档案编号124.932/572。原件藏美国国家第二档案馆，59档案组国务院档案，0815盒。
② 原田熊吉（Kumakichi Harada，1888—1947）1888年8月8日出生于日本香川县，1910年毕业于陆军士官学校，1916年毕业于陆军大学。1937年8月任日本驻华使馆副武官、上海派遣军参谋长。1939年10月晋升陆军中将。以后历任日军第35师团长（1940）、第27师团长（1942年3月）、驻印尼爪哇的第16军司令官（1942年11月）、第55司令官（1945年4月）。战后，他被澳大利亚军事法庭判处死刑，并于1947年5月28日在新加坡樟宜被处以绞刑。

2月8日中午。①

参阅我2月7日晚8时发51号电和国务院2月4日下午4时发51号电。

上述电报中国务院对个人财产赔偿要求的立场已仔细向福井先生做了解释。他坚持无论他写的什么信函都要包括下列声明："对军事行动造成的损失日方不予负责。"我告诉他在如此情况下，我得对这样的损失的所有权利持明确保留的立场。相信实际上南京的美国财产由军事行动造成的损失相对较轻，因为大多数损失都是日军占领城市后造成的。

日本当局坚持要对提交的每一个案件进行调查以确定损失是否真的是日军造成的，还是中国人打劫，以及中国便衣士兵造成的。据日本人说，城内大部分混乱情况是这些中国人肇事造成的。由于很多案件不可能完全确定谁是肇事者，解决这些赔偿恐怕要耽搁相当长的时间。因此，我建议提交那些发生在南京陷落后造成损失的赔偿要求时，我受命采取以下立场：由于有些美国人在南京城陷时身在南京，调查了城内许多美国财产的情况，可以确知日军攻占南京之际和之后这些财产的情况是否良好。据信南京城陷之后，城内的治安和秩序应由占领者日本当局承担。可以证明是在城陷的1937年12月13日那天和之后所受损失的赔偿要求应由日方在最短的时间内加以赔偿。可能由军事行动造成的损失可经由外交途径在东京加以处理，同时，大部分为个人财产损失的那些较小的赔偿要求可就地在南京解决。请就此给予指示。

发往汉口大使馆，抄发北平和上海。上海请抄发东京。

2月9日下午4时。②

参阅您涉及上海1月26日上午11时发138号电文的2月7日下午5时的电报。

今天上午贝茨博士告诉我日军当局已明确表示，拒不允许国际委员会

---

① 第52号电报，美国国务院档案编号124.932/575。原件藏美国国家档案馆，59档案组国务院档案，0815盒。

② 这是爱利生发给驻汉口的美国大使没有编号的电报。原件藏美国国家第二档案馆第84档案组国务院驻外使领馆档案，驻中国使领馆档案 第2171卷（驻南京大使馆1938年档案第12卷）。

运进大米。贝茨博士说虽然日军当局最近提供比以前多一些的米经由本地中国人的自治委员会销售，但运进城的米从来都不够当前消费的需求。

我最近就粮食供应的整个问题和日高进行了讨论，并告诉他东京1月25日晚8时电报中引述冈崎对外务省所说已同意国际委员会运进由前南京市政府调拨给他们的粮食的一番话。我指出这些粮食都没有运进来，日高答道，肯定有些误会，他将进行调查。

鉴于本地军事当局对外国人协助中国人的活动持不友善的态度，如果获准运米进城的话，国际委员会已主动提出在中国人自治委员会的名义下分发大米。然而，外国人感到他们肯定有责任确实保证粮食能妥善地分发给贫困的中国人。已将此解释给日方，但至此还没有采取行动发放属于国际委员会的大米。

我不认为（重复不认为）此时上海总领事馆采取行动是明智可取的。日本当局已声称会妥当地为中国平民供应粮食，我认为在他们有机会显示将对此采取什么行动之前，不应有进一步官方行动。

发往汉口。抄发北平和上海。

2月10日下午3时。①

来南京数天的荷兰外交使团的波斯②刚刚告诉我，今天上午和福井会谈中，福井严厉批评了在南京的外国人的行为和报道。据波斯说，福井试图使他觉得每天情况都在好转之中，日本兵已受到约束，任何外国人所作的相反报道只是"反日宣传"。

情况确实在一定程度上有所好转，但仍有许许多多日本兵不法行为，犯下暴行的报告。我们也作了类似的努力，试图使日本当局觉得抱怨日军行为并不是反日情绪的结果，而是为了帮助负责任的人们得知发生的情况并加以制止。然而，代理总领事采取上述态度，几乎不可能开展有建设性的工作。

发往汉口大使馆、北平和上海。上海请抄发东京。

---

① 第53号电报，美国国务院档案编号793.94/12384。原件藏美国国家第二档案馆，59档案组国务院档案，微缩胶卷M976组，50卷。
② 荷兰外交使团的亨德里克·波斯（Henderick Bos）于1938年2月8日至12日访问南京。

1938年2月10日,南京

文件主题:《曼彻斯特卫报》记者论中国当前形势的报告①

保密

中国北平

  尊敬的美国大使

    纳尔逊·杜鲁斯勒·约翰逊

先生阁下:

  非常荣幸地提及我刚刚有机会阅读由《曼彻斯特卫报》驻中国记者H.J.田伯利先生②就他最近的汉口之行而撰写的长篇私人报告,相信这篇报告相当有趣也很重要。由于报告的篇幅(12页多打印件)以及本使馆人手有限,不可能全篇打印出来,但在此附上田伯利先生对中国当

---

① 原件藏美国国家第二档案馆第84档案组国务院驻外使领馆档案,驻中国使领馆档案第2168卷(驻南京大使馆1938年档案第9卷)。
② 哈洛德·约翰·田伯利(Harold John Timperley,1898—1954)1898年6月22日出生在澳大利亚本勃瑞(Bunbury),第一次世界大战期间从军参战。1928至1938年担任英国报纸《曼彻斯特卫报》驻中国记者,先后驻北京、南京和上海,报道新闻。1937年8月,他和在南京工作的美国姑娘伊丽莎白·简·钦波斯(Elizabeth Jane Chambers,1913—2005)结婚,但这段姻缘并未持久。由于1937年12月下旬日军当局在上海检查扣压他向英国拍发有关日军在华暴行的新闻稿,愤怒之余,他于1938年初收集出版了第一部有关南京大屠杀的外籍目击者的证词、南京国际委员会安全区的文件:《战争意味着什么:日军在华暴行》(伦敦:维克特·格朗兹有限公司,1938)。该书同时由纽约现代图书公司在美国出版,书名为《日军在华暴行》。1939年,担任中国政府新闻宣传部的顾问,1943年起在联合国善后救济总署(United Nations Relief and Rehabilitation Administration (UNRRA))与联合国教科文组织(United Nations Educational, Scientific and Cultural Organization (UNESCO))工作。1950年前往印度尼西亚,协助培训外交人员,并在那儿染上热带疾病,1951年到英国治病,1954年11月26日在英国库克菲尔德(Cuckfield)去世。

前形势,以及对和平展望观点的概要。该报告的日期为1938年1月15日。

谨致敬意,
大使馆三等秘书
约翰·M.爱利生

附件:
所述报告。
JMA:T
原件送交在汉口的美国大使。
三个副本送交国务院。
一个副本送交美国驻北平大使馆。
一个副本送交美国驻东京大使馆。
一个副本送交美国驻上海总领事馆。

1938年2月10日"《曼彻斯特卫报》记者论当前中国形势报告"的附件。

H.J.田伯利先生对当前中国形势报告的概要

这份报告试图就下列问题寻找答案:投入上海和南京对日作战的中央军的精锐师还有多少个师仍是具有战斗力的部队?中国还能继续作战吗?中国的士气,特别是蒋介石的地位会由于南京的陷落而受影响吗?共产党人的地位如何,以及苏联援助的问题?和平的前景如何?

据说开战之初可供调遣的30个精锐师,仍完好无损的作战部队只有不超过6个师,有些观察家声称不超过3个师。蒋介石告诉田伯利先生他可望在两个月之内重建军队(这是在12月说的),但是外国军事专家说至少得3个月。委员长显示了坚决继续战斗下去的决心。他估计日本人需要24个师驻防已占领的地区,如果他们想占领平汉线,另外还要8个师。显然蒋在准备打一场以游击战为主的消耗战。出现的大问题是如何控制这些散漫自由的部队,防止再度出现泛滥的土匪。第二个问题是，面对战争爆发后人们遭受生活用品匮乏之苦，如何保持全国的士气。第三个问题是如何安置由于政府的紧缩政策而被解雇的大批政府雇员。恐怕很多人会被吸引到不同地区日本人建立的傀儡政权去供职。

据报道，蒋介石的样子完全不是个被打败的人。田伯利说："在过去10年中，机遇垂青我这个新闻记者在各个紧要关头能会见蒋介石，但是我从没有见到他比12月18日下午我们3个人和他在位于武昌的总部用茶时显示出更好的身体与精神面貌。"

据说中国人民仍然视蒋为中国的救星。田伯利的一位朋友对他说，1月初在汉口的一家中国电影院，当蒋介石的幻灯片放映在银幕上时，人们起立狂热地欢呼达两分钟之久。

田伯利继续道，最近的事件显示无论在那儿，中国人都不屈不挠地进袭日军，自从他回到上海，他听说松井将军请求增兵4个师，以完成占据津浦线铁路。据说东京拒绝了他的请求，并批评松井竟让中国人袭扰日军，由此拖延了这一战役，原本希望这一战役至少在南京陷落之后能暂时告一段落。在这场游击战中，中国共产党军队的经验被证明是非常宝贵的财富。

一名在北平的消息灵通的外国观察家寄来的一封信被长篇摘引。这封信谈到，日军占据了南到黄河的华北地区所有的铁路线，但是除了在以往冀东政权的辖区，他们的权力只及铁路两边几里远。沿平汉线南下，据说主要县城①都在八路军（共产党）的手中，有关他们对待老百姓的报告都是正面的赞扬。他们频繁地袭扰日本人的交通线。铁路以东的许多县城不是在红色军队手中，就是在中国部队的掌握下。不幸的是后者中有许多老东北军的残部，经常成为目无法纪的掳掠之徒。

这位北平的通信人继续道，他相信采用中国可望真正能成功的打法进行的战斗，仅仅才开了个头。他报告说，据可靠消息，在距北平直线距

---

① 此处英文原文为main Shen cities，估计为main Hsien cities的笔误。

离30英里以内的地方,以及南口和虎峪村①附近,有一支拥有一万中国军人,包括许多过去燕京和清华学生的八路军部队。

田伯利报告道,就他所知,苏联对中国的援助到目前为止仅局限于提供飞机。他认为在汉口有70到80架这样的飞机。他说得到这样的印象:苏联飞行员没有积极参战的部分原因是他们不愿在他们认为是不懂行的蒋夫人的手下干。

至于中国共产党在战争中所起的作用,田伯利先生报告了一个能够比他更加仔细地观察汉口局势的中国朋友发现的情况。他的朋友报告说,共产党目前可以公开地,虽然还是非官方地开展工作,以免给人留下政府完全赤化的印象,那样会将英国和美国潜在的援助吓跑。据说在1926至1928年国民革命时期共产党员只能以国民党官员的身份来发挥作用,而现在却是以共产党员的身份发挥作用。他们积极征召学生到内地,包括广东省,开展工作。这位提供情况的中国人以他自己的观点来说,国民党实际上已是死气沉沉。对此可引用他的话:"它已没有生命力。对共产党来说是个极好的机会,他们正在充分利用这一机会。他们是有能力的组织者,有切实可行的纲领,人们认为应该给他们一个机会,看看他们能干出些什么名堂来。"他进一步说似乎很有可能在战争结束后八路军是中国最强有力的武装力量。

对于和平的展望,田伯利先生提到德国调停的努力显然已经失败,并说他知道还有两次调停的建议为中国人拒绝。据说原因是日本人的态度丝毫不会鼓励促成任何提出合情合理条件的希望。

他说回上海后,一位消息非常灵通的日本人告诉他,日军现在的想法是要坚守住他们占领土地的80%。他引用日本人的话说:"当然,他们可能在战争进行了数月,军队开始厌战之后改变态度。"

大多数外国观察家希望战争能够结束,田伯利觉得他们也都一致认为"中国最好的政策是竭尽全力继续抵抗,希望把日本民族拖到不堪重

---

① 此处英文原文为 Huli Li,南口附近有一地名为虎峪村,Huli Li 疑为笔误。

负要崩溃,或者拖得精疲力竭,其他列强可以插手,或多或少地主宰和平的条件。"他最后说,目前这样的情况似乎是不可能的,所以恐怕我们必须预期至少还要进行6个月的战争。

2月12日上午11时。①

参阅大使馆2月10日下午5时援引国务院2月9日晚7时61号电的电报。

今天上午我递交给福井先生一份大使馆及大使馆工作人员所受损失的备忘录。日本人没有坚持要用车来赔偿从使馆大院抢走的汽车,但说要付现金赔偿所有这样被抢走的车子。福井先生说,过几天他将给我一份信件,阐明将由日本驻上海总领事支付给美国驻上海总领事所要求的款项。呈交给日方的索赔总额为6 796美元,外加10 118元中国币。这包括赔偿简金斯财产损失的3 300美元。

谈到给简金斯仆人家属抚恤金时,除非能完全证明那个仆人是被日本兵杀害,否则福井先生不愿意支付索要的款项。我指出迅速偿付抚恤金将在海外产生良好的印象。讨论之后,福井先生答应和军方进一步商谈这事。

询问了福井先生什么时候赔礼道歉,何时付款。回答说,他打算在2月15日去上海,希望在那个日期之前把一切都解决。

发往汉口大使馆。抄发北平和上海。上海请抄发东京。

2月12日下午4时。②

以下是由正在准备提交给日方索赔的几位美国公民提出的问题:

一、应当使用什么货币,什么样的兑换率才算公平?

二、是否可以为美国个人或组织雇佣的中国人在美国人占用或其他

---

① 第54号电报,美国国务院档案编号124.932/578。原件藏美国国家第二档案馆,59档案组务院档案,0815盒。
② 第55号电报,美国国务院档案编号494.11/53。原件藏美国国家第二档案馆,59档案组务院档案,2350盒。

美国人的产业上遭受的动产损失提出索赔?

三、对于可以被称作中美组织机构的动产损失,是否能提出索赔?

这里指的是由美国人开办并正式由美国人资助的宗教、教育或慈善机构,这些机构大多数或完全在美国人的产业上经营,虽然时常纳入中国的法律制度之下,而且董事会的大多数成员都是中国人。

大使和国务院能就上述各点给予建议,将不胜感激。

发往汉口大使馆。

2月14日晚上6时。①

今天下午与日本使馆据信和军方关系密切的一位官员进行私下谈话时,我被告知由日方支持的中国临时政府不久,或许在未来两个月内,将正式成立。给我透露消息的人称他没有十分把握说这个政府会在那儿建立,但是他认为南京被选为政府所在地的可能性极大。

我还进一步得知,这个新政府宣誓就职后不久,将发布有关外国权益的宣言,希望这一宣言能使西方列强满意。他暗示以后会提供给我更详尽的信息。

发往汉口大使馆、北平、上海。上海请抄发东京。

2月15日中午。②

参阅上海2月14日晚上8时发257号电。

呈交给福井的侮辱美国国旗的案例是从美国官员回到南京之前美国公民送交给日本大使馆信件的副本中选取的。第一封信于1937年12月16日递交,此后的信件是在12月份最后几个星期不同的时间发送的。就我们所知,日本大使馆从未认可收下这些信件,也没有在案件报告时进行任何调查,当时调查起来是很容易的。把案件清单交给福井时,我问他行不行,是不是还需要更多的材料,他说足够了。鉴于日本当

---

① 第56号电报,美国国务院档案编号893.01 Provisional/49。原件藏美国国家第二档案馆,59档案组国务院档案,7171盒。
② 第57号电报,美国国务院档案编号811.015394/33。原件藏美国国家第二档案馆,59档案组国务院档案,4785盒。

局收到侮辱美国国旗的书面通报已近两个月,我看不出他们还能拖延调查多久。

发往汉口大使馆。抄发上海。

2月15日下午3时。①

参阅我2月15日中午发57号电和上海2月14日晚8时发257号电。

刚刚发完57号电报,福井先生来访,对侮辱美国国旗表示遗憾的方式作了与冈崎先生向高思②所作类似的陈述。他说希望我向美国政府报告日本当局真诚地希望尽快解决此事,但我必须明白军方对这些指控的真相进行调查的必要性。由于真诚地希望迅速在本地解决,由冈崎先生提出的表达遗憾的方式已有所变化,他希望美国政府对此感到满意。

我告诉福井先生能理解军事当局进行调查的愿望,但是不能理解当初本地的美国居民向日本大使馆呈交侮辱美国国旗报告时为什么没有进行调查。对于以前为什么没有调查,福井先生没有作出适当的解释。

发往汉口大使馆。抄发上海。

2月16日中午。③

美国公民由于损失、掳掠,或侮辱美国国旗案件而填报宣誓保证书是不是应当列于关税收费表第四十四款之下,还是收取费用?

发往汉口。

---

① 第58号电报,美国国务院档案编号811.015394/35。原件藏美国国家第二档案馆,59档案组国务院档案,4785盒。
② 克莱伦斯·爱德华·高思(Clarence Edward Gauss, 1887—1960)1887年1月12日在美国首都华盛顿出生,商业高中毕业,1906年进入外交界。先后在中国的上海、天津、厦门、沈阳、济南、北平等使领馆工作。1935年12月出任驻上海总领事。1940年1月调任驻澳大利亚公使。1941年1月至1944年11月任美国驻中国大使。高思1960年4月8日在洛杉矶去世。
③ 第59号电报,美国国务院档案编号193.5501/306。原件藏美国国家第二档案馆,59档案组国务院档案,1054盒。

2月17日。①

以下是菲齐发给纽约林肯大厦金玉律基金会②的维克雷③的电报：

"收到汇款，非常感激。25万平民仍滞留在南京，为其中5万人免费提供粮食。数月之内经济不可能复苏，所以，除非救济措施能稳步持续，否则情况将进一步恶化。希望能扩大鼓楼医院的医疗服务，救济数千丈夫、父亲被杀害或被抓走的家庭，帮助其他数千房舍被焚毁的家庭，提供种子和农耕牲口，以使邻近城市的小菜农可以重新经营。没有一个家庭感受不到战争的摧残。请求继续给予援助。"

2月18日下午4时。④

很高兴能够报告南京的情况在过去10天内有明显的改善。大多数中国人从所谓的"安全区"返回位于其他城区的家中。虽然仍不时报告来日本兵的非法行径与犯罪行为，但报告的数量已大为减少，并确有证据显示日本当局努力改善本地居民目前的生活条件。对外国人的限制逐渐松动。美国人办的鼓楼医院急需的一名医生⑤最近已获准回南京。

发往汉口大使馆，抄发国务院、北平和上海。上海请抄发东京。

---

① 第60号电报，美国国务院档案编号893.48/1455。原件藏美国国家第二档案馆，59档案组国务院档案，微缩胶卷LM63组，107卷。
② 金玉律基金会(Gold Rule Foundation)1929年在纽约创立，地址为纽约东四十二大街60号。该基金会在1938年向南京安全区捐赠5 949.14美元。
③ 查尔斯·威隆·维克雷(Charles Vernon Vickrey，1876—1966)1876年7月24日在伊利诺伊州埃俄拉(Iola)出生，1896年毕业于内布拉斯加威斯里安(Nebraska Wesleyan)大学，1902年在德鲁(Drew)神学院获神学学士，1908年在耶鲁大学获硕士。曾在内布拉斯加基督教青年会及其他教会组织服务，1916年担任亚美尼亚与叙利亚救济会干事，以及近东救济会的执行干事，1929年在纽约协助创建金玉律基金会，并担任执行副总裁，1932年起担任金玉律基金会的总裁。他1966年9月15日在纽约州布朗克斯维尔(Bronxville)的劳伦斯医院逝世。
④ 第61号电报，美国国务院档案编号793.94/12460。原件藏美国国家第二档案馆，59档案组国务院档案，微缩胶卷M976组，50卷。
⑤ 即理查德·弗里曼·布莱笛(Richard Freeman Brady，1902—1995)医生，他于1938年2月21日回到南京鼓楼医院救治伤病者。详见本书第70页注①。

2月18日下午5时。①

参阅大使馆2月15日下午4时发105号电。

魏特琳小姐说格瑞韦丝小姐②不必提早回金陵女子文理学院。我们以非正式的方式向日本大使馆询问,得知没有明确地承诺可在何时允许外国妇女返回南京。

发往汉口大使馆。抄发国务院。

2月18日。③

以下是魏特琳小姐发给纽约中国基督教会学院联合董事会的格雷斯特的电报:"校园里一切都好,不用担心。人数已减少到大约3 000多年轻难民。很感谢丝苔拉愿来工作,但非常希望她度完例行的休假。她不必提早回南京,恐怕也不可能回来。"抄发汉口。

2月19日下午1时。④

参阅大使馆2月18日下午4时援引国务院2月17日晚7时发75号电的电报。

今天上午向福井先生通报了上述国务院电报的内容。得知美国政府的态度,他非常高兴,并说希望几天之内能最终把所有事宜都解决。

我将尽量在短期内获取涉及侮辱美国国旗事件的宣誓保证书,并提

---

① 第62号电报,这是爱利生发给驻汉口的美国大使的电报。原件藏美国国家第二档案馆第84档案组国务院驻外使领馆档案,驻中国使领馆档案第2170卷(驻南京大使馆1938年档案第11卷)。

② 丝苔拉·玛丽·格瑞韦丝(Stella Marie Graves, 1895—1968),中文名郭星丽,1895年2月12日出生于密歇根州战斗溪城(Battle Creek City),1922年毕业于俄亥俄州奥伯琳(Oberlin)学院后,前往日本学习日语,1924至1927年在神户学院教音乐,1930年获得纽约协和神学院圣音学院硕士学位。1930年到中国福州文山(Wen Shan)女中教音乐至1933年,1933至1934年在上海圣玛丽女中(St. Mary's Hall)教书,1934至1948年在金陵女子文理学院教音乐。1937年夏中日战事爆发时,她正在巴黎进修音乐课程,积极要求回金陵女子文理学院工作,充分发挥其懂日语的特长。曾出版歌曲集《闽江船歌(*Min River Boat Songs*)》。1968年12月2日在洛杉矶逝世。

③ 第63号电报,美国国务院档案编号393.1164 Ginling College/3。原件藏美国国家第二档案馆,59档案组国务院档案,1841盒。

④ 第64号电报,美国国务院档案编号811.015394/38。原件藏美国国家第二档案馆,59档案组国务院档案,4785盒。

交给日本当局。

发往汉口,抄发上海。上海请抄发东京。

1938年2月21日。

致南京的美国公民和组织:①

要求美国公民和组织在最近准备材料向大使馆提交他们希望向日本或中国当局提出赔偿损失的要求。由于对要求赔偿一事经常提出各种问题,已就各项事宜询问了国务院,以下信息供你们在准备赔偿要求时作为指导:

1. 对财产损失的赔偿要求可适当地以(A)当地货币数额与损失发生时通行的兑换率相当于美国货币的数额来表示,或者(B)仅以相似的方法计算出的美国货币数额来表示。

2. 中国籍人员仅仅受雇于美国公民这一事实并不能构成美国政府为这些中国籍人员遭受的财产损失提出赔偿要求的依据,不论这些损失是否发生在美国产业上。

3. 有些组织并没有在美国注册成立,这样的组织遭受的损失可由美国政府出面代表美国公民就美国人在该组织中所控股权的范围提出赔偿要求。例如,如果美国公民拥有一家外国公司百分之二十五的股权,美国政府将代表这些美国公民就该公司损失的百分之二十五提出赔偿要求。

4. 在没有正式注册的组织机构中真正的美国权益同样有权以对该组织拥有产权的程度来提出赔偿要求,但是仅仅以该组织是美国人或美国资金建立与援助,或者该组织在美国产业上运营并不能算数。

5. 对遭抢劫、损坏的财产实际价值提供证据。

6. 对士兵掳掠的指控要以最充分的证据来证明,诸如由确实见到这种行

---

① 原件藏美国国家第二档案馆第84档案组国务院驻外使领馆档案,驻中国使领馆档案第2164卷(驻南京大使馆1938年档案第5卷)。

为发生的人员所作的宣誓证词(对此,见大使馆复印的1938年2月18日声明)。

迅速提交赔偿要求极为重要,因此建议,至少将初步赔偿要求在10天内呈交给本使馆。如果需要和现居住在中国其他地区的美国人就索赔一事联系,大使馆非常乐意传送这些信息。

大使馆三等秘书

(签名)爱利生

2月22日下午2时。①

参阅我2月12日上午11时发54号电。

福井今天上午来访,他得知原田少将将在今天下午拜访高思先生就侵犯驻南京大使馆财产一事表示遗憾。同时,福井先生交给我一封由他签署的信件,信中的一部分提到,"希望通知您,我已作出安排由我国驻上海总领事馆赔偿数额为6 796美元和10 118元中国币给美国驻上海总领事馆。"福井先生说相信数天之内即会付款,并要求我在得知美国总领事收到钱款之际,写给他一封确认收款的私人信件,可能的话,加上一句:涉及侵犯大使馆财产的事件到此了结。除非接到相反的指示,我将在适当的时候交给福井先生这样一份信件。

至于简金斯仆人家属抚恤金的要求,福井先生重复了他以前所述日军不可能对那些不能证明为日本兵所为的个别暴力行为承担责任,但他补充道,为了不损及美日间的友好关系,由于这个中国人是美国外交官的雇员,日本政府非常愉快地主动付出2 500元中国币(重复,2 500元中国币)给死者家属。如果美国政府对此满意,日本驻上海总领事将把上述数额的支票呈交给美国驻上海总领事。福井先生说不需要确认这笔款项的正式信件,只要驻上海总领事签个收据就足够了。

---

① 第65号电报,美国国务院档案编号124.932/583。原件藏美国国家第二档案馆,59档案组国务院档案,0815盒。

因害怕公开张扬会煽动两国舆论，日方请求我提议不要公开原田将军表示遗憾以及赔偿大使馆损失一事。我告诉福井先生只能转达他的请求，但不提建议。

发往汉口、北平和上海。上海请抄发东京。

2月23日下午3时。①

参阅大使馆2月5日下午5时援引国务院2月4日下午4时发51号电的电报。

福井先生昨天下午交给我一份有关个人财产损失赔偿要求的官方信函。信中说："在南京的美国个人财产损失确实证明为日本士兵所为，日本政府准备承担责任，然而，日本政府不能对军事行动造成的损失负责。"

在签署了今天日期的一份确认信件里我提到："根据我们最近就此事进行的会谈，我们的理解是美国个人财产是指属于美国公民个人或组织，以区别于政府官员和政府组织的财产。"我进一步指出，根据国务院2月4日下午4时发51号电文，对于日方逃避军事行动造成损害的责任，"美国政府对所有这类损失保留权利，美国政府认为日本政府的声明并不排除国务院有权通过外交途径对军事行动造成的损失提出赔偿要求。"

发往汉口大使馆。抄发北平和上海。上海请抄发东京。

2月26日下午1时。②

参阅上海2月25日下午3时发315号电。

鉴于我2月2日上午11时发54号电报中所提及的送交给日本当局，并列出诸位人士应得款项的备忘录的副本已送达美国驻上海总领事馆，我提议上海总领事馆受权经由汉口总领事馆将在那儿的大使馆工作

---

① 第66号电报，美国国务院档案编号494.11/58。原件藏美国国家第二档案馆，59档案组国务院档案，2350盒。

② 第67号电报，美国国务院档案编号124.932/586。原件藏美国国家第二档案馆，59档案组国务院档案，0815盒。

人员应得的款项付给一名代表,并付给翰森先生①汽车损失和财产损失的赔偿,经由美国驻广州总领事馆付给麦克丹尼尔先生②汽车损失的款项。祥泰木行要求的赔款和马索特(Massasoit)先生③对其从使馆大院被劫走汽车的赔偿款,可以直接在上海交给现在上海的相关人士。剩下的钱款可在爱契逊回南京时带来。

抄发汉口和上海。

2月27日下午4时。④

经过一段没有侵犯美国财产的报告以及只有极少非法行为报告的相对平静时期之后,最近,再次出现大批日本兵胡作非为的情况报告给

---

① 丹麦臣民约翰斯·莫契·翰森(Johannes Morch Hansen,1898—1980)1898年1月17日出生于丹麦尼科宾(Nykobing),读了两年法律专业后,和朋友一起去做生意。他1920年前往中国,1937年时,担任南京德士古(中国)有限公司的经理。日军向南京进军之际,他在南京组建安全区,并出任南京安全区国际委员会的成员。1937年12月初,在其供职的德士古公司敦促下他撤离南京,并把他私人的汽车存放在美国驻南京大使馆的院子内。他的汽车被日军抢劫走,为此,他要求1 700美元赔偿他的斯塔德贝克牌(Studebaker)汽车。翰森1980年6月28日,在乘车前往哥本哈根的旅途上去世。

② 查尔斯·叶兹·麦克丹尼尔(Charles Yates McDaniel,1906—1983)1906年8月28日在苏州出生于一个美国传教士家庭,1927年毕业于弗吉尼亚的里士满大学(University of Richmond),并在北卡罗来纳大学获硕士学位。1935年加入美联社。日军进攻南京时,他留在南京报道南京战役、南京城陷,并目睹了接踵而至的南京大屠杀后,于1937年12月16日乘日本炮艇拇号(Tsuga)离开南京前往上海,并于1937年12月18日在《芝加哥论坛报》刊登有关南京大屠杀的报道。他是最后撤离南京的西方记者。1942年日军进攻新加坡时,他也是最后撤离新加坡的记者。战后,他曾担任美联社底特律站站长直至1971年退休。麦克丹尼尔1983年3月14日在佛罗里达州的圣彼得堡(St. Petersburg)逝世。在此,他要求3,500元中国币赔偿他的雪弗莱牌(Chevrolet)汽车。

③ 这个人的名字不准确。根据编号为124.932/594的美国外交文件记载,另一位要求赔偿汽车的是亚瑟·冯·布里森·孟肯(Arthur von Briesen Menken,1903—1973),帕拉蒙新闻摄影社(Paramount Newsreel)的摄影记者。他1903年12月13日出生于纽约,1925年毕业于哈佛大学。他在世界各地游历广泛,用摄影镜头记录了众多暴乱、罢工、战争。他曾在非洲沙漠驱车,深入南美奥里诺科(Orinoco)河的上游,报道了西班牙内战。1937年12月,日军进攻南京时,他留在南京报道了南京战役、南京城陷,并目睹了接踵而至的南京大屠杀后,于1937年12月15日离开南京前往上海,向海外报道了南京大屠杀的真相。二次大战时,他从军参战,任海军陆战队航空兵少校。战后曾在美国政府在意大利的情报机构工作。孟肯1973年1月10日在意大利佛罗伦萨去世。在这里,他要求750元中国币赔偿他的雪弗莱牌旧车。

④ 第68号电报,美国国务院档案编号393.115/201。原件藏美国国家第二档案馆,59档案组国务院档案,微缩胶卷M976组,51卷。

本使馆。

最近几天，报告来3起日本兵非法闯入金陵大学校产的案件，其中两件涉及强行拉走中国男性难民作劳工，以及殴打、恐吓那儿的其他中国人。日本兵还打破一、两扇窗户。第三个案件涉及一群日本兵毁坏一段院子四周的灌木围篱，抢走里面储存的水。这些案件均尽快报告给日本大使馆，并得到保证这样的行为不会持续下去，虽然两次事件是在报告了第一次事件之后发生的。这些事件本身并不太严重，但它们却显示秩序还没有完全恢复，最高指挥机构的指令有时仍被公然违反。

昨天上午，中国看管人来使馆报告，前一天下午一个日本兵破门闯入美孚石油公司的住宅大院，抢走那儿四名苦力的9元中国币后，还要更多的钱。钱要不到，日本兵便挥刀砍其中一个苦力。苦力躲闪过去，刀砍断了飘扬着美国国旗、直径为两英寸的竹旗杆。这个案件立即报告给了日本使馆当时正在办公室的粕谷先生。① 下午，他陪同爱斯比副领事，日本使馆警察和宪兵前往出事地点亲自查问相关的苦力。该事件最严重的是在大院的中国人吓坏了，他们会离开，那座大院便无人看管了。

下午傍晚时分，广田中佐和粕谷先生来拜访我，对此事表示遗憾，并保证采取措施防止这类事件再度发生。我指出在各处房产上，显然没有足够的治安保护措施，广田中佐说他已请求军事当局增加该地区的巡逻。然后我说这不仅仅是那个地区，其他城区的美国人产业最近也被闯入，家具和其他物品给洗劫而去。我把朱利斯·巴尔②的屋子作为例证，

---

① 粕谷孝夫（Yoshio Kasuya）1909年出生于东京，1934年毕业于东京商科大学，同年10月通过外务省外交官资格考试，1935年在日本驻英国使馆任副领事，1937年调任驻上海总领事馆，日军攻占南京后，即随部队进城任日本驻南京大使馆的副领事。1939年调回外务省供职。他战后曾任日本驻尼日利亚大使，驻乌拉圭公使，1964至1967年任驻泰国大使，1967至1970年任驻秘鲁大使，并曾担任外务省情报文化局参事官。
② 朱利斯·奥古斯特斯·巴尔（Julius Augustus Barr，1905—1939）1905年12月6日出生于伊利诺伊州诺莫（Normal），毕业于美国陆军航空学校，曾加盟美国航空公司，飞盐湖城至夏伊安（Cheyenne）航线，是一位飞艺精湛的飞行员。他1931年前往中国，先后为张学良、宋美龄驾驶专机，也协助过陈纳德（Claire Lee Chennault，1893—1958）的飞虎队。他1938年11月回美国，1939年3月18日，在西雅图为波音公司试飞波音307飞机时，飞机坠毁而身亡。

2月2日察看时,大多数家具秋毫无损。2月11日第二次察看之际,绝大部分家具被掳掠而去。我承认这有可能是中国人干的,目前中国人已回到城市所有的地区,但是我补充道,在那所房屋附近一带将不会有任何形式的警察巡逻,而南京为日军占领,日军有责任维持秩序,防止这类事件发生。

广田中佐对发生的事件似乎真诚地表示遗憾,保证尽力使军事当局感到有必要增加适当的治安保护措施。他请求我不要将这些事件报告给东京或华盛顿,但我告诉他必须报告。然而,我补充说,除非这样的事件显然在持续发生,并没有真正努力加以制止,我将请求目前不要公开这些事件。

发往汉口大使馆、北平和上海。上海请抄发东京。

2月28日中午12时。①

参阅涉及诺曼②房产我24日和大使馆23日的电文。

昨天下午副领事爱斯比和我进一步调查了诺曼的寓所,我观察到日军闯入寓所的确凿证据。很多房屋的墙壁上书写着相当多的日文,有些是常见的口号,诸如"为了大东亚和平",而在两个不同的屋子里出现日文写的"昭和12年12月13日",或1937年12月13日。使用日本的"昭和"年号似乎是识别这些文字为日本人所写而不是中国人书写的确凿证据。有一处出现"福田部队"的字样。那是福田营,或福田分队。在房屋外面见到几个空的日本烟盒。花园里有一座日本兵的坟墓。一座土包

---

① 这是爱利生发给驻汉口的美国大使没有编号的电报。原件藏美国国家第二档案馆第84档案组国务院驻外使领馆档案,驻中国使领馆档案第2166卷(驻南京大使馆1938年档案第7卷)。

② 罗勃特·斯坦利·诺曼(Robert Stanley Norman, 1873—1952)1873年2月13日出生于纽约,1903年通过律师资格考试后在旧金山开业做律师至1921年,并特别关注、维护当地华人的权益,担任旧金山唐人街六个华人组织的法律顾问。由于他与华人关系密切,1904年孙中山在旧金山开展革命活动时,诺曼成为孙中山的法律顾问,给予孙中山极大的帮助。1921年,受孙中山邀请,诺曼前往中国广州,继续担任孙中山的法律顾问。以后长期担任国民政府司法部的法律顾问。1937年9月,日军空袭南京后,他撤离南京,经汉口前往香港。1939年离开中国,1952年2月8日在加州桑塔·巴巴拉(Santa Barbara)逝世。

上插了个木片，木片上有几个辨别不清的字，但也有上述日文的1937年12月13日的日期。

鉴于这些日军占领并使用这一房产的证据，即使这所房屋在军事行动中遭到炮火损坏，大使认为在此继续为诺曼索赔可行么？

2月28日。①

参阅您23日的电文。

以下是魏特琳小姐发给纽约中国基督教学院联合董事会格雷斯特的电报。

"您的电报2月25日收到。学院的校舍因收容难民造成的损伤估计在7 000，或8 000元。学院的房产和设备因掳掠而造成的损失估计为300元。13名中国教师与一名美国教师因掳掠而受的损失大致估计有1 200元。正常工作人员每月薪金开支为450元。正常运转和维护保养的费用每月为700元。希望每月为难民服务的支出预算估计为800元，一部分由前一项的费用开支。除了学院的拨款，没有可靠落实的收入。以上数额均为中国币。学院继续收容着大约3 000人。"

---

① 第69号电报，美国国务院档案编号393.1164 Ginling College/8。原件藏美国国家第二档案馆，59档案组国务院档案，1841盒。

4. 日军损毁美国财产

393.115/233

1938 年 2 月 28 日,南京

文件主题:南京美国财产与权益的状况[①]

中国汉口

　　尊敬的美国大使

　　　纳尔逊·杜鲁斯勒·约翰逊

先生阁下:

　　非常荣幸地向您呈交在此附上,由爱斯比副领事编撰的有关南京的美国财产与权益状况的报告。这些材料根据留在城内的美国居民的报告以及大使馆工作人员的调查整理而成。

　　　　　　　　谨致敬意,
　　　　　　　　大使馆三等秘书
　　　　　　　　约翰·M. 爱利生

---

① 原件藏美国国家第二档案馆,59 档案组国务院档案,1821 盒。

附件：

　　所述报告。

原件送交汉口。

三个副本送交国务院。

一个副本送交美国驻北平大使馆。

一个副本送交美国驻东京大使馆。

一个副本送交美国驻上海总领事馆。

JE/RW

保密

1938 年 1 月和 2 月

南京美国财产与权益的状况

南京，美国大使馆

_____　　　　　　编撰

美国副领事詹姆斯·爱斯比

_____　　　　　　批准

大使馆三等秘书约翰·M. 爱利生

准备的时间：2 月 18 日至 25 日

邮寄的时间：1938 年 2 月 28 日

索 引

机构、公司及个人姓名	页码①
金陵大学(University of Nanking)	5
金陵女子文理学院(Ginling College)	8
基督复临安息日会(Seventh Day Adventist Mission)	8
美国耶稣会(American Jesuit Mission)	9
美国长老会(American Presbyterian Mission)	10
统一基督教会(United Christian Missionary Society)	11
金陵神学院(Nanking Theological Seminary)	12
北方卫理公会(Methodist Episcopal Mission, North)	12-a
美国基督教会(American Church Mission)	12-a
来复会(Christian Advent Mission)	13
乔治·菲齐(George Fitch)	13
慎昌洋行(Anderson Meyer and Company, Ltd.)	14
爱米琳·阿格罗(Emmeline Arguello)	15
朱利斯·巴尔(Julius Barr)	15
T. J. 布鲁德里克(T. J. Broderick)	17
凯瑟琳·布莱恩(Catherine Bryan)	17
中和灯泡公司(China United Lamp Company)	19
大昌实业公司(Chinese Engineering and Development Company)	19
大来公司(Robert Dollar Company)	20
布莱恩·达雅(Bryan Dyer)	25
金陵车行,比尔斯汽车行(Ginling Garage, Bills Motors)	25
玛格丽特·希金斯(Margaret Higgins)	26
小道格拉斯·简金斯(Douglas Jenkins, Jr.)	27

---

① 所标页码均为原件的页码。

4. 日军损毁美国财产

万国商用机器公司(International Business Machine Corporation)	27
贝蒂·凌(Betty Ling)	29
海泽尔 M. 惠特尼·刘(Hazel M. Witney Liu)	29
C. 叶兹·麦克丹尼尔和 F. H. 瓦因斯(C. Yates McDaniel and F. H. Vines)	30
罗勃特·诺曼(Robert Norman)	30
J. W. 巴森斯(J. W. Parsons)	32
孔雀电影公司(Peacock Motion Picture Company)	33
菲尔科销售公司(Philco Sales Corporation)	33
胜家缝纫机器公司(Singer Sewing Machine Company)	34
美孚石油公司(Standard—Vacuum Oil Company)	35
大华大戏院(State Theatre)	38
德士古公司(Texas Corporation)	39
混杂的附件	44

参阅本使馆1938年1月25日题为《1938年1月南京的状况》的报告。那份报告概述了日军12月占领南京以后城内的总体状况。在此呈交一份3个月来影响到美国权益、财产的情况，以及美国房产、物品所受遭遇的详细报告。该报告包括对美国产业所受遭遇的一个简要概述，以及根据留在这里的美国公民提供，或由本使馆的工作人员代表不在此地的房主进行调查而获得的美国个人财产、权益的情况。由美国或其他国家在南京的居民送交给本使馆的有关在美国产业上发生的事件以及侵犯美国财产的详细情况报告在此作为附件呈上。

正如前一份报告阐述的，随着南京城的陷落，城内美国产业与这里所有的房产一样遭受了掳掠破坏。本使馆知悉的美国房屋，没有一座不在一定程度上受到侵犯，这包括大使馆馆舍。房产上可能曾飘扬着的美国国旗，院落的大门上或房门上张贴的大使馆布告并不能避免房屋被闯入,也未能避免通常所遭受的洗劫与盗窃。12 月 13 日,5 万多名日军进城,蜂拥闯入任何一座,或所有的房屋,全然不顾房产的性质或国籍。日军占领城市后立即破门闯入美国人的房舍,这样的行为时常发生,甚至持续到 2 月 23 日。

侵犯美国财产达到什么样的程度也许可以由日军闯入美国人住宅的次数来表明。仅金陵大学报告,所有的地方都张贴了大使馆的布告,其中大部分挂着美国国旗的约 100 座院落与校舍,被日本兵未经授权闯入达 1700 余次之多。还报告给大使馆其他美国房产被擅闯 200 多次。从 12 月 14 日到 12 月 30 日报告来 8 起撕扯美国国旗的事件,其中包括金陵大学的 4 起扯旗事件,一起发生在 12 月 14 日,两起在 12 月 20 日,还有一起在 12 月 26 日;12 月 17 日金陵女子文理学院发生一起,12 月 23 日在金陵神学院撕扯了一面美国旗,12 月 24 日在美国长老会扯下一面,还有德士古中国有限公司的看管人报告说看见日本兵把公司大门口的美国旗扯下来焚烧。报告来至少 3 起大使馆的布告被日本兵撕毁的事件:从 F. H. 瓦因斯先生①、海兹尔·M. 惠特尼·刘夫人及凯瑟琳·布莱恩小姐②的房屋上撕扯掉使馆布告。

房屋是空着还是有人居住,对于它们是否遭到日军士兵侵犯似乎并没有什么区别。城内有些美国人的住宅无人看管。其他的则由看管人在房主不在时尽其所能保护房屋与物品。留下来的 14 名美国公民住在不同的屋子里,经常每天造访这里其他人的房舍。然而,日本兵似乎破

---

① 弗兰克·海顿·瓦因斯(Frank Hayden Vines,1880—1976)1880 年 7 月 24 日在弗吉尼亚州斯普林伍德(Springwood)出生,1912 年前往中国,担任英美烟草公司(British American Tobacco)的雇员、地区经理,曾在北京、上海、南京等地工作。在日军攻占南京前夕登上美孚石油公司的油轮美平号,撤离南京。1937 年 12 月 12 日,日军将美国炮艇巴纳号,以及美孚石油公司的油轮美平号、美夏号炸沉,炸伤之际,他被炸伤。1938 年 2 月回美国养伤,退休,1976 年 8 月在弗吉尼亚州逝世。
② 菲勒比·凯瑟琳·布莱恩(Ferrebee Catherine Bryan,1886—1982)1886 年 6 月 18 日出生于江苏镇江一个美国传教士的家庭,长大后回美国读书,1917 年由美国南方浸礼会国外传教团派遣回中国传教,长期在上海工作。1937 年春天,她由上海前往南京传教。日军空袭南京之后,她于 8 月底经汉口撤往澳门。1982 年 3 月 17 日她逝世于亚特兰大。

门而入所有的住宅与院落,甚至闯入当时有美国人居住的房屋。

目前不可能估计出美国产业实际遭受损失的数额。在南京的美国教会的代表们还没有将受损坏或抢劫的财产价值的数额送来,至于那些不在南京的人员和单位留下的财产,我们尚未获得足够的数据。

房屋建筑遭受损失的数额和总体损失相比并不太大。许多房屋和建筑的门窗被砸破,有的墙壁被推倒,有些房屋外表受损。但有些房屋与建筑完全没有遭到破坏。据悉只有5处房产遭到相当大的损坏。正如本使馆1月8日下午4时发给大使和国务院的11号电报报告的,位于升州路111号至113号的北方卫理圣公会的主要建筑在南京陷落数天后被大火焚毁,同时,统一基督教会位于中华路上的男子学校的两栋建筑亦遭焚毁。位于太平路上的美国基督教会的教区房屋在南京被占领前遭到进攻日军的两发炮弹击中,房子一部分被毁。另两处受损的房产是位于户部街41号圣公会大院内安德鲁·T. 罗耶①夫妇的住宅,该房屋在南京被占领之前被进攻的日军的一发炮弹击中;还有位于中正路45号,美国人拥有很多股权的大华大戏院。12月28日晚,据说由日本兵纵火焚烧隔壁的建筑物,火势蔓延到这座戏院而烧毁。据大来公司的中国雇员报告,另一处美国产业,该公司在三叉河的木材场在南京陷落之后遭焚毁,但到目前为止尚无法加以证实。

然而,相比之下,远比房屋产业的损失大得多的是动产,个人物品及家庭用品所受的损失。仅从已获悉的情况,这些受损失或遭劫掠的财产、物品的价值将达数千元。然而,这个总数还要加上个人房产所受程

---

① 安德鲁·陶德·罗耶(Andrew Tod Roy,1903—2004),中文名芮陶庵,1903年3月2日出生于得克萨斯州莱尔多(Laredo),1925年毕业于华盛顿-李大学后,到英国爱丁堡大学和牛津大学学习两年。1930年作为长老会传教士前往中国传教、教书,在金陵大学任哲学教授至1950年,他曾在回美国休假期间,在普林斯顿大学学习,于1938年获哲学硕士,1948年获哲学博士。多年后,他的那位1935年在南京出生的儿子芮孝俭(James Stapleton Roy)1991至1995年出任美国驻华大使。他于2004年5月2日在匹兹堡附近的上圣克莱尔(Upper St. Clair)逝世。

度不同的损失。大使馆速记员，E. 阿格罗小姐①的房子以及国联②的布莱恩·达雅先生③的住所都被闯入一、两次，只抢劫走一些小东西，房屋本身及其他物品则没有受损。另一方面，道格拉斯·简金斯先生的寓所，海兹·M. 惠特尼·刘夫人和凯瑟琳·布莱恩小姐的住房遭掳掠的情况极其严重，留在那儿的所有东西都被砸烂，弄脏，以至于实际上毫无价值可言。在南京的各类商业财产与权益，由于留存的货物被劫掠而遭受相当可观的损失，以菲尔科销售公司为例，所有无线电器材和设备均被洗劫一空；大来公司木材场里数千平方英尺的木材被搬运走，德士古（中国）有限公司的 4 辆汽车，连同一些汽油和库存的油料均遭抢劫。

美国贸易、商业及其他利益由于被迫中止其在南京和周围地区从事商业活动已遭受，以及仍在蒙受的损失当然也就不可能确知了。我们注意到有一些日本商人已经来到南京，每天都有越来越多的日本商人来这儿开设军用商店和其他店铺。但是，除了这些日本人，没有美国或其他外国的生意能够重新开张。实际上，除有一例外，外国公司的代表甚至不能获准回南京察看他们在这儿的产业。因此，目前在南京开展工作的美国人只有上述那些从事教会和慈善事业的人员，而且他们的活动仍受制约，活动的范围也受到限制。

---

① 爱米琳·阿格罗（Emmeline Arguello, 1890—1963）1890 年 9 月 21 日出生于尼加拉瓜莱昂（León），1895 年移民美国，在纽约长大，1917 至 1923 年到智利工作，在一家公司任速记员，此后曾在旧金山的公司中任速记员，1929 年在美国驻中国北平大使馆任速记员而进入美国外交界，1935 年调到驻南京大使馆工作。她在日军进攻南京之前已撤离。1938 年 7 月回到美国，1941 年珍珠港事件爆发时，她在美国驻上海总领事馆工作，被日军羁押 6 个月。她 1963 年 12 月 12 日在旧金山逝世。
② 第一次世界大战后于 1920 年初成立国际联盟（The League of Nations），以维护世界和平，平息国际纠纷，以免重蹈第一次世界大战的覆辙。然而，国联未能有效发挥作用来阻止法西斯侵略战争。第二次世界大战后于 1945 年被联合国取代。
③ 布莱恩·瑞蒙德·达雅（Brian Raymond Dyer, 1889—1964）1889 年 7 月 24 日在怀俄明州夏伊安（Cheyenne）出生，1913 年毕业于加州大学，长期在洛克菲勒基金会（Rockfeller Foundation）工作。1931 年他被借调到国联工作，派往中国南京，担任中国政府卫生环境工程的顾问。他 1937 年 5 月回美国，以后曾于 1943 年再度到中国访问。他 1964 年 10 月 1 日在加州桑塔·巴巴拉（Santa Barbara）逝世。

涉及侵犯大使馆财产,对这些侵犯事件要求赔礼道歉和索赔所受损失与日本大使馆谈判情况的报告将另外单独呈递。

在以下的段落内,将提交在各个美国产业上发生情况的详细材料。

金陵大学

以下是金陵大学的 M. S. 贝茨博士于 2 月 22 日呈交给本使馆的有关日军对金陵大学掳掠破坏的统计数据一览表。

日军掳掠金陵大学一览表

	擅闯	日军偷盗来源			损坏建筑	劫持男子	强奸妇女	其他暴行	扯毁国旗
		大学	大学工作人员	难民					
1. 主校园	175	$1 500	$ 30	$ 200	$ 200（炮击）	2	5	殴打5人	
2. 图书馆	200		10	700	100	200	25	刺杀1人殴打15人	
3. 女生宿舍	100			800	50	6	4		
4. 农作物园	120	2 360		300	30	3	6		
5. 农具店与农经系	40	100	100	150			3		
6. 小桃园	80	70	500	1 000	150	5	36		2
7. 附属中学	240	300	200	2 500	60	48	44	杀害3成人2儿童	1
8. 蚕桑大楼	150			1 200		140	80	刺杀7人殴打多人	
9. 农业专修科	120	3 300	200	800		235	55	殴打多人	1
10. 美国教师寓所(15)	160		8 000	1 500	50	2	7		1
11. 中国教师寓所(37)	300		1 600	2 500	300	3	25		2

续表

	擅闯	日军偷盗来源				劫持男子	强奸妇女	其他暴行	扯毁国旗
		大学	大学工作人员	难民	损坏建筑				
12. 鼓楼医院	35		450	200	150	3			
总　　计	1 720	$7 630	$11 090	$11 850	$1 090	647	290		7

注释：

1. "擅闯"指通常由3到6个,或更多成群的日本兵强行或非法闯入一次。
2. 钱款以中国钱币计算。
3. 劫持男子指被指控当过兵而被抓走,或强迫去做劳工。这不包括日军在学校数处进行登记时抓走的400多人(其中大多数被立即处死);也不包括被胁迫招募的劳工。
4. 遭强奸妇女的人数指在学校的校产上被强奸,以及那些被从学校劫持走遭强奸并在回来后报告给我们的人数。很多妇女被强奸数次,但每个人只报告一次。此外,被奸妇女的实际数字要大得多,因为害羞或惧怕报复,极大地阻碍人们来报告;还有其他的以找妇女洗衣服这种常规事务作为掩盖的案子。
5. 扯毁国旗包括一起当场毁旗,一起从房屋上扯下旗帜,另外两起践踏侮辱国旗。
6. 这个报告依据的证据为:难民营负责人每天向我或向国际委员会所作的报告,这些负责人有数名是我们经验丰富的工作人员;以慎重的估计来弥补缺失的部分,在所有案例中,估计都低于我们最优秀的美国和中国工作人员认为是确实无误的,并根据工作人员的日记加以核实的报告。虽然,我们并没有相当于一个全职人员的空余时间来进行治安巡视,但是大约五分之一报告来的案子为美国人亲眼看见。
7. 所有房屋建筑都显著地张贴着美国大使馆分发的布告,12月20日以来张贴了日本宪兵的布告。日本兵通常熟视无睹这两个布告,并经常将其撕毁。
8. 除去口头向日本使馆和通过美国使馆提出抗议,到1月1日,向日本使馆提出10次综合的书面抗议,然后,通过美国使馆提出12次抗议。
9. 我们相信,日本兵于1月2日至3日焚毁了价值23 000元的农场财产,但没有适当的证据来证实这些财产与其他农场用品。

贝茨博士对于擅闯校舍如此多次数的情况进一步解释,这是因为属于金陵大学的房产,除了52处住宅,还有45栋其他建筑,共计约100座。

由于这是呈交给本使馆的报告,贝茨博士报告了另外3起非法闯入金陵大学院落的事件。一起发生在2月22日,两起在2月24日上午。

4. 日军损毁美国财产

参阅附件一中贝茨博士2月22日给大使馆信件的副本和爱斯比先生2月24日备忘录的副本。

1/　　在此附上金陵大学就日军12月14日以来侵犯其校产呈交给日军当局和本使馆的报告。

金陵女子文理学院

2/　　一名美国公民,明妮·魏特琳小姐,留在金陵女子文理学院的校园里。在此附上魏特琳小姐就校园遭受日军侵扰的几份报告的副本。

校园里的建筑没有受到日军破坏,但是据魏特琳小姐说,校园被日军闯入许多次,有些住宅被洗劫,东西被抢去。在校舍里避难的一些妇女遭强奸,有一次12名妇女被劫持走。南京陷落以来,校舍一直用于收容主要为妇女儿童的难民。魏特琳小姐报告说有一个时期估计在那儿的难民达10 000多人,目前仍有约3 000难民住在校舍里。

基督复临安息日会

位于高楼门20号的基督复临安息日会的看管人1月23日来大使馆说,他留在南京照管这一房产,隶属于该教会的外国人都在去年秋天离城,他希望报告12月间日本兵闯入教会房屋,逼迫他离开,后来他才能回去,日本兵数次破门而入,洗劫,抢走物品等情况。他希望大使馆能有人去察看、巡视这一房产目前的状况。同一天爱斯比先生和麦克法瑾先生前往该教会的大院。大门关着,见到教堂旁的旗杆上飘扬着美国国旗。显然教堂没有受到骚扰,但是查看小山丘上的3栋住宅时,发现它们都被闯入。房屋内许多个人和家用物品都遭到彻底洗劫。遍地散乱着家具、衣物、纸张,以及其他家庭用品。看上去屋里的东西没有被掳走很多,但是看管人说缝纫机、几张地毯,还有别的一些东西被劫走。然而,显而易见,屋里的物品被摔砸,践踏造成了进一步的破坏。除了几扇门窗被打破,房屋本身完好。

美国耶稣会

2月4日经由驻上海总领事馆收到詹姆斯·F. 卡尼神父①的电报。电报询问位于中山路267号的美国耶稣会住宅中家具陈设,以及堆放在教堂旁边一块空地上,准备修建教堂新房屋的建筑材料的情况。

2月2日曾察看过这一房产,2月4日又去察看。发现日本宪兵占住在里面。屋里只有几件家具和物品,看上去没有受损。堆放在旁边空地上的大量砖头、木材被人拿走,但大部分建筑材料仍堆放在那儿。显然,被搬走的材料中大部分为中国人拿走,因为周围的房屋采用了从空地上拿走的砖块。

在这座建筑上没有见到美国旗,也没有给这个教会颁发大使馆的布告。后来得知,只有屋里的家庭用品和建筑材料属于教会所有。

美国长老会

美国长老会在南京拥有11处房产,其中一处是块空地,另一处搭建了不属于该教会的临时建筑。两处房产遭破坏。安德鲁·T. 罗耶夫妇位于户部街41号的住宅被进攻的日军用炮火击中。这些情况前文已述及。现在南京代表这一教会的 W. P. 米尔斯牧师说,炮火造成的损失估计在1 300到1 500元中国币之间。据米尔斯牧师报告,其他受损的财产包括门房,以及位于中华路的主楼在日军占领城市后遭焚毁。估计这里的损失在550到600元中国币之间。

---

① 詹姆斯·弗朗西斯·卡尼神父(James Francis Kearney, 1896—1967),中文名甘雅各,隶属于美国天主教耶稣传教会的传教士,1896年8月15日出生于密苏里州堪萨斯城,1915年在加州洛斯·盖托斯(Los Gatos)圣心修道院成为修道士,1921年毕业于华盛顿州冈萨加(Gonzaga)大学,1922年在同一所大学获硕士,1930年前往中国,在南京、上海的教会中学里教英语至1935年,1935至1941年在南京天主教耶稣传教会工作。在日军攻占南京前,卡尼神父已撤往上海。1938年2月11日至13日,他陪同法国外交官乘坐法国炮艇"都达特·德·拉格瑞号(Doudart De Lagree)"前往南京察看法国房产受损的情况。以后回到南京,1938年6月担任南京国际救济委员会成员,1939年5月担任救济委员会秘书长。珍珠港事件之后,他被日军关进上海徐家汇集中营直至1945年8月战争结束。1945至1949年在上海担任《天主教评论》编辑,1949至1952年在加州圣塔·克拉拉(Santa Clara)大学任哲学教授。以后曾在菲律宾与新加坡工作。1967年6月22日在加州洛斯·盖托斯圣心修道院逝世。

4. 日军损毁美国财产

所有9处房产都由美国国旗和大使馆布告明确标出。此外，米尔斯牧师说，在日本使馆警察的陪同下，他在这些房产上都张贴了日本大使馆的布告。然而，他说这些布告和美国旗、美国使馆布告一样，不起任何保护作用。所有的房屋均被日本兵破门而入，大肆洗劫，抢劫走很多物品。米尔斯牧师说，有几次在日本使馆警察的陪同下，他在几处房产上见到日本兵。他说不可能说出掳掠房屋和教会成员的个人物品造成该教会损失的精确数额。但是根据他掌握的情况，提交了估计在2 000到3 000美元之间的损失。

3/ 在此附上送交给日本当局及本使馆涉及侵犯该教会产业报告的副本。

统一基督教会

在本使馆前一份报告《1938年1月南京的状况》中曾提到统一基督教会的中华女子中学的围墙被推倒，并收有詹姆斯·H. 麦考伦牧师将这一事件报告给本使馆的信件副本。除了侵犯该教会财产的这次事件，麦考伦牧师报告说该教会的产业曾多次被闯入，房屋遭洗劫，东西被抢劫走。他说过些日子，将呈交一份详细的有关侵犯该教会财产的报告，并附上毁坏财产、掳掠物品所受损失的估计价值。一旦收到这份报告即发给大使和国务院。

4/ 在此附上麦考伦牧师报告该教会大院里发生情况的两份信件的副本。

金陵神学院

留在南京金陵神学院的代表胡勃特·L. 索尼牧师通知本使馆，他将在晚些时候呈交一份有关该机构房产及存放在该机构房屋中的物品
5/ 遭到侵犯，还有掳掠造成损失的详细报告。因此，在此附上索尼牧师给日本使馆和美国使馆报告侵犯房产及其居住者事件的两份信件的副本。特别提到了他12月24日给日本使馆报告扯下美国旗，撕掉大使馆布告，以及12月23日下午他本人遭到日本兵殴打的信件。这次事件之

后，他还进一步口头报告了 R. A. 费尔顿教授①、C. S. 史密斯教授②和爱德华·詹姆斯教授③为安全起见存放在事件发生的上海路 2 号房子里的物品被彻底洗劫，严重掳掠的情况。诸如食品、衣物、铺盖这样的物品，还有很多小东西被拿走。桌子、床、画、碟子、炉子、留声机，以及其他物品被砸碎。该机构的其他房产也被闯入，洗劫并部分被掳掠。

北方卫理圣公会

前文已提到位于升州路 111 至 113 号的美国北方卫理圣公会的主楼遭焚烧。1 月 11 日爱斯比先生在 W. P. 米尔斯牧师的陪同下察看了这一产业。临街的主楼是同一条街上被烧的一系列房屋中的一座。这是座砖结构并由混凝土加固的建筑，所以没有烧毁。但是，除了朝东的一、两个房间，建筑的整个内部及物品都被烧毁。主楼后面是属于教会的体育馆和几栋小屋子。这些房屋没有被纵火损坏，但遭洗劫，部分被掳掠。

美国基督教会

前面已提到美国基督教会在太平路上的教区房屋在南京陷落前被进攻的日军发射的两发炮弹击中。在此附上 2 月 4 日欧内斯特·H. 福

---

① 拉尔夫·奥曼·费尔顿（Ralph Almon Felton，1882—1974）1882 年 7 月 26 日出生于堪萨斯州的阿肯色城（Arkansas City），1905 年毕业于堪萨斯州的西南（Southwestern）学院，以后就读协和神学院与哥伦比亚大学攻读硕士学位。三十年代就读宾夕法尼亚大学与德鲁（Drew）神学院，并获博士。他曾任教于康奈尔大学，1931 至 1952 年在新泽西州的德鲁神学院任乡村社会学教授。1936—1937 学年，他来到金陵神学院担任访问教授。1974 年 5 月在弗吉尼亚州亚历山大（Alexandria）逝世。

② 查尔斯·斯坦利·史密斯（Charles Stanley Smith，1890—1959）1890 年 6 月 3 日出生于宾夕法尼亚州米德维尔（Meadville），1912 年毕业于爱朗尼（Allegheny）学院，1915 年在纽约州奥本神学院（Auburn Theological Seminary）获神学学士，并被委任圣职。1915 至 1917 年前往英国剑桥大学留学，1917 年前往中国湖南传教，1918 年到金陵神学院任教授。1936 至 1938 年，他利用回美国休假在耶鲁神学院学习，并于 1938 年获博士学位。此后回到南京，并在珍珠港事件之后被日军关押在上海闸北集中营至 1943 年 9 月遭返美国。战后他于 1945 年重返南京。1950 年离开中国后曾在泰国曼谷与新加坡的神学院任教至 1956 年底，1959 年 8 月 15 日在纽约逝世。

③ 爱德华·詹姆斯（Edward James）是金陵神学院的一位英籍教授，日军攻占南京之前，他已撤往上海。

斯特记述 2 月 3 日下午在同一处房产上发生事件的信件副本。1 月 11 日爱斯比先生察看了这一房产,除了炮火造成的损失外,还注意到院子中其他建筑被闯入、洗劫。福斯特向大使馆报告了该教会的房屋又遭闯入,毁坏与掳掠。他将会在晚些时候提交一份有关事件详细情况的报告,与所受损失的估计数额。

约翰·麦琪牧师向大使馆报告了中国军人在离城前数次闯入位于下关的教会大院,以及后来日军闯入这座大院。有些门窗被打破,东西被拿走,除此之外,他说,房屋没有损坏。

来复会

7/   在此附上乔治·A. 菲齐先生 1 月 21 日写给大使馆报告同一天位于保泰街 7 号来复会院子大门被推倒的信件副本。大使馆没有收到进一步有关来复会房产状况或遭遇的情况。

乔治·A. 菲齐

8/   在此附上日军占领城市后留在南京的乔治·A. 菲齐先生 1 月 19 日报告他在保泰街 21 号住宅受侵犯信件的副本。还附上写给日本当局和本使馆报告闯入他寓所进行偷盗的各次事件的其他几封信的副本。

菲齐先生在 1 月 19 日的信中报告:

> 就此,请允许我陈述,就我所知,所有损失都是由日本兵造成的。这些日本兵 12 月 15 日以来经常闯入我那栋张贴着美国使馆和日本使馆布告,飘扬着两面美国国旗的寓所。12 月 15 日那天,我亲自注意到所有的大门、门窗均完好无损。我还请住在街对面的一位日军少佐照看这栋屋子,不要给骚扰。16 日 12 点 30 分,我和史迈斯博士去那儿,发现西面的边门被砸倒,南面的房门给砸开,阁楼上的箱子被撬开,整个屋子遭洗劫。第二天,17 日,我发现前门也破了,我临时修起来的边门又倒下了。我将这些情况书面向日本大使馆作了报告。
>
> 从 12 月 17 日至 31 日,房屋被闯入数次,1938 年 1 月 4 日

到16日之间，不下7次。有些情况下，我的看门人在刺刀的威逼下，被迫交出钥匙，后来的这些擅闯事件，大部分已报告给你们。

慎昌洋行①

收到经由驻上海总领事馆发来的慎昌洋行有关该公司在南京权益的电报之后，爱斯比先生于1月11日调查了所说的房产和设备。这家公司所说存放在该公司在南京的代理商，位于中山东路170号的大都会贸易公司，价值20 000中国币的物资没有发现受损。虽然不可能断定还有多少物资存放在里面，但看到估计有20到30件管道装置堆放在位于前面房间之后的深坑之中，还见到在房屋后面楼上的房间里有一堆5英尺高的线材。日军把这栋建筑当作食堂用。

该公司说拥有中正路45号的大华戏院中价值25 000元的空调机。吞没戏院的大火如果没有完全烧毁空调机的话，也严重损坏了它。安放在旁边进口通道上方的空调设施的一部分掉了下来，其他部分被严重烧焦。遍布建筑物的管道，不是完全被毁，也被严重烧焦。

爱米琳·阿格罗小姐

爱斯比先生于1月9日察看了位于太古山②20号的爱米琳·阿格罗小姐的寓所。据她留在房屋里的园丁说，这处房产被日本兵数次闯入，但值钱的东西没有被抢走。

朱利斯·巴尔先生

1月20日首次察看了朱利斯·巴尔先生的住宅。11月29日大使馆颁发了布告以张贴在房产上。那张布告如果张贴了的话，已无从见

---

① 1906年美籍丹麦人马易尔（Meyer）、安德生（Anderson）合作在上海开设慎昌洋行（Anderson Meyer and Company, Ltd.），起初经营小规模棉布进口业务，推销丹麦产品。以后业务逐步扩展，并于美国通用电气（General Electric）公司挂钩，推销电器元件、纺织机械、药品，并在北京、天津、哈尔滨、汉口、青岛、济南、广州、厦门、香港等地设立分行。1949年以后，该公司的业务相继终止。
② 太古山（Taikoo Shan），见本书第106页注①。

到。没有发现有中国人照看这座房屋。有人从边门破门而入这所房屋，并从上到下彻底洗劫了一遍。几扇门都被砸破，箱子、盒子、壁橱、书桌、办公桌都被撬开，里面的东西被拖了一地。家具也倒在四处，但没有受到很大的损坏。但是见到几件电器被砸碎。无法断定有多少东西遭掳掠。

我们数次造访这座房屋。每次都发现前门被闩着。2月2日去时，屋内的东西和第一次来察看时原封未动。那次由两个中国人让爱斯比先生进院子，觉得他们和这座屋子有些关系。然而，2月20日再次造访这屋子时，发现自上次造访之后，除了两把扶手椅、一张沙发，这屋子被掳掠一空。没有迹象证明是谁来掳掠的。大门仍从里面闩着。注意到当时这一带没有警察或其他人巡逻，也没有迹象可以证明大使馆的工作人员回到南京以来有过任何治安巡逻。

2月23日爱利生先生将最近的这次掳掠和德士古公司的事件提请日本使馆注意，指出城里缺乏适当的治安巡逻，由于日军控制着这座城市，因此，他们有保护南京城内财产的责任。

T. J. 布鲁德里克①

爱斯比先生2月2日察看了T. J. 布鲁德里克先生位于双门楼56号的住宅。住在那儿的中国难民和布鲁德里克先生的仆人都说日本兵数次闯入这栋房子。12月18日几个日本兵抢走布鲁德里克先生的雪弗莱汽车。没有在车库或其他地方发现那部雪弗莱汽车。如果有东西被拿走的话，无法确知是哪些东西。在屋子里看到据说是布鲁德里克先生的家具，均完好无损。

---

① 汤姆斯·约瑟夫·布鲁德里克（Thomas Joseph Broderick, 1883—1958) 1883年6月5日出生于康涅狄格州威廉迪克（Williamtic），1898年15岁时虚报年龄加入海军，参加在菲律宾的对西班牙作战。1903年前往中国，在福州海关工作，并娶当地中国女子为妻，生儿育女。从1911年起，曾先后在芜湖、上海、秦皇岛等地的海关工作。以后他受雇于美孚石油公司，在南京工作。日军对南京发起总攻之前，他于1937年12月10日，登上两天后被日军炸沉的美舰巴纳号。珍珠港事件之后，他被日军羁押，关进在上海海防路集中营至1945年战争结束。他1949年4月携家人离开上海回美国，1958年5月1日在旧金山逝世。

院落的前门上仍张贴着大使馆的布告。

凯瑟琳·布莱恩小姐

在麦克法瑾先生的陪同下,爱斯比先生2月10日察看了凯瑟琳·布莱恩小姐位于大永庆村11号的住所。在此之前,收到布莱恩小姐询问她住宅情况的信件。

结果发现这栋住宅遭受了相当大的损失。除了门窗砸破,墙壁受损,房屋本身没有损坏。很明显是用刺刀戳穿了几扇门。但是屋子被从上到下洗劫,遭掳掠。楼下的餐厅和起居室里都没有家具,只有一个电冰箱在起居室中间,冰箱顶上的马达好像被卸走了。厨房里的炉子、留下的几件厨房用具和盘子都在那儿;但有些盘子被打碎,四散在地板上。在二楼,见到一些家具,诸如办公桌、书桌和几张椅子,但这些家具被部分砸破。在三楼上的边室里有3只箱子被撬开,里面的东西被拿走或丢得到处都是。后面楼梯的平台边上的房间里存放着几只包装箱,这些箱子也被撬开,东西被拿走,或四散各处。每一层楼上都到处四散着被践踏过的一堆堆衣物、书籍、纸张、家庭用品的碎片,有的地方有一英寸厚。

这栋屋子里没有人居住,但邻近的房屋中有日军住着。一楼起居室的墙上,以及起居室上面二楼卧室的墙上用黑墨写着中国或日本字。

2月24日,爱斯比先生和爱利生先生又来到这栋住宅,让爱利生先生察看书写着的那些字,看看是不是日文。爱利生先生认出是日文。一处写着"大日本"。另一处写着"1937年12月17日",用的是日本的纪年,也就是:昭和12年12月17日。

这次注意到前门上原来张贴11月24日颁发的大使馆布告的地方。布告被撕掉,只剩些小纸片还可以看出布告曾张贴在那儿。

同一天,爱斯比先生带着日本使馆的Y.粕谷先生来到这栋住宅,让他看书写的日文,让他作为日本政府的官员来见证犯下的掳掠罪行,见证由日军在墙上留下的日文证明为日军犯下的掳掠罪行。并指给他看原来布告张贴的地方。进屋后,粕谷先生看了书写的文字,翻译成英文,并承认是日文。

4. 日军损毁美国财产

在此附上爱斯比先生和爱利生先生最近一次巡视布莱恩小姐住宅备忘录的副本。

中和灯泡公司①

2月25日，根据中和灯泡公司通过驻上海总领事馆提出的要求，察看了位于太平路麟和里14号的建筑，以确定该公司所说在日军占领城市之前存放在那儿的，每箱装有25只的430箱电灯泡的情况。虽然在屋子里发现许多空纸箱，没有电灯泡留下。建筑物本身看上去并没有受损，但有证据表明被洗劫、掳掠过。但没有迹象可资证明谁是闯入并掳掠这一房产的罪犯。

大昌实业公司②

爱斯比先生1月17日察看了大昌实业公司在南京陷落前搬到位于湖南路516号的房屋。察看时该房产被中国难民占用。车库内没有发现汽车，那儿的两名中国雇员说车子在12月被日军抢走。据在那儿的中国人说，屋子数次被日本兵闯入。在院子里找到保险箱，已被撬开，里面的东西不见了。屋子里的东西大部分被劫掠。但公司的记录好像没有被动过。房子里留下很少的家具，除了楼下屋里的书桌被撬开，其他没有受损。

大来公司

应大来公司一名中国雇员的要求，爱斯比先生在1月22日察看了该公司在南京的两个木材场。城南的毗卢寺③木材场只有12根或不到那个数目的木材。虽然大门上仍张贴着使馆的布告，木材场的大门洞开

---

① 1932年美国通用电气公司与荷兰飞利浦（Philips）灯泡公司、德国亚司令（Osram）灯泡厂、匈牙利太司令（Tungram）灯泡厂在上海合股开设中和灯泡公司（China United Lamp Company），生产、经销灯泡。
② 大昌实业公司（Chinese Engineering and Development Company），见本书第83页注③。
③ 位于南京市汉府街4号的毗卢寺（Pi Lu Shih），始建于明嘉靖年间（1522—1566），因寺中供养佛卢遮那佛，原名毗卢庵。该庵毁于太平天国时期兵火。清光绪十年（1884年），时任两江总督的曾国荃，斥巨资，在原址扩建规模宏大的毗卢寺。该寺东至清西河，西至大悲巷，北至太平桥，南至汉府街，时为南京第一大寺。1931年，该寺成为中国佛教会会址，赵朴初曾长期在此工作。

着。木材场尽头的小屋被闯入,里面的东西遭抢劫。几件家具和铺盖拖得到处都是。不知有多少木材被搬运走,但据中国雇员说,搬走好几千英尺的木材。察看时,有几个日本兵在木材场里游荡。

该公司在下关的大木材场里的房屋完好无损。屋子上飘扬着两面美国国旗,大门上张贴着使馆的布告,见到一大堆木材堆放在院子内;在木材场临水的河滩上,更多的诸如木杆、圆木和锯好的木材堆放着。中国雇员报告说,虽然还有两辆卡车留下,日本兵在12月21日抢劫走两辆雪弗莱卡车,从12月21日至12月31日,从溪流中搬运走大批木材。同时,他们还报告道,位于三叉河的房屋被焚烧,好几千英尺的木材从那儿被搬运走。

以后从雇员处得到日军整个1月份一直从下关的溪流中不断搬运走木材的情况虽然千真万确,但是第一次造访木材场时,他们并没有将这一事实报告给本使馆。然而,1月26日,或1月26日前后,美国公民,受雇于祥泰木行的斯坦利·比希普里克①应日军当局之请来南京安排出售该木行的木材给日军的事宜。他告知本使馆大来公司的木材从该公司木材场前面的溪流中被搬运走。这一情况送交给日本大使馆,请求他们通知日军,木材是美国财产,必须停止搬运木材。

1月31日上午,在比希普里克先生的陪同下,爱斯比先生看见日军从大来公司前面的溪流中搬运木材并用手推车运到江边。此后,爱斯比先生立即拜访了日本大使馆的福井先生,向他通报了在大来公司发生的情况。这次给福井先生画了张简图,这样他可以告诉日军溪流中木材的准确位置。就持续劫运美国财产的情况向福井先生提出了口头抗议,并要求福井先生叫日军颁发命令,禁止再搬运木材。他说将通报日军,并

---

① 斯坦利·比希布里克(Stanley Bishoprick, 1904—1995)1904年5月2日出生于阿拉斯加州斯加维(Skagway),1929年毕业于俄勒冈州立大学。比希布里克身为美国公民,但受雇于英国公司祥泰木行(China Import & Export Lumber Company)。日军攻占南京时,他人在上海,在南京日军当局的邀请下,他于1938年1月31日至2月6日到南京来商讨出售木材给日军的事宜。1995年10月8日,比希布里克在华盛顿州奥林匹亚(Olympia)逝世。

4. 日军损毁美国财产

命令日军单位不要再从那儿搬运木材。

同一天，向上海的大来公司的总部发了电报，请该公司告知本使馆存放在木材场及溪流中木材的数量。鉴于日军当局从祥泰木行购买木材，还提及与大来公司也可作类似安排，由于大来公司也许愿意这么做，如有可能，也许希望将目前劫运走木材变成销售木材给日军，在同一个电报中，询问该公司是否希望将木材卖给日军，如果想卖，价格是多少。

大来公司的复电提供了存放在木材场和溪流中木材的大概数量，并说愿意按 180 元中国币 1 000 板英尺①的价格出售给日军。有了这一信息，在爱斯比先生的陪同下，比希普里克先生于 2 月 5 日粗略地估计了仍存放在溪流中的木材，这样可以推断出被搬运走木材的大致数量。然后于 2 月 7 日，爱斯比先生告诉日本使馆的参赞福田先生大来公司的答复，只是没有说出售木材的价格，并提交给他从溪流中已经搬运走木材数量粗略的估计。福田先生说将立即将这些信息送交日军。这时他说，"当然，这些木材是要付款的"，如果大来公司能将所欠的款项提交给日本大使馆，会报告给日军当局，提请注意。

同一天，2 月 7 日，我们发了一信给大来公司，通报了就存放在这儿的木材进行的会谈。鉴于存放的木材在没有事先安排出售及出售价格的情况下被搬运走，我们要求该公司给予更加完整的指示，由此可以将具体的细节提交给日本当局。

2 月 9 日上午，大使馆的爱斯比先生和麦克法瑾先生又见到日本兵从溪流中搬运木材。那天上午发生的情况，以及日军本乡少佐与爱斯比先生会谈的完整记录被包括在 2 月 9 日的备忘录中，在此作为附件十。请注意备忘录中就搬运走美国财产直接向日军提出的抗议，还有本乡少佐谈到，日军在调查了搬运掉的木材数量之后，将赔偿被运走的木材。爱利生先生于 2 月 10 日将备忘录提交给福井先生，并告诉他备忘录交

---

① 板英尺（board feet 或 board measure）为木材计量单位，即厚度为一英寸，面积为一平方英尺的木材。

给他作存档之用,以及由于福井先生以前表示希望在本地解决这样的事,他相信这事可迅速解决,要不然他将把这事提交给东京和华盛顿。

2月17日,福田先生通知爱斯比先生,日军已完成调查,但他们在等待上海应该如何计算木材数量的指示。2月18日,福田说,专门作为日方与外国权益之间的联络人员来南京的广田中佐①向上海日军最高指挥部门发了电报,请求处理购买木材的问题由他解决。福田先生说,几天之内可望得到答复。

除了备忘录的副本,还附上了本使馆2月7日给大来公司信件的副本;斯坦利·比希普里克2月2日就目击木材被搬运一事写给本使馆信件的副本;大来公司的雇员起草的"中国南京,大来公司遭受损失的述词"的副本;大来公司雇员熊明珠(Hsuing Ming-chu)准备的一份提供1938年1月27日至2月2日从溪流中搬运走木材数量的备忘录的副本;还有一份2月5日记录的留在溪流中的大来公司木材存货大致数目单据的副本。

布莱恩·达雅先生

爱斯比先生2月2日察看了位于阴阳营54号的布莱恩·达雅先生的寓所。根据住在那儿的仆人说,日本兵数次从隔壁人家翻越边墙闯入。他们说,被抢劫走两三件诸如钟、瓷碗之类的小东西,此外,房屋以及屋子内的东西均没有受骚扰。

金陵车行、比尔斯汽车行

本使馆此前的报告《1938年1月南京的状况》中作为日军在南京侵犯掳掠财产最明目张胆的例证而提到在中山路和上海路拐角处的金陵车行发生的情况。提请国务院注意那段记叙。1月11日左右第一次巡视那处房产。1月20日上午,由于前一天晚上看见几个日本兵穿过车行到里面去,我们又造访了这个车行。那天上午在车行里发现两个日本兵。他们在地板上的一只盆子里生起一堆火,面对着张贴在先前已从大

---

① 见本书第161页注④。

门上向旁边推到车行里面的木板上的大使馆布告,坐在火堆前。为了燃火,他们从这栋房屋的办公室里搬出来的桌子上敲下几块木片。我们要日本兵滚出屋子去,他们照办了。重新关上大门,并在门上又张贴了一张布告。

在此附上德国人克里斯卿·克罗格先生陈述他于1937年12月14日上午看见该车行门关着,情况完好的信件副本。

请注意,题为《1938年1月南京的状况》的报告附件一中第85号案件。此案中,德士古(中国)有限公司办公室的看门人说在12月20日"日本兵从楼下金陵汽车公司抢走3辆汽车"。

玛格丽特·希金斯小姐①

本使馆通过在汉口的大使获悉先前受雇于坐落在中山陵园陵园路的国立农业研究院的玛格丽特·希金斯小姐将她的衣服及家用物品存放在该研究院的一栋建筑中,并请求如有可能,寻找这些物品,加以保护。

2月5日设法去寻找她的物品。然而,国立农业研究院的所有建筑均遭焚毁,没有发现她物品的踪迹。据信这一损失应直接归咎于中国军队,因为从可靠消息来源得知,并再次从那天就在那座建筑周围的中国老百姓处听说,中国军队向南京城撤退时,烧毁了这些建筑及其附近所有的其他房屋。

道格拉斯·简金斯的寓所

1月9日第一次察看了位于马台街29号的道格拉斯·简金斯的寓所。仍可看到院门上张贴着使馆布告和简金斯先生用中英文书写的名牌。他的中国籍仆人的尸体已从车库搬走,尸体已躺在那儿数周。房屋被彻底洗劫,很多瓷器和家具被砸碎,还抢劫走一些物品。

---

① 玛格丽特·希金斯(Margaret Higgins, 1901—1985)1901年6月22日出生于堪萨斯州奥古斯汀(Augustine),1932年受雇于金陵大学农林学院任秘书,以后在国立农业研究院工作。日军1937年8月开始空袭南京之后,她即撤离,并于同年9月回到美国。她于1985年2月11日在加州蒙特瑞(Monterey)逝世。

万国商用机器公司①

本使馆于1月19日接到由驻上海总领事馆转来的万国商用机器公司的电报。电报询问属于该公司但租赁给中国政府的两部财会计算仪器的情况。其中一部已包装好，存放在中山路上的铁道部，另一部在卫生署。

1月20日，爱斯比先生拜访了日本大使馆，请求允许他察看这个公司的财产。日方含混地告诉他这事要提交给日本军方。1月27日又向日本使馆提及此事。这次日本代理总领事K.福井先生对爱斯比先生说还没有交给日本使馆明确的证据，表明财产是美国的，并没有出售给中国政府。爱斯比对福井先生说，这家公司从上海发来的电报中说这些设备是他们的。然后，爱斯比先生问福井先生机器是否在所说的建筑里，他是否可以察看。福井先生的唯一答复是必须提交给日本使馆，表明财产是属于美国的明确证据。

那天，我们经驻上海总领事馆发了电报，要求提供一份机器所有权的证明。该公司在2月5日的复电中说设备只是租赁而不是出售给中国政府的，书面证明已邮寄给美国大使馆。电报的副本于2月7日提交给日本大使馆。我们再次提出要求：允许爱斯比先生察看机器。爱斯比先生指出他以前已两次请求察看机器，但是他的要求都没有得到答复，此外，日本使馆甚至没有告诉他这些机器是否仍存放在那些建筑里。他进一步说，将保留对机器价值索赔的权利。

2月7日，提交给日本大使馆的是从上海寄来、包括将机器租赁给中国政府合同的影印件以及相关机器的专门清单。这次和福田先生谈了，福田先生说将把这一清单交给军事当局，查找这些机器，一旦找到，他将

---

① 万国商用机器公司（International Business Machine Corporation，简称IBM），公司名称也译为国际商业机器股份有限公司，但IBM这个名称更为大众熟知。该公司的前身为计算列表记录公司（Computing Tabulating Recording，简称CTR），1924年托马斯J.沃特（Thomas J. Walter）将CTR更名为IBM。公司主要生产、经销、租赁具有统计功能的计算机器。客户主要为美国人口普查局及其他政府机构。四十年代末开始将机械式计算机改进为使用真空管的计算机，以后进而研发电子计算机。

亲自带爱斯比先生去察看。

贝蒂·凌小姐①

1月17日收到驻上海总领事代表贝蒂·凌小姐发来的电报,要求报告她在南京产业的情况。对位于湖南路15号、17号,以及重庆新村1至4号的房产进行了察看。发现日本兵住在她湖南路上的两处房屋里。位于重庆新村的小房屋都空着,但均被闯入,很多窗户给打碎了,屋里的东西均遭彻底洗劫,四处散落。无法确定有多少东西被掳掠。

海泽尔·M. 惠特尼·刘夫人

在海泽尔·M. 惠特尼·刘夫人位于石宝宝巷16号住所的中国园丁到大使馆来说12月日军来到住宅,撕去张贴在大门边墙壁上的使馆布告,破门而入,洗劫、掳掠了这栋房子。他还说后来一个小队的日军搬进来,驻扎在那儿。然后他给我们看了日军最后离开时留在屋里的小队旗。这的确是日军小队的旗帜。

2月7日察看了该住宅。11月29日发给刘夫人的使馆布告已不在墙壁上。草坪上有汽车车辙印。房屋被彻底洗劫,只有几件家具留在屋里,而四散在地板上的是一包包衣物、瓶瓶罐罐。一大堆家用物品从窗户摔到边上的草坪上。妇女的衣服、衬衫、纸张、椅子、桌子、床垫、冰盒,还有被撬开的保险箱撒落在草地、灌木上。

C. 叶兹·麦克丹尼尔和 F. H. 瓦因斯

1月23日察看了英美烟草公司位于太古山上的两栋房子。C. 叶兹·麦克丹尼尔先生和F. H. 瓦因斯先生去年12月离开南京之前居住在这两栋房子里。据留在屋子里的中国仆人说,这两栋房子12月份均数次被日本兵闯入。在一定程度上遭洗劫,喝掉几瓶酒,据中国仆人说,还抢走些小东西。我们发现使馆的布告在地上,据中国仆人说是日本兵从屋子外面的墙上撕下来的。

---

① 贝蒂·凌(Betty Ling)为美籍华人。

罗勃特·S. 诺曼先生

本使馆1月3日收到由驻广州的领事转来的罗勃特·S. 诺曼请求巡视他位于中山陵园陵园路187至188号的寓所。使馆的工作人员回到南京后约一周,通报了日本大使馆诺曼先生房屋的情况。由于当时如果事先没有安排,日军当局不允许使馆工作人员出城,所以我们请求作出这样的安排。以后,又要求作出这一安排去察看这处房产。最后,爱斯比先生在M.S.贝茨博士与两名日本宪兵的陪同下,于2月5日巡视了这一房产。

我们发现这处房产遭到严重破坏。物品遭受掳掠的程度极其严重,实际上,诺曼先生损失了所有个人及家用物品,除此之外,房屋遭受严重的炮火破坏。至少两发炮弹击中房屋。两发炮弹似乎是从南面击中屋子的,也就是说,炮弹来自进攻的日军。屋内还剩下一、两件家具,但在外面的草坪上发现两只炉子。书籍、纸张和其他物品散落在地板上和外面的门廊上。在阁楼上遇到两个中国苦力在破纸、书本与其他杂物堆里翻找东西。一名宪兵把这两个人以及我们看到搬运一扇门的另一个中国人,一起带走。

在此附上克里斯卿·克罗格先生1月22日给本使馆的信件的副本。他在信中说12月26日见到诺曼先生住宅的大门是关着的,能看见使馆的布告,看上去房屋情况良好,显然没有被闯入。然而,从马路上看不见炮火造成的损失,估计克罗格先生没有注意到,因为那肯定发生在12月26日之前。

这次去察看房产时发现前门洞开着,使馆的布告也不在那儿。对该房产相当严重的掳掠可能在克罗格先生见过这栋房屋之后发生。然而,毫无疑问,这处房产以前曾被中国军队或日军占用,或者中日两国军队都占住过。在地上发现弹药、设备和3具中国人的尸体。此外,屋子里许多房间的墙壁上写有东方文字。过几天要核查这些文字,以确定它们是中文还是日文。

J. W. 巴森斯①

2月2日,J. W. 巴森斯先生的两个佣人为了他在芦席营310号住宅的事造访了大使馆。他们说日本兵12月17日和18日破门进入房屋,洗劫房屋内的东西,抢走食品、衣物以及巴森斯先生的各类个人物品。他们说曾尽力设法阻止侵犯财产,但他们无法做到,他们在12月19日遭殴打,被迫离开那栋住宅。打那以后还没有回去过,但请求使馆的工作人员带他们去察看还有什么物品留下。到这处房产时,发现院门敞开着,11月27日颁发的使馆布告已不在门上,也不在院墙上。屋子被闯入,并遭彻底洗劫。有几扇门被刺刀捅破,二楼上的几件家具都被砸破。家中大部分家具显然都存放在阁楼上的两个房间里。两个房间被破门闯入,东西遭洗劫,被践踏。有多少东西被掳掠则不得而知。

2月22日又去察看了这处房产。情况和第一次去时相同。这次把前门关起来,闩上,在门上重新张贴了使馆的布告。

孔雀电影公司②

大使馆收到在上海的美国孔雀电影公司的来信,说战争爆发时该公司在南京中山路新都大戏院③的一个房间里存放了12盘电影胶卷。2月5日我们彻底搜索了这家剧院,但没有找到胶卷。在此之前,剧院被彻底洗劫过,根据现在剧院内的中国看守人员说,日本兵闯进来洗劫,抢走剧院内所有的电影胶卷。

---

① 约翰·威斯利·巴森斯(John Wesley Parsons, 1893—1969)1893年4月8日在北卡罗来纳州兰都曼(Randleman)出生,1918年1月到达中国,为英美烟草公司(British—American Tobacco Company (China) Ltd.)销售商,先后在北京、张家口、广州、上海、南京等地工作,1947年9月离开中国回美国,1969年6月9日在加州桑塔·克拉拉(Santa Clara)逝世。

② 孔雀电影公司(Peacock Motion Picture Company)为一中美合资电影公司。1924年,周自齐在上海创办孔雀电影公司,在美国特拉华州注册,并由毕业于美国哥伦比亚大学电影科和纽约影戏专门学校的程树仁担任译制工作,首创外国影片打印中文字幕的先例。第一部译制的影片是《莲花女》,为外国影片配上中文字幕之始,具有开创意义。该公司也拍摄电影。

③ 新都大戏院(Capital Theatre)位于南京中山路82号,由建筑师李锦沛(Lee Gum Poy, 1900—1968)设计,费新记营造厂承建,1936年建成,当时在南京是仅次于大华大戏院的剧院。1949年以后更名为胜利电影院。

菲尔科销售公司①

在上海的美国菲尔科销售公司在其南京的代理商,位于中山路55号的福昌贸易公司处存放了价值达3,106.79元中国币的无线电设备及物资。2月17日,在受委托经管这家商店的德国人爱德华·斯波林先生的陪同下,爱斯比先生察看了福昌贸易公司。虽然在店里见到几只装电子管的空盒子,没有找到菲尔科的无线电设备和物资。斯波林先生说日本兵在12月15日破门闯入该店,此后直到12月21日还数次闯入,他多次看到日本兵从店里搬运货物。

12-A　在此附上斯波林先生就日军闯入并掳掠福昌贸易公司的情况写给大使馆信件的副本。

胜家缝纫机器公司②

大使馆收到一封日期为1月17日的上海胜家缝纫机器公司的来信。信上说去年秋天,他们的中国代理人被迫离开南京时,下列缝纫机留在城内:29台缝纫机留在白下路144号;25台在中山路232号;36台留在左所巷26-6号。2月5日察看了这3个不同地点的该公司财产。12月期间,中山路上一排建筑,其中有232号,被日本兵纵火烧毁。在商店烧焦的废墟上的瓦砾堆中见到一些缝纫机的残骸。位于白下路144号的商店没有被烧,张贴在前门和边门上的两张大使馆布告仍在墙上。然而,从后面进入商店时,发现有人曾从后门破门闯入,店堂里的东西被砸碎,散了四处,两台缝纫机部分破损,屋里还能见到其他缝纫机的零件。

左所巷26-6号的屋子由几个中国人,包括一名该公司南京代理商的雇员居住着。这名雇员一开始对存放在那儿的缝纫机的情况含糊其词。他最后说36台缝纫机不在那座房屋里,而是在慧园街12号,从那

---

① 菲尔科销售公司(Philco Sales Corporation)为经销无线电设备的美国公司。
② 胜家缝纫机器公司(Singer Sewing Machine Company)1851年由美国人伊萨克·麦瑞特·辛格(Issac Merritt Singer)创办,主要生产、经销缝纫机。公司在中国的总部设在上海,1953年终止在中国的业务。该公司现在的总部设在田纳西州纳希维尔附近。

儿，又搬到白下路144号。后来雇员们得以将23台搬到左所巷。他接着说，23台缝纫机中，19台还在那儿，有4台被日本兵抢走，据说弄到芜湖去了。除此之外，雇员们还将7台缝纫机藏在白下路144号。

美孚石油公司

1月7日，爱斯比先生察看了位于南京下关的美孚石油公司的设施，然后去看了幕府山该公司由L.J.米德①先生和J.B.舍伍德②先生居住的两个住宅。

在公司的设施上遇到南京陷落以来一直留在那儿的4名公司的中国雇员。他们报告说日军曾数次光顾公司的大院，并让我们看了日本兵破门而入门房和小办公室的地方，他们说有些小东西被抢去。他们还给我们看了一辆在北墙边的油罐卡车，他们说车上的有些装置被拆走。大院的其他部分没有受到骚扰，主要的库房也没有被闯入，院子里还有另一辆卡车。院子上飘扬着两面美国国旗，使馆的布告仍张贴在大门上。

陪同爱斯比先生到公司设施去的日本使馆Y.粕谷先生也和他一起去了美孚山③上的两栋住宅。据那儿的佣人说，12月13日以来，那些房屋曾多次被日军闯入。他们说日本兵从屋子里抢走一些小东西、两只炉子和一辆自行车。除此之外，房产并未遭受严重损坏。他们还说，日军

---

① 劳伦·约瑟夫·米德（Loren Joseph Mead，1894—1983）1894年2月23日出生在加州桑塔·安那（Santa Ana），1916年毕业于康奈尔大学，1919年4月前往中国工作，为美国美孚石油公司的经销商，曾在承德、上海、南京等地工作。1943年离开中国。1983年5月24日在加州圣地亚哥逝世。

② 约翰·宾翰·舍伍德（John Bingham Sherwood，1907—1991）1907年3月19日出生于纽约州瑟勒克斯（Syracuse），1929年毕业于纽约州的科尔盖特（Colgate）大学后，即受雇于美孚石油中国分公司，并于1930年1月抵达中国，1937年12月，日军攻占南京之前，他登上美孚石油公司油轮美平号撤离南京，于12月12日日军飞机炸沉美舰巴纳号时，该油轮也被炸伤。1941年珍珠港事件爆发时，他在天津，被日军扣押，关进位于北京的陆军监狱至1942年8月遣返美国。他1991年8月17日在北卡罗来纳州莫菲（Murphy）逝世。2009年，他的回忆录《一个年轻人在古老中国的美好回忆（Fond Memories of a Young Man in Old China）》在美国出版。

③ 这里英文原文为Scony Hill。Scony是Standard—Oil Company in New York（美孚石油公司纽约分公司）的缩写。这里即指产权属于美孚石油公司的一座小山丘，当时中国人称之为美孚山。

从房屋里抓走两个中国人,其中一个是舍伍德先生的仆人。我们四处看了看房产,佣人指出日军闯入房屋的地方,原来放炉子和屋子里遭洗劫的地方。爱斯比先生和粕谷先生仍在屋内时,看到窗外有3个日本兵从房产的西边逃走。把这情况指给粕谷先生看,并请求禁止日本兵进入美国产业,必须禁止在那儿被亲眼见到的这种四处掳掠的行径。

后来一直没有听到美孚石油公司的雇员说日军闯入那处房产,但是2月25日上午,一个惊恐万状的苦力来到大使馆,说前一天下午2点一个日本兵闯入住宅大院,从住在那儿的4个佣人身上抢走9元钱,还要更多的钱。拿不出钱来,他用一把长军刀砍向那时站在飘扬着美国国旗的竹竿前的一个佣人。佣人躲闪过去,军刀砍断了直径两英寸的旗杆。苦力说这次事件使所有的佣人非常惊恐,他们将离开那儿,到别处去避难。

苦力来时,Y. 粕谷先生正好也在美国使馆,并把这事解释给他听。那天下午,他和爱斯比先生及几名日本使馆警察和宪兵一起到那处住宅。苦力说的一切都当场被证实。在他所说的事发现场,看到被军刀砍为两段的竹旗杆,以及日本兵闯进房产时在篱笆上留下的洞。宪兵听佣人说那个人是个日本兵,似乎较为满意。①

我们就发生的事件向粕谷先生提出强烈抗议。向他指出,除了日本兵擅闯和暴力行为外,这样的暴行很自然威胁着雇员,他们为了保护自身安全,会离开这处产业,使它无人看管,那样可以任人掳掠、破坏。因此,我们要求他在这处房产及周围地区安排足够的治安巡逻,以确保不再发生类似事件。

大华大戏院

1月10日大使馆收到驻上海总领事的电报。电报说慎昌洋行声称大华大戏院内价值25000元的空调装置为该公司所有,目前在香港的美国公民司徒英铨先生②称他拥有该剧院48%的股份。

---

① 宪兵较为满意是因为掳掠的是普通日本兵,而不是宪兵。
② 司徒英铨(Soon W. Quebock Seetoo, 1880—1958),美籍华人,1880年12月26日出生于旧金山,曾任纽约长城画片公司经理,1923年4月到上海开设电影公司,以后在南京投资数间影院、戏院。他于1958年5月3日在纽约逝世。

4. 日军损毁美国财产

1月11日巡视了位于中正路45号的大华大戏院。除了有些玻璃和窗户被打破,戏院面临中正路的正面看上去完好。然而,绕到戏院的旁边,可以看到戏院被烧毁。舞台的塔台仍屹立着,但礼堂完全焚毁,礼堂的屋顶已塌下来。旁边入口处的建筑物北边也被烧掉。安装在建筑物里的空调装置位于旁边入口通道的上方,已严重烧焦,有一部分塌下来。电影放映机的塔台看上去没有烧毁,虽然无法去察看,因为楼梯烧毁,已不能上去。除了上面的屋顶由于玻璃的穹窿烧焦,框架断裂,被火烧坏,显然屋顶已不复存在,门厅并没有焚毁。在电影放映塔底部沿着衣帽间门边的门厅地板上散落着砸坏的蔡司·伊康放映机的碎片。无法断定这是备用的放映机,还是戏院的主放映机。也许它们是主要设备的一部分,以前被抬下来存放在衣帽间里,因为衣帽间的门被砸开,有些碎片在衣帽间里面,其他碎片在附近的门厅地板上。

13/ 在此附上送交给大使馆的分别报告大华大戏院焚毁的原因及日期的两份信件的副本。根据这些报告,12月28日晚,大华大戏院被两旁已燃烧着的商店的火焰蔓延而焚毁,还看到着火的商店前面有日军的军用卡车和在一名军官指挥下的日本兵。

德士古(中国)有限公司

14/ 在此附上乔治·A.菲齐先生1月4日和1月5日写给日本大使馆信件的副本。他的信向日本大使馆报告了德士古(中国)有限公司仓库的苦力告诉他日军闯入位于汉西门外凤凰街58号该公司设施进行掳掠的情况。美国使馆重开之后,苦力王庆永(Wang Ching Yung)数次来到大使馆,向爱斯比先生讲了公司设施被侵犯的情况。他对那座大院发生的情况所作的描述有些令人困惑,有些地方自相矛盾。他告诉菲齐先生他只被抓走一天,但对爱斯比先生说抓走3天。他还对菲齐先生说日本兵1月4日将仓库大院里剩下的所有汽油和油料都抢走了,但后来他说这些情况是他的家人和邻居告诉他的,他本人没有见到。然而,以下是王叙述的内容。他说12月30日,几个日本兵来到仓库大院,用手枪逼迫他打开仓库。在里面翻寻洗劫之后,抢走两辆汽车,装有德士古公司

213

雇员和其他人员个人物品的几只箱子和一些汽油。他们还扯下飘扬在大院入口处旗杆上的美国国旗,践踏旗子,将其焚毁,并在那时说"美国对日本不友好",因此日本人不会尊重他们的国旗和财产。然后,他们想强迫王出售汽油和油料给他们,王说他予以拒绝。然后,他们把他绑起来,带到三叉河并关在那儿。他最终在12月31日签了出售仓库存油的合同。第二天释放了他。1月2日,或此后一天,日本兵拿来声称有1000元的一包钞票给王的父亲。王说,他的父亲没有数钱的数额,就在1月4日上午把这包钱交给了菲齐先生。菲齐先生数了只有700元。他将这笔钱,连同他1月4日写给日本使馆的那封陈述王对他讲的情况的信件一起交给日本大使馆。王还说日本兵12月31日又来抢走一辆卡车,1月1日来抢走另一辆卡车,1月4日来抢走更多库存的油料。当问及他怎么知道日本人讲的话,特别是涉及美国旗的内容,他说一个日本人对他及当时在那儿的其他雇员和中国百姓讲汉语。

1月10日上午,爱斯比先生和使馆职员A.A.麦克法瑾先生到那座设施去察看。大门口没有美国旗,门上也没有锁,只用一段铁丝扣着。一位名为唐平淮(Tang Ping Hwai)的中国人松开铁丝,让我们进大院。当问及应该在那儿的美国旗发生了什么情况时,他回答的内容和王的描述大致相同:日本兵扯下旗帜,并将其烧毁。我们没能进入库房,因为门外面上了锁,当时我们不知道只要往旁边一推,门是可以开的。在与库房分开的车库中见到一辆大油罐车。在此应该提一下,大使馆的布告仍张贴在仓库边上,仓库屋顶上画了一面大大的,油漆得色彩鲜艳的美国国旗。

1月29日,4个日本宪兵来到美国使馆,要求找到王一起和他们以及爱斯比先生去调查德士古公司的设施。这次我们将库房的门推向旁边,察看了里面的东西。发现这大院先前被闯入,并遭到相当程度的洗劫。里面的办公室也给抢了,地上四散着许多显然是从存放在库房一边的许多件个人和家庭用品中拖出来的东西。很多箱子被撬开,里面的东西不是不见了,就是散落在地上。房屋里没有汽车或卡车。

宪兵询问王被抢劫走的汽油和油料。然后发现库房里还有些汽油和油料。宪兵的代言人松本（Matsumoto）先生用英语说日本大使馆通报他，根据菲齐先生转来的王的报告，日本兵抢走了所有库存的汽油和油料。松本先生说通过这个例子可以认为中国人散布日军的谣言，显然不能接受中国人的报告。宪兵希望就此中止调查并离开大院。但是我们要求宪兵记录下这时发现库存的汽油和油料，这样以后他们察看仓库时，还有多少库存便不会有问题了。这照办了。同时向他们指出这地方被闯入，遭洗劫，虽然当时没有一份完整的库存物品清单，看这情形除了已不在库房内的汽车和卡车，还有别的东西被抢劫走。

2月15日又察看了该设施。发现自从上次察看之后，库房又被闯入，180加仑的汽油被劫走。属于公司这一设施的雇员非常害怕回到这座大院来，因此无人看管。但是库房的门仍锁着，可能只有知道门可以推向旁边的人才知道如何进去。

这次将王报告的、日本兵在篱笆上弄出的洞尽可能地修补好，前门用大使馆买的新挂锁锁上。还重新在大门上张贴了一张布告。

2月22日，王又造访了大使馆，说他最终回到仓库设施，发现篱笆上有洞的地方又被捅破，门上的挂锁也给砸破。当天下午去察看，发现以前被掳掠的地方又被劫走20加仑汽油。

我们设法用上海德士古公司提供的存放在这座库房里设备和财产的清单来核查仍遗留的存货。然而，由于报告说有大批物品存放在那儿，清单上列出库房中的东西和王所说南京的官员去年离开时留下的东西之间有出入，能否准确地核查，颇值得怀疑。相信除了汽车，大部分公司的设备都还在那儿。至少有两辆汽车、两部卡车被抢劫走。根据公司的清单，4 050加仑汽油被抢劫走，但根据王的数字，只劫走了750加仑。C. 叶兹·麦克丹尼尔先生存放在那儿的物品和属于其他人的物品也被劫走一些。

2月23日，爱利生先生口头告知日本使馆的 K. 福井先生有关持续掳掠德士古公司设施及其他产业的情况，并说虽然目前的掳掠有可能是中国人干的，然而，鉴于日本人完全控制着城市，而没有提供足够的治安来制止这样的行为，日本人应对此负责。

混杂的附件

15/ 在此作为混杂的附件附上在南京的美国居民递交给日本当局各类报告的副本。

附件十五 A 是南京陷落以来留在城内的外国人的名单。

附件十五 B、附件十五 C、附件十五 D 是南京的美国居民设法通过日本当局发电报要求美国外交代表重返南京的努力,并在注释中指出日本当局两次拒绝发送这份请求的电报。

附件十五 E 和附件十五 F 是 W. P. 米尔斯牧师就日本兵擅闯美国使馆产业并对这些产业施以其他暴行向日本大使馆写的报告。

附件十五 G 是南京的美国传教和教育机构应日本使馆的要求而递交的描述日军到 12 月 23 日为止侵犯掳掠美国财产、权益的报告。

附件编号:附件一 A
文件编号:
日期:1938 年 2 月 25 日

金陵大学

1937 年 12 月 16 日,南京

南　　京
日本大使馆

先生们:

请允许我非正式地来向你们谈谈贵使馆建筑隔壁的金陵大学校产上的秩序和总体状况的问题。我们都听到日本官员发表的皇军不希望伤害普通百姓的官方讲话,我们希望在贵当局满意的任何政府领导下恢复和平生活的过程中不会有困难。但此刻,老百姓遭受着巨大的苦难与极大的恐怖。下列案件发生在邻近贵使馆的金陵大学的校产上,还有许多发生在鼓楼医院、金陵大学附属中学与附近的农业专修科。

(1) 12月14日。日本兵扯下美国旗和位于小桃园的农业经济系院子门上张贴的美国使馆官方布告,抢劫了几名住在那儿的教师和助手,不等拿到钥匙便破门闯入。

(2) 12月15日。在上面提到的地方,日本兵来了数次,从在那儿避难的难民那里偷走钱与其他物品,还劫持妇女。

(3) 12月15日。在我们照管1 500名老百姓的新建的图书馆里,四名妇女在那儿遭强奸;两名被劫持、强奸后放回;三名妇女被劫持走,尚未回来;一名妇女遭劫持,但在贵使馆附近碰到宪兵而放了回来。日本兵的行径给这些家庭,给他们的邻居,给住在城市这一带的所有中国人带来极大的痛苦与恐惧。今天下午又有100多起发生在安全区其他地方的类似案件报告给我。这些案件现在不该由我来管,但是我提及这些案件是为了显示在你们近邻金陵大学发生的问题只是日本兵抢劫、强奸老百姓造成巨大苦难的一个例证。

我们真切希望日军能恢复军纪。现在老百姓甚至恐惧得都不敢去领取食品,也就不可能有正常的生活与正常的工作。我们满怀敬意地敦促贵当局安排开展有规律,并由军官直接指挥的检查工作,而不是由散兵游勇在一天之内擅自闯入同一个地点达10次之多,盗窃老百姓全部的食物与金钱。其次,我们敦促,为了日军与日本帝国的名誉,为了日本当局与中国老百姓之间的良好关系,也为你们对自己妻子、姐妹、女儿的思念,应该保护南京众多家庭免遭日军暴行。

中国军队的混乱与失败给日军一个很好的机会来获得老百姓的信任,如果由于延误,或对普通民众的福祉与道德准则的冷漠而失去这一机会,那对涉及的各方来说是极为不幸的。

谨致敬意
金陵大学紧急委员会会长
M. S. 贝茨

附件编号:附件一B
文件编号:
日期:1938年2月25日

金陵大学

1937年12月16日,南京

南　京
日本大使馆

先生们:

请允许我在今天上午致你们的信上涉及第二项的内容略加补充。

在我们位于小桃园的农业经济系的大院里,昨晚30多名妇女被一而再再而三地到那去的大批日本兵强奸。我已彻底调查了这事,肯定这个说法确实无误。

城里这一带的情况的确非常可怜。我们相信你们已在军事力量上显示出优越之处,也将在显现仁慈上展示出优越之点。保障生命和人身安全是数十万和平民众目前最急需的。

金陵大学位于安全区内,也受到安全区的情况与问题的影响。有些日本军官很友善,并理解安全区的目的与工作。其他军官则显得粗暴,持怀疑态度。让我们使他们明白,国际委员会所做的一切从一开始就是公开的。每个办公室,每栋房屋,做的每一件事都可以每天进行检查。委员会乐于恢复正常的局面,由此可以从履行人道的职责中解脱出来。同时,委员会只是在极其困难的条件下设法为由于战争而被逐出家园并仍在巨大的恐惧中生存的老百姓提供膳宿。

谨致敬意
M. S. 贝茨

附件编号:附件一C
文件编号:
日期:1938年2月25日

金陵大学

1937年12月17日

南　　　京
日本大使馆官员

先生们:

　　从贵使馆的建筑,以及在你们的邻居中,可以清楚地看到恐怖与残暴的景象仍持续着。

　　(1)昨晚,日本兵一次又一次来到拥挤着大批难民的图书馆,用刺刀逼着要钱,要手表,要女人。通常因为前两天已被掳掠数次,人们拿不出钱或手表时,日本兵砸碎他们旁边的窗户,粗鲁地将他们推来搡去。我们的一名工作人员就是这样被刺刀捅伤。

　　(2)昨晚,犹如城里这一带许多地方,日本兵在图书馆强奸了数名妇女。

　　(3)日本兵殴打我们没有任何武装的警卫人员,因为他没有准备好姑娘供日本兵享用。

　　(4)昨晚,几栋挂有美国国旗、张贴着使馆布告的美国住宅被一群群四处游荡的日本兵非法闯入,有的被闯入数次。这包括我们的3名美国工作人员现在居住的住所。

　　我们满怀敬意地请你们将这些仅仅是发生在广大南京居民身上日军的所作所为中选取的几个例证与贵政府对中国人民福祉关注以及对保护外国财产关注的官方声明作个对比。

　　我们不希望强调个人的事情,提及另外两个事件只是为了显示毫无节制的日本兵狂暴的程度。昨天,我们的一位美国工作人员在日本军官没有进行调查的情况下提出虚假的指控,而被日军官兵殴打。晚上,另一位美国人和我自己被一个持步枪、醉醺醺的日本兵从床上拖起来。

写这封信并不是为了给金陵大学寻求特别保护,而是出于金陵大学和你们近在咫尺的原因,强调这些和平的老百姓面临危险的紧迫性。

我们相信日军有力量、有效率来维持令人尊敬的举止,并给予被征服的老百姓在良好秩序下生活与工作的机会。我们无法理解为什么日军没有这么做,没有在进一步损害本地老百姓、进一步损及日军名誉之前,做到这一点。

忠诚地

金陵大学紧急委员会会长

M.S.贝茨

附件编号:附件一 D

文件编号:

日期:1938年2月25日

金陵大学

1937年12月18日

南　　京

日本大使馆官员

先生们:

由于日本兵强奸、施暴和抢劫的行径,苦难与恐怖仍在四处持续着。17 000多可怜的人们,其中许多是妇女儿童,目前在我们学校的校舍里寻求安全庇护。人们还在涌进学校来,因为别的地方的情况比这儿更加糟糕。然而,我必须向你们提供过去24小时内相对良好地区的记录。

(1) 位于干河沿的金陵大学附中。一名受惊吓的孩子被刺刀挑死;另一个受重伤,奄奄一息就要死了。8名妇女遭强奸。设法为这些可怜的人们提供食物并照管他们的我们几位工作人员在毫无缘由的情况下遭日本兵殴打。日本兵不论白天还是夜晚多次翻墙越舍。许多人3天来无法睡觉,有一种歇斯底里的恐惧。如果这一恐惧与绝望导致对强暴妇女的日本兵进行反抗,将会出现灾难性的屠杀。贵当局要对这种屠杀承担责任。日本兵轻蔑地扯下美国国旗。

(2) 位于金银街的蚕桑大楼。两名妇女遭强奸。

(3) 位于胡家菜园11号的农具店。两名妇女被强奸。

(4) 我们工作人员居住的汉口路11号教师住宅。两名妇女遭强奸。

(5) 美国工作人员居住的汉口路23号教师住宅。一名妇女被强奸。

(6) 位于小桃园的农业经济系。这地方多次遭受可怕的暴行,所有的妇女都已逃离。今天上午,我去那儿看了看,碰到6个日本兵,其中一个多次举起手枪,扣着扳机,对准我,虽然我只是礼貌地问他在那儿有没有遇到困难而已。

这些显而易见的事实并不能说明被找女人、要粮食、抢东西的游荡的日本兵白天骚扰多达10次、夜晚又侵扰6次的普通百姓的苦难。它们表明急切地需要立即控制这一状况。

贵方的某些代表宣称,昨晚将像其他几处聚集着大批难民的地方那样在几座建筑的大门口设置宪兵。却没有见到一个哨兵。除非真正在总体上恢复军纪,日本兵到处爬墙越舍,几个岗哨无论如何也无济于事。

贵军的士兵得到节制之前,何应钦[①]往日寓所内的龟山(Akiyama)

[①] 何应钦(Ho Ying-ching,1890—1987),国民党陆军一级上将,1890年4月2日出生于贵州兴义,1909年考取清政府官费留日,学习军事,入振武学校,结识同在该校学习的蒋介石,参加同盟会。1911年武昌起义胜利后回国,1913年再赴日本,1916年毕业于日本士官学校后回国在军界任职。1930至1944年任国民政府军政部长,1938至1944年任军事委员会总参谋长,1944至1946年就任中国战区陆军总司令,并于1945年9月9日代表中国政府接受日本投降。1946年前往美国,担任联合国安理会军事参谋团中国代表团团长至1948年。回国后于1948年任国防部长,1949年初短期出任行政院长兼国防部长。此后,经香港去台湾,任总统府战略顾问委员会主任。何应钦1987年10月21日在台北去世。此处所指何应钦公馆1934年建,原地址为斗鸡闸4号,现在位于南京大学北园内。日军攻占南京后,该公馆损毁,1945年在原址重建,现仅存楼房、平房各一座。

支队司令部的存在,将对周围的居民构成特别的危害。如果将军们有这样的意愿的话,司令部可以成为维护安全的力量。

由于日本兵抢走他们的粮食与金钱,这里,以及全城的老百姓已因饥饿而绝望;因为日本兵抢去他们的衣物、铺盖,还有许多人受冻,生病。日本当局准备如何应付这个问题?

在每一条街道上,人们含着泪水与忧伤诉说道,无论在哪儿,只要日军在,没有一个人,也没有一栋房屋是安全的。这肯定不是日本的政治家希望要做到的,南京的全体居民希望从日本得到更好的东西。

相信如果你们有机会,你们中的一位可以同我一道穿行在距离贵使馆墙壁如此之近,而恐怖与苦难却仍在持续的地方。写这封信的过程被迫中断,以应付7名从事它们通常称为"巡察"的日本兵。这"巡察"意味着搜寻女人,夜晚再来将她们劫持走。

我昨晚睡在这些屋子里,并打算继续这么做,希望能给无助的妇女儿童施以微弱的援手。从事人道工作的其他外国朋友和我自己不断受到日本兵的威胁。如果在做人道工作的过程中我们被喝醉酒、无法无天的日本兵杀害或打伤,谁应该承担责任是再清楚不过了。

这封信以礼貌而友善的精神写就,但却反映了自从5天前日军进城以来我们一直生活于其中的非常不幸的绝望。急需立即加以惩治的良方。

忠诚地
金陵大学紧急委员会会长
M. S. 贝茨

附件编号:附件一 E

文件编号:

日期:1938 年 2 月 25 日

中国,南京

金陵大学(鼓楼)医院

1937 年 12 月 19 日

南　　京

日本大使馆官员

亲爱的先生们:

　　我恭敬地请求你们注意昨天,也即 12 月 18 日晚上发生在鼓楼医院的事件。医院里有 150 多名患者,护士、医生和医院工作人员。在这所医院,我们过去曾有幸为日本大使馆的许多工作人员提供医疗服务。

　　3 个日本兵从后门闯入医院大院,在医院的走廊里上下大步窜动。其时约在晚上 8 点。63 岁的美国护士海因兹小姐①遇到并陪着他们。尽管她声辩手表是个人财产,他们还是从她手上抢走了表。他们还抢走另外 6 块手表和 3 支钢笔。两个日本兵离开了医院,第三个没有离开,但却不见了踪影。

　　9 时 15 分,有人报告我一个日本兵在护士宿舍里。我提着灯到那儿,发现一个日本兵和六个护士在屋里。他半身裸露,在我到达之前,已和三个护士上了床。医院里的所有护士都惊恐得难以言状。

　　到目前为止,我们一直认为医院会免遭此类事件的侵扰,并没有特

---

① 伊娃 M. 海因兹(Iva M. Hynds,1872—1959),中文名韩德思,1872 年 2 月 1 日出生于印地安纳州的马丁斯维尔(Martinsville),1895 年毕业于明尼苏达州圣保罗(St. Paul)护士学校,曾在洛杉矶做护士。1912 年来到中国,在南京的教会医院工作,1924 年起在鼓楼医院妇产科任护士。南京大屠杀期间,他是留在南京城内的 14 名美国公民之一,主要在医院护理初生婴儿。她的年龄在 1937 年应为 65 岁。海因兹 1959 年 2 月 6 日在洛杉矶去世。

意请求在医院大门口设立岗哨。现在我们希望请你们经手安排此事,请求设立这样一个岗哨,或者采取其他步骤防止这样的事件再度发生。

谨致敬意

罗勃特·O. 威尔逊医生

附件编号:附件一F
文件编号:
日期:1938年2月25日

金陵大学

1937年12月21日

南　京
日本大使馆
福田秘书

亲爱的福田先生:

根据您今天上午的要求,我呈交下列事实,其中大部分是见了您以后我本人观察到的,其他的则是在可靠的人士对我讲了之后我仔细调查的结果。

(1) 今天下午,日本兵从图书馆抓走7个人,其中包括我们自己的工作人员。并没有指控或事实证明这些人当过中国兵,但日本兵无视贵使馆的布告,就是要抓走他们去做劳工。

(2) 今天上午,在靠近贵使馆大门的头条巷4号,两个日本兵轮奸了一名妇女。这是否意味着数名宪兵在恢复秩序?

(3) 今天和您在使馆会面时,我自己的家第4次遭到掳掠。今天另外还有7栋金陵大学的房子被掳掠,很多房屋被数次闯入。

(4) 在军官指挥下的大批日本兵有组织地纵火,迫使数千老百姓无家可归,没有指望恢复正常的生活与工作。他们整天仍继续放火。

(5) 尽管张贴着贵使馆的布告,鼓楼医院位于双龙巷的门今天被砸破。在医院的另一处地方,一个美国人从偷车的日本兵手上,抢救下一部救护车。

(6) 今天下午,我亲见日本兵 5 次抢劫可怜的人们的食品和铺盖,通常还要这些人跟着,为他们搬运抢来的东西。

(7) 在邻近我们附属中学的安乐里,我应红十字会救护站之召去帮忙。红十字会救护站夜间医治了被要女人、要钱的日本兵打伤的 3 个人。昨晚,一名妇女在楼上的屋内遭强奸。我进屋时,两个日本兵在那儿翻箱倒柜,抢东西。从事救护工作的善良人对我说,昨晚在他位于高家酒馆 58 号的家里,两个女子遭强奸。

(8) 回家时,我途经五台山南面数百间贫民的草棚。有些人说昨晚情况好些,其他人则说更差,因为日本兵仍从他们家中劫持走姑娘,抢劫最贫困的人们,把没有其他谋生手段的人们的人力车抢走。

(9) 昨天,日本兵第二次把五台山美国小学的美国国旗扯下践踏。日本兵还威胁说如果佣人或其他人再挂起旗帜,就杀了他。

昨晚遭强奸或被打伤的人数肯定没有前一天晚上多。但是,抢劫、非法闯房入舍与可怕的纵火仍持续着,和以前相比是有过之而无不及。国际委员会的两名成员开车行驶了数英里,没有见到一个宪兵的踪影。宪兵并没有什么成效。

如果将军们打算摧毁老百姓的家舍,掠走他们的粮食、衣服,最好坦言相告,而不要以对恢复秩序的虚假希望来蒙骗老百姓,欺骗我们。

M. S. 贝茨

12 月 21 日

附件编号：附件一 G
文件编号：
日期：1938 年 2 月 25 日

金陵大学

1937 年 12 月 22 日

南　　京
日本大使馆官员

先生们：

　　昨晚和今晨，许多地方报告情况略有好转。然而，仍然是极其可耻地糟糕，以下几个案件可以说明情况：

　　(1) 今晨 5 点不到些，11 个人突然被强行从金陵大学图书馆抓走。虽然大门上有宪兵的布告，日本兵破门而入。日本兵凶暴无比，前一天下午也是如此，没有人敢通风报信。日本兵后来又来抓走一个人。至于昨天从这儿抓走的 7 个人，其中包括我们的工作人员，至此仍没有音信。如此恐怖，没有安全感，当然也不可能找到从事正常工作的劳工。

　　(2) 昨晚 10 点，4 个日本兵乘汽车来到金陵大学大门口。其中一个用刺刀逼迫以阻止看门人去报告贵使馆警察。3 个日本兵进入校园后，我们的佣人叫来使馆警察，劝他们离开。今天上午 10 点之前，日本兵藐视宪兵的布告，闯入金陵大学达 5 次之多。

　　(3) 日本兵今天上午仍擅闯金陵大学的住宅，包括那些美国人居住的房屋，进行抢劫。

　　(4) 我和 3 个同事，每个人今晨在不同的街道上办事，都没有见到宪兵。我们知道有宪兵在，但是他们人数太少，也太文雅，不能维持军纪。

　　(5) 有组织地用卡车进行掳掠，之后再纵火焚烧的情况近在咫尺地持续发生着。这日复一日使得越来越多的老百姓无家可归，陷于贫困，将来找不到工作做。

（6）昨晚7个日本兵闯入位于铜银巷的金陵女子神学院,搜寻、强奸妇女。

（7）几个难民营报告日本兵不顾宪兵的布告,闯进来找女人,要钱。

（8）在小桃园的金陵大学农业经济系大院,昨晚日本兵粗暴地砸破许多房门。两天前,日本兵来抓走我们的佣人,拿走钥匙,到现在仍没有释放佣人。

（9）像往常一样,金陵大学蚕桑系今晨被日本兵频繁骚扰。其中一个喝醉的日本兵抓住3个人,帮他抬从别处偷来的酒,在拥挤的难民堆中抢劫之际,还开了3枪。

（10）您会有兴趣得知邮局一位忠心耿耿雇员的诉说,游荡的日本兵扯开很多邮件,造成什么损失,我们不得而知。这些国内、国际都有的邮件在战事的最后几天没能送出去,为安全起见,存放在健康路奇望街①的邮政总局。

这些仅是我亲见或直接报告给我的例证,表明没有真正整肃军纪。许多已被抢去全部金钱和手表的人们,特别在晚上因为无法再满足日本兵对同样东西的要求而被日本兵殴打。

敬呈

M. S. 贝茨

---

① 1931年南京进行街道改造时,将一些小街道拓宽连接成新的健康路。健康路邮局所在地原为奇望街。在1937年人们对原街名仍记忆犹新,故称该邮局为健康路奇望街邮局。另见本书第二章爱斯比的《1938年1月南京的状况》一文的附件1—e第123案件记述了发生在奇望街邮局的同一事件。

附件编号:附件一 H

文件编号:

日期:1938 年 2 月 25 日

金陵神学院房产情况报告

1937 年 12 月 23 日

产权:所有财产均由金陵神学院创始人董事会拥有、支配。

该董事会办公地点为美国纽约第 5 大道 150 号。

神学院的房产

地　　址	占用者	状　　况
汉中路、上海路拐角处	主楼、男生宿舍、行政楼	良好。但是所有的建筑、房间均被闯入,抢劫走一些小东西,门被砸破。日本兵扯下北面入口的美国国旗。
铜银巷 1 号	神学院中国院长寓所	房屋被破门,彻底掳掠。抢走许多东西。
铜银巷 3 号	暂时由 H. L. 索尼居住,还有 F. W. 普瑞斯①的家庭财产。	日本兵多次闯入房屋。每个房间都被闯入,箱子和其他装东西的容器被砸开,抢走很多东西。
上海路 2 号	R. A. 费尔顿教授的住所。还有 C. S. 史密斯教授和 E. 詹姆斯教授的家庭财产。	日本兵闯入房屋,撬开很多门锁,东西都被抢劫。抢走很多东西,还有许多东西给砸毁。

---

① 弗兰克·威尔逊·普瑞斯(Frank Wilson Price,1895—1974)1895 年 2 月 25 日出生于浙江嘉兴一个美国传教士的家庭,自幼在中国生长,长大后,去美国读大学,1915 年毕业于北卡罗来纳州大卫逊(Davidson)学院,1923 年在哥伦比亚大学获硕士,并在耶鲁大学于 1922 年获神学学位,于 1938 年获博士学位。1923 年,他回到中国,在金陵神学院任教,成为也在金陵神学院教书的他的父亲,菲力浦·弗朗西斯·普瑞斯(Philip Francis Price,1864—1954)的同事。1937 年,日军向南京进军之际,他在美国休假,在耶鲁攻读博士学位,同时主管在美国的中国新闻中心(China Information Center)的工作,宣传、支持中国的抗日战争。1945 年,作为中国政府代表团的成员,参加旧金山联合国成立大会。他 1974 年 1 月 10 日在弗吉尼亚州的莱克星顿(Lexington)逝世。

4. 日军损毁美国财产

续表

地　址	占用者	状　况
铜银巷9号	中国教授寓所。	日本兵闯入房屋,撬开所有锁着的门、箱子和柳条箱,抢走很多东西。
铜银巷	女生学监居住。	房屋被日本兵闯入,东西都被洗劫,抢走很多东西。
上海路1号	C. H. 波劳帕教授①的住宅,还有工作人员W. A.曼因②的家庭财产。	日本兵闯入房屋,撬开所有锁着的门、箱子等,抢走很多东西。
石鼓路160号(1号房)	H. L.索尼教授的长期住宅	房屋被日本兵闯入,但由于大部分家庭用品已搬到铜银巷1号,没有造成什么损失。
石鼓路160号(2号房)	E.詹姆斯教授的长期住宅	房屋被日本兵闯入,但由于大部分家庭用品已搬到上海路2号,没有造成什么损失。
石鼓路160号(3号房)	中国教授寓所	房屋被日本兵闯入,遭彻底洗劫、掳掠,很多东西被毁,遭抢劫。
左所巷3号	女生宿舍	房屋被日本兵闯入,但由于大部分家具已搬到铜银巷11号,没有造成什么损失。
左所巷4号	神学院(中国)系主任住宅	房屋被日本兵闯入,虽然先前已将一些家具搬走,但很多东西被毁,被抢走一些。
汉中路168号	中国教授寓所	房屋被闯入,彻底洗劫,抢走很多东西。

---

① 克里福德·亨利·波劳帕(Clifford Henry Plopper,1885—1965)1885年2月14日出生于密歇根州劳伦斯(Lawrence),1909年毕业于肯塔基州权索万尼亚(Transylvania)大学,1911年在耶鲁大学获神学学士,以后他在美国休假时于1920年在康涅狄格州的哈特福德神学院(Hardford Seminary Foundation)获博士学位。他1913年到中国南通传教,1925年到金陵神学院任教。1937年,中日战争爆发时,他在美国休假,并于1938年秋天回南京。他1941年1月回到美国,1965年5月2日在加州桑塔·克鲁斯(Santa Cruz)逝世。

② 威廉·阿廷·曼因(William Artyn Main,1866—1945)1866年12月23日出生于艾奥瓦州麦格诺利亚(Magnolia),1896年毕业于西北大学,同年前往中国福建传教至1914年。此后在上海、南京工作。他1941年春天离开中国,1945年1月8日在旧金山逝世。

续表

地　　址	占用者	状　　况
左所巷 19 号	两栋已婚学生宿舍	房屋被破门闯入,遭受相当大的财产损失,抢走一些东西。
石鼓路 154 号	中国工作人员住所	房屋被破门闯入,东西被毁,遭抢。
西汉中路	两大间,一小间教师住宅	目前被日军占用,有遭到相当程度损坏的证据。

附件编号:附件一Ⅰ

文件编号:

日期:1938 年 2 月 25 日

金陵大学

1937 年 12 月 25 日,南京

南　京

日本大使馆

M 田中先生

亲爱的田中先生:

两天来,我想不再打扰您。然而,每天都发生非常困难的情况,今天的情况比往常更加糟糕。目前,既无纪律又无军官管理的一伙伙散兵游勇的日本兵到处转悠,偷窃,强奸,劫持妇女。以下是一些案例:

(1) 日本兵刚刚强行闯入大学,拖走用来为难民运粮食的卡车。

(2) 仅在我们蚕桑大楼里,每天平均有 10 多起强奸或劫持妇女的案件发生。

(3) 日本兵持续日日夜夜地闯入我们的住宅,伤害妇女,任意偷东西。现在仍有美国人居住的房屋也发生同样的情况,和其他住宅完全一样。

（4）日本兵经常撕掉宪兵张贴的布告。

（5）今天上午,一个军官突然走近我们的一位美国工作人员,殴打了他,愤怒地要扯下贵使馆发的袖章。

（6）以上没有提到的其他一些房屋,每栋房子每天都被日本兵闯入数次,他们完全无视贵使馆的布告,搜寻女人,抢劫东西。

（7）虽然存在着完全由日本兵造成的混乱,但是我们没有岗哨,在我们附近也见不到宪兵。

感谢您持续的关注。

M. S. 贝茨

附件编号:附件一J

文件编号:

日期:1938年2月25日

主题:金陵大学—攻击查尔斯·H. 里格斯事件

1937年12月25日,南京平仓巷3号

南　　京

日本帝国大使馆官员

亲爱的先生们:

今天上午10时左右,里格斯先生发现几个日本兵在汉口路29号的房屋里,并听到妇女的喊声。这位25到30岁的妇女,用手拍拍自己,示意里格斯先生过来。一个日本兵拽着她。其他日本兵都在屋里。她紧紧抓住里格斯的胳膊。其他日本兵从屋里出来,都离开了,留下妇女和里格斯先生待在一起。她出来买东西,被日本兵抓住。她的丈夫4天前被抓走,至今未归。她希望里格斯先生陪她回到汉口路上的军官学校难民营。于是,里格斯先生陪她在汉口路上往东走,快要到金大农作物园时遇到一个巡查的军官以及两名士兵、一个翻译。

军官将里格斯先生插在衣服口袋里的双手拽出来，扯下日本大使馆发给他的袖章。将里格斯先生的双手放回衣袋时，军官猛击他的手。里格斯尽其所能加以判断，军官在问他是什么人，但是他们相互都听不懂对方的话。然后他当胸猛击里格斯先生。里格斯先生问这是什么意思，这一问使得军官火冒三丈，军官示意要他出示护照，但里格斯先生没有带在身边。他想知道里格斯在干什么。里格斯先生告诉他，送这位妇女回家。于是，军官又打了里格斯先生。里格斯先生看看他佩戴的是什么袖章，军官狠狠地打了他一个耳光。军官然后指指地上，抓住里格斯先生的头，使得里格斯先生认为军官要他向其磕头。但是里格斯先生不干。于是军官又打了里格斯先生一个耳光。接着，翻译解释说军官要证件。

里格斯先生解释说，因为这名妇女害怕，他送她回去。军官命令两个士兵持枪站在他两旁。然后翻译解释说军官要里格斯先生向他鞠躬。里格斯先生拒绝这么做，因为他是美国人。最后，军官叫里格斯先生滚回家去。

与此同时，妇女见到如此对待里格斯先生，惊恐万状，沿汉口路跑走。

里格斯先生解释道，他没有碰那个军官，只是将双手插在大衣口袋里，在路上走，没有招惹任何人。妇女在他前面不远处走着。

我们希望迅速恢复秩序，恢复军纪，那样平静地在街上行走的外国人不必再害怕受到骚扰。

谨致敬意
路易斯·S.C.史迈斯

附件编号:附件一K

文件编号:

日期:1938年2月25日

金陵大学

1937年12月27日,南京

南　　京

日本大使馆官员

先生们:

一个多星期之前,你们向我们保证几天之内部队换防就会恢复秩序,恢复军纪,增加宪兵等等。然而,可耻的混乱仍然持续着,我们没有看到采取严肃认真的行动对此加以制止。让我举几个发生在邻近贵使馆金陵大学校舍的案例,而不去报告整个金陵大学的情况。

(1) 昨天下午,在位于阴阳营与上海路的农业专修科,一个日本兵剪断绳索,抢走美国旗。

(2) 昨天夜里11点到12点之间,3个日本兵开车来到金陵大学大门口,声称司令部派他们来巡查。他们强行阻止我们的警卫人员报信,在他们搜寻、强奸3名妇女时也让他跟着。被强奸的姑娘中有一个才11岁,并把其中一个姑娘劫持走。

(3) 游荡的日本兵持续抓人为他们干活,导致了恐惧与不必要的不方便。例如,昨天,一个日本兵坚持要从鼓楼医院带走一个人;我们的佣人和警卫人员有好几个被抓走。

(4) 我们的住宅每天都被找女人、找食物和其他东西的日本兵闯入。今天上午一小时之内,有两栋住宅被闯入。

案例(5)发生在位于铜银巷的金陵女子神学院。那个地方长期以来受到日本兵严重的骚扰,我相信您曾保证要特别保护那地方,但还没有在那儿见到宪兵。昨天,三四个成群的日本兵在7个不同的时间到那儿,从以前遭类似掳掠之后还剩些东西的人们那儿抢劫衣物、食品与金钱。他们强奸了7名妇女,其中包括一个12岁的姑娘。夜晚,有12到14个日本兵的大群团伙来了4次,强奸了20名妇女。

老百姓的生活充满了苦难与恐惧,这都是日本兵造成的。你们的军官保证为老百姓提供保护,但日本兵每天极其严重地伤害数以百计的人。几名宪兵在某些地方帮了忙,我们感激他们。但那不能带来平静的秩序。通常只是将恶劣的行径转移到附近没有宪兵的建筑里。

难道日军不顾自己的名誉吗?难道日军军官不希望遵守不伤害普通百姓的公开诺言吗?

在我写这封信时,一个日本兵从我们教师的住宅里强行劫持走一名妇女,他持手枪拒绝让一个美国人进屋。这就是秩序么?

现在很多人想回自己的家,但是他们没有回去,因为强奸、抢劫、抓人的事每日每夜在持续着。只有认真严肃地执行命令,使用大量的宪兵,严加惩处,才会产生效果。有几个地方情况略有好转,但是军队采取恐怖行动两个星期之后仍是如此可耻之极。现在需要的不仅仅是保证。

怀着敬意却又忧伤焦虑

M.S.贝茨

附件编号:附件一L
文件编号:
日期:1938年2月25日

金陵大学

1937年12月30日,南京

南　　京
日本大使馆官员

先生们:

过去两天里,附近日本兵的数量大为减少,情况明显好转,对此我们

4. 日军损毁美国财产

非常感激。

然而，日本兵仍然有伤害我们及老百姓的恶劣行为。因此，我们报告几起案件，以协助你们恢复军纪，恢复秩序的出色工作。

（1）蚕桑系、农业专修科、位于小桃园的农业经济系和附属中学的房屋每天白天遭日本兵闯入一次或两次，每晚又来一次。日本兵企图劫持妇女，有时抢劫难民的东西。28日、29日夜里，从农业专修科劫持走两名妇女。

（2）每天约有3栋住宅被日本兵闯入。昨天日本兵从金银街6号偷窃了大量教师的财物。

（3）我们照管的难民每天都被游荡的日本兵以不正当的方式抓去干活。当然，我们乐于协助以适当的方式寻找劳工。昨天几个人颗粒不进地做了两天挑夫之后回到农业专修科。附属中学的两个难民被抓到离城很远的地方为日本兵挑东西，而日本兵却将他们的"安民护照"撕毁。这样的麻烦在全城各处频繁地发生，需要给日本兵明确的指示，要尊重这些对可怜的劳动民众来说意义重大的证件。

（4）我们必须请求你们协助以前曾报告给你们的一个案件。这是近几天来日本兵肆无忌惮的行为造成不幸的恰当例证。我们的一位佣人，潘舒庆（Pan Shu-ch'ing），12月23日帮忙将一位难民妇女从我们校舍送到鼓楼医院的路上，被日本兵抓去，与一群挑夫一起被带到板桥镇。那是我们从放回来的其他人那儿得知的情况，但是潘还被扣在那儿，没有放回来。他是寡妇的独子。请迅速妥善地通过宪兵或使馆警察调查此案。在此呈上最初的中文报告。

感谢你们友善地关注恢复良好的秩序，善待百姓。

忠诚地
金陵大学紧急委员会会长
M. S. 贝茨

附言：案件（5）。昨天早晨，我们大门口的岗哨带走了他们从我们这儿借用的三床铺盖。我们觉得一两个可靠的警察比白天在屋里坐着，晚上睡觉的8个漫不经心的日本兵强多了。M. S. 贝茨

235

附件编号：附件一 M
文件编号：
日期：1938 年 2 月 25 日

金陵大学

1937 年 12 月 30 日，南京

南京
日本大使馆官员

先生们：

约下午两点，宪兵官兵来到位于金银街 6 号的金陵大学蚕桑大楼。他们在厕所后面的地下发现 6 支步枪，3 支或 5 支手枪，还有旁观者认为是机枪的部件。旁观者对我们说，这些武器是由撤退的中国军人丢下，埋起来以免麻烦。

宪兵抓走 4 个人：陈梅（Chen Mei，或王星龙 Wang Hsing-lung）；杨广发（Yang Kwang-fah）；王二（Wang Er，常用名字）；江明珠（Kiang Ming-chu）。

至于这些人，陈梅（或王星龙）是个聪明人，他主动帮助照管难民。直到今天事发之前，我们没有听说他有什么不良行为。现在有人对我们说他以前在保安队供职。

杨广发（德）是金陵大学蚕桑系的工人，我们也为他担保。

王二（清河，Ching-he）是金陵大学蚕桑系的守门人，我们也为他作保。

江明珠是蚕桑系大楼里一个难民的儿子，有人准备为他作保。

〔注意：后来又加了于怀泳（Yu Hwai-yung），人力车夫。〕

这是我们对此事掌握的所有情况。

我们泛泛而谈地指出，撤退的中国军队丢弃了一些枪支，害怕的老百姓把它们埋藏起来，或丢到池塘里。也许宪兵到池塘里查找，会找到很多军用物品。

真实地
金陵大学以及安全区住房委员会
（签名）查尔斯·H. 里格斯
金陵大学紧急委员会会长
（签名）M. S. 贝茨

附件编号：附件一 N
文件编号：
日期：1938 年 2 月 25 日

金陵大学

1937 年 12 月 31 日

南　　　京
日本大使馆官员

先生们：

　　很高兴向你们报告我们的佣人潘舒庆昨晚放回来了。他被强迫干了 8 天活，包括跋涉到芜湖。他说吃得还好，只是没有付给他工钱。

　　至于昨天蚕桑大楼案件的重要人物（陈，或者王星龙），派他去照管难民的国际委员会住房委员会将对他如何来到这个委员会进行仔细询问，并获得有关他的情况后将在今天作出报告。

　　请允许我重复昨天口头向福田先生谈到，并简略地和田中先生说的内容。任何时候都可以到我们这儿来搜查、调查，我们不会保护任何有劣行的人。我们反对普通日本兵频繁地非法擅闯，但我们欢迎军官以适当的方式来巡察。这个姓陈或姓王的人，在任何时候都与金陵大学没有关系。由于其他帮忙的人都是我们的工作人员或者是我们的熟人，我不期望会再次发生这样的案件。

　　　　　　　　　　　　谨致敬意
　　　　　　　　　　　　M. S. 贝茨

附件编号:附件一O
文件编号:
日期:1938年2月25日

中国,南京
金陵大学
1938年1月8日

南　京
美国大使馆

亲爱的爱利生先生:

　　在此请查收您需要的涉及影响到"我以及我的财产"直接相关情况的陈述材料,这份是涉及金陵大学的情况,同时附上希望改进的简短建议。

　　书面的陈述并没有涉及总体的战事状况,主要涉及我们目前勉强维持工厂的工作和在南京的骨干工作人员的情况;并没有考虑到大部分工作人员回来恢复正常的工作。希望鼓楼医院的工作人员向您作单独的报告,因为我们机构的那个部门(医院)在此时提供特殊的服务,也有特别的问题,虽然在很大程度上也有整个金陵大学都共有的情况。

忠诚地
金陵大学紧急委员会会长
(签名)M. S. 贝茨
农业经济系
(签名)查尔斯·H. 里格斯
社会学系
(签名)路易斯·S. C. 史迈斯

　　注:里格斯先生和史迈斯博士要求连署这一陈述,而不再单独报告。
　　M. S. 贝茨。

直接影响金陵大学的局势纪要

（1938年1月8日）

Ⅰ 日军造成的直接损失：

A. 机构的损失。珍贵的种畜。进行掳掠、搜寻女人的日本兵砸坏大批门窗、大门和锁。粗略估计总共将近当地货币一万元。

B. 美国工作人员的个人财产。他们的住宅大部分被多次洗劫。抢劫后留下的东西一片狼藉，加上许多相关人员不在南京，难以准确地进行估计，但是按目前知道的情况作出较低数目的估计：约5 000元与两辆汽车。

C. 中国工作人员的个人财产。很多住宅被掳掠，不可能获得数目。日方对中国人的损失不感兴趣。但是我们坚持，多次强行非法闯入飘扬着美国国旗、张贴着美国使馆布告的房产，加上抢劫中国工作人员的行径，除了应该要求金钱赔偿外，理应受到重视。

Ⅱ 人身安全：

A. 美国工作人员。我们自己甘冒危险在战时留在这里，因此没有什么可说。然而，除了战时正常的险情之外，蛮横放肆的行径表明它们置美国人全然不顾，亦罔顾通常的体面礼仪。我们的工作人员数次遭受日军官兵殴打，上了扳机的武器对准我们，在我们身旁胡乱开枪，还有粗鲁地推搡等事件。

B. 中国工作人员。在为我们一些悬挂美国旗的机构工作时，他们在很多情况下遭殴打，受威胁。在我们校产上发生很多强奸案（完整报告的有100多起，其他还没有报告），其中包括我们的工作人员的家属遭强奸；有的强奸案竟发生在目前美国工作人员居住的房屋内。一个人的颈脊被刺刀轻微刺伤。

Ⅲ 国旗：

除了上述已经列举的许多不尊重美国国旗的事件，日本兵武装强行撕扯，降下美国国旗，日本兵至少有一次抢走旗帜。总计有6次事件。

Ⅳ 岗哨：

以前的警察被解除了武装，遣散，还由于许多警察被杀害，加上频繁的殴打、威胁,他们被恐吓住了。金陵大学的一个院落的日军岗哨值勤无规律,迟到,效率低,滋生是非。就在今天上午,在毫无缘由的情况下,他们突然抓住,并殴打我们的两名警卫人员。

Ⅴ 难民:

我们对宗教与人道的关注使我们对目前的灾难中遭受苦难,失去家园的人们提供服务。仅仅难民不经意对房屋建筑持续造成的损坏将近两万元,更不用说其他更严重的损失和所冒的风险。作为一个机构,也作为美国人,我们极度关注在老百姓中恢复秩序,有机会让他们中的大多数人开始过上正常的生活。目前住在校产上的3万难民中,我们面临严重的疾病与犯罪问题;没有警察,水的供应极少,没有防火设施,没有希望得到电力供应,也没有希望降低失火的危险。这里只是指出所有的问题。

Ⅵ 干扰工作人员及其工作:

我们已有不少麻烦,似乎这些麻烦将有增无减:或者由于平庸的中国人的自私自利,或是与日本人勾结而向宪兵作出对我们及我们的工作人员进行斥责与恶毒的歪曲的报告;日本人威胁收买并举,强迫我们的某些工作人员为他们服务。困难的情况愈演愈烈,因为人们将我们自己的工作人员与国际委员会在紧急情况下匆忙召集来特别为难民服务的志愿人员相混淆。我们还受到诽谤中国大学的日本宣传机构的伤害,特别是同盟社①一、两则个别点了我们名的虚假的报道,加上经常把日本人粗心大意随意地叫作"金陵大学"的中央大学的罪过也加在我们身上。

简短的建议:

1. 任何可以改善军纪,包括岗哨与宪兵军纪的措施。只要个别的日本兵可以自由自在地任意采取暴力行动,在任何一个地方、任何一个小时,我们都不会感到安全,也不会有机会从难民问题的压力下解脱出来。近来情况的好转只是由于事件数量的减少,没有其他原因。

---

① 1936年,日本新闻联合社和日本电报通讯社两家通讯社合并成立同盟通信社,是当时世界上有影响力的通讯社之一。1945年10月日本战败后,同盟社被解散,新闻报道部门等被改组为共同通信社、经济报道部门等成了时事通信社。

2. 恢复正常的设施与交通,才有机会开展经济生活。正在准备涉及这一主题的备忘录交给日本朋友,不久也会交给您一份。但是秩序是首要的先决条件。

3. 应该就外国国旗和布告的情况教育日军官兵。这也许以后对其他城市也有益。

4. 利用显而易见的,考虑国际影响的"有利"趋势,迅速获取对所受损失的赔款,作为威慑因素,以激励实施第(1)和第(3)项。需要立即评估财产损失,否则日本人要把所有的罪名都归咎于普通的中国人,中国老百姓现在也开始掳掠敞开着的房屋。

M. S. 贝茨

路易斯·S. C. 史迈斯

查尔斯·H. 里格斯

附件编号:附件一P

文件编号:

日期:1938年2月25日

金陵大学

1938年1月8日

南　　京

日本大使馆官员

先生们:

今天下午约2点,位于干河沿的金陵大学附属中学大门口的岗哨突然将年轻人刘文彬绑起来带走。刘文彬在我们的难民所从事把中文翻译成日文的工作。据我们所知,刘先生的表现很好,因此,我希望得知有什么麻烦。街上的人们告诉我刘被带到小桃园(我校农业经济系)对面的小粉桥32号。我去那儿询问情况。军官对我极其恼火,虽然我只是礼貌地问个问题,并没有讲一句抱怨的话,也没有谈论什么。

我被军官和当兵的粗暴地推搡。军官说他对此事一无所知。日本兵还转身殴打了我与之打听军官房间的中国佣人。

我绝对不想干预军事事务或政治性的问题。但是在目前南京的情况下,我们机构一名有用的工作人员突然被抓走,肯定使人害怕他性命不保,同时,也使别人很难履行必要的职责。希望能立即调查此事。

谨致敬意

M. S. 贝茨

附件编号:附件一Q

文件编号:

日期:1938年2月25日

这封信与胡勃特·L. 索尼先生1月11日的信一道作为约翰·M. 爱利生先生1月13日向日本大使馆提出抗议的依据。参阅题为《1938年1月25日南京的状况》报告的附件三。

金陵大学

1938年1月11日

南　　京
日本大使馆官员

先生们:

我曾于1月8日就刘文彬先生一案写信给你们。刘文彬先生是我们金陵大学附属中学难民所的翻译,那一天上班时,他被宪兵捆绑带走。昨天晚上,刘先生惊恐地来找我,说在受到宪兵酷刑之后,他逃了出来,请求给他一个安身之处。我对他说昨晚可以睡在我屋里,今天下午应该为往后作另外的安排。

今天下午3点,一个宪兵来到汉口路23号里格斯先生的住所,之后乘我不在家之际来到我汉口路21号的屋子,将刘先生绑起来带走。

正如我经常向你们提及的,即使是在美国产业上只要搜查的方式得当,我们不反对在难民中搜查犯罪分子。但是这个案子涉及的是我们一位很有用的工作人员,在我们这儿工作表现优秀。抓人的方式极不正常,没有向我们显示刘先生负有罪责的证据,甚至没有对他有什么指控。据我所知,宪兵未经授权或允许就到我屋里抓人。

这封信的副本立即交往美国大使馆,以抗议宪兵抓人的程序,抗议这种无理干涉在美国房产上的合法单位的行动。

相信你们希望立即洗刷日军以及宪兵的记录。使馆警察高玉先生昨天向金陵大学附属中学报告,刘先生已释放,并请他们把这消息告诉我。也许他可以迅速而安全地解决这第二个问题。其他解决的方法将使我们怀疑贵宪兵工作的一致性,除非你们掌握着早就该向我们加以解释的有关刘先生的材料。

请以你们满意的任何方式尽早给我答复。

谨致敬意

金陵大学紧急委员会会长

M. S. 贝茨

附件编号:附件一 R

文件编号:

日期:1938 年 2 月 25 日

金陵大学

1938 年 1 月 13 日,南京

南　京

美国大使馆

先生们:

非常不幸,我必须再向你们报告另外两起强行擅闯美国房产的事件。第一起发生在11日上午,但是由于出了差错,直到昨天才报告给我来完成调查核实。一群宪兵包围并闯入金银街15号的蚕桑大楼,抓走据说参与掳掠或因抢劫一包裘皮衣服引起争执的一个难民。

从某些方面来说更应谴责的案件是昨夜一个日本兵和一名中国帮手翻越金陵大学附属中学的院墙。在闯入东楼时,日本兵用武器制止人们向岗哨报信。他在挤满难民的教室里开了两枪,劫持了一名姑娘,再翻墙出去。

除了第一起案件中胡乱搜查,我们主要关注军纪松弛,以及第二起案件显示出的普遍存在的不安全感。从几天之前开始,宪兵在金陵大学附属中学大门口设置岗哨。但是,他们对以武力强求特殊食物,不合常理的舒适条件所显示的兴趣要远远大于认真保护难民。整个夜晚都睡在他们要求供给的舒适床铺上。

感谢你们的关注
M.S.贝茨

附件编号:附件一S
文件编号:
日期:1938年2月25日

中国南京
金陵大学①

1938年1月14日

南　　京
美国大使馆

亲爱的爱利生先生:
昨晚,4个日本兵闯入金陵大学附属中学的教室。由于负责守夜的

---

① 这封信曾被作为附件四之一收进本书第二章爱斯比的《1938年1月南京的状况》报告中。

几个人受到严重恐吓,还没有获得日本兵行为详细完整的材料。然而,他们劫持走一名姑娘。这些日本人是宪兵,至少其中有人是派到附中站岗的。他们穿中国人的布鞋,还有的穿中国人的服装。

这些情况极其严重,极不光彩,需要根本的解决方法。如果日军无视法度,不顾抗议,日复一日闯入美国产业,从事犯罪活动,那么,我们之间体面的关系业已中止。这是完全不能容忍的,只是我们已经历了这么长时间!

至少,要对现有的宪兵采取行动,这些宪兵并不提供保护。我们有许多理由怀疑位于小粉桥 32 号这一地区的宪兵站。它离附中这么近,岗哨也是从那儿派出的。

刘文彬的太太得到消息,她丈夫已在山西路 21 号被枪毙。我此刻收到这一报告,还不能透露更多的情况。附中里的人们受到恐吓,目前非常害怕报复,以至很难得到完整的真实情况,人们也不能正常地工作。

写这封信的过程中,我被迫停顿半小时,把一个宪兵(佩戴日军特务机构"宪兵"袖章的日本兵)从挂有美国国旗、门上张贴了美国和日本使馆布告的美国房产——汉口路 19 号——赶出去。宪兵翻墙闯入,在那儿待了一小时左右,翻查搜索金陵大学教师和鼓楼医院布莱笛医生的私人财产。这栋房屋离上述地区宪兵站大约 250 码远。

今天上午,我们获得间接的报告说,讲堂街教堂在 15 日、16 日夜里被烧毁:一个美国传教士的佣人 17 日早上回到教堂,看到木头还冒着烟,隔壁房间的屋顶就在她眼前塌下来。这个佣人受雇于一直在那儿住到夏天的布莱赫瑞斯特小姐。首先向我们报告的是在教堂工作的老太太,日本兵数次闯入教堂建筑之后,她 15 日上午离开时,教堂仍然完好无损。两个日本兵 14 日晚睡在教堂里,另外两个日本兵 15 日上午开始抢劫、恐吓她。

敬呈

M. S. 贝茨

附件编号：附件一 T
文件编号：
日期：1938 年 2 月 25 日

中国，南京
金陵大学

1938 年 1 月 15 日

南　京
美国大使馆

亲爱的爱利生先生：

　　昨天下午 4 时 45 分，3 个佩戴黄领章的日本兵坚持要闯入我们位于平仓巷 3 号的集体住所，钻进两辆汽车，并要求帮助或想办法把车开走。所幸，里格斯先生就在附近，佣人把他叫来后，他逐步地将日本兵一个个地赶走。与往常一样，日本兵毫不尊重在他们进入的大门上醒目的美国国旗、美国使馆的布告，或者日本使馆的布告。

　　昨晚 6 时，金陵大学大门口的岗哨撤走了，到现在也没有人来换岗。没有人向我们解释，我们也无法理解这一程序。

　　迄今为止，还不知道昨晚金陵大学附属中学或其他单位的情况如何。

　　关于昨天提起的事和刘文彬的命运，如能通过我们小组的任何成员捎句话来，我将非常感激。

　　随信附上麦考伦先生关于焚烧大华戏院的证词。我们还有可能从德国朋友那儿获得进一步的情况。

真诚地
M. S. 贝茨

附件编号:附件一 U
文件编号:
日期:1938 年 2 月 25 日

中国,南京
金陵大学

1938 年 1 月 18 日

南　京
美国大使馆

亲爱的爱利生先生:

　　今天上午 10 点 30 分,我察看了称为小桃园(小粉桥 3 号)的院子。惊讶地在那儿发现我从汉口路 19 号布莱笛医生住宅(我在 1 月 14 日信件第 2 页报告过)赶走的同一个宪兵在一个个房间随心所欲地搜寻、劫掠。他很不情愿地离开了,我看着他走进几乎是街对面的小粉桥 32 号的宪兵站,我们对这个宪兵站已多次抱怨。可靠的见证人告诉我们,1 月 16 日,两个宪兵也彻底翻查了那个地方。

　　10 点 45 分,我在金陵大学附属中学发现一个军曹在校园里到处转来转去,表面上是找做工的。昨天有 3 个日本兵在此进行彻底的搜查。再前一天,一帮宪兵和普通日本兵在院墙内随意转悠。

　　据我所知,刘文彬先生一案首先于 1 月 8 日发生,到 1 月 11 日事态变得严重,日本当局处理得难以令人满意。尽管我开始处理这个案子,并和刘先生关系密切,您接手这事后,我不想将这事复杂化。但是 1 月 16 日到日本使馆去办我个人的事,走进高玉先生的办公室,询问了刘先生一事——因为福井先生先前提示这案子由高玉先生经手。这次询问显然让人难堪,因为他让我再去问福井先生,并谈了不少题外的话。但是,和几个人商量之后,高玉先生最后说,他"明天"(名义上是 17 日)来见我。到现在为止,还没有见到他,也没有听说什么。

　　　　　　　　　　　　　　敬呈
　　　　　　　　　　　　　　M. S. 贝茨

附件编号:附件一 V
文件编号:
日期:1938年2月25日

中国,南京

金陵大学

1938年2月22日

南　　京
美国大使馆

亲爱的爱利生先生:

　　今天上午9点30分,一辆牌照号码为7374、写有松井分队的卡车驶进金陵大学附属中学。车上的日本兵要求为他们提供劳工,对于他们开头问到的人们自然流露出的犹豫和耽搁,他们非常不满。他们殴打难民营的负责人,然后径直穿房入舍,粗暴地对待难民。3个人,包括其中被抓的一个人表示抗议的妻子,被拳打脚踢狠揍一顿;还有人被打得轻一些。30多个人被强行带走,其中有一个是我们负责开饭的重要工作人员。

　　日本当局肯定希望立即处理此事,还要训令他们的各个部队将来以恰当的方式找劳工。

　　　　谨致敬意
　　　　M. S. 贝茨

注:这封信由本使馆在2月22日递交给日本大使馆。
　　2月23日上午,日本使馆的粕谷先生就这封信的事拜访了美国大使馆,通知爱利生先生此事已报告给日军,并已下达命令禁止这类行为。

附件编号：附件一 W
文件编号：
日期：1938 年 2 月 25 日

中国，南京
金陵大学

1938 年 1 月 24 日

南　京
美国大使馆

亲爱的爱利生先生：

　　我有责任向您报告 1 月 23 日、24 日夜里，一个日本兵翻越小桃园大院高大的正门，劫持走一名妇女。昨天晚上，他放妇女回来，并许诺还要来找她，往后还会再来。大门上张贴着日本与美国使馆的布告，悬挂着美国国旗。还有，大门就在小桃园那个我们不断抱怨的宪兵站的斜对面。

　　昨天，在一个中国帮手的陪伴下，一个日本兵穿过金陵大学正门，找到愿意跟他们走的 3 个妇女。通往宿舍的是一段很长的路。

　　我们需要详细商讨日军来找劳工和妇女的其他一些问题，还要讨论日本兵恐吓造成的后果。

　　　　　　　谨致敬意
　　　　　　　M. S. 贝茨

附件编号：附件一 X

文件编号：

日期：1938年2月25日

中国，南京
金陵大学

1938年1月26日

南　京
美国大使馆

亲爱的爱利生先生：

　　虽然由于日军恐吓，报告事件变得极其困难，我还得告诉您又有两起日军擅闯事件。我已对这些事件加以证实，几位在场的可靠人士都知道这些事件。

　　25日下午，两个日本兵闯入金陵大学附属中学校园转悠。问他们来干什么，他们答道，"我们娱乐消遣"。提醒他们这是美国产业时，却说他们并不在乎。最后，他们决定离开，尽管遭到反对，他们坚持要翻墙——在一处已经冻裂的地方爬墙。结果墙壁倒塌，一个日本兵摔下来，伤了头。他愤恨异常，但在难民营急救诊所给他紧急救治后，平静下来。他为这些救护服务付了一块钱，工作人员礼貌地拒受金钱，但提醒他爬墙总是危险的。

　　25日、26日夜里11时左右，两个日本兵翻越金陵大学附属中学靠近东边角落的南围墙。他们来到经常被非法闯入的大宿舍，但是，难民中的警卫人员组织大家吹口哨，叫喊，把他们吓跑了。

　　鉴于最近发生的事件，怀疑我们是否应该将一个地方的详细情况报告给日本当局，尽管我得对这些报告是否能派上有益的用场负责。

谨致敬意
M. S. 贝茨

附件编号:附件一 Y

文件编号:

日期:1938年2月25日

统一基督教会

中国教区,江苏南京

1938年1月27日

主题:金陵大学

中国,南京
美国大使馆
J. M. 爱利生

亲爱的爱利生先生:

  我想报告今天下午约2点,两个日本骑兵闯入美国产业。这是金陵大学医院(人们更为熟知的名称为鼓楼医院)的房产。

  这些人从天津路上的边门进来。门口挂着美国国旗,进门时不可能看不见。我在院子中央的护士宿舍遇到他们。他们扯下一扇纱门,在走廊里来回走动。我陪他们走到大门,示意他们出去。我没有碰他们,也没有以任何方式威胁他们,虽然从我的态度上,他们看出我觉得他们不应该在那儿。他们说了几个中文词,我判断他们中至少有一个懂。他们出门时,我指了指美国国旗,以强调我说的话。这时穿骑兵靴、带靴刺的一个对我动起粗来,抓住我的胳膊,推推搡搡差不多有一百英尺远。此刻他拔出刺刀,朝我腹部一划,但我站稳脚跟。然后,他用刺刀尖顶着我的颈脖子,向前轻轻一戳。我把头向后一让,只轻轻被刺破点皮。

  幸好,这时使馆警察原田先生(Harada)开车经过这条路,我向他解释事情的经过。他跟随着日本兵(骑兵),听了他们对这一事件的说法。然后,他回到日本大使馆,报告了事件,后来又回到医院,表达了使馆当局的遗憾,他解释说将把这事报告给这些人所属的部队。

我并不希望将此看作严重事件。也就是说,我不愿指控这些日本兵想严重伤害我。但是,这却是美国公民被迫要像个小警察那样去对付个别的,或者说普通日本兵的无数例证中的又一个例子。我要表扬原田先生的行为和态度。

真诚地
詹姆斯·H.麦考伦

附件编号:附件一Z
文件编号:
日期:1938年2月25日

中国,南京①

金陵大学

1938年2月22日

南　　京
美国大使馆

亲爱的爱利生先生:

今天上午9点30分,一辆牌照号码为7374写有松井分队的卡车驶进金陵大学附属中学。车上的日本兵要求为他们提供劳工,对于他们开头问到的人们自然流露出的犹豫和耽搁,他们非常不满。他们殴打难民营的负责人,然后径直穿房入舍,粗暴地对待难民。3个人,包括其中被抓的一个人表示抗议的妻子,被拳打脚踢狠揍一顿;还有人被打得轻一些。30多个人被强行带走,其中有一个是我们负责开饭的重要工作人员。

---

① 这封信的内容和附件一V相同。爱斯比再次使用这一信件,以强调他1938年2月24日撰写的备忘录。

日本当局肯定希望立即处理此事,还要训令他们的各个部队将来以恰当的方式找劳工。

谨致敬意

M. S. 贝茨

注:这封信由本使馆在2月22日递交给日本大使馆。

2月23日上午,日本使馆的安井先生就这封信的事拜访了美国大使馆,通知爱利生先生此事已报告给日军,并已下达命令禁止这类行为。

备忘录

1938年2月24日

主题:日本兵擅闯金陵大学校产

按照爱利生先生的指示,我今天上午拜访了日本使馆的Y. 粕谷先生,向他报告今天上午在美国产业,金陵大学,发生的两起暴力事件。我告诉他M. S. 贝茨博士到美国大使馆来报告他相信是2月22日到这一房产来抓劳工的同一伙日本兵乘牌照为757761号卡车来到金陵大学附属中学找劳工。守门人对他们说,大部分劳工已出去干活了,难民营中主要是妇女和儿童。日本兵然后进入校园,进行彻底的搜查,抓走70个人去干活。离开学校时,他们对守门人说,他必须提供劳工,如果他不照办,就抓他去干活。接着我告诉粕谷先生另一起发生在今晨约8点的案件,其时一群日本兵来到位于汉口路上面的图书馆大院的东面,在那儿砍倒一段树篱笆,闯入房屋,抢走储存在里面的水。

我提醒粕谷先生2月22日闯入金陵大学附属中学的事件被迅速报告给日本使馆,他曾告诉我们已下达了命令制止这类行为,然而一天之内同样的事情又发生了,持续非法擅闯美国房产是严重的事件,并要求立即加以制止。我还告诉他如果这类事件持续发生,看起来南京的局势没有改善。

粕谷先生在一张纸上记下我给他讲的情况,并说会再次将此事报告给日军,采取适当的步骤。

詹姆斯·爱斯比

附件编号:附件二 A
文件编号:
日期:1938年2月25日

1937年12月23日

主题:金陵女子文理学院

  中国南京
   日本大使馆
日本领事 M. 田中先生

先生阁下:
  由美国国旗和美国大使馆颁发的布告清楚地标示为美国财产的3大栋教师住宅分别被几伙日本兵一而再再而三地翻箱倒柜、掳掠。由于这些住宅中物品的主人都不在南京,我无法准确地说出损失的程度。通常,我到场告诉日本兵这是美国财产,便能制止掳掠,尽管有两次,我在场时,日本兵照样劫掠。
  主校园的其他6小栋住宅也遭翻查和掳掠。

       敬呈
      明妮·魏特琳

附件编号:附件二 B
文件编号:
日期:1938 年 2 月 25 日

中国,南京

金陵女子文理学院

1938 年 1 月 7 日

南　　京
美国大使馆
负责的官员

亲爱的先生阁下:

路易斯·史迈斯博士昨天下午到办公室来拜访我,说您希望在南京被攻占以及之后这期间留在南京的每个美国公民提供材料。以下是按史迈斯博士的两点建议提供的情况:

日本兵是如何对待你个人和美国财产的?

a. 由于我频繁地在金陵女子文理学院的校园上露面,美国房产没有遭受严重损失。8 面悬挂在旗杆上的美国国旗,铺设在中央四方草坪上的一面 30 英尺见方的美国国旗,以及美国大使馆提供的,张贴在重要而显著地点的至少 10 大幅布告清楚地标示出这是美国财产。这一切完全没有起到阻止日本兵随意闯入进行掳掠的作用。有几天,清楚标示出为美国财产的一栋房屋每天被闯入 3 到 4 次。除了两次之外,我到场均能制止掳掠的行为。按要求,已将实际受掳掠程度的情况呈交给美国大使馆。公正地对待我的祖国与有头脑的日本人,我应当提一提,12 月 17 日,两个日本兵愤怒地将 30 英尺大的美国国旗从中央四方草坪的柱子上扯下来放在自行车上带走,但发现旗帜太笨重,便扔到学校路边的一堆杂物上。

b. 对待我个人。我有机会去见到的,或到学院来访的日本文职官员总是很有礼貌,我相信他们尽其所能,在我每次不得不报告给他们的困难事件时设法提供协助。8个夜晚都派了使馆警察到我们的门房,除了一个例外,我们发现这些警察有礼貌,很帮忙,也能解人意。他们夜晚值班时,校园是平静的。有些来访的军官似乎也真的关注改善城里的状况,以使我们大批的妇女儿童难民能够重返家园。我认为宪兵也是帮忙,守纪律的。无数次从各个可能的方向,经大门,翻墙,越篱笆到校园来的普通日本兵,在我看来,不尊重美国当局,也不尊重日本当局。我说到最后一点是因为我确实看到日本兵不屑一顾地嘲笑日本使馆的布告,还将上级军官的命令撕掉摔在地上。他们没有可资区别、用以报告他们行为的号码,这阻碍了整顿军纪。一般情况下,我叫日本兵离开校园,他们就照办了,但是,12月17日,一伙日本兵拒绝离开,其中一个还打了我的耳光。除一次例外,我制止了强奸年轻中国妇女难民的行为,但是在那例外的一次,12个妇女从我们校园被劫持走。

你有什么建设性的建议?

a. 为了住在这个地区的日本人,也为留在这儿的中国人,应尽快在安全区外面的城区和乡间恢复秩序,以使老百姓重返家园,重操旧业。商业区和农业区尤其是要恢复秩序。

b. 留下的普通日本兵应有明确的标记,这样可以迅速报告他们所有的劣行,严加惩处。

c. 所有国家的人,也包括日本人,需要合作,为那些由于中国或日本军队纵火而家室被焚毁或倾家荡产的许多难民家庭提供住房与生活必需品。

d. 没有当过兵的中国男子应尽快释放,以使他们回去养家活口。金陵女子文理学院的大批妇女难民中,许多人的丈夫或儿子被抓走,至今未归。在有些情况下,8个或10个人的生计依赖这一个人。

e. 鼓励美国商人和传教士尽早回来工作,由此加速恢复秩序与信心。

敬呈

明妮·魏特琳

附件编号:附件二 C
文件编号:
日期:1938 年 2 月 25 日

中国,南京
金陵女子文理学院
1938 年 1 月 21 日

南　　京
美国大使馆
三等秘书约翰·M. 爱利生先生

亲爱的爱利生先生:
　　最好向您报告今天下午 2 点发生在金陵女子文理学院的一起事件。事发地点只有一侧有学院的篱笆,但篱笆上方挂着美国国旗。
　　在我们学校地界内上述提到的地点,有几个难民的小棚屋。4 个日本兵企图将 3 个住在这些棚屋中的姑娘劫持走。这些姑娘成功地逃到后门,幸好我到场,日本兵看到我就迅速离去。
　　　　　　　　真诚地
　　　　　　（签名）明妮·魏特琳

附件编号:附件三 A
文件编号:
日期:1938 年 2 月 25 日

中国,南京
美国基督教长老会
1937 年 12 月 17 日

南　　京
日本大使馆官员

先生们:

　　请允许我提请你们注意位于莫愁路 54 号和 65 号,还有天妃巷与韩家巷的基督教长老会的房产被日本兵闯入。财产受到一些损坏,有些物品遭盗窃。请注意在天妃巷的房屋里,昨天两个年轻的中国姑娘遭到强奸。上述地点由美国国旗和美国使馆的布告清楚地标示着,理应得到日军的保护。请你们提请日军当局注意这些事件,以免这些不幸事件再度发生。

　　　　　　　　　　真诚地
　　　　　　　　　　W. P. 米尔斯

4. 日军损毁美国财产

附件编号:附件三 B
文件编号:
日期:1938 年 2 月 25 日

中国,南京
美国基督教长老会
1937 年 12 月 25 日,南京平仓巷 3 号

南　　　京
日本大使馆官员

先生们:

我写信向你们报告又一起日本兵侵犯美国国旗的案件。昨天上午约 12 时,几个日本兵来到位于天妃巷 48 号的美国基督教长老会的大院。这些日本兵强迫佣人扯下飘扬在那儿的美国国旗,然后,把旗帜拿走。这是笔者所知一系列 9 次事件中最近的一起。

请允许我再次恭敬地敦促采取强有力的措施,以确保日本兵妥善对待外国国旗和外国财产。

真诚地
W. P. 米尔斯

附件编号:附件三 C
文件编号:
日期:1938 年 2 月 25 日

中国,南京
美国基督教长老会

1938 年 1 月 1 日

南　　京
日本大使馆官员

先生们:

　　请允许我提请你们注意,我们位于莫愁路 54 号的房屋昨天被日本兵闯入 3 次,今天闯入 4 次。今天,一个日本兵的行为特别凶暴,让他看一张日本使馆警长高玉留下的,指出这是美国财产,要日本兵尊重的纸条时,这个日本兵把纸条撕掉,以显示他对纸条的蔑视。从大院内的房屋偷窃东西的行为仍在持续着。

　　此外,今天日本兵闯入我们位于天妃巷 48 号的房舍 4 到 5 次。今天下午 5 时,我本人在那儿发现 4 个日本兵。其中一个喝醉了,胡作非为,将他偷来的一块大磁铁往墙上砸,在他出门时,就在我眼前,砸碎窗框。让我再补充一起后果比这严重得多的日本兵又一非法行为的例证,今天在这所学校的房产上一名中国妇女遭到强奸。

　　我知道你们在大使馆的先生们当然已尽力使军方整顿军纪,我很高兴地说最近一个星期的情况比以前两个星期有明显的改善。然而,上述事件,以及其他类似的事件,表明日军目前的行为有许多不足之处有待改进。因此,请允许我再次恭敬地敦促你们继续努力直到秩序和军纪恢复,使大众重新建立起信心,有安全感。

真诚地
W. P. 米尔斯

附件编号:附件三 D
文件编号:
日期:1938年2月25日

中国,南京

美国基督教长老会

1938年1月1日,南京平仓巷3号

南　　　京
日本大使馆官员

先生们:

非常遗憾有必要提请你们注意近四五天来日本兵从位于五台山1号的南京美国小学校舍里抢走8张椅子。尽管美国国旗、美国使馆和日本使馆的布告明确标示出这些建筑和地界,这还是发生了。我本人发现日本兵在学校边的路旁使用其中的3张椅子。我请求日本兵允许学校的佣人取回椅子。他们拒绝了,但是说他们会还的。然而他们并没有还。数天后,日本兵调走之时,我们到附近的房屋找回3张椅子。然而,其他的椅子还没有找到。附上有一天与我谈过话的日本兵留下的用铅笔写的纸条,以供你们调查此事时有些帮助。

我再提一提与上述事件相关的事:日本兵最近两次从上述学校的佣人处偷走大米。你们可以看出这类事件发生之际,在我们校园上的佣人不可能履行看管房产的职责。如此频繁地受到日本兵的干扰与恶劣的待遇,他们根本没有起码的安全感。因此,我再次呼吁采取进一步步骤重建秩序。

谨致敬意

W. P. 米尔斯

附件编号:附件三 E
文件编号:
日期:1938年2月25日

中国,南京
美国基督教长老会
1938年1月5日,南京平仓巷3号

南　　京
日本大使馆官员

先生们:

　　1月1日我写信向你们报告日本兵在位于莫愁路54号明德①校园胡作非为的行径。我现在写信补充报告1月2日位于同一校园的莫菲特小姐②房间里的床及床垫被偷走。这是从这座屋子偷走的第3张床与床垫,此外,还有许多其他小物品被偷走。

　　今天我还得知从我们韩家巷的房屋里被抢劫走14副床架、13床铺盖。这所房屋用来做各种会议的会场,所以那里床的数量比私人家庭多得多。有3副床架找回来,但其余的仍不见踪影。至于铺盖,10床属于

---

① 1884年10月美国基督教北美长老会在南京创办明德书院,地点在城西四根杆子(今莫愁路419号)。辛亥革命后更名为私立明德女子中学,1952年改为公办,同时更名为南京市第五女子中学。1969年男女合校,改名为南京市群星中学,不久,又改为南京市第三十六中学。1986年该学校改建为南京女子中等专业学校。1937年,明德女中校长为李美筠小姐(1905—2000)。

② 安娜·伊丽莎白·莫菲特(Anna Elizabeth Moffet,1892—1990)1892年3月13日出生于北达科他州的俾斯麦(Bismarck),1913年毕业于芝加哥大学,作为美国卫理公会(Methodist Episcopal Church)的传教士,她1920到中国,在南京传教、教书,以及负责学校的行政管理,她在自己主要基地南京明德女中工作至日军开始轰炸南京,于1937年8月16日撤往牯岭,同年11月去汉口红十字会工作。以后曾在成都和福州从事教育及教育管理工作。1944年和布鲁斯·维勃·佳维斯(Bruce Wilber Jarvis,1885—1970)结婚后改名为安娜·伊丽莎白·莫菲特·佳维斯。她1949年离开中国,1990年10月17日在明尼苏达州圣保罗(St. Paul)逝世。

我们的,3床是佣人的。一床铺盖都没有找回来。

涉及我们位于城西南双塘的房产,我得说那也是日本兵频繁而令人讨厌地擅闯的地方。那座院子的后墙有一段已被企图闯入房舍的日本兵推倒。那儿的难民经常被偷,遭强奸。

同样的事件也发生在户部街的院落里。这儿只有几个难民,但我最近为安全起见,不得不将3名妇女从那儿送到金陵女子文理学院。其中至少有一名妇女已遭强奸,其他的妇女被日本兵骚扰、麻烦,已无法再待在那儿面对持续不断的侮辱。

我写信告诉你们这些事,不仅它们本身就很重要,而且因为它们反映了全城总的状况。由于你们这些大使馆的先生们向军事当局进行交涉,情况已明显好转,特别是安全区内,但是安全区外面,日本兵似乎仍随心所欲,胡作非为。

显然,只要这样的状况持续着,老百姓便没有任何信心或安全感返回家园。因此,我再次恭敬地敦促,必须迅速地采取妥当的措施,不仅在安全区内,而是在全城各处,节制日军部队。

真诚地
W. P. 米尔斯

附件编号:附件三 F
文件编号:
日期:1938 年 2 月 25 日

中国,南京

美国基督教长老会

1938 年 1 月 8 日,南京宁海路 5 号

南　京
日本大使馆
福田笃泰先生

亲爱的福田先生:

　　我认为此信所附的"双塘一日"的简叙,非常清楚地显示了南京老百姓在日军手上仍遭受着持续的骚扰与恶劣的待遇。这儿记载了 24 小时内日本兵 13 次闯入难民聚居的一座大院。在有些情况下,犹如记录显示的,日本兵并不总是对老百姓造成伤害,但是他们经常造成伤害。无论如何,由于这是有美国国旗,美国使馆和日本使馆的布告标示出的外国房产,日本兵根本不应该进入这座院落。

　　为了给你们提供信息,我补充一些情况,双塘是美国基督教长老会的一处房产,包括一所学校,一座教堂,还有些附属的建筑。它位于城市的西南部。

　　消息可靠人士报告给我们另一起骚扰事件。昨天下午,4 个日本兵劫持一名中国妇女,把她关在莫愁路和汉中路相交处一间屋子里达两个小时。一位外国观察者听说了这一劫持事件,他站在大街上,这时候妇女和几个日本兵从屋里出来。只要这封信中描述的情况持续着,你们将会看到,人们根本不可能返回家园。

　　让我再次强调,恢复我们听说日本当局自己也希望的南京的正常状况完全有赖于严格而有效地节制日军。

顺致我个人最良好的问候。

真诚地

路易斯·S.C.史迈斯

双塘一日

(1938年1月6日下午1时50分至1月7日上午10时50分)

1月6日

下午1时50分　3个日本兵劫持一名妇女并强奸了她。

下午2时10分　一个日本兵抓走3个男子去干活。

下午2时30分　4个日本兵来四处搜寻了20分钟,然后离开。

下午3时25分　3个日本兵抓走10个男子去干活。

下午4时10分　3个日本兵劫持一名妇女到院门外的小屋里强奸。

下午4时40分　两个日本兵来了15分钟,寻找漂亮姑娘,然后离开。

下午5时05分　3个日本兵来捣乱(翻箱倒柜)20分钟,然后离开。

晚上6时35分　两个日本兵要难民为他们找姑娘,难民拒绝,便殴打他们。

晚上11时　3个日本兵翻檐进来,劫持走两名妇女。

1月7日

上午10时　一个日本兵来搜寻了约10分钟,然后离开。

上午10时15分　一个全副武装的日本兵来找漂亮姑娘,但没有劫持走姑娘。

上午10时30分　3个日本兵来要姑娘,但没有劫持走姑娘。然而,他们窃走看门人的棉鞋,留下他们的旧鞋。

上午10时50分　一个日本兵来捣乱了约10分钟。

附件编号:附件三 G
文件编号:
日期:1938 年 2 月 25 日

中国,江苏
美国基督教长老会
江苏教区
1938 年 1 月 15 日,南京平仓巷 3 号

南　　京
美国大使馆
J. M. 爱利生先生

亲爱的爱利生先生:

　　1 月 8 日,路易斯·史迈斯博士写信给您,提供一份记载 1 月 6 日下午到 1 月 7 日上午之间,日本兵闯入基督教长老会在双塘房产的次数。该记录题为"双塘一日"。现在,我再将这一记录延续一些,供您了解情况。

　　1 月 8 日凌晨 5:10　两个日本兵来。

　　1 月 8 日上午 11:25　两个日本兵来。

　　1 月 8 日下午 3:25　两个日本兵来,抓走一个男子去干活。

　　1 月 8 日下午 3:30　两个隶属于中岛部队和征发队的日本兵来,并从门上撕下布告。

　　1 月 9 日下午 2:00　3 个日本兵来,从教堂的大厅里劫持走一名妇女难民。

　　1 月 9 日下午 4:00　4 个日本兵来,在难民营里的老百姓身上搜钱,还找女人。一小时后,他们劫持走一名姓潘的已婚妇女。从姓刘的难民身上搜走两毛钱,还抢走姓关的难民的袖章和徽章。

　　1 月 10 日上午 9:00　一个日本兵来。

4. 日军损毁美国财产

1月10日下午2:00 3个日本兵来。

1月10日下午3:00 一个日本兵来。

1月10日下午3:10 两个日本兵来,劫持走一名姓陈的已婚妇女。

1月10日下午3:12 两个日本兵来,劫持走一名姓陈的姑娘。

1月11日下午1:30 3个日本兵来,劫持走姓秦和姓范的两个已婚妇女。

1月11日下午4:30 3个日本兵来,劫持走一个姓潘的已婚妇女。

以上的记录向您显示,尽管有美国国旗、美国和日本使馆的布告,我们的房产是如何持续不断地被闯入。正如您从记载中看到的,日本兵来时,并不总伤害老百姓,但经常伤害他们。无论如何,这样擅闯是不恰当的,也是令人讨厌的。我当然希望您就整个日本兵持续擅闯外国人产业的问题向日本使馆提出的抗议能有效地将其制止。

真诚地

W. P. 米尔斯

附言:双塘位于城市的西南部。　　W. P. 米尔斯

附件编号:附件三 H

文件编号:

日期:1938年2月25日

中国,南京

美国基督教长老会

江苏教区

1938年1月17日,南京平仓巷3号

美国大使馆

J. M. 爱利生先生

亲爱的爱利生先生:

1月8日,路易斯·史密斯博士交给您一份他就双塘的情况写给福

267

田先生信件的副本,我于 1 月 15 日就同一主题送给您的另一封信。现在我想就同一主题再提交给您一份报告。

前面的报告记录了 1 月 6 日到 1 月 11 日的情况。12 日到 14 日相对平静些,但是过去两天又很糟糕。在此,将提供给我的详细事实呈交给您。

1 月 15 日下午 2:00 两个日本兵来劫持走一名妇女。

1 月 15 日晚上 6:00 一个穿军装,一个着便服的两个日本兵来劫持、强奸两个姑娘。

1 月 15 日晚上 7:30 两个日本兵来,劫持了姓许和姓丁的两名姑娘,并强奸她们。

1 月 15 日晚上 8:25 两个全副武装的日本兵来,在里面待了半个小时之后,劫持走两个姑娘。(有人告诉我这些士兵把老百姓吓死了。)

1 月 16 日上午 9:30 两个日本兵来。

1 月 16 日上午 11:30 一个日本兵来,在这里待了一小时之后离开。

1 月 16 日下午 2:00 一个日本兵来劫持走一个名字为刘王氏的已婚妇女。

1 月 16 日下午 3:30 3 个日本兵来劫持走两个妇女。

昨天下午约 4 时,我本人在双塘。刚刚坐进汽车,准备离开那地方,听说两个日本兵来了。司机把车倒了一些,我出了车又进院门。这时,我注意到两个日本兵跑走。他们显然听到车子来了,或者听到有人喊,或看见我,决定最好离开,或者与之差不多的情况。无论如何,他们跑了。这次事件显示如果我当时不在那儿,毫无疑问双塘还会被日本兵再光顾一次。

所有这些事件发生后,我们得到情况会改善的所有保证之后,人们被迫得出这样的结论:日军或者不能,或者不愿有效地控制自己的部队。当老百姓没有比上述事件显示出的更好的安全感,恢复公共秩序,恢复正常情况只是空谈。当人们想到这些事件发生在由美国国旗、美国与日本使馆的布告明确标示出的一处外国房产上,这一切就再真实不过了。

请采取您对此事认为最好的步骤。

致以最良好的问候。

真诚地

W. P. 米尔斯

附件编号:附件三 I

文件编号:

日期:1938 年 2 月 25 日

中国,南京

美国基督教长老会

江苏教区

1938 年 1 月 26 日,南京平仓巷 3 号

南　　京

美　国　大　使　馆

J. M. 爱利生先生

亲爱的爱利生先生:

您已收到三封涉及我们教会位于城西南部的一处房产双塘情况的信件。第一封是路易斯·史迈斯博士 1 月 8 日给福田先生信件的副本。另两封是我 1 月 15 日和 17 日写的信。这些信件报告了 1 月 6 日至 16 日的情况。现在我写信报告进一步的情况。

1 月 17 日下午 2:45	3 个日本兵到所有的房间搜寻了 15 分钟,然后离开。
1 月 17 日下午 5:20	两个着便服的日本兵来到教堂里搜寻了 5 分钟,然后离开。
1 月 18 日上午 11:50	一个日本兵来,劫持了难民营第五分区的一名姑娘,并强奸了她。
1 月 18 日下午 3:00	一个日本兵来,到处搜寻了 10 分钟,然后离开。

1月18日下午4:30	两个隶属于宝昌街支队勤值部114支的日本兵来,四处搜寻,然后走了。
1月19日与20日	没有报告。
1月21日上午9:00	一个日本兵来劫持走一名姑娘。
1月21日上午10:00	7个日本兵来劫持走一名老年妇女。
1月21日上午10:00	5个日本兵来,到处搜寻,然后离开。
1月21日上午11:30	一个日本兵来劫持走一名姑娘。
1月21日上午11:40	9个日本兵来劫持走两个姑娘。
1月21日下午1:30	两个日本兵来。(没有评论)
1月21日下午2:30	两个日本兵来。(没有评论)
1月21日下午3:00	两个日本兵来劫持走一名姑娘。
1月21日下午3:30	两个日本兵来劫持走一名姑娘。
1月22日上午9:10	一个日本兵来,到处搜寻10分钟之后离开。
1月22日上午10:05	两个日本兵来,四处搜寻15分钟之后离开。
1月22日上午10:30	两个日本兵来,从办公室抢劫走一罐油、热水瓶。他们为这两样东西付给那儿的人两毛钱,然后强迫一个难民为他们把东西拿到卫巷22号夫子庙。
1月22日上午10:35	两个日本兵来,从难民那儿抢走3床棉被。
1月22日下午1:55	4个日本兵来,从难民营第三分区劫持走一名姑娘。
1月23日上午9:30	一个日本兵来。(没有评论)
1月23日上午10:20	两个日本兵来,给人们一些朝鲜钞票。
1月23日下午1:30	两个日本兵来劫持走一名姑娘。
1月23日下午2:00	3个日本兵来。(没有评论)
1月23日下午4:00	4个日本兵来。(没有评论)
1月23日晚上6:00	一个日本兵来劫持走一名姑娘。
1月23日晚上6:30	两个日本兵来劫持走两个姑娘。
1月23日晚上8:30	两个日本兵翻墙进来,劫持两个姑娘到办公室里强奸。他们10:30离开。

1月24日上午9：30	一个日本兵来。（没有评论）
1月24日下午2：30	3个日本兵来，砸破6号房间的门。
1月24日下午3：30	3个日本兵来劫持3名姑娘，就在这处房产上强奸了她们，然后离开。
1月25日	日本兵没有来。
1月26日上午10：50	4个日本兵来劫持3名妇女，并在这处房产上强奸她们，然后离开。其他日本兵强奸妇女时，一个日本兵站岗。（显然在注意不让宪兵或其他人来干预。）

以上的记录是不言而喻的。我再次通过您急切地要求日本当局立即采取有效措施，以防止类似事件再度发生。

真诚地
W. P. 米尔斯

附件编号：附件四A
文件编号：
日期：1938年2月25日

统一基督教会

1938年1月22日，南京平仓巷3号

南　　京
美国大使馆
约翰·M. 爱利生先生

亲爱的爱利生先生：

昨天晚上麦考伦先生向我报告说20日下午约3时，两个日本兵来到位于保泰街的教会女子学校（就是偷运钢琴毁坏院墙事件发生的地方）。*他们闯进一栋房屋，当他们出来时，佣人见到宿舍的房间里有烟冒出来，发现纸张在燃烧。这是那里最易燃烧的建筑。

非常抱歉他没有早一些将此事报告给您。

还有其他几起案件，但我请他们各自报告：这里有索尼先生报告金陵神学院一起；魏特琳小姐报告金陵女子文理学院一起。

感谢您对此的大力协助。

谨致敬意
路易斯·S.C.史迈斯

* 参阅题为《1938年1月南京的状况》报告的附件五。

附件编号：附件四B
文件编号：
日期：1938年2月25日

江苏，南京
统一基督教会
中国教区

1938年1月24日

中国南京
美国大使馆

亲爱的爱利生先生：

我想向您报告1月24日下午1点到2点之间，两个日本兵闯入美国房产的事件。这是位于城南中华路403号属于本教会的房产。应我的要求，红卍字会的人员到那所房屋去搬运12月中旬在那儿死去的两个中国人的尸体，是他们将这情况报告给我。我认为报告是可靠的。

谨致敬意
统一基督教会
（签名）詹姆斯·H.麦考伦

附件编号:附件五 A
文件编号:
日期:1938 年 2 月 25 日

金陵神学院

1937 年 12 月 24 日,南京平仓巷 3 号

主题:金陵神学院,殴打胡勃特·L.索尼

中国南京
日本大使馆

先生们:

　　我想报告昨天(12 月 23 日)下午约 5 时,两个日本兵闯入上海路 2 号的房屋,扯下美国国旗,竖起一面横幅,称该房屋是调查委员会的住地。

　　上海路 2 号的这栋房屋是美国财产,是金陵神学院 R. A. 菲尔顿教授的住宅,里面还存放了我们神学院 C. S. 史密斯教授和爱德华·詹姆斯教授的家庭及个人用品。

　　就在我发现日本兵扯下美国国旗之前几分钟,日本使馆在前门上张贴的布告被撕去。美国使馆的布告仍张贴在显著的地方。其中一个日本兵显然喝醉了。他们坚持要借用这地方 10 天,我不同意。此后,他们气愤异常,对我动粗,大喊大叫,拳击我的肩膀,最后强行抓住我,把我拖着穿过院子到外面的上海路中央。直到我同意签署一个让他们借用房屋两周的字据,他们才肯放我。签了字据后,他们放了我,并同意我们重新挂起美国国旗。但是,把他们的横幅挂在前门上,并说今天 9 点来占房子。他们命令目前住在这座房屋里的中国难民全部搬出去。

　　请您采取必要的步骤制止这种强行霸占我们房产的行径,以防止类似事件再度发生。

真诚地
金陵神学院
房产委员会会长
胡勃特·L.索尼

附件编号:附件五 B
文件编号:
日期:1938 年 2 月 25 日

金陵神学院

1938 年 1 月 11 日,中国南京平仓巷 3 号

中国南京
美国大使馆

先生们:

我想向你们报告昨天下午约 3 点,一个日本兵闯入金陵神学院,强迫看门人和他一起到行政楼三楼,打开锁着的门,从那儿拿走价值几块钱的蜡烛。他还强迫看门人帮他提着蜡烛跟他一直走到靠近中山路的地方。

金陵神学院是美国财产,在入口处醒目地张贴着美国使馆和日本使馆的布告,在两个入口处都悬挂着美国国旗。同一个日本兵几天前来神学院,四处查看房屋,显然要看看能发现什么,第一次来就找到那些蜡烛。第二次来,他抢走那些属于我们机构的财产。

相信你们会就游荡而不负责任的日本兵非法闯入我们房产,非法抢劫财物,抓住我们工作人员,并强迫他们离开工作岗位的这类行径向日本大使馆提出强烈抗议。

真诚地
胡勃特·L. 索尼

这封信与贝茨博士 1 月 11 日的信一道作为约翰·M. 爱利生 1 月 13 日向日本大使馆提出抗议的依据。参阅题为《1938 年 1 月南京的状况》报告的附件三。

附件编号:附件五 C
文件编号:
日期:1938 年 2 月 25 日

金陵神学院

1938 年 1 月 22 日,南京平仓巷 3 号

南　京
美国大使馆
J. M. 爱利生先生

亲爱的爱利生先生:

　　我想向您通报发生在美国产业金陵神学院的另一起事件,敦促您就日本兵的这种行径向适当的日本当局提出强烈抗议。

　　1 月 20 日上午 9 时 30 分左右,3 个日本兵来到金陵神学院,告诉那儿的负责人,他们要 10 名妇女去洗衣服,烧饭,帮他们做其他一些家务活。负责这个难民所的陶先生①对他们说,他可以问问有没有人自愿去,如果没有人自愿去,他就无能为力了。当他宣布日本人要找妇女干活时,10 名妇女愿意去,因为她们年纪大,日本兵一个也不肯要。他们说要 18 到 30 岁的年轻妇女。由于陶先生找不到这样的志愿者,日本兵在房屋里搜查,强行劫走了 3 名年轻妇女到金陵女子神学院对面的营房里。在她们的父母向宪兵申诉之后,3 个年轻妇女不久放回来了。但是,我们强烈抗议日本兵如此强行闯入我们房产,未经同意将人劫持走的行径。

　　　　　　　　真诚地
　　　　　　　　胡勃特·L. 索尼

---

① 金陵神学院难民所所长陶忠亮。

附件编号:附件六 A

文件编号:

日期:1938 年 2 月 25 日

美国基督教会

1938 年 2 月 4 日,南京

南　　京

美国大使馆

约翰 M. 爱利生先生

亲爱的爱利生先生:

　　这封信的目的是以书面形式确认我们昨天就我在教堂及住宅大院发现日本兵一事进行的谈话。

　　昨天下午约 2 时,我陪 4 个佣人去我们在太平路的大院,让他们留在那儿照看房产。在大院前面的街道两旁,许多日本军用卡车排列着近一个街区长。来到教堂大院里面,我发现 8 到 10 个日本兵,围着他们在草坪上为了烧饭而生的一堆火。他们围着火,坐在从我们房屋里拿出来的椅子上,并用一张从教堂里拿来的雕刻精致的沉甸甸的柚木牧师座椅支撑着他们在火堆上悬吊饭盒的铁棒的一端。他们先前在附近生的一堆火留下的余烬中显露出房门与门锁的残骸。

　　我们的一座庞大的中国风格的住宅,只有一部分还没有被焚毁,另一伙约 5 个日本兵在其中的一间屋子的地面上生起一堆火。一片城区,以及这座中国风格住宅的很大一部分刚刚在 1938 年 1 月 25 日星期三上午被烧毁。这伙日本兵围着火堆,坐在从我们房屋里拿出来的椅子上,其中一个携带着一架装在褐色皮套中的莱克照相机。我上前阻拦正在从大院后面的屋子里往外搬椅子的另一个日本兵。

　　要他们注意教堂塔楼上飘扬的美国国旗,注意所有建筑物上都张贴的禁止进入美国产业的日文布告之后,我要求这些人用水浇熄火,离开大院。

在我们白下路209号的住宅大院中,我发现一个日本兵在罗勃兹主教①的住宅里弹钢琴。我把他请出房屋。

从白下路的大院回到太平路的院落,一个日本兵又闯入教堂的院子,在中国风格住宅区内另一个小房间里又生起一堆火。在我抗议之后,他把余烬收集到一个洗脸盆里,在其余的余烬上浇了水,然后离开大院。

真诚地

欧内斯特·H.福斯特

附件编号:附件七

文件编号:

日期:1938年2月25日

中国,南京

南京基督教青年会

1938年1月21日

来复会

南　京

美国大使馆

先生们:

我必须报告,当我今天中午到位于马台街7号来复会的房产时,发现那扇7英尺高的铁制前门被撞倒,连带着两边的墙壁也倒塌了,有辆汽车或卡车显然在数小时之内进出过院子,因为雪地上的车辙印显示是在最后一次下雪之后才压出来的。我无法断定是否有东西从房屋里被

---

① 威廉·潘恩·罗伯兹(William Payne Roberts,1888—1971)1888年2月21日出生于弗吉尼亚州的萨姆汀(Summerdeen),1909年毕业于耶鲁大学,1916年6月在隶属于哈佛大学的圣公会神学院(Episcopal Theological School)获神学学士后于同年9月前往中国传教。1937年他被任命为圣公会江苏教区(辖上海)的主教。1946至1951年在上海担任中国传教会(China Mission)负责财务的司库。他1951年离开中国,1971年5月在宾夕法尼亚州的德温(Devon)去世。

抢劫走。

三天前，18日，高玉先生和我一起张贴的盖有使馆大印的日本使馆布告仍在已倒下的大门上，美国国旗还在旗杆上。

毫无疑问，有些中国军人在撤离南京前曾占用过这片房产，那儿有些他们待在那儿的痕迹。如果日本当局想把炮弹壳、破军装等物品搬运掉，我们非常乐意让他们来做，但会恭敬地建议他们以妥当的方式来做，并通过适当的渠道获得进入美国房产的许可。

真诚地

乔治·A. 菲齐

附件编号：附件八 A

文件编号：

日期：1938年2月25日

1938年1月，南京平仓巷3号

乔治·A. 菲齐致

南京美国大使馆

先生们：

昨天我向日本大使馆报告，前一天，本月4日，下午5时，3个日本兵翻越我在保泰街21号寓所的后墙，用刺刀逼迫我的看门人打开锁着的门，在屋内翻查洗劫后，拿走我的一些东西。在那之前，日本兵曾闯进来多次，抢劫铺盖、衣服以及其他物品，砸开壁橱、箱子，所有的东西都被弄得一片狼藉。

日本兵昨天又来，上午来了3个，下午来了3个，威吓看门人，又掳掠走物品。

我的房屋上飘扬着两面美国国旗，前门和边门上都张贴着日本使馆的布告。

忠诚地

G. A. 菲齐

附件编号:附件八 B
文件编号:
日期:1938年2月25日

乔治·A.菲齐

1938年1月13日

南　　京
美国大使馆

先生们:

我请求报告在前天,即本月11日,我位于保泰街21号的住宅又被一个日本兵强迫看门人开门而闯入。然而,据观察,他并没有拿走什么。

昨天,又有3个日本兵翻墙进入花园,但没有进屋。

如果你们能够对于持续恐吓佣人,擅闯我房屋的行为提出抗议,我将非常感激。

忠诚地
乔治·A.菲齐

附件编号:附件八 C
文件编号:
日期:1938 年 2 月 25 日

南京基督教青年会

乔治·A. 菲齐

1938 年 1 月 14 日

南　　京
美国大使馆

先生们：

　　我必须报告今天约在中午,一个日本兵翻越我在保泰街 21 号花园的后墙,强迫看门人让他进屋。他在阁楼上翻找东西,但是似乎并没有拿走什么。每天这样强行闯入我的房屋,洗劫我的物品已达到难以容忍的地步。

　　还要报告我今天还去了保泰街 7 号,这是一处给我们用作中学的来复会的房产。美国国旗被从旗杆上扯下来,门上的日本使馆布告也给撕去。你们是否可以再给我弄一张布告,或四五张布告,因为院子里有 4 栋房屋。

　　　　　　　　　忠诚地
　　　　　　　　乔治·A. 菲齐

附件编号:附件八 D
文件编号:
日期:1938 年 2 月 25 日

南京基督教青年会
乔治·A. 菲齐

1938 年 1 月 17 日

南　　　京
美国大使馆

先生们:

　　我必须报告昨天中午,我在保泰街 21 号的寓所又被两个日本兵强行闯入,其中一个携带着长军刀,他们抢劫走一个枕头和其他物品。看门人对他们说没有钥匙,于是他们就踢开那扇先前被砸破又钉上的南门,彻底洗劫了阁楼。他们还撬开先前被忽略了的一个盒子,将里面的东西拖出来四散在地板上。
　　1 月 4 日以来,这是我的房屋第 7 次被日本兵强行闯入,掳掠。

　　　　忠诚地
　　　　乔治·A. 菲齐

附件编号:附件八 E
文件编号:
日期:1938 年 2 月 25 日
1938 年 1 月 19 日,南京

主题:侵犯乔治·A.菲齐的住宅

南　　京
美国大使馆

先生们:

　　作为对你们本月 15 日信件的回复,我请求呈递在目前交战状况下我在保泰街 21 号寓所所承受的下列损失。

　　就此,请允许我指出,据我所知,所有损失都是由日本兵造成的。这些日本兵 12 月 15 日以来经常闯入我那栋张贴着美国使馆和日本使馆布告,飘扬着两面美国国旗的寓所。12 月 15 日那天,我亲自注意到所有的大门、门窗均完好无损。我还请住在街对面的一位日军少佐照看这栋屋子,不要给骚扰。16 日 12 点 30 分,我和史迈斯博士去那儿,发现西面的边门被砸倒,南面的房门给砸开,阁楼上的箱子被撬开,整个屋子遭洗劫。第二天,17 日,我发现前门也被砸破,我临时修起来的边门又倒下了。我将这些情况书面向日本大使馆作了报告。

　　从 12 月 17 日至 31 日,房屋被闯入数次,1938 年 1 月 4 日到 16 日之间,不下 7 次。有些情况下,我的看门人在刺刀的威逼下,被迫交出钥匙,后来的这些擅闯事件,大部分已报告给你们。

　　我做了比较保守的估计,并感到总的数额难以恰当地涵盖我的损失,因为许多被抢劫走的东西我目前无法察觉,特别是 5 只箱子里的东西。所以,如果我以后发现不包括在下列各项的损失,我希望保留进一步索赔的权利。

　　　　　　　　　　　　忠诚地
　　　　　　　　　　　乔治·A.菲齐

对损失财产的赔偿要求

保泰街 21 号　　乔治·A. 菲齐

两张木棉的单人床垫	80.00 元
双人毛发床垫——半个垫子	75.00 元
床上用品：被子和毯子	58.00 元
床单和毛巾	30.00 元
帘子、锦缎	60.00 元
衣服、4 套西装、6 件衣服	280.00 元
6 只垫子和枕头	36.00 元
5 只箱子、一只手提箱、一个柜子——破损	60.00 元
珍贵的照相集	80.00 元
画	60.00 元
一件乐器——笛子	20.00 元
唱机和唱片	260.00 元
雕刻的柚木屏风——刺绣的面子	48.00 元
雕刻的橡木碗橱——木板被砸坏	45.00 元
古董，一尊唐代的马——被打碎	25.00 元
古董，一张镶嵌的威尼斯式书桌——被砸坏	60.00 元
一只大橱子——后面砸坏	10.00 元
一只带锁的保险手提箱	12.00 元
罐头食品	8.00 元
文具用品	12.00 元
圣诞节的装饰品	8.00 元
零碎小物品	80.00 元
两扇大门和两扇房门的损伤	<u>50.00 元</u>
	总计　1 437.00 元

(签名)乔治·A. 菲齐

附件编号:附件九
文件编号:
日期:1938年2月25日

有关凯瑟琳·布莱恩小姐的住宅被闯入,遭掳掠的备忘录

1938年2月24日

今天上午,约翰·M.爱利生先生和詹姆斯·爱斯比先生前往位于大同新村11号的凯瑟琳·布莱恩小姐的寓所,察看她这处房产的情况。爱斯比先生以前曾来过,发现住宅已被闯入,彻底洗劫,严重掳掠,大部分家具、瓷器,以及布莱恩小姐的其他东西被砸坏,房屋的门窗给打破。

这次,我们注意到前门上原来张贴使馆布告的地方。布告已被撕去,只有剩下的一些纸片显示出原来布告张贴在那儿。我们还注意到前门上的锁被砸破,边门的门板给砸破,以进入房屋。在屋内,爱利生先生察看了写在许多墙上的东方文字,爱利生先生确认这些肯定是日文。一处写着"大日本"。另一处写着"1937年12月17日",用的是日本纪年:昭和12年12月17日。

这座房屋现在无人居住。但前门洞开着,在前院里新建了个厕所,供住在附近房屋的日本兵使用。

美国副领事
詹姆斯·爱斯比
大使馆三等秘书
约翰·M.爱利生

此后:

今天下午爱斯比先生请日本大使馆的Y.粕谷先生和他一起前往布莱恩小姐的住所,这样,一位日本使馆的官员可以看到布莱恩小姐的住宅发生的确切情况,亲自看见日本兵闯入,掳掠该房产的证据。粕谷先生陪同爱斯比先生去了。让他看了先前在临街大门上张贴使馆布告的地方,然后穿行于房屋内让他亲自看看房屋确实遭受了多少损坏,存放

在那儿的物品损坏了多少,指给他看了墙上的字迹。粕谷先生看了那些文字,翻译成英文。他说那是日文。

离开房产时,爱斯比先生告诉粕谷先生,如他所见,房屋内的东西完全被毁,相应地,以目睹的由日本兵造成的这些损失作为证据,一旦从布莱恩小姐那儿获得她去年8月离开南京时留在屋里物品的清单,她所受损失的价值,以及房屋损坏的价值,即向日本当局提交索赔的要求。

美国副领事

詹姆斯·爱斯比

附件编号:附件十A

文件编号:

日期:1938年2月25日

1938年2月7日,中国南京

上　　海

广东路54号

　大来公司

先生们:

为答复本使馆1月31日为你们发给美国驻上海总领事馆的电报,你们涉及贵公司在南京下关木材场存放的木材情况的电文已于2月3日收悉。你们谈到,据你们的记录,存放在木材场与溪流滩上的木材共计约820 000英尺,其中有400 000英尺的木料和圆木在雇员被迫撤离南京时据信存放在溪流滩上。你们还说愿意以1 000板英尺180元中国币的价格出售给日本人。

收到这封电报后,本使馆向这里的日本大使馆通报了你们所称在南京下关木材场和溪流滩上存放木材的数量。与此同时,再次提请日本大使馆注意此前非法搬运木材的情况,并通知该使馆你们同意出售木材给日军当局与海军当局,但是如果将来日军及海军当局需要木材,他们应首先安排购买事宜。

在此附上祥泰木行的斯坦利·比舍普里克先生呈交给本使馆有关他亲眼看见日本兵从大来公司搬运木材到江边的信件副本。如他所述,本使馆工作人员爱斯比先生1月31日和比舍普里克先生在一起,也见到日本兵搬运木材的情况。

本使馆1月31日的电报已通报你们,依据这些证据已就此事直接向日本使馆提出抗议。提请日本使馆注意,木材在未经允许的情况下被搬运,并要求通报日军当局这些是美国财产,必须立即停止搬运木材。然而,由于日本兵仍然在搬运木材,也为了和这里的日本当局更加全面而具体地交涉搬运木材一事,询问你们是否愿意向日本当局出售木材,价格是多少。在这种情况下,感到你们也许想把木材卖给日本人,如果可能,并把目前搬运走的木材折算成销售,而不必以后提交索赔的要求。

还没有得到日本人将采取什么行动的消息,不幸的是,在1月31日的电报发出时,我们无法确知日军搬运走多少木材,虽然贵公司下关木材场的雇员熊明珠(Hsiung Ming-chu)对数量作了估计,在此附上他的估计数额。2月2日以来,没有再收到有关搬运木材的报告。

本大使馆第二次将搬运木材的情况提请日本大使馆注意时,没有提交给日本使馆每1000板英尺180元的价格。但也许要提一下,日本使馆的一名官员那次说"木材当然是要付钱的",如果大来公司能够将日方所欠的钱款数额交给本使馆,我们将送交给日军当局。

2月5日,本使馆的一名工作人员和比舍普里克先生前往下关木材场。比舍普里克先生在那儿粗略估计了仍然在溪流滩上木材的总数。在此附上他对库存估计的副本。应当指出,后面四项并不在溪流滩上,而是在溪流旁的岸上,沿木材场的北边堆放着。

鉴于前面谈到的情况,对于你们希望本使馆就木材存货一事采取什么样的行动,要求你们给予指示。还附上留在这儿的几名公司雇员估计大来公司所受损失的清单。后面的这些数字尚没有核查,但是如果你们希望就这些数字进行核实的话,本使馆乐于接受你们的指示。

真诚地

谨代表大使

大使馆三等秘书

约翰·M.爱利生

附件编号:附件十 B

文件编号:

日期:1938 年 2 月 25 日

上海祥泰木行

中国南京,1938 年 2 月 2 日

主题:大来公司

中国南京
美国大使馆

亲爱的爱利生先生:

1 月 24 日与 25 日,在去本公司在下关的木材场时,我见到日本兵在紧靠着大来公司木材场前面,搬运大家都知道是属于该公司的 2×12 英寸的木材。亲眼见到被搬运走的木材约有 15 000 板英尺。

在美国使馆工作人员 J.爱斯比先生的陪同下,1 月 31 日又见到日本兵用手推车将木材从大来公司运到江边。我们叫负责搬运的士兵带我们去见负责的军官,由于他不会说英语,都是通过打手势进行交流的。他按照我们的要求,带我们到江边,那儿有一堆相同的木材(9 根园木),他指了指我们以为是他的上级军官的麻绩一(Omichi)中尉。然而,后来另一位英语说得很好的清水(Shimizu)中尉告诉我们,搬运木材的是另一个师团的士兵,并不和麻绩一同属一个师团。

真诚地

斯坦利·比舍普里克

附件编号:附件十C

文件编号:

日期:1938年2月25日

1938年1月27日呈交

中国南京大来木行所受损失单

下关总部

(木材场)

日期	内容	数量
1937年12月21日至23日	27个装有尺寸为14″ 16″ 12″ 18″ 20″(平方)俄勒冈松木的木筏	35 000或更多英尺
12月21日	两辆雪弗莱卡车	
12月27日	俄勒冈松木(2″)……	90 000英尺
12月18日至31日	俄勒冈松木12″×40′—50′	290 000或更多英尺

三叉河木材场

房屋被烧毁

俄勒冈松木(1″)和做地板的已

做好榫的板材……　　　360 000或更多英尺

俄勒冈松木　　　　　　160 000英尺

汉府街木材场

俄勒冈松木,柚木和硬木　760 000或更多英尺

办公室家具和设备,工作人员的个人用品和衣服。

1938年1月2日至26日　　7个装有尺寸为6″　8″　10″　12″
　　　　　　　　　　　11″(平方)的俄勒冈松木的木筏……
　　　　　　　　　　　320 000或更多英尺
　　　　　　　　　　　这些不是精确的数字,只是估计数额

附件编号:附件十D

文件编号:

日期:1938年2月25日

以下是日军谷山部队1938年1月27日至2月2日从大来公司后门外溪流中强行搬运走的木材。

12″×12″)　约80 000板英尺。

10″×10″)

2″×10″)　约100 000板英尺。

2″×12″)

大来木行

熊明珠

1938年2月4日。

附件编号:附件十E

文件编号:

日期:1938年2月25日

2月5日斯坦利·比舍普里克先生登录的大来木行在南京下关木材场溪流边的木材库存量

11根　　10×10×30/40

1根　　8×8×24

4根　　10×10×30/30

1根　12×12×16

3根　2×10×20

3根　3×10×18/24

15根　11×10×20/36

1根　6×6×20

4根　10×10×40

1根　12×12×32

1根　×28

148根　2×8×10　中国松木

182根　1×8×2×12×10

1根　6×6×29

2根　10×10×12/12

5根　12×12×40

51根　10×10×24/40

12根　12×18×34/40

2根　6×6×20

2根　8×8×20

69根　中国园木段

16根　俄勒冈松木段

32根　中国杆材

1堆　6½/7′×7′×28′

1堆　6½/7′×10′×12′

1堆　6½/7′×6′×21′

1堆　6½/7′×6½′×30′

注：所有的木料都从木筏上松散下来，涨潮时会漂流走。

附件编号:附件十 F
文件编号:

日期:1938 年 2 月 25 日

关于搬运存放在大来木行
在南京下关木材场溪流中木材的备忘录

1938 年 2 月 9 日

我呈交这份涉及美国大来公司存放在该公司下关木材场溪流边及水中的木材被日本兵搬运走的备忘录。

今天上午,由使馆职员 A.A.麦克法瑾和一名日本宪兵陪同,我路过大来公司下关木材场时,见到几个日本兵在该公司大院前溪流的岸边。我们走到木材场,发现约有 40 个日本兵及数目相等的中国苦力从岸边和溪水里搬运木材到中山路上,准备运走。我和负责搬运的一名军曹解释说,木材是美国财产,并让他看每根木材上用中文写的"大来"字样,向他打手势,停止搬运,并把已运走的搬回来。这个军曹确实停止了搬运,然后带我到中山路边的一堆木料那儿。高玉先生和日本宪兵队的杉本来了,这时我们在检查,清点木料的数量,还向他们解释发生的情况。在江边,我清点出 16 根 12 英寸见方和 10 英寸见方的木料,105 块小木板,外加两根 10 英寸见方的木料。当然,我无法得知是否已有木材被运走,或有多少木料已被运走。该公司的一名雇员说日本兵 2 月 8 日下午 1 点开始搬运木材。

半小时之后,我将此事报告给日本大使馆,福井先生告诉我,日军本乡少佐和担任翻译的日本使馆的福田先生将和我立即去察看木材。

在下关溪流岸边,我向本乡少佐解释了发生的情况。他表示遗憾,但相信由于木材在水里,日本兵并不知道它们是美国财产。

然后我告诉本乡少佐已数次报告日本当局,溪流中的木料是美国财产,并就前几次日本兵搬运大批木材提出抗议。我对他说,1 月 31 日木材被日军搬运一事报告给我之后,我通知福井先生不仅院子里的木材,明确画了界线的院子前面溪流里的木料都是大来公司的财产,我还画了一张大来公司和溪流的简图,在图上标出存放木料的地方,并就搬运美国财产提出抗议,要求福井先生通报日军,并要求日军下达命令停止搬运木材。我还和本乡少佐谈到2月7日我和福田先生的会谈,当时我向福田先生传达了从大来公司收到的关于存放在溪流中木料的大概数目,该公司愿意,但只有在事先安排购买的情况下将木料出售给日军等情况。

本乡少佐答道,我对日本大使馆提出的抗议已送达日军,并已下达不要搬运木材的命令。但他说部队很多,并重申,日本兵肯定不知道那是美国财产。我再次指出木料虽然紧靠着隔壁中国木材场的木料堆,它们是在大来公司大院前面,而且都标了字样,在如此情况下,如果日本兵仍然怀疑木材的归属,应该在搬运之前征询大使馆。我进一步说,我无法理解,在不准搬运木料的命令下达后,日本兵仍然继续搬运木料。本乡少佐说,在调查了被搬运掉的数量之后,那些木料是要付款的。

然后,我向本乡少佐作了以下声明:(1)虽然这样做感到很遗憾,但是我必须告诉他,日军就目前搬运木材所作的解释是不能令人满意的;(2)鉴于大来公司的木材数次被从溪流中搬运走——有两次我亲眼看见,至于其余几次,我收到该公司雇员对搬运的木材数量的报告——鉴于美国大使馆,或大来公司无法进行核查,我必须要求日军对从溪流中搬运走的所有木料负责;(3)我必须再次坚持不能再搬运木材。如果日军希望从大来公司购买木料,必须事先作出安排。

本乡少佐也说他认为这些木料可能和堆放在隔壁的中国木材混淆了,并问是否能将木料堆放进木材场里面,或堆放在一起。对此我答道,木料在公司大院子前面的溪流中妥善地存放着,由于某些大木料的尺寸,很难搬运,在目前的情况下,无法满足这一要求。我说如果他希望由日军的部门来完成这项任务,我完全同意。

与福田先生一道回到日本大使馆,福田先生对我说,如同本乡少佐所说已下达了不准搬运木料的命令,但是日本兵或者不执行命令,或者误解了命令。

> 美国副领事
> 詹姆斯·爱斯比

附件编号:附件十一
文件编号:
日期:1938 年 2 月 25 日

关于金陵车行,比尔斯汽车行

1938 年 1 月 22 日,
南京中山路 244 号

南　　京
美国大使馆

先生们:
　　我可以很肯定地向你们保证,位于上海路和中山路拐角处的金陵车行在 1937 年 12 月 14 日上午还完好无损,因为我那天上午路过那儿。汽车行那时还没有被破门闯入。
　　相信这些情况对你们有所帮助。

> 真诚地
> 克里斯卿·克罗格

附件编号:附件十二
文件编号:
日期:1938年2月25日

关于罗勃特·S.诺曼的住宅

1938年1月22日,南京中山路244号

南　　京
美国大使馆

先生们:

　　12月26日,我在中山门外苜蓿园察看德国朋友的房屋。由于我和罗勃特·S.诺曼先生的友谊,我也同时去看他在陵园路187至188号的房屋。我可以很肯定地向你们保证那天他的房屋完好,大门关闭着,张贴着贵使馆的布告,显然,屋子没有被破门闯入,也没有被烧毁。

　　相信这些情况对你们有所帮助。

真诚地
克里斯卿·克罗格

附件编号:附件十二 A
文件编号:
日期:1938 年 2 月 25 日

关于菲尔科销售公司的存货

1938 年 2 月 17 日,南京

南京大方巷 21 号
爱德华·斯波林
  致
南 京
美国大使馆

亲爱的先生阁下:

  由于我受委托经管位于中山路 57 号的福昌饭店与福昌贸易公司,我能够见证在日军 1937 年 12 月 13 日进城之后,除了大橱窗被日军打到店外面街上的两发炮弹炸碎,这处房产仍然完好。

  我在店门上安装了特制有粗链子的德国安全锁,12 月 15 日锁被砸破,换了新锁后,12 月 15 日至 21 日之间又 3 次被砸破。我察看商店时,发现店里有 4 个日本兵,并把他们劝出去。在饭店紧隔壁的中国人的房屋中发现有日本兵住在里面,他们可能就是从福昌贸易公司盗窃商品的日本兵。使馆警官高玉先生在 12 月 27 日和我一起去察看那处房产,并作了一些记录。

       真诚地
     (签名)爱德华·斯波林

附件编号:附件十三 A
文件编号:
日期:1938 年 2 月 25 日

关于大华大戏院

1 月 15 日

中国南京
美国大使馆
约翰·爱利生先生

亲爱的爱利生先生:

  根据我作的笔记,我能想得起来焚烧大华大戏院最接近的日子是 29 日之前。如果我当时写的信件的日期准确的话,我在 12 月 27 日和 29 日到城南去。大华大戏院在 27 日还没有被烧,但是在 29 日,我已报告了戏院被烧毁的情况。那几天,我在那个地区,以及城南一些地方目睹了焚烧房屋,包括这座戏院紧邻的市场,以及中山东路上的建筑,包括起士林点心铺①的房屋,及其隔壁的建筑。在每一桩纵火案中,日本兵都在那儿观望,或在指手画脚,发号施令,显然不是过路的人。

真诚地
统一基督教会
詹姆斯·H. 麦考伦

---

① 相传八国联军攻占天津后,一位名为阿尔伯特·起士林(Albert Kissling)的德国随军厨师于 1901 年在天津留下来开了一家点心铺,以后生意越做越好,在中国各地开了分店。南京的起士林点心铺(Kissling & Bader)位于新街口附近的中山东路 25 号。

附件编号:附件十三 B
文件编号:
日期:1938 年 2 月 25 日

关于大华大戏院
1938 年 1 月 18 日,南京中山路 244 号

南　　京
美国大使馆
　　　　致约翰·爱利生先生

先生们:
　　根据我的日记,1937 年 12 月 28 日晚,我见到新街口燃烧着熊熊大火,便去那儿看个究竟。大约 7 点到那儿,见到大华大戏院两旁的商店已在烈焰之中,日军的卡车,以及在一名军官指挥下的日本兵都在戏院的前面。
　　　　　　真诚地
　　　　克里斯卿·克罗格

附件编号:附件十四 A
文件编号:

日期:1938 年 2 月 25 日

主题:德士古(中国)有限公司
南京安全区国际委员会

宁海路 5 号,1938 年 1 月 4 日

南　　京
日本大使馆

先生们:

　　美国德士古(中国)有限公司仓库的苦力王庆永(Wang Ching Yung)昨天到我的办公室来,报告下列事项:

　　1937 年 12 月 30 日,两个日军,一个显然是军官,来到汉西门外凤凰街 58 号的仓库,用手枪逼迫他打开门,抢劫走两辆卡车,两辆轿车,还有存放德士古公司雇员私人物品的 40 来个盒子,以及 100 加仑汽油。他们还扯下美国国旗践踏,焚烧。然后,他们企图强迫王在一张 1 000 块钱的收据上签字。他拒绝签字,于是把他捆绑起来带走,直到第二天他同意签字,才允许他回家。他们告诉他如果报告此事,他全家都会给打死。他 10 岁的妹妹以及他的姑妈已被强奸。

　　日本兵在仓库的桌子上留下一包钱,王的父亲王福余(Wang Fu Yu),今天上午将原封未动的钱包拿来给我。我发现里面只有 700 元,请求就此把钱,还有日本军官留给王的纸条,归还给你们。仓库大院内办公室的钥匙被日本军官拿走,但是,王给了我仓库大门的钥匙,现在将钥匙附上。相信德士古公司定会感激对该公司的保护措施。

真诚地

(签名)乔治·A. 菲齐

附件编号:附件十四B
文件编号:

日期:1938年2月25日

主题:德士古(中国)有限公司

南京安全区国际委员会

宁海路5号

1938年1月5日

南　　京
日本大使馆

先生们:

　　在我昨天涉及从德士古(中国)有限公司仓库抢劫走卡车、汽车等物的信件的基础上,我必须进一步报告,他们仓库的苦力王,今天又到我这儿来,说昨天4个日本兵,还有两卡车大约100名苦力来将所有库存的35桶汽油、35箱油料,加上18听汽油与115加仑油料,还有一些家具抢劫走。他们还用刺刀毁坏了部分墙壁,因此,现在那个地方已没有人看管保护,随便什么人都可以进去。

　　　　　　　　　真诚地
　　　　　　　(签名)乔治·A.菲齐

附件编号:附件十五 A
文件编号:
日期:1938 年 2 月 25 日

1937 年 12 月 16 日在南京的西方人士

姓名	国籍	单位
1. 约翰·H. D. 拉贝先生(John H. D. Rabe)	德国	西门子公司
3. 爱德华·斯波林先生(Eduard Sperling)	德国	上海保险行
4. A. 晁提格先生(A. Zautig)	德国	起士林点心铺
5. R. 翰培尔先生(R. Hempel)	德国	河北饭店①
6. R. R. 海兹先生(R. R. Hatz)	奥地利	安全区的机修工
7. 科拉·波德希伏洛夫先生(Cola Podshivoloff)	白俄	桑德林电器店
8. A. 扎尔先生(A. Zial)	白俄	安全区的机修工
9. 查尔斯·H. 里格斯先生(Charles H. Riggs)	美国	金陵大学
10. M. S. 贝茨博士(M. S. Bates)	美国	金陵大学
11. 路易斯·S. C. 史迈斯博士(Lewis S. C. Smythe)	美国	金陵大学
12. C. S. 特里默医生(C. S. Trimmer)	美国	鼓楼医院
13. 罗勃特·O. 威尔逊医生(Robert O. Wilson)	美国	鼓楼医院
14. 伊娃·海因兹小姐(Iva Hynds)	美国	鼓楼医院
15. 格瑞丝·鲍尔小姐(Grace Bauer)	美国	鼓楼医院
16. 詹姆斯·麦考伦牧师(James McCallum)	美国	美国统一基督教会,现在鼓楼医院
17. 米妮·魏特琳小姐(Minnie Vautrin)	美国	金陵女子文理学院
18. W. P. 米尔斯牧师(W. P. Mills)	美国	北方基督教长老会
19. 胡勃特·L. 索尼牧师(Hubert L. Sone)	美国	金陵神学院
20. 乔治·菲齐先生(George Fitch)	美国	基督教青年会

---

① 河北饭店(North Hotel)为德国商人在南京经营的一座旅馆,位于新街口附近的中山东路上。

续表

姓名	国籍	单位
21. 欧内斯特·H. 福斯特牧师（Ernest H. Forster）	美国	美国基督教会
22. 约翰·麦琪牧师（John Magee）	美国	美国基督教会

附件编号：附件十五 B

文件编号：

日期：1938 年 2 月 25 日

12 月 20 日，南京

美国驻上海总领事馆：

　　重要的问题是要求美国外交代表立即到南京来。局势日趋紧急。请通报大使与国务院。签署人：贝茨、鲍尔、菲齐、福斯特、海因兹、麦琪、米尔斯、麦考伦、里格斯、史迈斯、索尼、特里默、魏特琳、威尔逊。

　　12 月 20 日送交给日本大使馆，请求日本海军用无线电发送这封电报。

　　　　M. S. 贝茨

　　12 月 21 日，日军拒绝发送这封电报。

　　　　L. S. C. 史迈斯

附件编号：附件十五 C

文件编号：

日期：1938 年 2 月 25 日

1937 年 12 月 22 日，南京平仓巷 3 号

南　　京

日本大使馆官员

先生们：

　　昨天应你们的要求，在南京的美国居民重新考虑了通过你们向美国

驻上海总领事馆发电报一事。然而，我们感到发生的问题很重要，非常紧急，只得再次请求你们帮我们发一份电报。

正如我们已经向你们报告的，几乎每一栋美国人的住宅都被日军闯入，物品遭盗窃。还有，大使的官邸被闯入，日本兵数次企图从使馆车库和使馆大院偷窃汽车，有一次，使馆的警察被日本兵打伤。此外，就在昨天晚上使馆车库里的一辆汽车被偷走。城里很多美国人的房屋被日本兵损坏，有些遭焚烧。最后，至少有8次，日本兵或者自己扯下美国国旗，或者威逼佣人降下美国旗，或者，威胁佣人如果敢再挂旗帜，便以暴力相加。

如果贵国的国民、贵国使馆，或者贵国的国旗受此遭遇，你们自己也会立即奋起抗议，通过适当的外交渠道尽快公正地解决这些事。因此，我们同样也被迫在此时提出这样的抗议，以便迅速、公正地解决这些事，并再次表达我们要求美国外交代表立即返回南京的愿望。我们恭敬地重申将附上的电文经由贵海军无线电设施发往上海美国当局的要求。非常感激你们对此事的协助。

真诚地

谨代表在南京的美国居民

W. P. 米尔斯

附件：一份电报。

注：标明为 A5(26) 的电报还有续页。

W. P. 米尔斯

附件编号:附件十五 D
文件编号:
日期:1938年2月25日
12月22日,南京

美国驻上海总领事馆:
　　重要的问题是要求美国外交代表立即到南京来。局势仍然紧急。请通报大使与国务院。签署人:贝茨、鲍尔、菲齐、福斯特、海因兹、麦琪、米尔斯、麦考伦、里格斯、史迈斯、索尼、特里默、魏特琳、威尔逊。
　　注:与12月20日的电报一样,这封电报也被日军当局拒绝发送。
　　W. P. 米尔斯

附件编号:附件十五 E
文件编号:
日期:1938年2月25日

1937年12月17日,南京莫愁路65号

主题:美国大使馆

　　南　　　京
日本大使馆官员

先生们:
　　请允许我通报你们,今天,我在 H. L. 索尼的陪同下,正巧在几个日本兵试图从使馆车库里抢劫汽车时来到美国大使馆。我急忙来将这事报告给你们,因为我相信贵军事当局将会立即阻止这类行为。
　　　　　　真诚地
　　　　　　W. P. 米尔斯

附件编号:附件十五F
文件编号:

日期:1938年2月25日

1937年12月24日,南京平仓巷3号

主题:美国大使馆

南　　　京
日本大使馆官员

先生们:

请允许我向你们报告最近在美国大使馆发生的下列事件。

12月23日下午2时30分,3个日本兵来到使馆的西院,声称要借汽车。使馆一名姓吴的职员向他们解释说车子都坏了,无论如何,借用汽车应该通过日本大使馆,而不能由日军直接来借。然后,这些日本兵离开了,没有再找什么麻烦。

然而,当天晚上6点30分到9点30分之间,七八个成群,全副武装的日本兵至少到使馆来了4次。至少有一次,日本兵是由军官带来的。日本兵共抢劫走3辆汽车。这些车的主人是C. W. 奥德里吉先生(牌照号码5033),孟肯先生(牌照号码1255)和翰森先生(牌照号码218)。日本兵把车子推出使馆大院,然后用他们开来的卡车拖走。日本兵还抢走四五辆自行车,两盏油灯和几只手电筒。此外,上述日本兵来使馆4次之中,有一次在军官的带领下,日本兵搜查了睡在大使馆办公大楼里的每一个人,抢劫他们的钱和个人用品。使馆工作人员邓先生被抢走一只表和金戒指,另一名使馆工作人员吴先生给抢去一只表和六七块钱。邓先生的家属被抢劫走58块钱,其他雇员的家人被抢走185块钱。日本兵还强迫佣人打开一些锁着的门,至少有一次,日本兵用刺刀捅破了门(巴克斯顿先生①办公室内的一扇门),留下一道显而易见的痕迹。最后,两个日本兵企图强奸院子里的两名妇女,他们甚至试图脱去一个妇女的衣服,并劫持另一名妇女到大院内偏僻的地方。然而,所幸其他日本兵阻止他们达到目的。

以上事件发生在昨天,亦即12月23日晚上。今天,12月24日,上午约8时,3个日本兵再次闯入大使馆西院,拖走一辆汽车(牌照号码5001),这是使馆工作人员邓先生从朋友那儿借来的一辆汽车。与此同时,另外有5个成伙的日本兵闯入使馆东院,拖走同属于祥泰木行的一辆汽车和一辆卡车。这次,日本兵还抢劫走住在大使馆东院门房的警察高新元的一袋面粉、一袋米、一只手电筒和11.8元钱。

今天上午9时,大使馆西院的车库再次被闯入,大使馆美国工作人员拉封先生的汽车被抢劫走。然而,日本宪兵在大概一小时后归还了这辆车。以上的事件今天上午首先口头报告给福田先生,后来又报告给田中先生,田中先生后来亲自来美国使馆调查此事。田中先生保证今天在两个大院设置岗哨,以防进一步侵犯大使馆的事件,非常感激他所作的保证。

真诚地
W. P. 米尔斯

---

① 约翰·豪尔·巴克斯顿(John Hall Paxton,1899—1952),见本书第28页注①。

附件编号:附件十五 G
文件编号:
日期:1938 年 2 月 25 日

注:这些证明材料是日本方面通知我们在不到一天的期限内要提交的,要求我们在 12 月 23 日下午 2 时呈交。W. P. 米尔斯

1937 年 12 月 23 日,平仓巷 3 号

南　　京
日本大使馆官员

先生们:

　　应贵使馆警察高玉先生的要求,我在此呈交这份部分美国房产的清单,清单显示本月 13 日日军占领城市以来日军损害与掠夺这些房屋的程度。当然,我们无法在如此短的期限内提交显示金钱数额的详细损失材料,特别是在很多直接相关的人员不在城里的情况下。然而,这些损失的细节以后将正式呈交给美国大使馆,以向日本当局交涉。

敬呈
(签名)W. P. 米尔斯

附上下列清单:

1. 基督教长老会(Presbyterian Mission)

2. 卫理圣公会(Methodist Mission)

3. 美国基督教会(American Church Mission)

4. 基督教青年会(Young Men's Christian Association)

5. 南京美国学校(Nanking American School)

6. 公谊会(Friends' Mission)

7. 来复会(Christian Advent Mission)

8. 基督复临安息日会(Seventh Day Adventist Mission)

9. 统一基督教会(United Christian Missionary Society)

10. 金陵大学(University of Nanking)

11. 鼓楼医院(University Hospital)

12. 金陵女子文理学院(Ginling College)

13. 有关商业房产的补充报告

14. 金陵神学院(Nanking Theological Seminary)

在下列底部标有 A—O 的各页上,用蓝铅笔打了勾。

(签名)W. P. 米尔斯

1. 基督教长老会

地址	产权	使用者	房屋及屋内财物	国旗
韩家巷 5 号	基督教长老会	基督教长老会	遭损坏与掳掠	悬挂
莫愁路 54 号	基督教长老会	明德学校	遭损坏与掳掠	悬挂
莫愁路 54 号	基督教长老会	安娜·莫菲特①	遭损坏与掳掠	悬挂
莫愁路 66 号	基督教长老会	简·海德②	遭损坏与掳掠	悬挂
莫愁路 65 号	基督教长老会	W. P. 米尔斯	遭损坏与掳掠	悬挂
莫愁路 65 号	基督教长老会	中国牧师		
天妃巷 46 号	基督教长老会	爱伦·庄姆德③	遭损坏与掳掠	悬挂
户部街 41 号	基督教长老会	安德鲁·罗耶④	遭损坏与掳掠	悬挂
户部街 41 号	基督教长老会	学校	遭损坏与掳掠	悬挂
户部街 41 号	基督教长老会	中国牧师	遭损坏与掳掠	悬挂
户部街 45 号	基督教长老会	学校校长	遭损坏与掳掠	悬挂
双塘	基督教长老会	学校/教堂	遭损坏与掳掠	悬挂
中华路 148 号	基督教长老会	救世军	烧坏、遭掳掠	悬挂

---

① 安娜·伊丽莎白·莫菲特。见本书第 262 页注②。
② 简·爱德莱德·海德(Jane Adelaide Hyde,1875—1961)1875 年 4 月 19 日出生于宾夕法尼亚州的亥卓伍德(Hazelwood)。1903 年毕业于马里兰州顾切(Goucher)学院,1905 年作为长老会的传教士前往南京及其周围地区教书、传教、做救济工作直至 1941 年珍珠港事件爆发。此后,她被日本人羁押数月至 1942 年 6 月乘格瑞斯霍姆号(S. S. Grisholm)轮船遣返美国。海德小姐于 1961 年 12 月 29 日在新泽西州纽顿(Newton)逝世。
③ 爱伦·莱茵·庄姆德(Ellen Lane Drummond,1897—1981)1897 年 11 月 5 日出生于新泽西州的爱斯布里公园(Asbury Park),1923 年毕业于密歇根大学,并于 1924 至 1925 年在纽约圣经学院学习。1925 年前往中国,在南京的教会学校教书。日军攻占南京之前,她已撤离。她 1942 年离开中国,1981 年 8 月在宾夕法尼亚州夸瑞维尔(Quarriville)逝世。
④ 安德鲁·陶德·罗耶。见本书第 189 页注①。

2. 卫理圣公会

地址	产权	使用者	房屋及屋内财物	国旗
黄鹂巷39号	卫理圣公会	W. E. 汉麦克尔①	遭损坏与掳掠	悬挂
黄鹂巷38号	卫理圣公会	房客		悬挂
黄鹂巷40号	卫理圣公会	F. C. 盖尔②	遭损坏与掳掠	悬挂
黄鹂巷36号	卫理圣公和	房客		
黄鹂巷36号	卫理圣公会	共济厅		
黄鹂巷37号	卫理圣公会	房客		
中山路	卫理圣公会	A. L. 哥利斯③	遭损坏与掳掠	悬挂
中山路	卫理圣公会	汇文学校④	遭损坏与掳掠	日本兵扯下
中山路	卫理圣公会	学校或房客		
估衣廊	卫理圣公会	教堂	遭损坏与掳掠	

---

① 韦伯·埃默瑞·汉麦克尔(Wilbur Emory Hammaker,1876—1968)1876年2月17日出生于俄亥俄州斯布林菲尔德(Springfield),1898年毕业于俄亥俄州的温顿伯格(Wittenburg)学院,1901年在新泽西州的德鲁(Drew)神学院获神学学士,并获授圣职。他于1936至1939年担任卫理公会南京教区的主教。1939年回美国,任丹弗地区的主教。他1968年8月11日在华盛顿特区逝世。

② 弗朗西斯·克莱尔·盖尔(Francis Clair Gale,1880—1970)1880年9月14日出生于加州的弗瑞斯顿(Freestine),1905年毕业于加州大学,1908年作为卫理公会的传教士前往中国。他的妻子,爱莉·梅·斯本瑟·盖尔(Ailie May Spencer Gale,1878—1958),是一位训练有素的医生,因此,盖尔夫妇在中国从事的工作常常和医院相关。他们先后在江西南昌(1908—1922),安徽屯溪(1923—1927),上海(1928—1933)工作。盖尔夫妇1933至1937年在南京工作。1937年他的妻子回南昌总医院工作,他本人则前往芜湖总医院工作。珍珠港事件之后,弗朗西斯·盖尔被日军羁押在上海浦东集中营直至1945年8月;他妻子前往四川资中县医院工作。战后,盖尔夫妇得以在南昌团聚。他们1950年8月离开中国,盖尔1970年5月12日在加州贝克尔菲尔德(Bakersfield)逝世。

③ 安娜·鲁露·哥利斯(Anna Lulu Golisch,1880—1942)1880年5月23日出生于艾奥瓦州的埃夫顿(Afton),毕业于辛普森(Simpson)学院,1908年前往中国传教、教书。曾多年在南京汇文女中教书,并任校长,1942年8月31日在洛杉矶逝世。

④ 汇文女中(Hwei Wen Girls' School)最初为美国卫理公会(Methodist Episcopal Church)于1887年在南京开办的女子学校,1902年命名为汇文女中。1951年更名为南京市第四女子中学,1968年再改名为人民中学至今。姜文德曾两度担任汇文女中的校长(1937—1939 1945)。姜文德和也在汇文任教的妻子大屠杀期间一直留在南京。

续表

地址	产权	使用者	房屋及屋内财物	国旗
估衣廊	卫理圣公会	房客		
讲堂街	卫理圣公会	教堂	玛丽·布莱赫瑞斯特①	烧毁

3. 美国基督教会

地址	产权	使用者	房屋及屋内财物	国旗
太平路424号	美国基督教会	教区房屋	遭损坏与掳掠	悬挂
太平路424号	美国基督教会	教堂	遭损坏与掳掠	悬挂
太平路424号	美国基督教会	中国牧师	遭损坏与掳掠	悬挂
太平路424号	美国基督教会	布道大厅	遭损坏与掳掠	悬挂
白下路209号	美国基督教会	W. P. 罗勃兹②	遭损坏与掳掠	悬挂
白下路209号	美国基督教会	贝丝·辛斯③	遭损坏与掳掠	悬挂
白下路209号	美国基督教会	J. H. 麦考伦	遭损坏与掳掠	悬挂
白下路209号	美国基督教会	学校	遭损坏与掳掠	悬挂
武庙④	美国基督教会	中央神学院	遭损坏与掳掠	悬挂
武庙	美国基督教会	院长	遭损坏与掳掠	悬挂
武庙	美国基督教会	托马斯·高恩特⑤	遭损坏与掳掠	悬挂
下关中山路	美国基督教会	教堂/学校		悬挂
下关中山路	美国基督教会	J. G. 麦琪		悬挂

---

① 丝蒂芬·玛丽·布莱赫瑞斯特。见本书第114页注②。
② 威廉·潘恩·罗伯兹主教。见本书第277页注①。
③ 贝丝·梅·辛斯(Bessie May Sims，1895—1972)1895年7月10日在弗吉尼亚州里斯满(Richmond)出生，1918年毕业于弗吉尼亚州的斯维特·布拉尔(Sweet Briar)学院，以后作为隶属于美国基督教会的美国长老会传教士在南京传教。日军攻城前于1937年11月经汉口、香港撤到上海，1938年6月回到南京，以后曾在扬州传教，珍珠港事件之前回美国，1946年回到南京继续传教，1949年4月离开中国，1972年2月1日在弗吉尼亚州里斯满逝世。
④ 武庙(Wu Miao)，又称武成庙，原为祭祈姜太公以及历代良将，明洪武年间废，清朝时称关公庙为武庙。南京的武庙原址位于今武庙闸南面，现存武庙闸即因其临近武庙而名之。
⑤ 托马斯·高恩特(Thomas Gaunt)是位英国传教士，1905年前往中国，在浙江台州、宁波传教。1930年到南京，在圣公会办的中央神学院任教。

4. 基督教青年会

地址	产权	使用者	房屋及屋内财物	国旗
保泰街21号	国际委员会	G. A. 菲齐	遭损坏与掳掠	悬挂
	基督教青年会			

5. 南京美国学校

地址	产权	使用者	房屋及屋内财物	国旗
五台山	南京美国学校	南京美国学校	遭掳掠	日本兵扯下旗帜，并以暴力威胁佣人不得再悬挂旗帜。

6. 公谊会

地址	产权	使用者	房屋及屋内财物	国旗
慈悲社3号	公谊会	C. A. 麦迪①	遭损坏与掳掠	悬挂
慈悲社3号	公谊会	教堂		
慈悲社3号	公谊会	牧师住宅		悬挂

7. 来复会

地址	产权	使用者	房屋及屋内财物	国旗
保泰街7号	来复会	基督教青年会学校	遭损坏与掳掠	
大石桥	来复会	牧师住宅	遭损坏与掳掠	
大石桥	来复会	教堂		

---

① 查尔斯·奥弗瑞德·麦迪(Charles Alfred Matti,1891—1968)1891年2月7日出生于俄亥俄州盖菲尔德(Garfilrd)，毕业于克利夫兰圣经学院(Cleveland Bible Institute)，为俄亥俄公谊会(Friends' Mission)的牧师，并受该教会派遣，于1925年前往中国传教。日军攻占南京之前，他已撤离到上海，并于1938年5月回美国。他于1938年末回到南京，工作至1941年12月珍珠港事件爆发，被日军羁押至1942年8月获释回美国。他1968年1月15日在俄亥俄州爱朗斯(Alliance)逝世。

8. 基督复临安息日会

地址	产权	使用者	房屋及屋内财物	国旗
白下路	基督复临安息日会	教堂	遭损坏与掳掠	
高楼门 20 号	基督复临安息日会	教堂与住宅		

9. 统一基督教会的房产

一个美国团体，总部在美国印第安纳州，印第安纳布利斯市唐尼（Downey）大道 222 号。

地址：保泰街 74 号

产权：美国统一基督教会

居住者：秘书长兼司库，美国人埃德温·马科斯先生[1]的办公室。楼上是这个美国教会组织在中国分支的中国秘书长的办公室与住所。

状况：该教会的美国成员经常来察看。发现门被砸破，房屋中的东西被日本兵翻得乱七八糟。教会的保险箱给撬开，里面的东西被撕破。房屋中一片狼藉，无法开出失踪物品的清单。损坏的保险箱好像损失的主要是美国财产。

国旗：这处房产上张贴着美国使馆和日本使馆的布告。

---

[1] 埃德温·马科斯（Edwin Marx，1885—1955）1885 年 11 月 13 日出生于伊利诺伊州喀梅山（Mt. Carmel），1916 年毕业于肯塔基州权索万尼亚（Transylvania）学院，1918 年在圣经神学院获神学学士。此后，他在哥伦比亚大学获得硕士学位，在纽约协和神学院（Union Theological Seminary）获第二个神学学士。1918 年前往中国，在金陵大学英文系教书。1922 年开始在统一基督教联合会任行政秘书，并掌管财务。日军攻打南京之前，他经汉口撤往香港。1938 年 6 月回到南京。珍珠港事件之后，他被日军羁押在上海海防路集中营直至 1943 年 12 月乘格瑞斯霍姆号（S.S. *Gripsholm*）轮船遣返美国。马科斯 1955 年 10 月在肯塔基州莱克星顿（Lexington）逝世。

舒尔兹小姐①与奥翰伦夫人②的寓所

地址:保泰街35号之1

产权:美国统一基督教会

居住者:美国人凯瑟琳·舒尔兹小姐,伊丽莎白·奥翰伦夫人,以及她们的佣人。

状况:12月16日以后,日本兵闯入并掳掠了这栋房屋。日本兵彻底洗劫了屋子,抢劫了许多属于住户的物品。

国旗:门上悬挂着美国国旗,张贴着美国使馆和日本使馆的布告。

中华女子学校

地址:保泰街35号

产权:美国统一基督教会

居住者:美国和中国工作人员,女子中学的学生。

状况:张贴了日本使馆的布告之后,后门的门板被砸破。所有的房屋都遭洗劫,房屋受到损坏。我们有存放在那儿物品的清单,可以对照查核丢失的物品。

国旗:旗杆上一直飘扬着美国国旗,所有的门上都张贴着美国使馆和日本使馆的布告。

统一基督教会住宅楼

地址:汉口路20号

---

① 凯瑟琳·朱莉·安娜·舒尔兹(katherine Julia Ann Schutze,1905—1980)1905年9月11日出生于德克萨斯州奥斯汀,1927年毕业于德克萨斯基督教大学,此后曾就读耶鲁、印第安纳教会学院、德国马伯格(Marburg)大学等多所学校。1935年前往中国,在南京中华女中任教。日军进攻南京之前,他经汉口、香港撤往上海,1938年9月回到南京,在金陵女子文理学院难民营教课。1940年4月,明妮·魏特琳精神崩溃之际,她陪伴、照顾魏特琳一路回美国治疗。她1980年2月在印第安纳州印第安纳布利斯逝世。

② 伊丽莎白·卡斯维尔·博克·奥翰伦(Elizabeth Caswell Burch O'Hanlon,1907—2001)1907年8月2日出生于江西牯岭,其父母是长期在江苏南通工作的美国传教士,克莱伦斯·亚瑟·博克(Clarence Arthur Burch,1883—1977)与米莉安·斯图亚特·豪渥斯·博克(Miriam Stuart Howes Burch,1884—1972)。当日军进攻芜湖时,她在芜湖总医院做护士,坚守岗位,于1937年12月15日乘英舰瓢虫号(HMS Ladybird)离开芜湖前往上海。她于2001年6月2日在加州圣何塞(San Jose)逝世。

产权:地皮和房屋的产权属于美国统一基督教会

居住者:德国大使馆参赞,德国人菲希先生①的住宅。

状况:由于屋内的财产和居住权都是德国人的,德国大使馆应负责这处房产,屋内的财产,并予以报告。本教会将该房产出租给上述德国人。

国旗:前门悬挂着德国国旗,张贴着德国大使馆的布告,以示其为德国人所有,并居住。

鼓楼教堂

地址:鼓楼南街5号

产权:美国统一基督教会

居住者:鼓楼教堂的中国牧师和工人。目前暂时为该教堂的南京成员避难的居所。

状况:12月12日日军占领之前,被日军的炮弹轻微损坏。房屋被日本兵闯入,那儿的中国人遭到搜查,日常用品给抢走。

国旗:前门上悬挂着美国国旗。张贴了布告。

马科斯先生夫妇的寓所

地址:双龙巷11号

产权:房屋的产权属于护士协会,出租给美国统一基督教会。房屋中都是美国人的财产。

居住者:美国人马科斯先生和夫人的寓所,他们一直住到11月25日。美国人麦考伦几乎每天来察看。

状况:除了车库给闯入,该房产12月16日之前没有受到侵扰。曾数次企图劫走美国人的一部汽车。这事已报告了。目前,房屋已被日本

---

① 马丁·菲希(Martin Fischer,1882—1961)1882年4月13日出生于德国萨克森-安哈特州(Saxony-Anhalt)的格尔恩罗德(Gernrode),1907年1月进入德国外交部,在德国驻北京公使馆工作。他的外交生涯几乎是在中国度过,从1907年至1947年的40年间,先后在德国驻北京、成都、汉口、芝罘、天津、哈尔滨、沈阳、南京、上海、重庆的使领馆任职。他1939年任驻上海总领事,1942年在南京任德国驻华临时代办。他1957年退休,1961年1月23日在汉堡逝世。

兵彻底洗劫。所有的箱子均给撬开,箱子里的东西以及屋里的用品,四散得到处都是。除了汽车被日本兵抢走,那儿还有大量食品、床上用品、3辆自行车、汽油、煤油和其他物品。

国旗:这处房产悬挂着美国国旗,张贴了美国使馆的布告。

J. H. 麦考伦先生夫妇的寓所

地址:白下路209号

产权:房屋的产权属于美国基督教会,但是房屋(西屋)中的财产属于美国统一基督教会的美国成员。

居住者:美国人,J. H. 麦考伦先生夫妇、孩子以及佣人。

状况:屋内的东西遭严重洗劫。食品和床上用品被劫走,钢琴严重损坏。许多盘子及其他物品被打碎。麦考伦先生12月11日察看时,这处房产未遭侵扰。12月14日,在这处房产上见到一个日本兵拖了满满一人力车东西走。一位美国人在22日看见几个日本兵在这一房产上。

国旗:院子里挂着美国国旗,张贴着美国使馆和日本使馆的布告。

城南教堂

地址:中华路354号

产权:美国统一基督教会

居住者:中国和美国工作人员的办公室与住所,初级中学男生部。

状况:被日军彻底洗劫,掳掠。

国旗:挂有美国国旗,张贴了美国和日本使馆的布告。

城南妇女中心

地址:中华路403号

产权:美国统一基督教会

居住者:五楼为美国传教士的住所。其余由女子学校和妇女工作人员使用。

状况:先被中国军人,然后遭日军彻底掳掠。中国军人占用了底下两层楼。本教会写信抗议,并和唐将军①的代表会谈,要求他们撤离。后来察看该房产显示房屋遭受中日双方军队的掳掠。

国旗:醒目地悬挂着美国国旗,张贴着美国和日本使馆的布告。

行政委员会的成员代表统一基督教会报告

(签名)詹姆斯·H.麦考伦

金陵大学校产初步报告

1937年12月23日上午

产权:美国纽约第5大道150号金陵大学创始者董事会。

国旗:或者悬挂美国国旗,或在大的建筑物和住宅楼上漆上美国国旗。还在每一扇大门上张贴美国使馆的布告。

报告的情况:这是一份在4小时的期限内要求做出的报告。报告是准确的,但是对于日本兵造成损失的数额及损失的性质还不够细致。掳掠一词用于直接和观察到的,由日本兵造成的损毁和盗窃,而不涉及其他形式的损失。

总体校产

地址	使用者	状况	
天津路2号	6座主要教学楼	良好。一座宿舍楼12月13日为日军炮击受损。轻微掳掠。	4栋宿舍楼很多门窗被砸破。普遍掳掠。
天津路1号	图书馆 女生宿舍		
金银街15号	蚕桑系	普遍掳掠。	

---

① 南京城防司令唐生智(1889—1970)1889年10月12日出生于湖南东安。1912年考入保定陆军军官学校第一期步科。毕业后,进入湖南陆军混成旅,任见习军官。他参加了辛亥革命、讨袁战争、护法战争和北伐战争。1937年11月日军进攻南京时,他力主死守,出任首都卫戍司令长官。12月12日,他在未组织任何撤退的情况下,下达弃城命令,自己乘保留的汽艇逃跑。守军失去指挥、军心动摇,第二天南京陷落,随后发生了惨绝人寰的南京大屠杀。唐生智1970年4月6日在长沙病逝。

续表

地址	使用者	状况
鼓楼二条巷	农业专修科及农场	普遍掳掠。
小粉桥3号	农业经济系与教师宿舍	许多门给砸破。普遍掳掠。
汉口路1号	农作物园	门被砸破。普遍掳掠。
胡家菜园11号	农经系农具店	掳掠。
干河沿	金陵大学附属中学	普遍掳掠。
太平门外	5座农场	交通断绝,没有报告。

金陵大学编号	地址	居住者	状况
5	保泰街80号	中国工作人员	普遍掳掠
10	平仓巷3号	J. L. 巴克①	良好
12W	汉口路9号	中国工作人员	普遍掳掠
12E	汉口路7号	中国工作人员	普遍掳掠
14	汉口路19号	中国工作人员	普遍掳掠
14B	汉口路19号	R. F. 布莱笛	普遍掳掠
15	平仓巷4号	J. C. 汤姆森②	良好

---

① 约翰·罗辛·巴克(John Lossing Buck,1890—1975),中文名卜凯,1890年11月27日出生于纽约州幸福谷(Pleasant Valley),在康奈尔大学分别获得学士(1914)、硕士(1925)和博士(1933)。1915年作为传教士前往中国安徽传授农业知识。1917年,他与诺贝尔文学奖获得者赛珍珠(Pearl Sydenstricker Buck,1892—1973)结为伉俪,然而,这段婚姻在1935年以离婚而告终。1920年应邀到金陵大学创办农业经济系。除了在康奈尔大学攻读硕士和博士的几年,他一直在金陵大学教书直至1945年抗战结束。他在南京的寓所,平仓巷3号,在南京大屠杀期间由8名美国男子集体居住。该寓所现为赛珍珠纪念馆。巴克1975年9月27日在纽约州帕科普斯(Poughkeepsie)逝世。

② 詹姆斯·克劳德·汤姆森(James Claude Thomson,1889—1974),中文名唐美森,1889年4月18日出生于纽约州斯普莱克斯(Sprakers),1910年毕业于新泽西州的拉格斯(Rutgers)大学,获学士学位,1911年获硕士,并于1916年在新布朗威克(New Brunswick)神学院获得神学士,1917年获得哥伦比亚大学硕士,以后回美国休假时于1936年在哥伦比亚大学获化学博士。1917至1949年,汤姆森在金陵大学任化学教授,并曾任化学系主任和金陵大学教务长。日军进攻南京前,他已撤往上海,1938年6月回到南京。1938年6月15日,他在南京的大街上被日军执勤哨兵打耳光。汤姆森1949年离开中国,以后曾在伊朗、土耳其、日本、韩国教书。他1974年7月3日在宾夕法尼亚州布隆迈尔(Broomail)逝世。

续表

金陵大学编号	地址	居住者	状况
16W	平仓巷11号	中国工作人员	掳掠
16E	平仓巷11号	中国工作人员	掳掠
17	平仓巷5号	中国工作人员	良好
18	汉口路26号	L. S. C. 史迈斯	普遍掳掠
19	汉口路23号	C. H. 里格斯	普遍掳掠
20	汉口路25号	F. P. 琼斯①	普遍掳掠
21	平仓巷12号	中国工作人员	良好
23	金银街1号	W. P. 费恩②	掳掠
24	汉口路11号	中国工作人员	掳掠
25	汉口路21号	M. S. 贝茨	普遍掳掠
26	平仓巷7号	B. A. 史洛肯③	掳掠
27A	平仓巷8号	中国工作人员	良好
27B	平仓巷8号	中国工作人员	良好

① 弗朗西斯·普瑞斯·琼斯(Francis Price Jones,1890—1975),中文名章文新,1890年12月28日出生于威斯康星州道奇维尔(Dodgeville),1907年毕业于普莱特维尔师范学院(Platterville Teachers Traning College),此后在西北大学获学士,在盖瑞特神学院(Garrett Biblical Institute)获神学学士,并在芝加哥大学获硕士。以后在回美国休假时,获纽约协和神学院博士。他曾在中国福建传教,1930年起,在金陵大学教英文,同时,在金陵神学院教新约直至1950年。他于1975年9月3日在加州克莱蒙(Claremont)逝世。

② 威廉·勃维恩斯·费恩(William Purviance Fenn,1902—1993),中文名芳卫廉,1902年8月31日出生于纽约州新罗切尔(New Rochelle),自幼跟随传教士父母到中国,在北京生活、受教育,长大后1917年回美国读大学,1923年毕业于汉密尔顿(Hamilton)学院,1928年在纽约大学获硕士,1934年在艾奥瓦大学获博士。1923年回中国,在通县美国学校教书。1932年到金陵大学外文系任教。日军进攻南京之前,他随学校西迁成都执教至1942年,此后担任亚洲基督教学院联合董事会在中国的秘书长,1947年离开中国,1993年4月22日在宾夕法尼亚州道尔斯顿(Doylestown)逝世。

③ 伊若·波尔·埃尔瓦·史洛肯(Ira Burl Alva Slocum,1894—1971)1894年12月13日出生于艾奥瓦州达温堡(Davenport),1912年毕业于威斯康星大学,并在康奈尔大学获昆虫学博士,1934至1950年在金陵大学任昆虫学教授,1971年6月10日在洛杉矶逝世。

317

金陵大学编号	地址	居住者	状况
28	平仓巷10号	A. N. 斯图渥特①	掳掠
31	平仓巷9号	E. M. 普里斯特②	良好
32	平仓巷32号	中国工作人员	良好
33AB	金银街2号	中国工作人员	良好
34AB			
35	斗鸡闸	J. T. 伊利克③	掳掠
37AB	斗鸡闸3号	中国工作人员	良好
38AB	斗鸡闸3号	中国工作人员	良好
39AB	斗鸡闸3号	中国工作人员	良好
40AB	汉口路13号	中国工作人员	掳掠，门砸坏
41ABCD	金银街6号	中国工作人员	掳掠，门砸坏
42AB	小粉桥3号	中国工作人员	掳掠
6	平仓巷	中国工作人员	掳掠
43ABCD	小粉桥3号	中国工作人员	掳掠
11	斗鸡闸	中国工作人员	良好
30	汉口路13号	中国工作人员	良好

---

① 阿尔伯特·牛顿·斯图渥特（Albert Newton Steward，1897—1959），中文名史德蔚，1897年7月23日出生于加州的福乐顿（Fullerton），1921年毕业于俄勒冈农学院，并于同年作为从事教育工作的传教士到金陵大学教书至1926年。1926至1930年，他在哈佛大学植物系学习，分别于1927年获得硕士，1930年获得博士。1930年回到中国，担任金陵大学植物系主任至1950年。日军攻打南京之前，他于1937年8月撤离。1938年9月回到南京，并服务于国际救济委员会。珍珠港事件之后，他被日军关进上海闸北集中营直至1945年。斯图渥特1959年6月19日在俄勒冈州考弗利斯（Corvallis）逝世。

② 爱尔丝·梅·普瑞斯特（Elsie May Priest，1894—1969），中文名毕律斯，或毕爱霞，1894年8月31日出生于新罕布什尔州纳尔逊（Nelson），1921至1951年担任金陵大学会计主任，同时，从1928至1951年期间也兼任金陵女子文理学院的会计主任。1955至1960年在台湾东海大学任会计主任，她1969年3月在家乡纳尔逊逝世。

③ 约翰·舍伦·伊利克（John Theron Illick，1888—1966），中文名伊礼克，1888年12月3日出生于宾夕法尼亚州道芬（Dauphin），毕业于泰勒（Taylor）大学，在纽约州瑟勒克斯（Syracuse）大学获硕士，并在普林斯顿大学获博士。他1918年前往中国，在金陵大学教授动物学直至1950年。他于1966年9月27日在加州斯坦尼斯勒斯（Stanislaus）逝世。

续表

金陵大学编号	地址	居住者	状况
1	小粉桥3号	中国工作人员	掳掠
2	小粉桥3号	中国工作人员	掳掠
3	小粉桥3号	中国工作人员	掳掠
44	汉口路7A号	中国工作人员	良好

金陵大学紧急委员会会长

M.S.贝茨报告

金陵大学(鼓楼)医院

主　院

地址:鼓楼3号,前门

天津路1号,后门

产权:产权属于美国团体,金陵大学创始者董事会

使用者:美国医生、护士、中国医生、护士、工人等工作人员和病人。后院目前有些难民,工作人员的家属和亲戚。

状况:经常被日本兵闯入,美国财产的损失是轻微的,但是有的锁被砸破,大门遭损坏等等。美国护士长海因兹小姐的表被抢走。中国工作人员,有的人在值班时,被抢去相当多的东西,包括手表、自来水笔、现金和其他物品,住在西宿舍楼的工作人员的家属也被抢去很多东西。

国旗:5座大门上张贴着美国使馆的布告,5面美国国旗飘扬在大门上,悬挂在建筑物上。

北　院

地址:鼓楼南街7号与天津路1号

产权:产权属于美国团体,金陵大学创始者董事会

使用者:医院美国工作人员特里默医生和格瑞丝·鲍尔小姐的两栋住宅,两栋中国医生的住宅。一栋尚未完工的美国医生住所。

状况:经常被日本兵闯入。美国人的房屋有轻微的损坏,抢劫走美国人的诸如手电筒、手套等小物品。住在这里的中国工作人员被抢走很

多金钱、自来水笔、手表等。

国旗：所有大门上都张贴着美国使馆的布告，屋顶上漆有美国国旗。

东　院

地址：中山路572号

产权：金陵大学创始者董事会

使用者：医院的中国籍医生、护士和工作人员。

状况：张贴了日本大使馆的布告后，位于双龙巷的大门给日本兵砸破，住宅遭洗劫。房屋的门和锁损坏，在如此短的期限内，没能核查丢失的物品。

国旗：两个大门上都张贴着美国使馆的布告，主楼的房顶上有美国国旗。

金陵大学紧急委员会

詹姆斯·H.麦考伦

M.S.贝茨报告

补充报告

1937年12月23日

除了上述列举、描述的房产之外，还有相当多的美孚石油公司、德士古公司、颐中（英美）烟草公司、①祥泰木行等单位的房产，外加上述公司雇员的和其他美国人的许多私人住宅。有理由相信这些房产也遭到日本兵的掳掠。相关的组织与个人将在适当的时候报告损失的详情。

（签名）W.P.米尔斯

美国大使馆所受到的损失以后将由大使馆予以报告。

（签名）W.P.米尔斯

---

① 即英美烟草公司（British-American Tobacco Company(China) Ltd.）。1902年英国帝国烟草公司与美国的美国烟草公司联合创办合资企业英美烟草公司，生产、经销卷烟。三五牌香烟为其最为著名的品牌之一。到六十年代公司的业务也涉足纸张、纸浆、化妆品及食品行业。英美烟草公司在南京的办公地点为今丁山宾馆内的建筑。

5. 维新政府正式成立

3月2日下午3时。①

参阅大使馆2月26日中午12时电。

影响南京地区所有活动的一个因素是日军的军事占领。如果没有首先获得日军当局的同意,任何政治或经济方面的事务都不能办成。

我在1月8日中午12时发的10号电报中报告了一个由9名中国成员组成的本地中国人自治委员会于1月1日正式就职。这个委员会的成员可以说没有一个是品质上等的人。委员会在日军特务机关指导下工作,有时也从日军其他部门,甚至从日本大使馆接受指示。从可靠的消息来源得知,自治委员会不仅必须得到特务机关的同意才能行事,而且除非事先确定能获得同意,它不敢提出从事任何活动的建议。2月28

---

① 这是爱利生用电报发往美国驻北平大使馆的1938年2月情况总结报告。每个月,美国驻北平大使馆的一等秘书劳伦斯·尤笛斯·赛斯伯雷(Laurence Eutis Salisbury,1894—1976)要起草一份全中国情况的总结报告,因此要求美国驻中国各地的使领馆报告各地当月的情况。原件藏美国国家第二档案馆第84档案组,国务院驻外使领馆档案,驻中国使领馆档案第2169卷(驻南京大使馆1938年档案第10卷)。

日一种单张的官方报纸《南京公报》①出版了,目前每天发行。这份报纸登载同盟社的新闻报道和有关本地情况与自治委员会活动的文章。该报纸在报头上称得到自治委员会的许可证,并由特务机关同意发行。

我在2月14日晚6时发的56号电文中报告,根据一名日本使馆官员的说法,一个由日本人扶持的中华民国维新政府将在两个月内成立,有迹象表明该政府会在南京成立。对此没有进一步的消息,但是日本代总领事——一个在中国经历有限的人——不久被在外务省中国局工作、以前曾就职于日本驻新京②和北平大使馆的花轮总领事③取代,也许颇有深意。

至于军事进展的情况,除了随意观察所获情报,没有什么情况。到2月1日为止,南京被用作长江中游军事行动的基地,但是从那时以来常备卫戍区在此驻扎,显然,这座城市已不仅仅只是用作供前线来的部队休整安顿的地方。部队的数量在减少,相信目前只有不到一个师团的部队。然而,南京仍被用作空军行动的基地,基于此,上个月两次成为中国空袭的目标。由于中国飞机飞得很高,也没有飞越主要城区,外国观察人员并没有见到这些飞机。日本长江巡逻的部分舰只,包括旗舰安宅号,④相当长的时间内驻扎在南京,似乎将其作为上游行

---

① 1938年2月28日,日军当局授意南京自治委员会出版一份单张,两面印刷的《南京公报》,但是该报的名称只用了一个多星期,便更名为《南京民报》。该报不定期出版,刊登伪政权的新闻公报及南京当地社会新闻。
② 即吉林长春。1932年成立傀儡政权伪满洲国时定为"首都",更名为新京。
③ 花轮义敬(Yoshiyuki Hanawa,1892—?)1892年8月出生于山梨县,1918年7月毕业于东京帝国大学政治科,同年11月进入外务省,1921年通过外交资格考试,1922年4月在日本驻广州领事馆任职。同年6月调往驻渥太华使馆,1927年任副领事,1929年升任领事。1932年任驻满洲国大使馆三等秘书,1933年升任二等秘书。1935年12月调任日本驻北平大使馆,并于1936年5月升任一等秘书。他于1938年2月至1939年1月担任日本驻南京总领事,其间在武汉陷落后从1938年10月27日至12月短暂出任驻汉口总领事。1939至1月21日至1940年4月再任驻汉口总领事。
④ 日本炮艇安宅号(Ataka)是以近藤英次郎(Eijiro Kondo,1887—1955)为司令官的日本海军第三舰队第11战队旗舰。该舰1922年由日本横滨造船厂建造,725吨,1945年9月交由中国海军接收,更名为安东号。1949年4月23日由舰长韩廷枫率领下在南京笆斗山江面起义,1949年9月24日在芜湖被国民党空军炸沉。

动的基地。

南京地区的经济和商业活动极其有限。除了种植蔬菜供应市场和一些涉及家庭用品的活计，没有生产活动，根据训练有素的外国观察人员估计，目前城市中近30万中国人里，仅不到一万人有酬劳地被雇用。除了完全经营从城里捡来物品的路边货摊和极小的店铺，只有极少数的中国商店。20或40家日本商店已经开张，其中有13家商店出售货物给中国人，其他店家只出售给日本军人和外国人。大量销售的日本货是香烟、火柴、食糖、糖果和蜡烛。这些商店只收日元。据称本地的兑换率为1.1元中国币兑换1日元。还没有任何正规的银行。由于缺乏耕畜、农具和种子，也因为在边远地区有增无减、危害生命的中国土匪，紧邻南京地区的庄稼的前景很差。据信城里大米的供应量只够数周之需，但是，除了从日军那儿，很难获得准确的情况。交通的困难和目前做生意极不正常的风险都阻碍了适当的米菜供应，虽然近来情况有所改善。上个星期，500名人力车夫获得执照，做些小生意。与之相比，据说正常的数目为一万。

南京的主要商业区几乎完全被摧毁，周围的村庄给焚烧，遭掳掠，将来一段时间内不可能恢复正常的活动。

3月8日。①

参阅国务院3月5日下午3时给汉口大使馆的95号电报。以下是查尔斯·里格斯发给纽约州斯科迪亚第一街204号格雷丝·里格斯②的

---

① 第70号电报，美国国务院档案编号393.1115/2953。原件藏美国国家第二档案馆，59档案组国务院档案，1797盒。
② 格雷丝·埃德娜·弗瑞德里克·里格斯(Grace Edna Frederick Riggs，1893—1984)1893年6月22日出生于纽约州奥塔蒙特(Altamont)，在纽约协和神学院学习时与查尔斯·亨利·里格斯结识，并于1916年与之结婚后一起前往中国，在福建邵武传教，1932年随丈夫到南京，曾在南京希尔克斯特美国学校、基督教青年会的学校和金陵大学任教。1937年夏，中日战事爆发之后，她带孩子回美国，投奔在纽约州斯科迪亚(Scotia)的父母处。其丈夫一直坚守在南京。1939年2月查尔斯·里格斯回到美国休假之后，携妻子于1939年6月到西迁成都的金陵大学，她担任英文秘书，兼授英文课。里格斯夫妇1946年回到南京至1951年离开中国。她1984年5月14日在科罗拉多州丹佛逝世。

电报。"安然无恙,应金陵大学之请,留下再工作一年,查尔斯。"抄发汉口。

3月9日中午。①

参阅大使馆2月22日下午2时电;国务院2月25日晚7时涉及简金斯仆人家属抚恤金的84号电。

现已确知简金斯仆人的妻儿已去山东省,因此目前不可能执行国务院就日方提供的条件是否满意一事获得家属代表书面签字的指示。提议我受权从日方收下钱款,存于特别的账户,并尽早将钱款转交给仆人的一位家属。

发往汉口大使馆。

1938年3月10日。②

参阅您9日电。位于中山路212号的合众汽车公司③的建筑被闯入、洗劫与掳掠。一楼的窗户玻璃都不见了,镀锌铁皮的屋顶被人掀走。只发现下列物品:一只油泵,一只供展示的别克发动机和一只新的带发动机的卡车底盘。

通用汽车公司在德士古公司仓库中的汽车均被抢走。请参阅大使馆3月5日发给上海德士古公司的报告。

---

① 第71号电报,美国国务院档案编号123 Jenkins,Douglas,Jr./167。原件藏美国国家第二档案馆,59档案组国务院档案,542盒。
② 这是爱利生发给美国驻上海总领事馆再转给相关公司的电报。原件藏美国国家第二档案馆第84档案组国务院驻外使领馆档案,驻中国使领馆档案第2167卷(驻南京大使馆1938年档案第8卷)。
③ 合众汽车公司(Triangle Motors),英文全称为 Triangle Motors,Federal Inc.,U. S. A.

123 AT 2/327

电报来源：南京无线电报
日　　期：1938年3月11日
收报时间：上午8：00

华盛顿，国务卿：
3月11日。①

今天上午抵达。

爱契逊

793.94/12634

电报来源：南京无线电报
日　　期：1938年3月11日
收报时间：晚上10：23

华盛顿，国务卿：
3月11日晚上6时。②

据报道中国飞机昨天下午在南京军用飞机场投了几枚炸弹。今天上午又空袭了军用机场。这儿的日军显然不愿就这些空袭提供情况。昨天和今天云层低垂，使得外国人无法观察空袭，因而相应地缺乏详细的情况。抄发汉口、北平和上海。

爱契逊

3月13日。③

爱契逊和麦克法瑾今晨7时前往上海。

---

① 第72号电报，美国国务院档案编号123 AT 2/327。原件藏美国国家第二档案馆，59档案组国务院档案，350盒。
② 第73号电报，美国国务院档案编号793.94/12634。原件藏美国国家第二档案馆，59档案组国务院档案，微缩胶卷M976组，51卷。
③ 第74号电报，美国国务院档案编号123 AT 2/329。原件藏美国国家第二档案馆，59档案组国务院档案，350盒。

793.94/12649

电报来源:上海无线电报
日期:1938年3月14日
收报时间:上午11:20

华盛顿,国务卿:

390.3月14日下午2时。①

爱契逊发(第一部分)

"一、最近几周南京总的状况大为改善。难民区的中国人已返回家中,遍布全城。中国人和日本人开的一些小店铺已开张。传教士报告说已知的日本兵强奸、袭击平民案件的数量已减少到平均每天各2至3件。约有200名不配备武装的中国警察在全城巡值。邮政业务将于3月24日恢复。

二、南京显然既用作驻防卫戍之地,也用作部队的休整营地。以目前驻军人员的情况来看,维护军纪问题的主要重点在刚刚从战场调来的部队。这一难题最近似乎处理得相对比较满意些。

三、新任日本总领事人也显得很好,我见到的日本官员都友善,他们和爱利生、爱斯比之间的关系显然是热诚友好的。他们的职责以及生活条件均给使馆的工作人员带来相当大的压力。仍没有电话服务,照明供电也时断时续,偶尔有水供应"。(第二部分待续)

高思

---

① 上海总领事馆第390号电报,这是美国驻上海总领事高思向国务院转发的一份爱契逊发的电报。美国国务院档案编号793.94/12649。原件藏美国国家第二档案馆,59档案组国务院档案,微缩胶卷M976组,51卷。

5. 维新政府正式成立

电报来源：上海无线电报
日　　期：1938年3月14日
收报时间：下午2：20

华盛顿，国务卿：

390. 3月14日下午2时。

爱契逊发（第二部分）

"四、尽管南京的生活还很不正常，总体状况的改善促使我建议向日本当局施加压力，以放松对那些在南京有重要权益的美国传教士和商人回城的限制。以下是从代表目前在南京的美国居民的几名传教士3月9日写给大使馆的一封信里摘录下来的：

'我们觉得现在日本人没有充分的理由来限制美国公民到南京去，或限制他们在南京的行动自由。日军占领城市已3个月，此刻也没有什么可以想见的、不利于美国人在南京生活的危险。日军刚刚占领城市的那些时日，目前的限制也许有理由说得过去，但现在却毫无道理。

再则，除了没有理由继续阻止美国公民前往南京，他们有明确而正当的理由返回南京。首先，他们要回去评估近来日本兵对美国财产造成的损失。只有这些财产的主人，或者对这些财产负有职责的人员才能填报令人满意的陈述材料。但是，比这更为重要的是需要更多的工作人员来满足当前紧急状况压在我们身上巨大的人道工作的需求。目前能够做人道工作的人员太少，各类事务，特别是公共卫生，长期以来被忽视。其次，除了救济工作，还有商业、教会，或其他企事业的日常工作，相关的人员自然想一有机会便尽早地开展工作。最后，显而易见，门户开放——对我国政府来说是至关重要的准则——只有在足够数量的美国人（或外国公民）能坚守在工作岗位上而使门户不至关闭时，门户才是开放的。由此，将这三点综合起来就有很具说服力的理由来迅速排除目前实施的限制措施。'"（完）

高思

3月14日下午2时。①

参阅我2月14日晚上6时发56号电。

我在56号电报中提到的同一个消息透露者昨晚告诉我华中地区的新政府将在最近的将来成立,但是确切的日期还不能宣布。据说关于是上海还是南京将成为新政府所在地尚有不同意见,不过相信南京的可能性要大得多。

问及这个新政府和目前在北平行使职能的政权有什么联系时,消息透露者称这也许是一个有待解决的最微妙的问题,但是很可能这两个政府相互独立。据说原因是日本感到有信心,有能力控制目前北平政权管辖的地区并在那儿发展经济。但是,在华南和华中就很难直接控制住政府,没有外国协助,根本不可能在华中、华南完全发展经济。据信如果华中政府像北平政权那样明显而直接地受日本控制,外国政府或私营商业利益将不会给予华中政府期望得到的合作。

消息透露者接着说日本完全清楚他们在华中面临的困难,并希望某个西方国家将会理解日本在该地区真正的目的,主动提出合作发展经济。他说有传闻一个外国政府想提出这样的建议,但是日本最想和美国发展真正的友谊和合作,希望美国成为一个和日本发展经济和贸易的国家。我说美国唯一感兴趣的是要尽快恢复和平与秩序,以及保证美国公民的权益得到尊重。我补充道,鉴于美国保持严格的中立态度,目前不可能和日本进行合作。然后他对我说希望这个华中新政府能够成为一个媒介,通过这个媒介外国也许会和日本一起发展这个国家的经济。然而,只有在西方国家中止鼓励支持蒋介石政权的政策,这一发展经济的合作才有可能实现。在这一点上,我被告知,日方对

---

① 第75号电报,美国国务院档案编号893.01 Provisional/72。原件藏美国国家第二档案馆,59档案组国务院档案,7171盒。

新任英国大使①宣布飞赴重庆向中国政府递交国书的决定非常失望。我表示消息透露者提出的想法非常有趣,除此而外,我的答复没有明确表态,然后换了个话题。

我被告知新的中国事务局很快将在东京成立,局长为以前曾任日本驻瑞典公使的白鸟敏夫先生,②他目前正在北平履行特别的使命。这个局将直接向内阁而不是外相报告,它的工作人员将包括陆军和海军的代表,大部分工作人员大概将来自现在外务省中国局。该局的作用是协调日本军方和文职官员对中国事务的看法,然后制定出实施日本对华政策的具体计划。值得注意的是,看来就要占据制定与执行日本大陆政策领导职务的白鸟先生在最近一期《中央公论》③杂志(其内容翻译出版在2月4日的《日本广告报(Japan Advertiser)》)中作出以下论述:"日本也许会送移民去大陆或在那儿开发自然资源,然而高于这种物质考虑之上的是日本将把启迪大陆上亚洲各民族并将他们从目前悲惨的境遇下解脱出来作为她文化使命的一部分。为了实现这一民族的理想,她将坚定地走自己的路并和任何企图阻挠她前进道路的势力作斗争。"

---

① 1937年8月中日在上海开战之后,在8月26日乘车从南京前往上海的途中,英国驻华大使休·蒙哥马利·纳契布-赫格森爵士(Sir Hughe Montgomery Knatchbull-Hugessen,1886—1971)被日本飞机炸伤。此后英国驻华大使馆均由临时代办罗勃特·乔治·豪尔(Robert George Howe,1893—1981)负责。英国新任大使阿契鲍德·克拉克·科尔爵士(Sir Archibald Clark Kerr,1882—1951)1938年3月履新,飞往重庆向国民政府递交国书表明英国的立场。阿契鲍德·克拉克·科尔爵士1882年3月17日出生于澳大利亚悉尼市郊,就读英国巴斯(Bath)学院,1906年进入英国外交界,1908年在柏林升任三等秘书,1914年在罗马升任二等秘书,1919年在伦敦外交部升任一等秘书,1925年任英国驻危地马拉、洪都拉斯、尼加拉瓜与萨尔瓦多等国的总领事,1935年出任英国驻伊拉克大使。他1938至1942年担任驻中国大使。此后出任驻苏联大使,并和斯大林关系很好,组织安排德黑兰、雅尔塔、波茨坦会谈。战后出任驻美国大使。1951年,曾在他手下任职的两名英国外交官叛逃苏联,使他的身心受到极大的打击,而促使他于1951年7月5日在英国英沃切波(Inverchapel)过早地离世。
② 白鸟敏夫(Toshio Shiratori,1887—1949)1887年6月8日出生于日本千叶县,从东京大学毕业后,进入外务省,先后在日本驻美国、中国、德国和斯堪的纳维亚诸国的使领馆任职。1938年出任驻意大利大使,而后一直在外务省任顾问,坚持实行日本法西斯外交路线。1948年被东京远东国际军事法庭判处无期徒刑。1949年6月3日在狱中病死。
③ 此处英文原文"Chuokoron"是日文《中央公论》杂志的音译。

发往汉口大使馆。抄发北平和上海。上海请抄发东京。

3月15日下午5时。①

参阅上海3月14日下午2时发390号电。

关于上述上海电报第四段的内容,应该报告昨天在和日本官员进行的一次非正式会谈中,我提到美国人返回南京一事,并说如果日方宣布以往在南京居住或做生意的外国人将获准回来,我相信会产生良好的印象。这位官员对此表示同意,但是说目前有两个阻力:首先,本地的军事当局对批评非常敏感,南京的外国人就南京的状况向海外发的报道使他们非常不安,因此,他们迟迟不批准更多的外国人到这座城市来;其次,纯粹从军事角度来说,据信南京的状况还没有到可以允许外国人返回的程度。据说日本人一定要在攻占汉口之后才会允许外国人自由地回南京,并恢复长江上正常的航运服务。我指出美国人有权在中国居住,美国政府没有承认日方有权阻止美国人回到他们在这儿的家园,但是到目前为止并没有就此引发争端的意愿。我补充道,也许很快有必要这么做,然而,由于日本经常声称对美国的友谊,以及日本广田②外相最近在日本议会所作外国权益应该得到尊重的声明,我希望在不太遥远的将来,在美国人返回南京的道路上不再设置障碍。

发往汉口大使馆。抄发北平和上海。上海请抄发东京。如果上海的390号电报没有抄发给东京,我建议抄发给东京。

---

① 第76号电报,美国国务院档案编号393.1115/2979。原件藏美国国家第二档案馆,59档案组国务院档案,1797盒。
② 广田弘毅(Koki Hirota,1878—1948)1878年2月14日出生于日本九州的福冈县,1905年毕业于东京帝国大学,1906年进入外务省,到驻中国北平使馆任职。1921年以后,历任日本外务省情报部次长、欧美局局长、驻荷兰公使。1930年出任驻苏联大使。1933年9月,广田弘毅进入内阁,担任外相。1936年出任内阁首相,1937年1月,广田内阁下台。同年6月,广田出任近卫内阁外相。任外相期间,他积极主张加紧对中国的侵略。1948年12月23日被东京远东国际军事法庭处以绞刑。

5. 维新政府正式成立

3月15日晚上6时。①

参阅我3月14日下午2时发75号电。

日本官员刚刚告诉我,即将在这儿成立的华中新政府的大约35名低级中国官员今天下午3点30分抵达南京,为新政府的正式就职仪式作初步的安排。今天上午本地的警察在全城分发了大量昔日的五色中国国旗,并指示老百姓以后3天要张挂旗帜。政府就职仪式的确切日期还没有宣布,但相信就在不久的将来。

发往汉口大使馆。抄发北平和上海。上海请抄发东京。

3月16日上午11时。②

昨晚和一名日本官员进行非正式会谈中,讨论了在中国的外国权益问题,以下是我获得的据说是在中国的日本高级军事官员对这个问题的典型观点。消息透露者说在他出席的这个地区新任总司令藤田中将③3月13日举行的晚宴上,藤田将军说只要外国政府继续鼓励支持日本的敌人,亦即蒋介石的政府,他个人认为日军没有理由要考虑外国的权益。据说他补充道,也许有必要尊重已经开设经营的外国权益,但是除非各国改变他们对日本在中国的行为所持的态度,将来外国权益应该弃之不顾。提到军方对西方国家为中国提供军事装备而不悦时,我指出出售给中国军事装备确有其事,但军事装备也卖给日本。试图控制将军火只出售给争端中的一方等于支持这一方,这不是美国的意愿。

---

① 第77号电报,美国国务院档案编号893.01 Provisional/73。原件藏美国国家第二档案馆,59档案组国务院档案,7171盒。
② 第78号电报,美国国务院档案编号第77号电报,美国国务院档案编号893.01 Provisional/73。原件藏美国国家第二档案馆,59档案组国务院档案,微缩胶卷M976组,51卷。
③ 藤田进(Susumu Fukita,1884—1959)1884年12月21日出生于日本石川县,1904年毕业陆军士官学校,1913年陆军大学25期毕业。曾在法国、智利留学。1921年任日本驻智利武官。1922年回国。1923年任近卫第2联队大队长,秩父宫雍仁亲王副官。1925年任陆军步兵学校教官,1928年升任陆军大佐第15联队长。1929年任驻朝鲜第19师团参谋长,1932年晋升陆军少将第32旅团长。1934年任关东军独立混成第1旅团长,1936年3月任陆军步兵学校校长。8月晋升陆军中将,1937年8月接替伊东政喜担任第3师团长。同月23日作为第一批增援部队随松井石根开赴上海战场,参加淞沪会战、南京会战、徐州会战。1939年接替西尾寿造就任第13军军长。1959年2月7日去世。

也许值得注意的是会谈中消息透露者数次提到希特勒在奥地利的所作所为,并说他的行为极大地鼓舞了日本人在中国从事的活动。

发往汉口大使馆。抄发北平和上海。上海请抄发东京。

3月18日中午。①

今天上午爱斯比副领事在和一名日本领事官员会谈时得知目前在华北经营的联邦储备银行计划在南京开办分行。还没有得到本地分行开设的日期。

发往汉口大使馆。抄发北平。

793.94/12910

1938年3月18日,南京

文件主题:日军1938年3月10日建军节在南京发布的公告②

中国汉口

尊敬的美国大使

纳尔逊·杜鲁斯勒·约翰逊

先生阁下:

非常荣幸能在此附上为庆祝日军建军节在1938年3月10日《南京民报》上整版刊出的日军公告的译文。该报是目前南京出版的唯一一份报纸,报头印有由本地日军特务机构同意刊行的字眼。此后,日军的公告还单独印行,张贴在全城各处建筑物的墙上。

---

① 第79号电报,美国国务院档案编号893.01 Provisional/79。原件藏美国国家第二档案馆,59档案组国务院档案,7171盒。
② 原件藏美国国家第二档案馆,59档案组国务院档案,微缩胶卷M976组,52卷。

论述了 3 月 10 日(沈阳战役纪念日)①的历史意义之后,公告讲述了日本在保护东方精神文化免受西方物质实利主义文化侵袭方面的地位。

公告声称:

"请看一看日俄战争之前的中国吧。在这些长着毒牙的白色人种国家面前,人们见到她不禁不寒而栗。"

论及沈阳战役时,公告的作者谈到:

"此时,这场战争使得中国避免了白人的侵略,成为独立的国家,维护美丽鲜明的文化,并持续发展至更高的水平。"

公告勾画出日本帮助中国的各个步骤,诸如"无条件归还青岛,慷慨地支持收复关税自主权"等等,接着指出中国误解了日本的真正意图而导致今天我们见到的后果。

在讨论具有鲜明特色的西方和东方文化发展的过程时,公告说:

"然而,西方文化体系的人们以傲慢专横的姿态,怀有征服世界的勃勃野心。利用我们东方人民的注意力局限在致力发展祖国特色鲜明的文化之际,他们攫取了地球上所有的土地。在 19 世纪,西方人极度地侮辱了东方民族。东方各民族到处遭受西方人狠狠的打击却不敢声张。白色人种只关爱他们傲慢的观点,把全世界人民置于他们的统治之下。"

公告继续道:

"古时候,忽必烈大汗的大军席卷欧洲大陆。为什么我们东方民族,精神文化的创造者,甘心俯首听命于西方人的贪婪与傲慢?

作为东方民族内部凝聚力的日本人,必须反复思考,牢记我们祖先的成就,履行东方民族对全人类的职责。观察历史持续发展的进程,我们只有引领东方民族的文化升华到更加辉煌的境界。……友好邻邦的同志们,来吧!让我们共同繁荣。"

相信日军当局向中国人民发表这一公告的目的是不言而喻的,无须评论。应该讲一下,附上的公告译文是由长期生活在南京,熟悉中日两

---

① 日俄战争中日本于 1905 年 3 月 10 日在沈阳击溃俄军,取得决定性的胜利。

种文字的一位美国传教士翻译的。他说,公告用的一些表达方式并不是中文的,偶尔还有语法不通的句子。有一个地方,那个表达方式只有借助日文字典才能翻译出来,中国朋友只能猜测其含意。

谨致敬意
大使馆三等秘书
约翰·M.爱利生

附件:

《南京民报》1938年3月10日刊登公告的译文。

800

JMA:T

原件发给在汉口的大使。

三个副本发往国务院。

一个副本发往北平。

一个副本发往东京。

一个副本发往上海。

3月10日建军节及其历史意义

回首往事！日本及日本人民欢庆的3月10日。那么你就能够理解中日事件的动机与结果。你应该了解日本和日本人民高尚而英勇的精神。起来吧！东方民族,握握手！同文同种的中日人民。

3月10日纪念日。不仅日本人民,其他东方民族也不能忘怀这个纪念日。

回顾33年前的这一天。在沈阳的战场上,日军战胜了俄军,由此,使东方民族平安地摆脱了白人国家的桎梏,击毁白人的傲慢。

所以,纪念这一天是东方各国人民相互庆贺的要事。庆贺的目标是:在世人的眼光中,日俄战争的意义是惊天动地的。

有必要了解日本人战胜俄军的结果,那就是东方民族没有成为西方人的奴隶,而是形成了他们自己独特的文化,并使其他民族免遭侵略与压迫。请看一看日俄战争之前的中国吧。在这些长着毒牙的白色人种国家面前,人们见到她不禁不寒而栗。

由此,他们的力量持续增长。东方民族平静居住的地域都遭受白人的控制。他们鲜明的民族文化,诸如语言、风俗和习惯无法再进一步发展。他们的政体也不能独立。在这千钧一发的危难之际,意志坚强的人们抗击了俄国人,这些人不是日本人,还能是谁呢?

此时,这场战争使得中国避免了白人的侵略,成为独立的国家,维护美丽鲜明的文化,并由此持续发展至更高的水平。不必等饱学之士来讲解便能理解。

日本和日本人民长久以来对中国的态度是一贯热诚地视中国为东方民族的启蒙老师;因此他们渴望日中关系良好,相互握手言和。这样,日俄战争爆发的意义在于东方各民族文化的复兴。

此外,无条件归还青岛,慷慨地支持收复关税自主权,加上中英之间在长江起争端时严守中立;这一切迫使试图以发展经济为借口来瓜分中国的侵略者逃之夭夭。日本便是基于这一态度来帮助中国。

但是,事与愿违。中国人却不赏识日本与日本人民的真正目的;生恐这一东方民族崛起,而与胁迫日本地位的白种人串通一气。使用早期发明统治人类的手段、远交而近攻的政策,他们蔑视日本和日本人民的耐心与自尊,逐渐形成反抗日本的仇恨与敌视心态,采取了军事抵抗。不幸之中,瞬息之间导致目前的事件,将多年来开创并传播的东方文化扔进垃圾堆。黎民百姓倍受压迫的苦难。这不仅是日本与中国的不幸,这的确是所有东方民族永久的遗憾。

在这样的情况下,白种人当然击掌相庆。日俄战争的基本意义便丧失殆尽。

在这个纪念日回顾历史及其战争可悲的灾难,我们最起码要感觉到现在我们要有勇敢坚定的决心,发誓一定要复兴东方民族的文化,完成日中两国握手言和之举。建立起优秀而优雅的东方民族文化,让我们为全世界带来幸福。

在世界历史上,东方民族创造出的文化具有众多积淀的优良品质。

人类五千年历史的轨迹从开始便清晰地分为东方文化体系和西方文化体系。两类伟大民族都发展了自己独特的文化,前者基于精神文化,后者基于物质文化,各自展现其精华。

然后,两类民族大约于14世纪在中亚相遇。各自占有自己的疆域,开创自己的文化。

那时蒙古各部落长途跋涉攻打东欧。至今他们仍在相互谈论黄祸,依然没有忘记它。

亚力山大大帝将他的统治向印度的方向延伸时,东西方文化开始发生关系。那时两类民族历史性地具有不可能被摧毁的文化,但也没有相互侵犯。然而,西方文化体系的人们以傲慢专横的姿态怀有征服世界的勃勃野心。利用我们东方人民的注意力局限在致力发展祖国特色鲜明的文化之际,他们攫取了地球上所有的土地。在19世纪,西方人极度地侮辱了东方民族。东方民族到处遭受西方人狠狠地打击却不敢声张。白色人种只关爱他们傲慢的观点,把全世界人民置于他们的统治之下。

古时候,忽必烈大汗的大军席卷欧洲大陆。为什么我们东方民族,精神文化的创造者,甘心俯首听命于西方人的贪婪与傲慢?

作为东方民族内部凝聚力的日本人,必须反复思考,牢记我们祖先的成就,履行东方民族对全人类的职责。观察历史持续发展的进程,我们要引领东方民族的文化升华到更加辉煌的境界。

我们必须认真思索,求进取,发扬光大东方民族,将日中事件的灾难转化为福祉。友好邻邦的同志们,来吧!让我们共同繁荣。

893.114 Nacotics/2221

1938年3月18日,南京
文件主题:南京的毒品贩卖①

保密

中国北平

尊敬的美国大使

纳尔逊·杜鲁斯勒·约翰逊

先生阁下:

非常荣幸地报告本使馆最近得到信息,目前在南京存在大量贩卖鸦片和其他毒品的情况。有理由相信,鸦片的销售如果不是确实由日军倡导,也是为日军熟悉了解的。

两周前,住在南京城外数英里远的一位丹麦臣民②告诉我最近在几名日本军官陪同下造访一家招待日军的饭馆时,他发现年轻女郎在一个房间里吸食鸦片。从这些女郎处得知,鸦片由日本兵提供。

过去几天内,国际救济委员会的美国成员报告该委员会仍在经管的几个难民营中抓到数名鸦片贩子。一个美国人在不同的时间讯问了其中3个贩子,每个贩子都说他是从被日军特务机构占据的银行大楼内的

---

① 原件藏美国国家第二档案馆,59档案组国务院档案,微缩胶卷LM63组,88卷。
② 这位丹麦人为贝哈德·奥波·辛伯格(Bernhard Arp Sindberg,1911—1983),他1911年2月19日出生于丹麦奥斯胡(Aarhus),1927年离家去美国、南美远游,曾于1932年在海军服役一年,1934年在一艘丹麦远洋商船上工作时,因与长官争吵而被捕,当商船停靠上海港时,他戴着手铐踏上上海码头。此后数年,在上海做各种杂活。1937年12月2日,他受雇来到南京栖霞山附近的江南水泥厂,看管厂房、设备。日军攻占南京之际,他和德国人卡尔·根特(Karl Gunther,1903—1987)在水泥厂开设难民营,收容附近难民近万人。他1938年3月离开南京,不久移民美国加州。曾加入海军作战,以后在远洋商船上工作,1983年3月25日在加州洛杉矶逝世。

两个小房间获得鸦片的。据信销售鸦片的不是日本兵,但是从所作的描述来看,认为这些是"浪人"①一类的粗俗日本平民。然而,大家一致同意,日军当局对发生的情况一无所知也是相当困难的。小贩说他们花15元中国币购入一盎司鸦片,出售价为一盎司20到22元不等。3天前,在一个难民营里抓到拥有两盎司提纯吗啡的一名中国妇女。据说这样的吗啡本地一盎司价值280元中国币。还没有确知她是从哪儿获得吗啡的。现在有个小贩说他从日本使馆仆役那儿得到一部分鸦片供应。

对此,有趣的是得知本地自治委员会至少有两名成员家里有鸦片,我们怀疑他们本人也抽鸦片。一直非正式地协助该委员会救济工作的一名美国公民报告,他曾见到自治委员会的一名成员的家里有人吸食鸦片。以往就结识该委员会成员的其他本地的美国人对另一名委员会成员作了相同的报告。

如获得涉及此地毒品贩卖的进一步证据,将迅速报告。

谨致敬意

大使馆三等秘书

约翰·M.爱利生

811.4

JMA:JMD

原件发给在汉口的大使。

三个副本发往国务院。

一个副本发往北平大使馆。

一个副本发往东京大使馆。

一个副本发往上海总领事馆财政专员。②

---

① 此处英文原文为日文"浪人"的音译ronin,意为流浪的武士或无业游民。
② 美国驻上海总领事馆的财政专员负责调查毒品贩卖等事务。

3月19日中午。①

参阅我3月15日晚上6时发77号电和3月14日下午2时发76号电。

我的德国同行刚刚通知我,他通过中国人获悉新政府明天在南京举行就职典礼。他说根据他的情报,日本人现已决定南京将是最高政府,地位高于北平政权。

我还没能证实上述情报,但将努力尽早加以证实。虽然新政府人事安排的消息尚未公开,但是日本官员向我暗示唐绍仪②将是中国的首脑,不能公布他的名字是惧怕中国的抗日分子会对他采取行动。

发往汉口大使馆。抄发北平和上海。上海请抄发东京。

3月19日下午5时。③

参阅国务院2月11日下午5时发13号电和我3月9日上午11时发71号电。

今天下午日本总领事将简金斯仆人家属抚恤金交给我。根据国务院的指示,在此之前已通知总领事我将留下这笔款项以转交给家属,如果家属不愿接受日方的条件,我们将退回这笔钱。

抄发汉口。

---

① 第80号电报,美国国务院档案编号893.01 Provisional/81。原件藏美国国家第二档案馆,59档案组国务院档案,7171盒。
② 唐绍仪(1862—1938)1862年1月2日出生于广东香山,1874年官派留学美国,经中学升至哥伦比亚大学。1912年出任中华民国第一任总理。1919年五四运动时期,通电支持爱国学生。抗日战争爆发后,他发表了支持抗战的言论。上海沦陷后,把妻室子女送往香港,只身留居上海。日本特务头子土肥原贤二企图争取他担任傀儡政权首脑。在上海的国民党军统侦知此事,于1938年9月30日将其刺杀。
③ 第81号电报,美国国务院档案编号123 Jenkins, Douglas Jr./170。原件藏美国国家第二档案馆,59档案组国务院档案,542盒。

124.932/595

美利坚合众国大使馆

1938年3月21日,南京

编号 2
(621)

文件主题:美国大使馆馆舍中所受财产损失的赔偿[①]

华盛顿

  尊敬的国务卿

先生阁下:

  非常荣幸地提及国务院3月8日下午2时发涉及在美国驻南京大使馆房产上美国政府和个人财产损失赔偿的电报。国务院指示要提交一份列出每个索赔人的姓名、国籍、损失财产的性质及要求赔偿的数额的书面报告。还要一份列出美国政府财产损失的类似的材料。

  根据使馆工作人员T.C.邓逐日所作的记录,1937年12月15日至25日之间,日本兵非法闯入使馆大院18次,尽管大幅的美国国旗在使馆的两个院落各处飘扬,还有说明房产属于大使馆的标志。此外,12月15日夜里和12月16日早晨,日本使馆的官员张贴了通告日本兵禁止骚扰这处房产的日文布告。

  这些日本兵从使馆抢走由使馆工作人员和其他人员留在使馆大院内的7辆汽车、一辆卡车和属于使馆中国籍工作人员的自行车,还抢去住在使馆里的中国工作人员、仆役的大量现金和私人财物。他们逐个搜

[①] 原件藏美国国家第二档案馆,59档案组国务院档案,0815盒。

查使馆的办公室,并用刺刀轻微损坏了一楼的一扇门。除了被日本兵抢走的汽车,日本大使馆在和留在城内的美国传教士乔治·菲齐先生商量后"借走"大使的车、贝克参赞①的车和二等秘书爱契逊的车。使馆官员回到南京后,这3辆车,外加160加仑汽油,已经归还。

1937年12月30日,日本使馆的官员支付给邓先生共计813.30元中国币,分发给使馆里的中国人,赔偿他们被抢去的财物。和本地的美国人商量之后,邓先生决定收下这笔钱款,并就这笔钱款给日方一张收据。附上一份经翻译的收据的副本,以及分得钱款的人员名单。除了7辆自行车和邓先生借用的一部汽车,这笔款子包括了中国人所有的损失。

如我1月7日下午4时和1月18日上午10时的电报所述,本地的日本官员说,在美国大使馆馆舍遭受的财产损失将不作调查加以赔偿。这样的赔偿还包括从使馆抢走的但不是使馆工作人员的汽车。日方还将不作调查支付位于使馆大院外面,被彻底洗劫的三等秘书简金斯的房舍所受损失的赔偿要求。除了汽车,美国工作人员留在使馆馆舍的财物受的损失很小,或没有受损失。

以下是非大使馆工作人员所受的损失:

J.M.翰森先生,丹麦臣民,南京德士古(中国)有限公司的经理,他要求1700美元赔偿一辆斯塔德贝克(Studebaker)牌汽车。

C.叶兹·麦克丹尼尔先生,美国公民,美联社记者,他要求3500元中国币赔偿一辆雪佛兰(Chevrolet)汽车。

英国公司祥泰木行要求3500元中国币赔偿一辆GMC卡车。这部

---

① 韦利斯·拉格斯·贝克(Willys Ruggles Peck,1892—1952)1882年10月24日出生于天津,1906年毕业于加利福尼亚大学,同年进入外交界,在美国驻北京、青岛、汉口、上海使领馆任职。1931年任驻南京总领事,1935年任南京大使馆参赞。战争爆发后,在上海总领事馆与重庆大使馆工作。1941年出任美国驻泰国公使,并在泰国被日军拘捕监禁。1942年6月被释放后,他回到美国,在国务院文化交流部任助主任直至1945年退休。贝克1952年9月2日因患癌症在旧金山去世。

卡车是由一位美国公民，也是上述公司的雇员，罗耶·斯夸尔先生①留在使馆馆舍的。

亚瑟·v. B. 孟肯，美国公民，他要求750元中国币赔偿他的一辆雪佛兰旧车。

如上所述，使馆的中国籍工作人员 T. C. 邓先生向一位离开南京的朋友借用了一部汽车，这部车也被抢去。日方被告知这部车是中国人的财产，但是从使馆大院被抢走，日方将决定是否赔偿对该车负有责任的邓先生。经考虑之后，日本官员说，他们愿意将这部车包括在提交的赔偿要求之内。这样决定了，提交了2 000元中国币的索赔。

附上一份完整的清单，列出各人提交的姓名、国籍、索赔和财产损失或损坏性质。

美国政府的财产所受的损失是轻微的。要求30元中国币修复使馆一楼办公室一扇门上的损伤，以及参赞住宅卧室天花板上被弹片击穿的一个小洞。每盏价值两元中国币的4盏油灯，还有价值10元中国币的大手电筒从使馆被劫走。所有这些损失都列在所附的清单上。

要求日本政府赔偿的总额为6 796美元和10 118元中国币。上海2月25日下午3时发315号电报报告日本官员已将此款项支付给美国驻上海总领事。

谨致敬意

谨代表大使

大使馆三等秘书

约翰·M. 爱利生

---

① 小罗耶·瓦特·斯夸尔(Roy White Squires, Jr., 1904—1959)1904年4月19日出生于菲律宾马尼拉，其父老罗耶·瓦特·斯夸尔为长期在上海经商的美国商人，他本人受雇于英国公司祥泰木行南京分行。1937年12月初，日军攻占南京前夕，他乘美舰巴纳号撤离南京。12月12日，日军飞机炸沉巴纳号之际，他被炸伤。伤愈后于1938年10月回到美国，1959年5月26日在加州圣勃纳迪诺(San Bernadino)逝世。

附件：
  1/2 收条的译文和人员名单。
  3/显示姓名、国籍和赔偿要求的清单。

350

JMA:T

原件和三个副本发往国务院。
一个副本发给在汉口的大使。
一个副本发往北平大使馆。
一个副本发往东京大使馆。
一个副本发往上海总领事馆。

（译文）

附件一和附件二

1937年12月31日。

致日本官员：

就以下损失，收到中国币 813.30 元：

苦力	邢福龙(Hsin Fu-lung)	一只手电	$1.50
警长	张立中(Chang Li-chung)	一条皮带	1.00
雇员	T.C.邓(T.C. Teng)及家属	一只金戒指	40.00
		一只金表	90.00
		现金	58.00
雇员	吴越乔(Wu Yueh-chiao)	一只金表	105.00
		现金	7.00
		一辆摩托车	300.00
警察	高新元(Kao Hsin-yuan)	面粉、米、	
		一只手电和现金	25.80
信使	洪小川(Hung Hsiao-chuan)	现金	25.00

信使	甘元舟(Kan Yuan-chou)	…	8.00
信使	齐天淮(Chi Tien-hwai)	…	47.00
信使	郭长春(Ko Chang-chun)和儿子	…	25.00
	郭庆福(Ko Ching-fu)	…	16.00
信使	顾明发(Ku Ming-fah)	…	30.00
信使	郭长发(Ko Chang-fah)	…	9.00
信使	甘元森(Kan Yuan-sen)	…	25.00
			$813.30

上述中国籍工作人员、信使、和警察所受损失的赔偿已完全解决。(上述清单不包括损失的一辆汽车,牌照号码5001和7辆自行车。)除了将来报告给美国大使馆的美国官员并获得他们的同意外,中国籍工作人员及其他人员将不再就此事惹麻烦。我们非常感谢你们迅速而令人满意地解决此案。

美国大使馆中国籍雇员
(签字)T.C.邓

附件三

解决美国驻南京大使馆财产损失的赔偿要求

1937年12月

美　元

使馆工作人员

二等秘书克莱逊·W.奥德里吉	汽车	US$550.00
(Clayson W. Aldridge)		
三等秘书小道格拉斯·简金斯	房屋、个人	3 300.00
(Douglas Jenkins, Jr.)	用品损失	
	汽车	896.00
使馆职员悉尼K.拉封	汽车	350.00

(Sidney K. Lafoon)

其他人员

J. M. 翰森（丹麦臣民，南京德士古 汽车 中国有限公司的经理）		1 700.00
	共计美元	$ 6 796.00

中国币

使馆工作人员

使馆雇员 T. C. 邓，中国公民	汽车	CN $ 2 000.00
	自行车	90.00
中文书记徐尧浦（Hsu Yao-pu）	自行车	70.00
大使司机黄泰贤（Hwang Tai-chien）	…	40.00
信使郭长发	…	35.00
信使甘元舟	…	30.00
警察梁方中（Liang Fang-chung）	…	30.00
警察王义宙（Wang Yi-chow）	…	25.00

其他人员

C. 叶兹·麦克丹尼尔（美国公民）	汽车	CN $ 3 500.00
亚瑟 v. B. 孟肯（美国公民）	…	750.00
祥泰木行（英国公司）	G. M. C. 卡车	
		3 500.00

大使馆财产损失

维修办公室的门和 参赞住宅卧室天花板	CN $ 30.00
4 盏油灯每盏 $ 2.00	8.00
一只大手电	10.00
共计中国币	$ 10 118.00

3月23日下午5时。①

参阅我3月15日下午5时发77号电和以前同一主题的电报。

以下是我的德国同行提供给我的一份他从他的中国翻译那儿获得的信息。今天上午,这位翻译和被提名担任即将在这儿成立的新华中政府立法院院长的温宗尧②进行了一次私下的会谈。罗森要求将这一情报送给在汉口的德国大使,③另外,情报来源要严格保密。

根据温的说法,和"满洲国"相等的新政府将于3月26日成立。将有三个院:行政院、立法院和司法院。在三个院下面是各部。即将任行政院长的梁鸿志④已在南京,但他最近飞往上海与在那儿的政府工作人员会晤。新政府就职的日期可能会根据这次会议的结果而推迟。还谈到由华北的日军支持的北平政权拒绝让步。温回忆了陈中孚⑤在北平露面的情况,据说陈中孚在北平竭尽全力安排事宜。(见北平3月21日下午5时发181号电)。

据说日本保证一旦蒋介石的政权垮台便和新政府媾和。和平的条件包括和日本经济合作,显然通过一个半官方的公司进行合作,股份如

---

① 第82号电报,美国国务院档案编号893.01 Provisional/83。原件藏美国国家第二档案馆,59档案组国务院档案,7171盒。
② 温宗尧(Wen Tshung-Yao,1867—1947),字钦甫,1867年出生于广东台山,是第一批赴美留学生之一。1903年回国,曾任清廷驻藏参赞大臣,处理西藏事务。1911年参加辛亥革命。民国初年在外交界供职,先后任上海光复全国外交副使、军务院外交副使、上海和议南方总代表。1920年退休,在上海赋闲。1938年3月出任维新政府的立法院院长,1946年6月以汉奸罪被判处无期徒刑。1947年11月29日,病死于南京鼓楼医院。
③ 德国驻南京大使馆此时没有自己的无线电通信设备,德国外交官要依赖美国或英国大使馆发送电文。
④ 梁鸿志(Liang Hung-Tze,1882—1946),字仲毅,1882年12月8日(阴历十一月初九)出生于福建长乐,光绪二十九(1903)年举人,曾任段祺瑞执政府秘书长,1938年3月出任南京维新政府行政院院长兼交通部部长;以后担任汪精卫伪政权的立法院院长;1946年11月9日在上海以汉奸罪处以死刑。
⑤ 陈中孚(Chen Chung-Fu,1882—1958),字奇曾,1882年出生于江苏吴县,毕业于日本政法大学,曾追随孙中山,参加护法运动,1927年以后,历任安徽省财政厅厅长、青岛市接收专员、江苏省政府委员。1938年3月,担任维新政府行政院长梁鸿志的顾问,参与拉拢吴佩孚出任亲日政府首脑的活动。以后曾任汪精卫政府的国民政府委员与国民党中央监察委员。1958年去世。

下：中国55％，日本45％。还说将不会有战争赔款。

发往汉口大使馆、北平和上海。上海请抄发东京。

3月24日下午4时。①

参阅我3月23日下午5时发82号电和以前的电报。

今天上午从美国传教士M.S.贝茨处获取下列信息。贝茨和中国人有很多联系，其中有些人熟识一些即将组建新政府的人士。一位中国人交给贝茨先生以下在新政府官员中流传的讲话提要。

"梁鸿志将担任领袖，3个月后由唐绍仪接任。广州方面试图将李宗仁②和白崇禧③从蒋介石那儿分离出来，以期为解决问题获得有效的筹码。日本人已正式向中国人宣布，将把沦陷区的政权移交给中国人。新的地区政权将于3月25日或26日宣布，从那以后，目前本地的自治政府将严格地作为市政机构加以重新组合。"

我2月14日晚上6时发56号电报中提到的同一个消息透露者今天上午告知爱斯比，最近北平会谈后作出决定，据他说最近几天就要成立的南京政府将从属于北平政权。他说作出这个决定部分是因为广田外相的声明。广田外相在议会的一次秘密会议上说日本不希望中国的政权分裂开来。这证实了北平3月23日下午4时发184号电文第一段(B)的内容。消息透露者还证实经过一段尚不明确的时期之后，正如北

---

① 第83号电报，美国国务院档案编号893.01 Provisional/84。原件藏美国国家第二档案馆，59档案组国务院档案，7171盒。
② 李宗仁(Li Tsung-jen,1891—1969)1891年8月13日出生于广西临桂，1913年毕业于一年制的广西速成军校后，投身桂系军队，充任排长，此后屡次升迁，1924年11月升任桂军第一军军长。1926年率部参加北伐战争。1937年中日战事爆发后，李宗仁受命担任第五战区司令长官，驻防江苏徐州。1938年三四月间，在台儿庄战役中重创日军，是为著名的台儿庄大捷。李宗仁1948年4月当选中华民国副总统，1949年1月继任中华民国总统。1949年12月2日，李宗仁飞往美国，客居美国至1965年7月，后返回中国大陆，1969年1月31日在北京逝世。
③ 白崇禧(Pai Chung-Hsi,1893—1966)1893年3月18日出生于广西临桂，1916年毕业于保定军校后，投身桂系军队，屡有升迁，1926年任国民革命军副总参谋长，1927年任上海警备区司令。1937年中日战事爆发时，白崇禧为中国陆军副总参谋长兼训练部部长。他1945年出任国防部部长。1949年末前往台湾，1966年12月1日在台北逝世。

平报告的，南京新政府将并入北方的政权。

虽然以上情报在某些方面相互矛盾，但相信这反映了事态的真实状况，因为即将成为新的华中政府官员的那些中国人对将来的发展显然并没有日本总领事馆的工作人员那么清楚。发往汉口大使馆。抄发国务院、北平和上海。上海请抄发东京。

3月26日下午4时。①

自从日军占领南京以来，今天上午我们第一次发送邮件。据来南京主持邮政开通典礼的中国邮政总邮务长 W. W. 瑞奇②说，日本邮政当局并没有就信件检查一事向他提出要求。没有迹象证明今天上午收到的信件被检查或拆开过，虽然这儿普遍认为不久将建立检查制度。如果建立起邮件检查制度，本使馆应持什么态度，请求给予指示。

发往汉口大使馆和北平。

3月28日中午。③

参阅我3月24日下午4时发83号电。

经由日军特务机构同意出版的本地报纸《南京民报》今天上午宣布华中政府今天举行就职典礼，并列出官员的名单。意味深长的是，公布三院六部首长之际，没有宣布这些政府官员的总统或主席。

据报纸报道，以下中国人是新政府的一部分：行政院院长，梁鸿志；

---

① 第84号电报，美国国务院档案编号893.711/139。原件藏美国国家第二档案馆，59档案组国务院档案，微缩胶卷LM63组，152卷。

② 威廉·瓦特·皮尔·瑞奇（William Walter Peel Ritchie, 1879—1969）1879年12月6日出生于北爱尔兰里斯本（Lisburn），1901年前往中国，并于同年4月开始在镇江的邮局工作，以后曾担任济南、成都、哈尔滨、广州的邮政局局长。1937年，他是江苏邮政邮务长，而不是中国邮政总邮务长。他1937年12月8日撤离南京，于1938年2月中旬回到南京，恢复邮政服务。在中国服务了37年之后，他于1938年退休回英国。此后，他又回到生活了大半辈子的中国。珍珠港事件之后，被日军关进香港赤柱集中营（Stanley Camp）直至1945年战争结束。他最终于1948年离开中国，移居加拿大，1969年12月26日在加拿大不列颠哥伦比亚省维多利亚（Victoria）逝世。

③ 第85号电报，美国国务院档案编号893.01 Provisional/94。原件藏美国国家第二档案馆，59档案组国务院档案，7171盒。

立法院院长,温宗尧;司法院院长,章士钊①;外交部部长,陈箓②;内务部部长,陈群③;财政部部长,陈锦涛④;教育部部长,陈则民⑤;实业部部长,王子惠⑥;交通部部长,任援道⑦。

我的德国同行告诉我,据他的中国翻译说,本地的警方正忙于召集

---

① 章士钊没有到任。章士钊(Tsang Shih-Chao,1881—1973)1881年3月20日出生于湖南长沙,1901年就读于武昌两湖书院,1908年留学于英国爱丁堡大学。1913年7月任孙中山讨袁军秘书长。曾任段祺瑞政府司法总长、教育总长。1938年6月起,历任第一、二、三、四届国民参政会参政员。1949年后先后当选为第一、二、三届全国人民代表大会代表,第三届全国人大常委。1973年7月1日病逝于香港。

② 陈箓(Chen Lu,1877—1939),字任先,1877年5月5日出生于福州,早年就读于福建船政学堂。1904年前往法国留学,1907年获巴黎大学博士学位。曾任中国驻法国大使,北洋政府的外务部次长和代理外长。1938年3月出任维新政府外交部长。1939年2月19日国民党军统在上海将其刺杀。

③ 陈群(Chen Chun,1890—1945),字人鹤,1890年出生于福州,早年留学日本,获明治大学法学学士。1921年任广东军政府秘书。北伐军占领上海后,先后任上海警备司令部军法处处长、26军政治部主任、上海清党委员会副主任等职。1938年3月出任维新政府内务部部长。1940年后担任汪伪南京政府内政部部长、江苏省省长、考试院院长。抗战胜利后于1945年8月7日在南京畏罪自杀。

④ 陈锦涛(Chen Chin-Tao,1871—1939),字澜生,1871年6月20日出生于广东南海,早年毕业于香港皇仁书院,1901年官费赴美留学,初入哥伦比亚大学,攻读数学、社会学;继入耶鲁大学,转读政治经济学。1906年获耶鲁大学博士学位。1912年任南京临时政府财政总长、审计处总办。1916年后任段祺瑞政府财政总长。二十年代中叶入清华大学任经济学教授。1938年3月出任维新政府财政部部长。1939年6月12日病死于上海。

⑤ 陈则民(Chen Tseh-Ming,1881—1951)1881年出生于江苏吴县,早年留学日本,法科毕业,曾任北京政府总统府顾问,1920年以后任苏州电气公司董事长,在上海任开业律师、律师公会会长。日军攻占苏州后,担任苏州自治委员会会长。1938年3月出任维新政府教育部长,不久又改任江苏省长。1945年12月以汉奸罪被判处无期徒刑,1951年在苏州监狱内病逝。

⑥ 王子惠(Wang Tze-Hwei,1892—?),以后改名王文成,1892年出生于福建厦门,毕业于日本早稻田大学,归国后历任北京《国风日报》编辑主任、《正义日报》社长、国民军第2军驻沪办事处处长、国民革命军第20军副军长兼政治部主任、国民政府总参议代表。1938年3月出任维新政府实业部长至1939年8月。1940年,他曾在孔祥熙和日方之间牵线,试图进行和谈。由于他和重庆的秘密联系,战后未被列为汉奸。1949年曾任国民政府驻东京代表团成员。1957年,曾冒充蒋介石总统特使在日本商界诈骗钱财,在日本被逮捕、起诉。

⑦ 据其他史料记载,当时梁鸿志兼任交通部部长,任援道为绥靖部部长。见爱利生的97号电报。任援道(Jen Yuan-Tao,1890—1980)1890年出生于江苏宜兴,早年毕业于保定军官学校,参加了辛亥革命,曾任平津警备司令。1938年3月出任维新政府南京市市长兼绥靖部部长。1940年后先后任汪伪政府苏浙皖三省绥靖总司令、海军部部长、江苏省主席、江苏保安司令、上海市市长等要职。抗战胜利后,他避居香港。1949年又迁居加拿大。1980年卒于加拿大。

人去"自发地"参加支持新政府的游行。还听说日本驻上海总领事日高①在南京,估计和新政府就职仪式相关。

发往汉口大使馆。抄发北平和上海。上海请抄发东京。我的德国同行没有直接通讯的设备,请求将上述信息送交上述地点的德国外交官员和领事官员。

3月29日中午。②

参阅我3月28日中午发85号电。

昨天,华中政府举行就职典礼之际,本地的报纸发表了一篇社论。该社论刚刚翻译出来。相信下面引用的社论片段在揭示沦陷区内中国人民所面临的宣传方式上颇有意义。

社论开头阐述一个国家应和其他国家合作,而不应依赖它们,接着说,在中国这一点还没有做到,"那些向其他国家伸手要援助的人是(一)亲欧美者,(二)亲俄国的人士。国民政府建立以来,大多数官员是欧美归国的留学生,国民政府的顾问都是欧美人士。政府采用的政策几乎完全照搬欧美的。如果这一政策不成功,应该尝试其他政策。所谓的欧美顾问只是每月领薪水,无所事事。这些顾问偶尔提交一些新方案,但因为一个国家的政治环境与其他国家不一样,这些方案证明是失败的"。

社论然后指出,由于依赖这些外国顾问,中国变得羸弱,并说"多年来苏俄一直是我们的敌人。苏俄近来帮助中国抗击日本,因为俄国希望中国成为第二个外蒙古"。接着谈到东亚的和平由此遭到侵扰。显然,欧美和俄国是靠不住的国家。社论在结尾称:"中国应该与之合作的唯一国家是东邻日本。"

发往汉口大使馆、北平和上海。上海请抄发东京。

---

① 日高信六郎。见本书第161页注②。
② 第86号电报,美国国务院档案编号893.01 Provisional/97。原件藏美国国家第二档案馆,59档案组国务院档案,7171盒。

5. 维新政府正式成立

3月29日下午4时。①

参阅国务院3月23日晚7时发给上海的225号电。

过去10天内我们一直努力安排两名医生、两名护士②从上海来南京，还有在南京的美国公民公务旅行去上海再返回南京，但是并不成功。今天上午日本总领事通知我，上海的日军当局已介入处理此事，并声称，他们认为目前外国人去南京还不合适，日军的立场是如果外国人在南京遇到不测，他们要负道义上的责任，他们不想担这个风险。至于已在南京的美国人想去上海再返回南京，据称或许这不久将成为可能，但是什么时候可以这样往返旅行，还没有确定的日期。

据信这事在本地不可能取得进展，必须在上海和东京施加压力才能办成。以下是提请本地日本当局注意的一些事实，以便在可能提出的交涉中使用。

据日本总领事本人说，目前大约有600名日本公民在南京。据信这比中日开战之前的人数多得多，其中包括数目相当可观的妇女与儿童。南京至少有13座日本人经营、出售商品给中国人和外国人的各类商店，不能归类为军用商店。这些商店的告示和价格表时常刊印在本地由日军特务机构安排出版的小报上。每隔5天，日本船只从上海驶来南京。虽然日本当局声称这些船只运输的是军用物品，但是有人注意到船上运的货物里时常有上述各类商店的商品。众所周知，日本平民，还有些中国百姓乘这些船只往来旅行。现在日本和中国平民也时常乘坐目前每天往来于两个城市间的军用列车去上海。仅一家日本货车公司就有40

---

① 第87号电报，美国国务院档案编号393.1115/3040。原件藏美国国家第二档案馆，59档案组国务院档案，1798盒。

② 克劳德·马歇尔·李（Claude Marshall Lee, 1882—1967）医生和小詹姆斯·贝克·伍兹（James Baker·Woods, Jr., 1898—1986）医生，露西·亨瑞爱特·格尔（Lucy Henrietta Grier, 1904—2002）护士与南希·莎拉·格伦（Nancy Sarah Glenn, 1902—1949）护士原为无锡、苏州、镇江教会医院的美国医生、护士。战争爆发后，他们撤往上海租界。由于南京的伤残病人极多，医务人员不够，鼓楼医院一直请求在上海的医务人员支援。这四位医生、护士最终得以在1938年4月19日获准抵达南京，到鼓楼医院工作。

辆卡车在此地与上海之间的道路上运营。

从上述情况来看,我们有理由相信有歧视的现象,美国与其他外国的权益没有得到日本首相、外相在议会中发表的各种各样声明中保证要给予的考虑。至于日本人声称南京仍很危险,应该指出,中国人时常空袭,但中国人谨慎地避免飞越市中心,很少有外国人见到中国飞机。城市内的秩序已大为改观。对外国人的危险,如果有的话,也是微乎其微的。

发往汉口大使馆。抄发北平和上海。上海请抄发东京。

3月30日中午。①

参阅我3月29日中午发86号电。

昨天,华中新政府就其成立的目的和原因发表了正式声明。声明的大部分内容泛泛而谈地指责了将人民卷入战争并与共产党结盟的中国国民政府的邪恶。关于新政府的目的,声明称:"我们唯一的使命是恢复正常的主权,重建与邻邦的友好关系。避免与同一种族进行刀枪战火的苦难。基于我们的道德准则,我们的政府将设法协助建立东亚的和平,将维护与欧美国家的友谊。"

它明确指出现政府是临时的,并无意抵制将处理全国事务的北平政权。声明接着意味深长地说:"一旦津浦线和陇海线恢复运营,这个政府将并入北平政权。"

发往汉口大使馆、北平和上海。上海请抄发东京。

---

① 第88号电报,美国国务院档案编号893.01 Provisional/98。原件藏美国国家第二档案馆,59档案组国务院档案,7171盒。

6. 日本商人涌入南京

4月1日下午4时。①

参阅我3月29日下午4时发87号电。

在上述电报里报告了日本总领事称不久可能让美国公民公务旅行去上海再返回南京。昨天下午总领事馆的田中先生通知两名美国公民——金陵大学的M.S.贝茨教授和美国基督教会的欧内斯特·福斯特牧师,已安排他们乘日本船只4月3日前往上海。然而,发放的通行证只是从南京到上海有效,必须向上海的日军申请返程通行证,据说会发给通行证。据贝茨先生说,他被告知日军对以前从南京去上海的外国人在上海的行为极为不满,要求本地的总领事馆务必告诫其他去上海的外国人当心他们在上海的行为。据说如果贝茨先生和福斯特先生的行为令人不满,他们将难以返回南京。请田中先生解释时,他说其他外国人散布了涉及南京状况的反日宣传,他告诫贝茨先生在上海逗留期间要特别当心。特别告诫他不要和新闻记者谈话或者至少不说可能会发表的东西,以及军事当局认为有损日军的事情。贝茨先生和福斯特先生必须

---

① 第90号电报,美国国务院档案编号393.1115/3053。原件藏美国国家第二档案馆,59档案组国务院档案,1797盒。

提供他们在上海的地址并讲明希望在上海逗留多久。

今天上午我拜访了花轮总领事,并就强加给美国人旅行的条件,以及在我看来日军毫无道理地企图控制美国公民,提出非正式的抗议。花轮先生说田中先生只是给予友好的规劝,并不是"条件"。然后我问,如果不是条件,为什么不能发双程有效的通行证,而只发单程通行证。花轮先生答道,南京的日军不能发放这样的通行证。我指出大约在一个月前芜湖的日军发给一名美国公民往返上海的通行证,南京的日军不能发放相同的通行证显得非常奇怪。我说从技术上看发放这样的通行证可能没有附加条件,由于没有颁发往返通行证,实际上的结果和附加条件完全相同。我补充道,贝茨先生和福斯特先生不会去上海从事反日宣传,但是,在他们工作的过程中有必要就南京的状况讲述实际情况,如果他们讲的内容使日军不悦便惩罚他们是不对的。我最后说,如果不允许这些美国人回南京,我将非常严肃地看待这事。

显然,日军限制外国人来往于上海南京之间的真正原因是怕说出日本人在此所作所为的真相,而不是所宣称的关心外国人的安全。我相信如果大使馆①在将来某个时日能够就严重阻碍美国公民合法行动的上海日军提出非正式抗议将大有裨益。

发往汉口大使馆,抄发国务院、北平和上海。上海请抄发东京。

4月1日晚上9时。②

我从可靠的消息来源了解到,这里的日军当局命令本地的中国官员将兑换率固定在一元中国币兑换 0.70 日元。③

发往汉口大使馆、北平和上海。

---

① 此处指美国驻汉口大使馆。
② 第89号电报,美国国务院档案编号 893.5151/435。原件藏美国国家第二档案馆,59 档案组国务院档案,微缩胶卷 LM63 组,135 卷。
③ 此处英文原文为日文"钱"的音译"sen"。一钱等于1％个日元。

6. 日本商人涌入南京

4月2日下午4时。①

参阅您3月25日下午2时电。

这个月最显著的政治事件为我在3月28日中午12时发的85号电报中报告的新华中维新政府的就职典礼。日方煞费苦心地采取了防范措施,以确保新政府的中国官员不致受到伤害。不仅在举行就职典礼活动的中心地区设置警戒部队,且全城各处都有部队。典礼举行前两天,附近村庄的中国人就被禁止进入南京城。就职典礼之后两天,政府的主要官员都回到上海,相信他们仍在上海,政府的实际运作由低级官员和日本人负责。颁布的一份官方声明称华中政府最终将与北平的政权合并(见我3月30日中午12时发的88号电)。"维新"政府成立之际颁发的各种文告中含有相当多的诋毁外国人的宣传(见我3月29日中午12时发的86号电)。这些宣传品并不仅仅局限于南京城,本地的一个美国传教士报告在南京城以南10英里的小村庄中见到一个招贴海报。招贴海报声称中国的麻烦是由于崇尚欧美资本主义和苏联的共产主义,并鼓动要实施东亚古老的道德准则,走"帝国的道路"。

自上个月的报告以来,南京城的军事情况没有多大变化。一位颇有能力的观察家估计目前在南京附近一带驻有两万陆军和水兵,大部分为陆军。这个月有两艘水上飞机母舰驻防南京,据这里的英国炮艇船长估计,每艘至少载有12架水上飞机。

这个月的经济状况略有改善,但仍远远不能使人满意。南京上海之间的邮政业务已在3月26日小规模恢复。最基本的公共汽车服务已开通了,目前仅有两条服务线路运营。紧邻南京地区的秩序也大为改善,运进城的米也因此有所增加。米价低了些,一石8.4元。面粉奇缺,有时价格高达7.5元一袋。比较之下两个月前的价格为3.5元。有一定数量的肉类和蔬菜供应。更多的中国商店开始小规模地营业,但任何稍

---

① 这是爱利生发给驻北平大使馆的1938年3月南京状况的总结报告。原件藏美国国家第二档案馆第84档案组国务院驻外使领馆档案,驻中国使领馆档案第2169卷(驻南京大使馆1938年档案第10卷)。

有规模的生意绝大多数掌握在日本人手中。

根据日本总领事，南京有大约 600 名日本平民，本地一个美国人所作的调查显示至少有 70 家日本商店开业。这些商店大多数招待日本军人，但也有相当一部分商店出售货物给中国人和外国人。南京仍没有银行，以前的一座银行建筑已被明治人寿保险公司占用。有确凿的证据显示日军已命令本地的中国当局将兑换率固定在一元中国币兑换 7 角日元，据悉这引起中国官员的不满，有可能导致一些人辞职。每周有两艘日本汽轮往返于南京上海之间。数家日本卡车公司也在这两座城市间运营。根据本地报纸的公告，市政府在收购废铁，估计是按日本人的命令行事，100 斤废铁付 5 角钱。中国老百姓的经济状况没有多大改善，他们的经济活动主要局限于做小买卖、小规模地种植菜园和苦力工作。

虽然南京的美国人及美国财产的境遇比先前好得多，但是美国人的行动仍受限制。除了个别例外，日军阻止所有的外国人来南京。据信除非美国和英国这两个直接相关国家的政府采取强硬措施，否则在一段时间内日本将不会允许外国人返回南京。当外国人回来时，将会发现他们通常的活动领域已为日本人占据。

爱利生

800 - 3 月份的政治情况报告

4 月 3 日下午 4 时。[①]

根据今晨《南京民报》的公告，中国维新政府发言人昨天声称，根据国际法准则，新政府将尊重在华外国财产的权益，但是外国与中国国民政府（蒋介石政府）订立的条约将不予承认，对这些条约，新政府不承担责任或义务。

我们还无法证实这一声明，或者获得对该声明详尽的阐述。然而，

---

① 第 91 号电报，美国国务院档案编号 893.01 Provisional/100。原件藏美国国家第二档案馆，59 档案组国务院档案，7171 盒。

据大使馆翻译该文的中国籍工作人员说,相信含义是 1927 年国民政府成立之前和外国签订的所有条约将受到尊重,将来和新政府订立的条约也会被尊重。但 1927 年至 1938 年之间签订的所有条约将不予承认。

发往汉口大使馆、北平和上海。上海请抄发东京。

4 月 13 日中午。①

据本地日本人操控的报纸昨天刊登的公告称,南京将建立一座日式市场以及相当于一个日本城的设施。报纸称 3 月 30 日本地的日本居民举行了会议,决定(估计经日本居民协会同意)把预算从 8 万元增加到 30 万元。这个市场将建在沿中山东路和太平路②以及以往是南京主要商业区的地段。据这则新闻称,这一地段已划定为"日本城"。拨出的款项中,5 万元用于修建一座日本神庙和公园,其他钱款用于修建新建筑,修理损坏的房舍,还为穷人整修房屋。

从上述内容来看,日本人打算在南京城内建立一个有相当规模的社区,迅速推行这个计划之际,其他外国人还没有获准回南京重操他们的正常职业。

发往汉口大使馆。抄发北平和上海。北平请用外交信使送往东京。

4 月 15 日中午。③

昨天的《南京民报》刊载的一篇文章称,根据从日本总领事馆获悉的消息,3 月 31 日在南京的日本居民为 810 人,其中男性 420 人,女性 390 人。文章还列举了日本人从事的各类职业,显示有 45 种不同的职业,包括下列的面粉厂、建筑师、剧院、保险、印刷、电器用品、照相器材、医生、运输、药剂师、食品供品、旅馆、餐馆、茶馆、酒类经销商和化妆用品。

正如上海 4 月 14 日上午 9 时发 536 号电,以及一名德国记者今晚从

---

① 第 92 号电报,美国国务院档案编号 793.94/12827。原件藏美国国家第二档案馆,59 档案组国务院档案,微缩胶卷 M976 组,52 卷。
② 此处英文原文为 Tair,南京没有这条路,译电员将 Taiping(太平路)误译为 Tair。
③ 第 93 号电报,美国国务院档案编号 393.1115/3090。原件藏美国国家第二档案馆,59 档案组国务院档案,1797 盒。

上海来南京的事实所证明,对外国人活动的限制在一定程度上有所放松,但是还没有迹象表明一般的外国商人会获准回南京,关闭他们以前就有但不再盈利的商业活动,或者恢复营业。相信除非采取特别的立场,否则美国和其他外国商人被允许返回南京之时,他们会发现以往的活动领域大部分已被日本人占有。

发往汉口、北平和上海。北平请用外交信使送往东京。

4月18日。①

参阅国务院4月16日电,已了解到L.J.米德②已去美国,但是正请求上海查寻可能获取的更多详情。

4月21日。③

以下是南京和大使之间的来往电报:

"美国驻汉口大使馆,19日。鉴于本地情况平静了许多,紧急事务的数量减少,爱斯比在不正常的情况下已在南京艰苦工作了近4个月,建议批准爱斯比去上海几天,这样他可以换换环境。按目前的情况,只要爱斯比不超过10天就回来,相信不必派替换官员来。他回来后,如有可能,我想获得10天假期,可以去上海处理个人的事务,看看家人。1935年7月以来,我只休了10天假。抄发上海。"

以下是大使来电:"20日。参阅您19日电。你和爱斯比理应享有休假,我完全赞同。请求国务院批准,并在爱斯比回来主持事务时用无线电报通知国务院。抄发上海。"

---

① 第94号电报,美国国务院档案编号393.1115/3102。原件藏美国国家第二档案馆,59档案组国务院档案,1797盒。

② 劳伦·约瑟夫·米德(Loren Joseph Mead,1894—1983)是美孚石油公司的美国商人。见本书第211页注①。

③ 第95号电报,美国国务院档案编号123 Espy,James/52。原件藏美国国家第二档案馆,59档案组国务院档案,467盒。

如有可能,爱斯比希望 4 月 25 日乘英舰圣甲虫号①离开,并将乘火车或圣甲虫号在 5 月 3 日或 5 月 3 日左右返回南京。我想在 5 月 5 日或 5 月 5 日左右乘英舰蜜蜂号启程去上海,并打算在上海度过 15 天的假期。如紧急需要,我可在 15 天休假期满前任何时候乘火车回南京。

4 月 22 日下午 4 时。②

参阅您 4 月 13 日中午 12 时和 3 月 30 日下午 3 时发的涉及施美洋行③桐油的电报。

日本大使馆的一名官员刚刚通知我,正如所报告的,日本海军当局扣留了所涉及的两艘舢板,但桐油并没有被搬运走。由于怡和洋行在南京目前没有代理商,如有可能,请求安排将桐油送给该公司可能在上海指定的任何代理商。请求该公司就此事给予指示。

发往汉口。抄发上海。

4 月 27 日上午 11 时。④

参阅南京特别市政府就职仪式的新闻报道,4 月 24 日上午举行就职仪式,任援道就任市长。新的市政机构将取代以前自治委员会的职能。新的市政机构成立之际,也宣布解散自治委员会。

新任市长同时兼任维新政府绥靖部部长。他曾任平汉线驻军司令和冀察政务委员会外交事务部的成员。

根据通常可靠的消息来源获悉的信息,新市长就职以来面临着来自

---

① 英国军舰圣甲虫号(HMS Scarab)1915 年在英国建造下水,第一次世界大战中部署在罗马尼亚布加勒斯特基地,在多瑙河巡逻。1919 年加入英国皇家海军驻中国舰队,作为长江巡逻炮艇。1940 年以后分别部署于香港、新加坡等地。1943 年加入英国地中海舰队,支援在意大利西西里岛登陆作战。1945 年 8 月回到新加坡基地,1948 年作为废铁出售。
② 这是爱利生发往美国驻汉口使馆没有编码的电报。原件藏美国国家第二档案馆第 84 档案组国务院驻外使领馆档案,驻中国使领馆档案第 2167 卷(驻南京大使馆 1938 年档案第 8 卷)。
③ 施美洋行(Werner G. Smith Company)1917 年在美国俄亥俄州克利夫兰成立,主要制造、经销各类油料。该公司在中国大量收购、加工桐油,再出口。
④ 第 97 号电报,美国国务院档案编号 893.01 Provisional/101。原件藏美国国家第二档案馆,59 档案组国务院档案,7171 盒。

以往自治委员会内滋生的既得利益集团以及日军特务机构主导派系的巨大阻力。结果,任带来的人当中只有 3 个人委以职务,甚至他的私人秘书都不能取代本地人,被迫处于助手的位置。

据说,任就职之始就感到处处受阻碍的局面,预示这个地区日本人操控的政权不会顺利运行。

发往汉口,抄发国务院、北平和上海。北平请用外交信使送往东京。

793.94/13146

1938 年 4 月 28 日,南京

编号 3

(旧编号 622)

文件主题:目前的战事导致南京的中国人遭受的损失①

保密

华盛顿特区

尊敬的国务卿

先生阁下:

非常荣幸地报告,根据由南京市自治委员会主持完成的一项调查的初步结果,目前在南京城内中国人家庭遭受的损失共计达 35 000 000 元中国币,或者,以损失产生之时通行的平均兑换率(1 美元兑换 3.40 元中国币)折换成 10 000 000 多美元。如上所述,这个数字只代表调查时人在南京、人数只有正常人口不到四分之一的家庭遭受的损失。这座城市里遭受损失大得多的,是在日军逼近南京之际离城、通常为富裕阶层的那些人。从附上的表格,可以非常有趣地注意到真正军事行动造成的损

---

① 原件藏美国国家第二档案馆,59 档案组国务院档案,微缩胶卷 M976 组,54 卷。

失不到400 000元中国币(112 000美元),或者,还不到全部损失的2%。总体损失近85%是由日军占领城市后,完全为非军事行动的焚烧和掳掠造成的。焚烧造成的损失计有18 695 350元中国币(5 498 632美元),约为总数的53%。掳掠造成的损失为总数的30%强,计有11 114 087元中国币(3 268 849美元)。与此同时,偷盗(区别于日军的掳掠,由中国人造成的劫掠)约占10%,或3 582 225元中国币(1 053 596美元)。

虽然这次调查表面上是由市自治委员会主持的,实际上是由两名美国公民——金陵大学教授M. S.贝茨博士和路易斯S. C.史迈斯博士调查、监督,将结果制成表格并加以核查。这些美国人参与调查一事被相关的中国官员保密,因为调查的结果将提供给本地的日本当局,他们害怕如果日本当局得知外国人参与调查,便不会为该调查项目雇用的中国调查员发放通行证,提供其他设施。对邻近南京地区的农业家庭遭受的损失,正进行类似的调查,完整的结果还没有出来。据信,本地中国官员甘愿冒为他们获得权力的日本当局不悦这样的风险而与这些美国人合作的事实,表明日本人很难迫使甚至是所谓亲日的中国官员将他们的意愿在最大程度上加以执行。

史迈斯博士说损失的数字可能有些夸大,但是他相信军事行动、焚烧、掳掠和偷盗造成损失的百分比相当准确地反映了真实的情况。据信,很难在现代战争编年史上找到另一个受侵略国的人民遭受的由军事行动,例如炮击、轰炸和巷战,造成的损失,只构成总损失如此之小百分比的案例。

从附上的表格可以看到动产的损失大约是房屋建筑损失的两倍。列出的各类动产,按顺序损失最大的为下列各项:商店货物、商店设施、供制造的原料和机械工具。仅上述各项共计11 970 100元中国币(3 520 618美元)。这个数字超过了建筑物的损失11 420 350元中国币(3 417 750美元)。如果想到上述所有数字必须至少乘以4才能获得被占领前南京人口实际遭受损失的话,显而易见,现在本地政府面临的恢复经济的问题需要非凡的力量和能力方能令人满意地加以解决。不幸的是,有相当的理由相信现在的官员几乎没有人认识到他们面临的任务确实有多么巨大,而那些认识到这一点的人则既无经验又无权力来达到期望的结果。

谨致敬意

谨代表大使

大使馆三等秘书

约翰·M.爱利生

附件:

所述 1/

801.146/850.1

JMA/JMD

原件和三个副本发往国务院。

一个副本发给在汉口的 N.T.纳尔逊大使。

一个副本发给美国驻北平大使馆。

一个副本发给美国驻东京大使馆。

目前生活在南京的家庭所受损失初步一览表

根据每50座有人居住的房屋和三月份难民营中每50个家庭的调查材料(只包括城内非农耕地区)。

项 目	平均每户	损失总计	总计 50×782 家庭＝39 100 家庭				
			军事行动	焚烧	掳掠	偷盗	不明
动 产							
机械工具	$16.13	$630 500	$	$424 000	$152 250	$17 250	$37 000
商店设施	71.95	2 813 400		1 698 500	895 550	143 250	76 100
家具器皿	122.95	480 747	63 000	1 631 700	1 497 225	761 800	853 750
制造用原料	22.80	891 500		150 800	678 200	35 500	17 000
商店货物	195.00	7 624 700	6 000	2 407 650	3 177 650	1 874 250	159 150

续表

项　目	平均每户	总计 50×782 家庭＝39 100 家庭					
		损失总计	军事行动	焚烧	掳掠	偷盗	不明
动　产							
家庭食品	5.70	222 900	3 500	42 400	144 425	15 525	17 050
衣服、床上用品	126.60	492 634	24 250	1 025 500	2 871 490	691 150	313 950
自行车	2.82	110 100	12 500	6 000	89 600		2 000
人力车	3.40	156 250	11 500	63 250	66 650		14 850
现金	8.34	326 242		11 500	313 292		1 450
珠宝	1.54	60 150		5 000	51 400		3 750
其他	33.06	1 292 755	27 500	98 750	1 130 855	25 750	9 900
动产总计	610 29	23 862 312	157 250	7 575 050	11 059 587	3 564 475	1 505 950
(拥有的)房屋	292.06	11 420 350	226 800	11 120 300	54 500	17 750	1 000
总计中国币	902.35	35 282 662	384 050	18 695 350	11 114 087	3 582 225	1 506 950
总计美元*	265.40	10 376 488	112 956	5 498 632	3 268 849	1 053 596	443 221
百分比		100.00	1.09	52.99	31.50	10.15	4.27

1938 年 4 月 28 日。

* 日军占领南京时通行的平均兑换率为 1 美元兑换 3.40 元中国币。

4 月 29 日中午。①

以下是魏特琳小姐发给纽约中国基督教学院联合董事会格里斯特的电报:"由于其他资金告罄,5 月底难民营关闭之际,新英格兰委员会的捐款将具有无法估量的价值。这笔款项将用于照顾贫困的寡妇孤儿。我们刚刚送交了一篇关于 6 周教会教育项目的文章,我们现在开办了一个新的、将在 5 月 28 日结束的项目。今年秋天,在校园里有两种工作可做,也就是给寡妇们上课,给本地初、高中女学生上课。一旦计划拟定,

---

① 第 98 号电报,美国国务院档案编号 393.1164 Ginling College/17。原件藏美国国家第二档案馆,59 档案组国务院档案,1841 盒。

我们将送交这两个项目的资金预算。如果陈玉珍①想回来,我们需要她。我个人认为把存放的材料交给豪顿·米弗林②是不明智的。建议您为了吴贻芳③和金陵女子文理学院,继续照管。非常感激您的协助。"

中国南京

1938 年 4 月 30 日

文件主题:南京港口设施年度报告④

中国上海
  美国总领事
    弗兰克·P.洛克哈德⑤

先生阁下:
  收悉总领事 1938 年 4 月 15 日的信件,随信所附的一份 1937 年 5 月

---

① 陈玉珍(Chen Yu Djen),安徽怀远人,1928 年毕业于金陵女子文理学院,1930 至 1950 年在金陵女子文理学院附属实验中学任教,并任校长。
② 霍顿·米弗林公司(Houghton Mifflin Company)是位于波士顿的一家印行学术、教科书的出版商。
③ 吴贻芳(Yifang Wu,1893—1985),金陵女子文理学院第二任院长(1928—1951),1893 年 1 月 26 日出生于湖北武昌。1913 年就读杭州协和女子学校。1915 年进入金陵女子文理学院学习,是金陵女子文理学院 1919 年第一届 5 位毕业生之一。1922 年,吴贻芳获得奖学金前往美国密歇根大学留学,并于 1928 年获生物学博士学位。旋即于 1928 年秋就任金陵女子文理学院院长。担任院长后,她不仅在学院的建设上做出重要贡献,还积极参与国家,乃至国际事务。1945 年,她作为中国政府的官方代表之一,前往美国旧金山参加联合国成立大会,签署联合国宪章。吴贻芳 1985 年 11 月 10 日在南京逝世。
④ 原件藏美国国家第二档案馆第 84 档案组国务院驻外使领馆档案,驻中国使领馆档案第 2171 卷(驻南京大使馆 1938 年档案第 12 卷)。
⑤ 弗兰克·布鲁特·洛克哈德(Frank Pruit Lockhart,1881—1949)1881 年 4 月 8 日出生于得克萨斯州的匹兹堡(Pittsburg),毕业于格莱逊(Grayson)学院,1914 年进入外交界,担任国务院远东事务助理主任,1925 年 4 月出任美国驻汉口总领事,1931 年任驻天津总领事至 1935 年调往驻北平大使馆任参赞,1938 年 2 月 14 日至 9 月 19 日任驻上海总领事,暂时接替休假的克莱伦斯·爱德华·高思。高思在上海总领事的任上直至 1940 年提升为美国驻澳大利亚大使馆公使。洛克哈德 1938 年 9 月 20 日以后仍回北平使馆工作直至 1940 年接替高思正式出任上海总领事至珍珠港事件爆发,他和总领事馆的外交官均被日军羁押 6 个月。战后他曾担任国务院远东事务部主任,1949 年 8 月 25 日在华盛顿特区去世。

1日寄出的有关南京港口设施的报告,还有几份空白的供填写今年本地港口情况报告的 N. H. O. 171 表格也一并收到。

1—2/ 　　在此寄回 1937 年的报告,并附上提交所要求的有关南京港口设施情况的今年的报告。这是在目前这里极不正常的情况下尽其所能而作的报告。

谨致敬意
美国副领事
詹姆斯·爱斯比

附件：

所述 1/ 和 2/

保密

中国南京港口设施备忘录

1938 年 5 月 1 日

　　通过他们的当局发表的声明以及在许多场合采取的行动,目前控制着南京的日本陆军与海军大概认为他们在军事上占领南京及其港口设施,似乎是赋予战争中交战的权力。因此,在此时要以必要的武力手段来考虑港口设施的使用,要记住这是军事占领对使用南京港及其设施所产生的后果,虽然这在很大程度上会受到外国权益的挑战。

　　因而全然不顾他们行为的法律依据,他们这一做法的最后结果,或者他们未来控制的过程,至少在目前,武力在此已大行其道。他们已将所有他们认为需要的港口设施占为己用。具体地说,除了和记公司的设施与美英炮艇保护下的船只,他们已占据了下关和浦口的所有码头、趸船、仓库、驳船、舢板和建筑。非常值得注意的是他们在未经允许的情况下,也不顾管理人员表达的意见,使用了属于怡和洋行和太古洋行的仓库与码头。他们在仓库里存放了军火与给养。扣留了属于美国公司的装有桐油的两艘舢板,并到目前为止拒绝放行。他们在下关江边一带建立了所谓的军事禁区,甚至在其中拥有产业的外国公民也不得入内。他们以武力相加作为威胁,到目前为止禁止外国商船在港口恢复运营。还限定到目前为止获准来南京,或者尚未被禁止在南京登岸的外国人在那儿(在中山路尽头的南京轮渡趸船)上岸。甚至通知在南京的英美海军舰只的船长,他们不能在完全独立于目前日本人使用的港口设施之外的和记洋行的码头靠岸。与此同时,他们要求英美海军舰只在某个地方抛锚停泊。据我们所知,他们至今还没有就港口设施颁布官方的规章,却发号施令,或径直采取行动,到目前为止他们实施的做法是,如涉及中国人就采取武力,如果是外国人就实际上加以控制。

由此可见,可供日本人之外的船只使用的港口及其设施(以及对此相关的规章),实际上目前由本地日本人的意志来决定。理论上来说,在目前的战事中没有被摧毁或拆除的港口设施的使用权仍然应与在中国南京市政府管理之下时相同,管理港口的规章也没有改变。然而按目前的做法,港口不对外国船只开放,所有设施都为日本人占用,此外,除了日本人同意让外国船只使用的设施,外国船只不能使用港口设施。据我们所知,日方还没有就此颁布具体的规章。或者以他们的行动,或者以一些命令,他们决定什么可以或不可以做,决定实际上完全基于什么对他们方便,对他们的军事行动方便。此外,在港口里可做或不可做均没有长期性,似乎并不为任何固定的原则所限制,使用港口及其设施的情况每天都会随意变更。

根据上述有关南京港口目前的情况推测,现呈交 N. H. O. 171"港口设施"表格。表格中所提的具体问题,将用注释的形式提供进一步的信息。

注释一　日本海军当局已通知在此的美国炮艇船长(瓦胡号船长 C. R. 杰夫斯)①外国海军舰只应停泊在港口上游或下游两英里处。数天之前,

---

① 查尔斯·里查逊·杰夫斯(Charles Richardson Jeffs,1893—1959)1893 年 1 月 20 日出生于纽约,1915 年毕业于美国海军学院,1928 年在哥伦比亚大学获工程硕士。1938 年 1 月,从加州美尔岛(Mare Island)船厂调到亚洲舰队,并于 1938 年 3 月在约翰·M. 希汉调离时,接任美舰瓦胡号船长至 1939 年 7 月。1939 至 1941 年在长江巡逻司令部任参谋,1942 至 1944 年在罗得岛海军军事学院任教。此后担任美舰阿巴拉契亚号(USS Appalachian)舰长,参加太平洋战场对日作战。战后于 1945 年 8 月调往德国不来梅(Bremen),任美国驻德国海军副司令兼美国驻德国舰队司令。1947 年 3 月任不来梅军管政府副主任,1948 年 11 月升任主任,1950 年晋升海军少将,1952 年退役,1959 年 10 月 24 日在德国不来梅逝世。

日本陆军刚刚通过日本海军当局要求外国船只停泊在港口上游。

注释二　从上海驶往南京再往上游去芜湖的两艘英国船只到目前为止被要求停泊在港口上游。没有其他船只停靠港口，还不知道这些船只目前是否会被允许在港口停靠。

注释三　到目前为止，船只只能在南京轮渡趸船停靠。

注释四　涉及在此可供外国船只使用码头和设施的问题。

注释五　涉及港口中除日本船只以外船只的问题。

5月1日中午12时。①

参阅我4月30日上午10时发的电文。

刚刚收到日本总领事日期为1938年4月30日的公函。公函涉及我4月26日在口头请求多次没有结果的情况下写的请求发放两艘装满桐油舢板的信。该公函称："日本海军当局今天请我作如下答复：

海军当局认为有必要对其产权以及敌对的性质进行调查，因此无法满足您的请求。"

应当指出，我已在3月31日书面通知日本当局这些舢板为美国财产，并提供了必要的信息以辨认船只。4月14日又送交给他们一份照会，进一步提供从美国驻汉口总领事馆收到的信息，并于4月26日送交的最后一封信件。与此同时，就舢板之事进行了多次口头交谈。因此，日本当局似乎有一个月的时间来进行必要的调查，鉴于一名美国官员书面声明舢板为美国财产，很难理解日本当局为什么一定要对桐油的所有权作进一步的调查。

请求驻上海总领事馆对此事采取适当的行动，请求驻汉口总领事馆通报大使。我还没有答复日本总领事的信函，如大使对如何妥当地答复能提供建议，将非常感激。

---

① 这是爱利生发给上海总领事馆没有编码的电报。原件藏美国国家第二档案馆第84档案组国务院驻外使领馆档案，驻中国使领馆档案第2167卷（驻南京大使馆1938年档案第8卷）。

发往上海和汉口。

5月4日上午10时。①

参阅您5月2日下午4时发的电报。

已向本地当局明确表示,因为相信舢板是中国财产,只要求获得桐油。然而,对此我已于昨天下午向日本当局进一步解释,再次要求发放桐油,并作出安排将油装在停泊在和记公司的怡和洋行的船上。日本领事当局仅仅说他们将把这信息和要求转达给海军当局。

发往汉口,抄发上海。

5月5日上午8时。②

参阅国务院4月21日发17号电。

库柏③昨晚抵达。爱斯比今天上午乘英舰蜜蜂号前往上海,将于5月6日下午到达上海。

爱斯比可望在5月15日或15日左右返回。届时,我将去上海。鉴于国务院将命令我7月5日以后回国休假,对此非常感激,这次我将只休10天假,而不是当初要求的15天。

抄发汉口和上海。

5月13日上午10时。④

爱斯比今天回来了,我希望于5月17日前往上海,由库柏负责。是

---

① 这是爱利生发给汉口大使馆没有编码的电报。原件藏美国国家第二档案馆第84档案组国务院驻外使领馆档案,驻中国使领馆档案第2167卷(驻南京大使馆1938年档案第8卷)。
② 第99号电报,美国国务院档案编号123 Cooper, Charles A./131。原件藏美国国家第二档案馆,59档案组国务院档案,430盒。
③ 大使馆三等秘书查尔斯·阿尔伯特·库柏(Charles Albert Cooper,1908—1960)1908年10月21日出生于内布拉斯加州的小镇洪堡(Humbolt),1930年毕业于内布拉斯加大学,1931年进入外交界,先后在法国、中国广州、日本东京等使领馆工作。1937年10月调入上海总领事馆。爱斯比副领事1938年5月去上海休假时,库柏于5月4日作为替换官员抵南京大使馆工作。爱斯比6月3日调往美国驻广州总领事馆之后,库柏接替爱斯比的工作。他在南京工作到1939年7月。珍珠港事件爆发之际,他在驻东京大使馆任三等秘书,并被羁押至1942年9月。由于羁押期间和遣返途中生活条件极差,回美国不久即患病,不得不离职,回老家养病,最终于1960年6月3日在家乡洪堡病逝。
④ 第101号电报,美国国务院档案编号123 Espy, James/57。原件藏美国国家第二档案馆,59档案组国务院档案,467盒。

否应在库柏主持工作时指定他为三等秘书?

发给大使,抄发国务院。

5 月 14 日上午 10 时。①

参阅国务院 5 月 10 日下午 5 时发 18 号电。

以下是发给贝克②的电报:

"汽车还没有卖出去,相信要价太高,建议 750 美元,按目前极其有限的市场,出售的前景并不好。"

5 月 16 日。③

我明晨乘英舰蜜蜂号前往上海,由库柏负责工作。预计 5 月 18 日傍晚抵达上海。

893.711/143

电报来源:汉口无线电报

日　　期:1938 年 5 月 21 日

收报时间:早晨 7：45

华盛顿,国务卿:

261.5 月 21 日下午 1 时。④

以下是从南京收到的电报:

"5 月 16 日中午。参阅涉及信件可能被检查一事您 4 月 8 日上午 11 时发的电文和我 3 月 26 日下午 4 时发 84 号电。

---

① 第 102 号电报,美国国务院档案编号 123 P 33/420。原件藏美国国家第二档案馆,59 档案组国务院档案,624 盒。
② 原美国驻南京大使馆参赞韦利斯·拉格斯·贝克(Willys Ruggles Peck,1892—1952)。见第五章注 35。
③ 第 103 号电报,美国国务院档案编号 123 Allison,John M./204。原件藏美国国家第二档案馆,59 档案组国务院档案,355 盒。
④ 驻汉口大使馆第 261 号电报,这是在汉口的美国大使约翰逊转发爱利生 1938 年 5 月 15 日从南京发出的没有编码的电报给国务院。原件藏美国国家第二档案馆,59 档案组国务院档案,7281 盒。

到目前为止,南京邮局还没有进行信件检查,中国人的、日本人的或是外国人的信件都没有检查。这里的外国邮务长悄悄对我说,目前邮局里有两名日本信件检查员,但是他说到现在为止,他们还没有接触外国邮件。南京的美国人将收到的几个信件拿来给我看,这些信件有被拆开的痕迹,但无法证明是在南京还是在上海被拆开的。我的英国和德国同行说如果得到他们公民的信件遭到检查的证据,他们准备向本地日本当局提出非正式抗议。在有凭据证明美国信件被检查之前,我相信抗议没有什么用处。我暂时不采取行动。"

约翰逊

123 Allison,John M. /205

电报来源:南京无线电报
日　　期:1938年5月17日
收报时间:早晨7:20

华盛顿,国务卿:

104. 5月17日上午10时。①

爱利生今晨乘英舰蜜蜂号启程。

库柏

---

① 第104号电报,美国国务院档案编号 123 Allison,John M. /205。原件藏美国国家第二档案馆,59档案组国务院档案,355盒。

123 Espy,James/59

电报来源：南京无线电报
日　　期：1938年5月28日
收报时间：上午10：15

华盛顿，国务卿：

106. 5月28日晚上6时。①

参阅国务院5月21日晚上6时发关于调爱斯比去广州的电报。

除非国务院认为他应该直接赴新任，爱斯比请求允许他在前往广州的途中休假。

爱利生将于6月3日或2日返回南京。美舰伊萨贝尔号②6月2日驶离南京。除非国务院有反对意见，建议爱斯比乘伊萨贝尔号启程，因为将来几天，其他交通工具都说不准。请指示。

　　　　　　　　库柏

5月30日下午1时。③ 代爱利生发：

参阅您5月26日的信。

日本总领事今天上午告诉我上周他去上海与领事当局和军事当局会谈时，建议允许以前居住在南京的传教士返回，通行证可能已经在上海发给您信中提及的这类人员。他补充说，他已提议允许少数商人短期访问南京。上海的日军当局以商人可能影响军事行动，并要负责保护他们的人身安全为理由，仍犹豫不发放通行证给他们，与此同时，很可能为

---

① 原件藏美国国家第二档案馆，59档案组国务院档案，467盒。
② 美国军舰伊萨贝尔号（USS Isabel），710吨，1917年在俄亥俄州托莱多（Toledo）建造，同年12月服役，在法国沿海参加第一次世界大战。此后在美国密西西比河巡逻。1921年调往远东，在长江巡逻。太平洋战争爆发后，该舰在菲律宾、越南、印度尼西亚及澳大利亚沿海执行任务。1946年在美国退役后被拆解。
③ 这是库柏发给上海总领事馆没有编码的电报。原件藏美国国家第二档案馆第84档案组国务院驻外使领馆档案，驻中国使领馆档案第2170卷（驻南京大使馆1938年档案第11卷）。

皮克林①和希尔兹②获得来南京的通行证,但要明白他们不能到军事禁区去查看任何产业。我未能劝说他主动建议向皮克林和希尔兹发放通行证,让他们乘大约6月5日开行的瓦胡号来南京,但是他说如果上海就此事和他商量,将作出有利的答复。他告诉我,他已就所有这些事情和南京的军事当局商量了,并让我明白他所作的建议都是当局同意的。

谨代表大使
库柏

107. 5月30日晚上6时。③

参阅国务院5月11日上午4时发往汉口的147号电报。

以下是为南京无人居住的房屋雇用的看管人:黄泰谦(Hwang Tai Chien)看管大使官邸,苏静山(Su Ching Shan)看管最后由奥德里吉居住、位于东院中间的住所,王德顺(Wang The Shun)看管西院的住宅。他们都住在使馆大院内。

发往国务院。抄发汉口。

库柏

6月3日下午2时。④

我今天中午抵达南京,重新主持工作。爱斯比下午1时45分乘美

---

① 詹姆斯·万斯·皮克林(James Vance Pickering,1906—1975)1906年2月16日出生于俄亥俄州卡笛兹(Cadiz),1928年毕业于哈佛大学,此后前往中国,任美孚石油公司南京分支总管。1937年11月,日军向南京进逼之际,他是南京安全区国际委员会委员,参与筹备安全区的工作。12月初在其任职的美孚公司的敦促下,他乘美孚石油公司油轮美平号撤离南京,于12月12日日军飞机炸沉美舰巴纳号时,该油轮也被炸伤。1938年6月,他回到南京,担任南京国际救委员会委员。1939年调任美孚公司重庆分支经理,负责调度飞越驼峰的中印航线运输。他1975年10月13日在康涅狄格州格林威治(Greenwich)逝世。
② T. F. 希尔兹(T. F. Shields)是德士古公司的美国商人。1941年3月他从德士古公司上海公司调往该公司新加坡分公司工作。
③ 这是库柏发给国务院的第107号电报。原件藏美国国家第二档案馆第84档案组国务院驻外使领馆档案,驻中国使领馆档案第2163卷(驻南京大使馆1938年档案第3卷)。
④ 第108号电报,美国国务院档案编号123 Allison,John M./210。原件藏美国国家第二档案馆,59档案组国务院档案,355盒。

舰伊萨贝尔号前往上海。

6月4日下午4时。① 参阅您6月1日下午4时电。

5月份没有什么具有重要政治意义的事件发生。南京继续作为新维新政府名义上的首都,但是那个政府绝大多数的中国官员仍在上海。5月的最后几天,上海而不是南京召开了一个维新政府地方行政官员会议。维新政府重要的政策决定和公告,诸如接管海关,实施1931年关税法,也都是在上海做出的。秩父宫雍亲王②5月6日访问南京,其时采取了强有力的军事防范措施,以确保他的安全。

从经济的角度来衡量,情况继续在缓慢地改善。各类中国和日本人经营的商店的数量在增加,出售的商品种类繁多。由于大多数商店收日元,购物者报告称很难使用中国币。虽然这儿有一家日本银行的分行,但我在上海时日本总领事告诉我,那家银行并不经营一般银行的业务,它的主要职能是监督与收取那些预支给在此地开小店供应日军和目前供应平民的日本商人的贷款。经济复苏的计划到目前为止仍只限于纸上谈兵,尽管有迹象证明芜湖附近的铁矿已开工。

据报告中国飞机于5月29日飞越下关,但没有投掷炸弹。很自然,日军的军事行动笼罩在隐秘之中,但是天黑之后加紧限制人们的行动也许就是所报道的游击队在南京附近出没造成紧张局势的明证。

本地日本当局对待美国居民的态度有所改善,本月有数名传教士获准乘火车往返于南京上海之间。5月31日上海的日本当局宣布已向包

---

① 这是爱利生用电报发往美国驻北平大使馆的1938年5月南京情况的总结报告。原件藏美国国家第二档案馆第84档案组国务院驻外使领馆 档案,驻中国使领馆档案第2169卷(驻南京大使馆1938年档案第10卷)。
② 秩父宫雍亲王(Prince Chichibu, 1902—1953)为日本大政天皇的次子,裕仁天皇的弟弟,1902年6月25日出生于东京,起初封为雍仁亲王,1922年改封为秩父宫雍亲王。1938年以陆军少将衔出任华南派遣军参谋,参加侵华战争,并多次代表天皇到中国慰问侵华日军。1940年患肺结核,此后一直养病直至病情恶化于1953年1月4日在疗养地神奈川县藤泽市鹄沼别墅去世。

括妇女在内的 10 名美国传教士发放了返回南京的通行证。虽然尽力努力争取美国商人回南京,但仍未成功。

爱利生

800 - 5 月政治情况报告。

6 月 6 日下午 4 时。①

来南京访问的荷兰外交使团的中文秘书波斯今天上午非常保密地对我说,最近在上海与唐绍仪会谈时,他得到明确的印象是,如果日本当局展露出合理的态度,唐会成为华中维新政府挂名的元首。唐坚定地要求日方就日本人在沦陷区控制中国工业的程度,以及在实施政治控制的方式上作出保证。唐似乎相信日本人非常渴望得到一个有他这样威望与资历的人来做新政府的首脑,他们会作出大的让步来满足他的要求。

唐告诉波斯,他相信日本人打算将主要重点放在发展农业上,以改善中国农民的生活水平,这样他们就有能力购买日本制造的商品。日本人将开采中国的原料以供他们在日本或在中国的日本公司使用。

由于这次会谈,波斯相信唐的态度由两个主要因素构成:(一)真诚地相信能够获得惠及沦陷区亿万中国人民的好处将远远超过唐可能作出的牺牲,(二)对国民党,以及对唐声称最近在上海谋杀了他两个亲密朋友的蓝衣社②恐怖分子的仇恨。

发往汉口大使馆,抄发北平和上海。上海请邮寄东京。

6 月 9 日下午 2 时。③

参阅上海 6 月 1 日晚 11 时发 754 号电,以及日本派遣一个跨部门联合委员会调查在日军占领的华中地区恢复美国产业的新闻报道。

---

① 第 111 号电报,美国国务院档案编号 893.01 Provisional/125。原件藏美国国家第二档案馆,59 档案组国务院档案,微缩胶卷 M967 组,54 卷。
② 蓝衣社(Blueshirts)为国民党特务组织,创立于二十世纪三十年代初,主要活动可分为调查(收集情报)、行动(监视、监禁、暗杀)、组训与筹款等。该组织于四十年代初解散。
③ 第 113 号电报,美国国务院档案编号 393.115/315。原件藏美国国家第二档案馆,59 档案组国务院档案,1821 盒。

日本总领事举行晚宴招待来访的荷兰外交使团秘书波斯。出席宴会的还有刚刚从上海来的日本外务省美国局的石井先生①和日本陆军部②美国班的西中佐③。我逐渐弄清楚，这两个人与没有到场的一名海军军官组成上述跨部委联合委员会。他们昨天中午乘飞机抵达南京，今天早晨乘火车离开。他们在此的调查包括和陆军、海军高级将领会谈，以及晚宴后和我在拥挤、受干扰的屋子里谈了20分钟的话。这也许够意味深长了，石井先生和西中佐却没有就英国公民回南京或保护英国财产事宜和当时也在场的英国领事谈话。

石井先生一开场就把大批外国人回南京尚不安全那个熟悉的借口讲了一通。但是追问之下，特别是问他为什么传教士回来显然很安全而商人就不安全时，他宣称就传教士而言只涉及美国人，如果商人被允许返回，就必须让所有国家的人都获准回来，目前当局还不打算这么做。显然，日本人最害怕英国商人回来。

显而易见，日本当局根本不想让外国商人回到南京。如果相关国家的政府不采取更强硬的行动，他们将继续采用那个借口。由此，我建议指示东京和上海继续施加压力以使商人能够返回南京。如果到7月1日仍不见成效，照会日本当局美孚石油公司和德士古公司这两个对此最关切的美国公司的代表将乘美舰瓦胡号下一个航班（根据目前的计划在

---

① 石井康（Ko Ishii）1895年出生，1920年毕业于东京大学法律系，同年通过外交官资格考试进入外务省，曾在外务省情报局任职，1938年时在外务省美国局工作，以后曾任驻泰国曼谷大使馆参赞，1944年出任驻菲律宾公使。1955年曾作为村田省藏的随员参加经贸代表团访问北京，受到周恩来的接见。

② 此处英文原文为 Japanese Ministry of War，从字面上翻译，接近"陆军省（Ministry of Army）"。然而，当时陆军省的机构内没有处理对外事务的分支部门，而参谋本部（General Staff Office），亦称大本营陆军部，第二部的第六课为欧美情报课，下设美国班，负责收集美国情报，处理相关美国的事务。

③ 西义章（Yoshiaki Ishii, 1898—1943）1898年12月20日出生于北海道的旭川（Asahikawa），1919年毕业于日本士官学校，1930年毕业于陆军大学。1937年12月，作为参谋本部欧美课美国班班长的中佐参谋，他参与了巴纳号被炸后的处理事宜。1938年2月初，随参谋本部第二部部长本间雅晴前往南京调查日军暴行。他1939年8月晋升陆军航空兵大佐，1939年4月至1942年2月任驻墨西哥使馆武官，1942年8月被任命为参谋本部第八课谋略课课长。1943年7月7日，在飞往欧洲的途中，飞机在印度洋上空失去联络。追赠少将官阶。

7月11日或11日左右)来南京,美国政府相信在这些美国人前往南京的道路上不会有人设置障碍。如果我们继续请求获得允许,他们将用这样或那样的理由加以拒绝,如果我们按海军发报员①上岸那样来办,通知日本人这些商人来南京了,相信他们不会找什么麻烦。我的英国同行通知我,他准备向其政府就争取英国商人回南京一事提出类似的建议。

发往汉口。抄发上海和北平。北平请送往东京。

6月13日下午2时。②

我是否有权照会日本总领事馆,以防止本地的日本当局侵占出租给美国公司或美国公民的中国人拥有的产业?在涉及德士古公司位于中山路和上海路拐角处属于新华银行大楼中的办公用房,以及南京宁海路48号A产权属于中国人的A.保罗·楼③的寓所时出现这个问题。在上海的德士古公司通知本使馆,他们在南京的办公室的租期为3年,现在香港的楼也书面通知本使馆他已预付了大约两年的租金。上述房产还没有被强占,但看管人报告说,日本当局已命令他们要尽快腾出房子。

6月13日晚上6时。④

本使馆的海军发报员⑤没有能够用美元兑换成中国币或日元。在汉口银行(一家日本机构)本地的支行,一名中国职员告诉他"在任何情况下"都不会收美元。他在银行注意到一张纸条上列着意大利里拉和德国马克的兑换率,虽然还没有见到确有用这些货币兑换的生意。他还观察

---

① 即1938年1月19日进南京的海军发报员詹姆斯·门罗·顿拉普(James Monroe Dunlap,1912—1945)。

② 这是爱利生发给汉口大使馆没有编码的电报。原件藏美国国家第二档案馆第84档案组国务院驻外使领馆档案,驻中国使领馆档案第2163卷(驻南京大使馆1938年档案第4卷)。

③ 阿保·保罗·楼(Apau Paul Low,1891—?),美籍华人,1891年7月22日出生于檀香山,1914年毕业于斯坦福大学民用工程专业,1914至1915年在伊利诺伊大学攻读研究生课程。回到夏威夷后成为卓有成绩的工程师、企业家与政治家。1935至1937年受聘担任南京市政府市政建设工程师与顾问。1937年8月,日军开始空袭南京时,他撤离南京,经汉口至香港。战后,他于1946年再次造访南京。

④ 第114号电报,美国国务院档案编号893.5151/477。原件藏美国国家第二档案馆,59档案组国务院档案,微缩胶卷LM63组,136卷。

⑤ 即詹姆斯·门罗·顿拉普(James Monroe Dunlap,1912—1945)。

到一位日本人把中国币打折扣兑换成日元之后才被允许存款。他设法在中国人和日本人开的商店里兑换美元的尝试也没有成功。

同一个发报员试图用中国币在几家中国和日本商店里购买各类商品时被告知中国币在大多数情况下要打20%的折扣才能收。据说这是"固定的兑换率",虽然没有说这是谁定的兑换率。

对此,值得注意的是10元、5元和1元以及50分和10分的各种日本军用票在城内大量流通。中国商人开始似乎不愿意收这些票子,因为6月4日本地中文报纸刊登了一个通知,声称拒收军票的将严加惩处。

发往汉口。抄发国务院、北平和上海。

6月15日中午。①

参阅上海6月11日晚上8时发820号电和国务院6月13日晚上6时发377号电。

星期一见到中原海军大佐,②他请求我和花轮总领事商谈这事。直到今天上午花轮先生才能见我。他告诉我运输的细节还没有最后决定下来,但是他明天可以告诉我最后的说法。他说海军当局不想在此时把油运往上海,但愿意将油交给美国当局妥善保管。我告知花轮先生这事耽搁了好久,希望能尽快解决,希望我能够在近期报告结果。他答应尽最大努力尽快解决。

抄发汉口和上海。

6月15日下午3时。③ 参阅我6月9日下午2时发113号电和大使6月10日下午3时发283号电。

今天上午在谈论另一个话题时,日本总领事主动说,他相信很快就有可能让美孚石油公司和德士古公司的代表来南京。我询问他是否认

---

① 第115号电报,美国国务院档案编号394.1153 Smith Company,Werner G. /11。原件藏美国国家第二档案馆,59档案组国务院档案,1857盒。
② 日本驻南京大使馆海军武官中原三郎海军大佐。详见本书第45页注②。
③ 这是爱利生发给汉口大使馆的第116号电报,美国国务院档案编号393.115/334。原件藏美国国家第二档案馆第84档案组国务院驻外使领馆档案,驻中国使领馆档案第2170卷(驻南京大使馆1938年档案第11卷)。

为在7月1日之前有可能时,他回答说还不知道,但说军方正在认真考虑这事。他请求不要公开提及他对我讲的话,因为这事还没有最后定下来,他不希望显示出期待军事当局的决定。我对他的谈话表示感激,并极力敦促他道,为这些商人在7月1日发放通行证是明智的。

发往汉口。抄发国务院、北平和上海。上海请发往东京。

7. 汤姆森遭殴打事件

6月15日下午5时。[①]

今天中午之前,美国公民、金陵大学教授J.C.汤姆森博士[②]坐着人力车行进在南京的大街上,日本哨兵拦住去路,讯问、搜查了他,还打了他的耳光。虽然他并没有以任何方式反抗哨兵。汤姆森博士立即将这一事件报告给美国大使馆。之后我陪同他到日本总领事馆,提出强烈抗议。在副领事粕谷和一名使馆警察的陪同下,我们回到事发地点,但是肇事的哨兵已由另一个士兵换了岗。然而,日本官员记下了地点,并承诺立即进行调查。我告诉粕谷希望在今天下午得到调查结果的报告,我将等到今晚再报告此事,这样可以把日方的报告包括进去。

今天下午粕谷报告说日本宪兵讯问了哨兵,他承认搜查了汤姆森博士,但断然否认打了他耳光。我告诉粕谷这一解释完全不能令人满意,因为汤姆森博士今天上午来大使馆时,由于那段经历仍很紧张,被打的脸上有一道淡淡的红印子。我要求作进一步调查。

我向日本总领事提出下列要求:(1)日军代表应向汤姆森博士道歉,

[①] 第117号电报,美国国务院档案编号394.1123 Thomson, J.C./1。原件藏美国国家第二档案馆,59档案组国务院档案,1847盒。

[②] 詹姆斯·克劳德·汤姆森(James Claude Thomson, 1889—1974),见本书第316页注②。

(2) 负有罪责的士兵应受惩罚,要把惩罚的情况通报给美国大使馆,以及(3) 日军当局应保证采取适当步骤防止类似事件再度发生。我告诉日本总领事,如果上述要求迅速而满意地加以执行,我将建议考虑这次事件就此了结,并不加以公开宣扬,但我明确指出国务院将对此事作出最后的决定。因此,请求至少到明天晚上,即希望日本当局提供满意的报告的时间之前,不要公开这一事件的情况。

发给大使。抄发国务院、北平和上海。上海请寄往东京。

6月16日晚上6时。①

参阅我6月15日下午5时发117号电。

刚刚收到日本总领事馆日期为6月16日的一份照会称:

"日军当局昨天和今天进行的调查,迄今尚未发现任何哨兵打汤姆森博士耳光的事实。"

由汤姆森博士签署的陈述材料将采用最快能获得的邮递方式发送出去。

发给大使、北平和上海。上海请邮寄给东京。

6月17日下午1时。②

参阅1938年3月23日外交系列文件2925号,1938年7月1日之前将1937年来往电文装订成册不够实际。1936年的来往电文也没有装订成册。在我申请起始于7月1日的1938财政年度拨款的电报中,基于1938年来往电文在1939年7月1日之前还不会装订成册这一推测,我申请了160美元作为装订1936年与1937年来往电文的费用。

6月18日下午1时。③ 参阅您6月17日下午3时电。

---

① 第118号电报,美国国务院档案编号394.1123 Thomson,J.C./2。原件藏美国国家第二档案馆,59档案组国务院档案,1847盒。
② 这是爱利生发给国务院的第119号电报。原件藏美国国家第二档案馆84档案组国务院驻外使领馆档案,驻中国使领馆档案第2163卷(驻南京大使馆1938年档案第3卷)。
③ 这是爱利生发给美国驻北平大使馆没有编号的电报。原件藏美国国家第二档案馆84档案组国务院驻外使领馆档案,驻中国使领馆档案第2172卷(驻南京大使馆1938年档案第13卷)。

除了大来公司通过中国的代表在此少量地向日军当局出售木料之外,南京没有美国人经营的贸易。到目前为止,美孚石油公司和德士古公司的代表还没有获准返回南京,也没有在城内销售美国的油料或汽油。日军从上海运进一些美孚的产品供他们自己消费。留在本地德士古设施中的约 1 000 加仑汽油在大使馆的中介下出售给国际救济委员会。资产较小的美国公司如胜家缝纫机器公司、慎昌洋行和大昌实业公司,根本没能作任何生意,甚至还没有获准派代表来这里调查他们生意目前的状况。

至于向美国传教机构输送给养,这只能由在此地与上海之间定期往返的美国和英国炮艇来运送。由于日本宪兵表面上以防止运进非法军械为理由,强行彻底搜查这些运进来的物品,最近运送物品上岸颇为困难。甚至返回南京的传教士的个人行李也遭到这样的搜查。日本总领事最近指出,可能会作出某些安排,如果本使馆书面说明这些给养的性质,所有给养军方都将不再坚持搜查。

6 月 18 日下午 3 时。①

参阅我 6 月 15 日下午 5 时发 117 号电和 6 月 16 日下午 6 时发 118 号电。

我刚刚收到日本总领事的照会。照会中有一份日文的附件报告了日军当局调查汤姆森事件发现的情况。总领事照会的部分内容如下:

"日军当局对此事深表关切,对相关的士兵进行了彻底的调查。然而调查的结果,正如附上的报告清楚表明的,哨兵从未打过汤姆森博士的耳光。军事当局甚至有个目击证人,作证说哨兵从未如此袭击汤姆森博士,他们随时准备和汤姆森博士对证。

情况既然如此,不仅没有机会考虑您照会里提出的三点要求,而且必须要求您认真考虑以夸大而毫无根据的报告对一位履行庄严职责的

---

① 第 120 号电报,美国国务院档案编号 394.1123 Thomson,J. C. /4。原件藏美国国家第二档案馆,59 档案组国务院档案,1847 盒。

日本哨兵进行的羞辱。对此,希望您给予汤姆森博士适当的规劝。

最后,我谨通知您,如果这样侮辱日本士兵的事件将来继续发生,日军当局将保留采取适当措施的权利。"

附在总领事照会上的军事当局的报告把搜查汤姆森博士一事归咎于哨兵误将他当作中国人。报告断然否认对汤姆森博士采取任何暴力行为。

我口头通知日本总领事馆的代表,这个事件将上交给大使和国务院处理,在接到指示之前,我不会采取进一步行动。汤姆森博士表示愿意就该事件签署宣誓保证书,我请求受权以关税收费条例44款接受他的保证书。

在我看来,日本总领事照会的最后一段几乎构成对任何报告日本兵劣行的美国人的威胁。以我的看法,丝毫不用怀疑汤姆森博士陈述材料的真实性,但我将非常感激大使或国务院就采取进一步行动给予建议。

发给在汉口的大使,抄发北平和上海。

6月19日中午。①

参阅我6月18日下午3时发120号电。

供大使和国务院了解情况:我们已获得在汤姆森博士6月15日被日军哨兵搜查时为他拉人力车的苦力签署的书面陈述材料。由美国公民M. S.贝茨博士在场的情况下,我们在本使馆内记录下这一材料,并请他在上面签了字。M. S.贝茨博士还准备了一份文件附在苦力陈述的译文上,以证实他本人的中文知识,证明译文的准确性,以及证明苦力不受约束自主作此陈述。苦力的陈述材料证实了汤姆森博士所有实质性的论点,包括被哨兵打耳光的事实。

我不想把苦力的陈述材料交给日本总领事馆,因为如果日军得知苦力的身份,恐怕会对他采取报复行动。

---

① 第121号电报,美国国务院档案编号394.1123 Thomson, J. C. /5。原件藏美国国家第二档案馆,59档案组国务院档案,1847盒。

7. 汤姆森遭殴打事件

发往汉口,抄发北平和上海。北平请用特别信使送往东京。

6月21日下午3时。①

参阅东京6月16日晚上6时发有关美国人返回南京的385号电。

对于上述电报中引用外务省官员言论所作的下列评论,也许有所帮助。

据信,日方认为,没有适当的治安保护措施而袭击美国人的事件会发生这一论点并不是完全站得住脚的。也许有些日本国民受到不守规矩的中国人的伤害,但是自从大使馆的工作人员回到南京以来,从未有一个中国人以任何方式伤害(除日本人以外的)外国人的事件报告给我们。在城市各处,外国人的人数约有35人。即使提及有部队撤离,南京驻军仍必须至少有五千人,相信这五千人能够提供适当的治安保护。

不可否认,南京是进攻汉口的主要基地之一,以及有大量军事活动这一事实,但是由外国人将军事情报送交给中国人的可能性肯定不大。他们不可避免地住在城墙之内,而大多数军事活动都在沿江一带,只有外国官员和持有特别通行证的外国人才能进入该地区。

东京电报里提到的美国人斯坦利·比舍普里克,来南京不止一次,但是他是英国木材公司的代理人,是应需要购买该公司木材的日军的特别要求而被派来的。然而皮克林和希尔兹已表示想短暂访问南京,调查他们公司财产的情况,为恢复生意的可能性进行评估。

至于日方要求美国政府不要在此时施加压力让数量不限的商人返回南京一事,应该指出,据我所知,目前想回南京的美国商人不超过6个人。

发往汉口大使馆。抄发上海。上海请邮往东京。

---

① 第122号电报,美国国务院档案编号393.115/343。原件藏美国国家第二档案馆,59档案组国务院档案,1821盒。

6月23日上午10时。①

据6月22日的《南京民报》报道,维新政府的院长和部长们,除了按计划不久将到达的内务部和实业部长之外,已于6月21日抵达南京。与此同时,各个院的地址也已宣布,显示维新政府最终将开始作为一个真正的政府行使职能。据信这是行政院长梁鸿志自从政府3月底成立以来首次来南京。

发往汉口。抄发北平和上海。

6月23日下午3时。②

以下是胡勃特·索尼牧师发给中国基督教会学院联合董事会致彼特·石(Peter Shih)和保罗·陈(Paul Chen)的电报:

"石夫人和陈夫人以及她们的家人大约三周前抵达南京,均安然无恙,很高兴。"

6月25日下午3时。③

雅纳尔海军上将④乘美舰伊萨贝尔号于昨天下午抵达南京,今天上午启程去芜湖。昨天大使馆举行了招待会,以便目前在南京的31名美国公民会见海军上将及其随从官员。今天上午带海军上将和随行官员浏览了南京城和城郊地区。

对雅纳尔海军上将的来访,许多美国人表示非常欢欣愉快。以我的看法,这次访问将使日方深切感受到美国政府仍非常关注维护住在中国的美国公民的权益。

发给大使、汉口和北京。

---

① 这是爱利生发给驻汉口的美国大使没有编号的电报。原件藏美国国家第二档案馆第84档案组国务院驻外使领馆档案,驻中国使领馆档案第2170卷(驻南京大使馆1938年档案第11卷)。
② 第123号电报,美国国务院档案编号393.1115/3316。原件藏美国国家第二档案馆,59档案组国务院档案,1798盒。
③ 第124号电报,美国国务院档案编号811.30 Asiatic Fleet/443。原件藏美国国家第二档案馆,59档案组国务院档案,4990盒。
④ 美国亚洲舰队总司令哈利·欧文·雅纳尔(Harry Ervin Yarnell,1875—1959)海军上将,见本书第11页注④。

394.1123 Thomson, J. C. /33

美利坚合众国大使馆

1938 年 6 月 25 日，南京

编号 5
(624)

文件主题：日军哨兵打美国公民汤姆森博士耳光事件[①]

华盛顿

尊敬的国务卿

先生阁下：

  非常荣幸地提及我 6 月 15 日下午 5 时所发涉及 1938 年 6 月 15 日午前不久日军哨兵打美国公民、金陵大学教授 J. C. 汤姆森博士耳光的 117 号电，并在此呈上此案进一步的细节以及与此案相关的文件。

  正如上述电报所述，事件发生后不久，汤姆森博士即来到使馆报告这一事件。根据他的说法，他在南京的一条大街上坐着人力车，虽然途经其他几个哨兵，他们均没有阻拦他，但是却突然被这个哨兵拦下。哨兵首先检查人力车苦力的良民证，接着搜查人力车，最后讯问汤姆森博士并搜查了他。搜查的过程中，汤姆森博士没有任何反抗哨兵的行为，事实上，他还提供协助，出示用英、中两种文字印有姓名、住址的名片。哨兵显然不会说英文，只能说一些中文。搜查中，汤姆森博士用英语对哨兵说："我要把你的行为报告给日本大使馆。"这时，哨兵转过身，在他右脸颊上狠狠打了个耳光。汤姆森博士仍没有任何举动，搜查继续进行着。在验看了上海日军当局发给汤姆森博士来南京的通行证之后，哨兵

[①] 原件藏美国国家第二档案馆，59 档案组国务院档案，1847 盒。

终于感到满意了。通行证已经失效,但在此之前汤姆森博士没有想到要出示通行证给哨兵看。由于这段经历,汤姆森博士来到大使馆时,显得极度紧张,被打的右脸颊上有一道淡淡的红印。

听了他的经历后,我陪同汤姆森博士去日本总领事馆提出强烈抗议,并要求一名日本官员和我们一起到事发地点。粕谷副领事和一名使馆警察陪我们一起去了现场,但不幸的是那名哨兵已被另一个士兵换了岗。日本官员承诺进行调查,我们要求至少要在当天下午给本使馆提供一个初步的报告,以便向国务院提交一份完整的报告。

1/ 粕谷副领事下午来使馆说,日军进行的首次调查的结论是哨兵没有打汤姆森博士。我对这个报告表示震惊,并说这完全不能让人满意,并提到当时汤姆森博士到使馆来的情况。我要求作进一步的调查,同时交给粕谷一份照会转交给花轮总领事。在此附上该照会的副本。1938年6月16日晚收到日本总领事馆的照会。该照会称到那时为止,日军调查

2/ 的结果没有显示出汤姆森博士被打耳光。附上该照会的副本。

3/ 6月17日下午日本总领事对本使馆的一名工作人员说汤姆森博士没有被打耳光,本地军事当局对这样的指控感到非常愤怒,还说美国大使馆以后还会收到有关此案更多的报告。第二天下午,又收到一份日本总领事的照会。附上该照会的副本。这份照会称日军进行的彻底调查显示汤姆森博士没有被打耳光。照会继续道,应严肃考虑对哨兵的侮辱行为,并要求对制造不实夸大之词的汤姆森博士给予"适当的规劝"。照会的最后一段竟称如果这样侮辱日本士兵的事件将来再度发生,日军当局将保留采取适当措施的权利。这似乎是对将来报告日本兵恶劣行径的任何美国人直接的威胁,也暗示日军有权管辖在中国的美国公民。递交照会的日本总领事馆的代表被告知,这不能令人满意,由于照会中的某些言词,在将此事报告给大使和国务院之前,我们不想认可这份照会。在该照会里,日本总领事馆在这份照会里附上一份陈述日军调查结论的日文材料。那个哨兵称,他将汤姆森博士误认为是中国人,所以彻底搜

4/ 查了他,但否认曾打他的耳光。附上这份材料的译文。

7. 汤姆森遭殴打事件

鉴于日方声称掌握一个愿意证明汤姆森博士没有被打耳光的证人这一事实，我们决定从人力车苦力处获取一份与这一事件相关的述词，这已在 6 月 19 日完成。熟悉中文的美国公民 M. S. 贝茨教授见证了这一不受约束自主作出的陈述，该述词由本使馆邓姓职员用中文记录下来。然后，由贝茨博士在场，把述词向苦力复述确认后，苦力在述词上签了字。附上述词译文的副本。附在述词译文副本一起的是贝茨博士为证明译文正确以及苦力提供述词的情况而作的宣誓保证书。因为在目前的情况下的确存在着人力车苦力会受到日军某种形式报复的可能性，这份述词还没有让日方得知，如果不是万不得已，不想让他们知道。

就在事件发生之前，汤姆森博士向日本当局申请回上海办急事的通行证，这个通行证已被扣压了数天。非正式地询问原因之后，本使馆被告知日军没有批准通行证是因为总领事就是否要军方的证人和汤姆森博士对证的照会还未得到答复。我们向日本总领事解释道，相信这样的对证只会导致愤恨，而不会有什么用处。然而，明确指出如果日本总领事认为此举得当，我们不反对采取这一步骤。此后，以一份非正式的信件确认了我们的这一看法，附上该信件的副本。请注意本使馆曾要求获得一份军方证人证词的副本，花轮先生口头上说会照办。在撰写这份报告的 6 月 25 日，我们要的证词还没有送来。日本总领事表示同意本使馆的态度，并在同一天发放给汤姆森博士回上海的通行证，他已于 6 月 22 日上午离开。应该提一下，我们提交了汤姆森博士就这一事件所作证词的副本给日本当局。汤姆森博士宣誓作的证词附在这份报告后。

美国驻日本大使馆在东京的抗议取得结果之前，本使馆将不会就此事采取进一步行动。只需要补充的是，笔者丝毫不怀疑汤姆森博士证词的准确性。

谨致敬意

谨代表大使

大使馆三等秘书

（签名）约翰·M. 爱利生

附件：
　　所述1—8/
300
JMA:T
原件及三个副本发往国务院。
一个副本发给在汉口的大使。
一个副本发往驻北平大使馆。
一个副本发往驻东京大使馆。

附件一

1938年6月16日,南京

　南　京
日本总领事
　　花轮先生

先生阁下:

　　非常荣幸地报告美国公民J.C.汤姆森博士今天午前,在南京的大街上坐着人力车,一名日本哨兵拦住他,讯问并加以搜查。在搜查的过程中,虽然汤姆森博士没有以任何方式阻碍哨兵,他被哨兵打了耳光。

　　我必须对武装的日本兵毫无道理地攻击美国公民的行为提出最强烈的抗议,必须要求日本当局为解决这一事件采取下列步骤:

　　1) 军事当局的代表应向汤姆森博士赔礼道歉;

　　2) 日军当局应惩罚负有罪责的士兵,主管的日本官员应将惩罚的形式通报给美国大使馆;

　　3) 日军当局应向美国大使馆保证采取适当的步骤防止类似事件再度发生。

　　如果上述要求迅速而满意地得到执行,我将向国务院建议这一事件就此了结,并不以任何方式公布这一事件。然而,我必须指出国务院是否采纳我的建议并不在我的权限之内。

    谨致敬意
    谨代表大使
    大使馆三等秘书
    约翰·M. 爱利生

附件二

南　　京
日本总领事馆

          1938年6月16日，南京

  南　　京
美国大使馆三等秘书
约翰·M. 爱利生先生

先生阁下：

  在认可收到您就指称日本士兵攻击J.C.汤姆森博士一事的6月15日照会的同时，非常荣幸地通知您日军当局昨天和今天进行的调查，到目前为止还没有发现哨兵打汤姆森博士耳光的事实。

    谨致敬意
    日本总领事
    （签名）Y. 花轮

附件三

南京日本总领事馆

1938年6月18日

先生阁下：

　　参阅您6月15日以及我6月16日涉及6月15日于南京大石桥发生在J.C.汤姆森博士与日本哨兵之间的事件而提交的两份照会，非常荣幸地通报您日军当局对此事深表关切，对相关的士兵进行了彻底的调查。然而调查的结果，正如附上的报告清楚表明的，哨兵从未打过汤姆森博士的耳光。军事当局甚至有个目击证人，作证说哨兵从未如此袭击汤姆森博士，他们随时准备和汤姆森博士对证。

　　情况既然如此，我们不仅没有机会考虑您照会里提出的三点要求，而且必须要求您认真考虑以夸大而毫无根据的报告对一位履行庄严职责的日本哨兵进行的羞辱。对此，希望您给予汤姆森博士适当的规劝。

　　最后，我谨通知您，如果这样侮辱日本士兵的事件将来继续发生，日军当局将保留采取适当措施的权利。

谨致敬意
日本总领事
（签名）Y. 花轮

南　　　京

美国大使馆三等秘书

约翰·M.爱利生先生

附件四

(译文)

日军当局对指称的 J.C. 汤姆森博士被打耳光事件进行的调查后发现的情况

时间与地点：

6月15日下午约12时30分。

南京大石桥(南京监狱西北边上)

检查哨兵后发现的情况：

1. 下午12时30分左右，一名哨兵在大石桥命令一个着外国服装、戴帽子和眼镜(不是有色的)，坐着人力车从中央大学方向来的人(汤姆森)停下。

2. 命令停车后，人力车苦力犹豫了一下，但把车停下。人力车夫迅速出示了他的良民证。检查了良民证后，哨兵搜查了他的衣服。与此同时，汤姆森没有从车上下来。

3. 搜查完人力车夫之后，哨兵命令汤姆森从人力车上下来。由于汤姆森听不懂命令，他没有下车，但是哨兵通过人力车夫重复了命令之后，汤姆森被迫下了车。虽然哨兵误认为汤姆森是中国人，但是他从车上下来时，哨兵没有碰他。

4. 在人力车苦力的劝说下，汤姆森最后从人力车上下来，于是哨兵搜查了人力车座位的下方，但只发现苦力的雨衣。站在人力车旁的汤姆森仔细观察哨兵的每一个动作，在笔记本上记着什么，注视着附近的电话线杆，看看自己的手表，由此表现出非常紧张的神情。这使得哨兵认为他是形迹可疑的中国人，并立即命令他出示良民证。

5. 由于他没有照命令来办，哨兵认为这是因为他听不懂命令，便把人力车苦力的良民证给他看。汤姆森然后从口袋里拿出一张名片给哨兵看。哨兵想起中国人有时用别人的名片，便拿出一张纸，示意汤姆森在纸上写他的名字，汤姆森在上面先用英文然后用中文写了名字。

6. 虽然哨兵检查了名片和汤姆森写的那张纸，他弄不清楚汤姆森是外国人还是中国人。由于汤姆森的举止有些可疑，哨兵决定慎重行事，开始搜查汤姆森的衣服，查看他所有的衣服和裤子口袋。

7. 与此同时，汤姆森将双手撑在屁股上，不作一声。由于准许哨兵在没有干扰的情况下进行搜查，在搜查的过程中，哨兵的态度一直都很谨慎小心，没有对汤姆森采取暴力行为。

8. 在搜查汤姆森衣服的过程中，从汤姆森上衣搜出的皮夹里有个贴了相片，类似身份证的东西。哨兵断定"无误"，示意他坐进人力车离开。

9. 接着，由于哨兵一度相信他不是外国人，他想到这个问题将来还会出现。于是他要了两张名片。汤姆森默许了，并把名片给他。

10. 汤姆森一言不发地坐进人力车，人力车苦力向哨兵鞠了躬，向鼓楼方向走去。从人力车停下来到这时为止，大概有15分钟。

如上所述，哨兵对待汤姆森的态度是谨慎小心的，他没有攻击或采取暴力行为。哨兵对待汤姆森，以及对待人力车苦力都没有表现出任何侮辱性的态度。

附件五

(译文)

6月15日，星期三，上午10点过后，我拉汤姆森博士从金陵大学校门去日本领事馆，然后去了考试院，鸡鸣寺，并从成贤街到位于大石桥的小学对面的地方，在11点左右遇到一个日本卫兵。日本卫兵要检查。他先要看我的"良民证"，然后查看我的人力车。接着，日本卫兵要汤姆森先生出示他的"良民证"供检查。由于汤姆森先生没有"良民证"，他交给日本哨兵一张访问证。日本卫兵对此不满意，并亲自检查汤姆森身上每一个口袋和口袋里的东西。检查的过程中，我看见日本卫兵突然打了汤姆森先生一个耳光。被打之后，汤姆森先生站着一动不动。日本卫兵又去检查汤姆森先生的口袋和口袋里的东西。

(签名)陈世宝(手印)

1938年6月19日

附件六

中 华 民 国

江 苏 省

南 京 市

美利坚合众国大使馆

我是经正式委任并合乎资格的美利坚合众国驻中国大使馆三等秘书约翰·M.爱利生,M.S.贝茨博士亲自来到我面前,正式宣誓之后,作证并陈述:

我是美国公民,持有美国驻上海总领事馆1937年6月17日签发、编号为678号的护照;

我是中国南京金陵大学教授;

自从1920年以来我一直居住在南京,能够讲中文,阅读中文;

我听到人力车夫陈世保①对美国驻南京大使馆职员邓先生讲了述词,邓先生用中文记下所讲的述词,并将其复述核实征得陈的同意。附上该述词的译文。

以我的判断力,上文提及的述词是不受约束自主而清楚地讲述的,是所报告事件第一流的证据;

我见证陈在上述述词的原文上签字并按手印;

附上的上述述词的译文在各方面都是真实而准确的;本证人作证到此为止。

(签名)M.S.贝茨

公元1938年6月24日在我面前签署并宣誓。

美利坚合众国驻南京大使馆

三等秘书

(签名)约翰·M.爱利生

---

① 英文原文在此处嵌有中文"陈世保"。根据另一个文件,394.1123 Thomson,J.C./40,这个人的中文名字是"陈世宝",而不是"陈世保"。

服务编号　10
没有收费

附件七

南　　京
日本总领事
Y. 花轮先生

1938 年 6 月 21 日，南京

亲爱的花轮先生：

　　涉及今天上午您和库柏先生就汤姆森博士去上海通行证一事的交谈，我想证实库柏先生讲的内容，如果您希望要对质，我们完全愿意让汤姆森博士就指称日本哨兵打耳光一事和贵军事当局的证人对质。然而，我个人认为这样的会面不会有什么用处，也许只会增加紧张气氛。我敢肯定您和我一样希望避免紧张气氛的增加。如果能在您方便的时候送给我一份军方证人的证词及其有关证人的相关材料，我将非常感激。

　　真诚地

（签字）约翰·M. 爱利生

附件八

中　华　民　国
　　江　苏　省
　　　南　京　市
美利坚合众国大使馆

　　我是经正式委任并合乎资格的美利坚合众国驻中国大使馆三等秘书约翰·M. 爱利生，C. J. 汤姆森博士亲自来到我面前，正式宣誓之后，作证并陈述：

我是美国公民，持有美利坚合众国驻上海总领事馆1937年6月30日签发、编号为711号的护照，是中国南京金陵大学教授。

我居住在南京平仓巷4号。

1938年6月15日上午11时不到，我坐人力车离开日本总领事馆前往可以俯瞰玄武湖的鸡鸣寺，并在那儿停留了几分钟。回家的途中遇到几个日本哨兵，但是都没有阻拦我。我们在名为大石桥的大街上，到达位于来复会和它西北几码以远的小石桥之间的地方，一个日本哨兵在那儿要人力车停下，要人力车苦力出示良民证，他递上良民证。哨兵看上去不满意，显示要搜查人力车。我下了车，哨兵彻底搜查了车子，然后转向我，用日语粗鲁地说了几句。我交给他用中英文印有姓名的我的访问证。仔细查看了一会之后，他问人力车苦力我的姓名、住址，苦力告诉他我是金陵大学的美国教师，住在平仓巷4号。然后哨兵对着我用日语大声叫嚷，我告诉他不懂他说的是什么。他指指我的口袋，我站得笔直，什么也没有说。哨兵搜查我，将裤子两边的口袋和上衣外面口袋里的东西都拿出来。除了拿出别的东西以外，还拿出一支自来水笔，哨兵要我用这支笔用英文和中文写我的名字。写完之后，他从我上衣里面的口袋里拿出皮夹，仔细检查皮夹里的东西。在他检查的过程中，我用英语对他说："我要把你的行为报告给日本大使馆。"他立即在我右脸颊上狠狠打了一个耳光。他继续搜查我的皮夹时，我没有任何举动。检查完皮夹，他走到我身后，搜查我屁股上的口袋。搜查完了，他又要人力车苦力的良民证。他向我挥了挥良民证，要我出示良民证。我对他说没有良民证，并最终向他出示了从上海回南京时日本人发给我的旧的通行证。检查了之后，他把通行证还给我，并转过身去检查恰在这时出现的我的一位中国朋友。我坐进人力车，哨兵似乎对我检查完了，我叫人力车苦力拉我去美国大使馆报告这一事件。

整个事件发生在上午11时10分到11时30分之间，在此时间内，我没有反抗日本哨兵,没有碰他,也没有想这么做;本证人作证到此为止。

(签名)J.C.汤姆森

公元1938年6月22日在我面前签署并宣誓。

美利坚合众国驻南京大使馆

三等秘书

(签名)约翰·M.爱利生

服务编号　9

没有收费

6月26日下午1时。①

参阅上海6月24日上午10时发有关美国商人返回南京的893号电。

昨天晚上我的英国同行交给我以下信息。他说昨天上午与日本总领事会谈之际,花轮先生敦促他说目前居住在和记公司大院内的英国臣民应当返回上海去,以正常的方式获取通行证。接着花轮先生主动说美国商人还没有在未获通行证的情况下来南京,但是他有理由相信很快会发通行证给这些商人,并说英国臣民只要返回上海,这事可以妥善解决。就我们所知,相关的英国臣民还没有回上海去领取通行证。

抄发汉口、北平和上海。上海请抄发东京。

6月27日下午3时。②

参阅涉及汤姆森事件我于6月19日中午发121号电和东京6月23日晚8时发406号电。

---

① 第125号电报,美国国务院档案编号393.115/352。原件藏美国国家第二档案馆,59档案组国务院档案,1821盒。

② 第126号电报,美国国务院档案编号394.1123 Thomson,J.C./16。原件藏美国国家第二档案馆,59档案组国务院档案,1847盒。

本使馆刚刚注意到 6 月 24 日的《大美晚报》①刊登的一篇报道汤姆森事件的社论。社论作了以下报道:"为了获取完整的材料,据了解美国当局已从一位中国证人处获得证词。由于害怕报复,还没有披露证人的身份。这份证词完全证实汤姆森博士的描述。"

这个消息肯定是从目前在上海的汤姆森博士那儿获得,或者是从某个传教士朋友从南京写的信里获悉的。由于渴望将这事保密的人们把这一情报捅给了新闻机构,日本当局可能已经得知有一名合作的中国证人存在这一事实,国务院可能要指示东京照会日本外务省我们另外还掌握着证据。

应该指出,日方声称有两个中国证人,包括给本使馆证明汤姆森博士被打耳光的人力车夫,但是我们向日本当局要求这些证人证词的副本到现在还没有送来。在我 121 号电报中提到的人力车夫和贝茨博士的证词已邮寄给东京。

抄发汉口、北平和上海。北平请邮寄给东京。

6 月 27 日下午 4 时。②

参阅我 6 月 15 日中午发有关施美洋行桐油的 115 号电报。

多次向日本总领事馆要求得到就发还桐油应采取什么行动的信息之后,本使馆获悉有必要将此事再次提交给在上海的日本海军当局。日本总领事没有对此行为加以解释,只是说从上海得到进一步消息之前,他无能为力。他说日本驻上海总领事会就此事和我国驻上海总领事联系。

抄发汉口和上海。

---

① 《大美晚报》(*Shanghai Evening Post and Mercury*)是美国人于 1929 年 4 月 16 日在上海创办的一份英文报纸,最初的英文报名为 *Shanghai Evening Post*。1930 年 8 月 13 日,合并英文《文汇报》(*Shanghai Mercury*)后,英文报名改称 *Shanghai Evening Post and Mercury*。该报于 1941 年珍珠港事件后被日本人接管,改名为《上海报》。1945 年 8 月日本投降后《大美晚报》在上海复刊至 1949 年 6 月下旬停刊。

② 第 127 号电报,美国国务院档案编号 394.1153 Smith Company,Werner G./16。原件藏美国国家第二档案馆,59 档案组国务院档案,1857 盒。

6月28日中午。①

参阅涉及汤姆森事件我于6月27日下午3时发126号电报。

昨晚收到日本总领事的信函。信里有据称是"我国军事当局目前掌握的证人"的一份中文证词。本使馆邓姓职员刚刚将证词翻译出来。邓说证词是用文言文和白话文夹杂着写出来的。有些词语含混不清,只能猜测其含意。

证词说证人去送饭时看见一位乘坐人力车的美国人被日本哨兵拦下来进行检查。据说美国人看上去很不高兴,进而发怒争吵起来。证人说:"实未见有日本兵殴打美国人情形。"

我6月18日下午3时发的120号电文中提到军事当局的报告援引了哨兵所说汤姆森博士没有反抗他,检查的过程中也没有说什么等内容,由此与证人所说的争吵相矛盾。应该指出,总领事提交证人证词的那份前面已部分引用的信函只讲到一个证人,而没有提到人力车苦力。根据日本驻上海使馆的发言人的说法,人力车苦力据说否认汤姆森被打。也许还要提出的是这位离开出事地点估计有一小段距离的中国证人认出汤姆森是美国人,而据说哨兵误认为他是中国人。鉴于检查持续了20分钟,打耳光突然间发生,一分钟不到,除非证人一刻不停地注意观看,很可能他没有看见打耳光。

抄发汉口、北平和上海。北平请邮往东京。

6月30日下午5时。②

参阅涉及汤姆森事件我于6月27日下午3时发126号电和6月28日中午发128号电。

一位传教士刚刚告诉我汤姆森博士的人力车苦力租车的那个车行老板,还有被日本人讯问的另一名人力车苦力暴露了车夫的身份后,日

---

① 第128号电报,美国国务院档案编号394.1123 Thomson, J. C. /17。原件藏美国国家第二档案馆,59档案组国务院档案,1847盒。
② 第129号电报,美国国务院档案编号394.1123 Thomson, J. C. /22。原件藏美国国家第二档案馆,59档案组国务院档案,1847盒。

本宪兵于6月28日晚10时拘捕了汤姆森博士的人力车苦力。据第一次讯问人力车苦力时在场的车行老板说,苦力对宪兵军官肯定地说哨兵打了(重复打了)汤姆森博士的耳光。然后,车行老板被放出来,但是苦力还在拘禁中。车行老板肯定地说日本人直到28日晚才讯问苦力。这是日本驻上海使馆发言人宣布人力车苦力否认汤姆森博士被打耳光四天之后。

抄发汉口、北平和上海。北平请抄发东京。

8. 索赔美国公民损失

1938年7月1日,南京

编号 6
(625)

文件主题:1937年—1938年中日战争造成美国财产损失,
　　　　　罗勃特·S.诺曼①的索赔要求②

华盛顿特区
　尊敬的国务卿

先生阁下:
　　非常荣幸地向您提及1938年3月9日美国驻香港总领事发给国务院,递交罗勃特·S.诺曼就他位于南京陵园187/188号寓所遭受财产损失要求日本政府赔偿而作的宣誓证词的副本。美国驻香港总领事在

---

① 罗勃特·斯坦利·诺曼(Robert Stanley Norman,1873—1952),见本书第182页注②。
② 原件藏美国国家第二档案馆第84档案组国务院驻外使馆档案,驻中国使领馆档案第2166卷(驻南京大使馆1938年档案第7卷)。

1938年4月26日的信件中通知本使馆,诺曼先生的证词已送交国务院和美国驻东京大使馆,并在他的信中附上诺曼先生1938年4月25日所作的宣誓证词。他说这份证词和以前所作并交给国务院的证词完全相同。

1938年4月,日本驻南京总领事对我说诺曼先生的赔偿要求应该交给他,而不要送到东京,因为在中国的日本当局希望调查这个赔偿要求,以便在本地解决。根据国务院2月18日晚上7时发给美国驻汉口大使馆的78号电报第四段的内容,我已向日本驻南京总领事提交下列与诺曼先生赔偿要求相关的文件:

1. R.S.诺曼先生1938年2月18日就其财产损失提交赔偿要求给美国驻汉口大使馆信件的副本。

2. 德国公民克里斯卿·克罗格写给美国驻南京大使馆证明诺曼先生的房屋在1937年12月26日情况良好,大院前门上能见到美国大使馆的布告等情况信件的副本。

3. 我在该房产上发现诺曼先生的房舍和院落为日本军人闯入的证据而作的述词。

4. 诺曼先生1938年4月25日在美国驻香港总领事馆所作宣誓证词的副本。

上列前三项文件都作为附件包括在1938年4月8日的照会里送交给日本驻南京总领事馆。最后一份文件包括在1938年5月17日的信函中。为了使国务院的档案完整,附上上列前三项文件的副本。我的述词也以1938年7月1日所作宣誓保证书的形式附上。

还没有收到日本总领事有关诺曼先生赔偿要求的书面答复,但是他在1938年5月26日对本使馆一名官员说,与这个赔偿要求相关的所有材料都已送往上海,在上海的一个日本跨部门联合委员会已收到材料,将和其他各个国家公民提交的赔偿要求一起加以考虑。他补充说,鉴于目前的赔偿要求要等待上海的委员会处理,他无法告知本使馆可望何时能得到答复。

这份文件的副本,以及附件的副本已发往美国驻东京大使馆。我们推断这个赔偿要求将由在上海的日本委员会处理,所以相关文件的副本也发往美国驻上海总领事馆,为其提供信息,并在将来如果上海总领事馆需要就诺曼先生的赔偿要求接洽上海日本当局时提供可能的协助。

谨致敬意
谨代表大使
大使馆三等秘书
(签名)约翰·M.爱利生

附件:
所述1—3/
800/400
CAC:T
原件及三个副本发往国务院。
一个副本发往美国驻东京大使馆。
一个副本发往美国驻上海总领事馆。

附件一

1938年2月18日,香港

汉　口
美国大使馆

先生阁下:

涉及我位于南京陵园187/188号的住宅和物品先前写的信件,我想通报您,自从寄走我日期为1938年2月8日有关这一主题的最后一封信之后,我遇到了礼和洋行的克罗格先生,一位诚信极好的人,1937年12月南京城内外发生所谓的敌对战事之时他在南京。

8. 索赔美国公民损失

　　克罗格先生告诉我他在1937年12月26日造访了陵园一带,并在那天借这个机会顺便造访了他熟悉的、我在187/188号的寓所。他说那天没有发现那处房产遭受摧毁或损坏的证据。相反,房屋显得完好,状况良好,一如往常。大门紧紧关闭着,表明房屋是美国财产的布告没有受到侵扰。显而易见,房屋也没有被侵扰,遭掳掠的迹象。他让我看了他写给美国驻南京大使馆一封信的副本,信中说他发现当时房产情况良好,并告诉我信的原件已送交给大使馆。

　　爱利生先生巡视房产之后说,房子仍挺立着,但遭到战火严重的损坏,包括被数发炮弹击中,屋内的物品严重损毁,遭掳掠,实际上损失殆尽。不知道他是哪天去察看的,但是很清楚是在1937年12月26日克罗格先生发现该房产完好的那天之后约一个月去视察的。

　　无论在南京地区进行了什么样的战争行动,战火于1937年12月13日结束,在此之后日军完全控制、占领了这一地区。稍加推理就显得非常清楚,我的房产被摧毁、遭掳掠大部分发生在1937年12月26日之后,是日本人造成的,而且并不是交战中进行的任何军事行动导致的,而是肆无忌惮、蓄意恶毒地造成的。

　　在此我崇敬地呈交正式的赔偿要求,要求赔偿36 950元中国币,其中24 950元为房产的损毁,12 000元中国币是个人物品的损失,并请求将这赔偿要求呈交给适当的日本当局立即加以处理。

　　为佐证我的赔偿要求,我要声明涉及的房产和个人财物完全无条件地为我个人所有,没有抵押债权,均由我的资金支付。

　　建筑承包商为莫愁路68号的陈明记营造厂,①建筑师是同一地址的

---

① 陈明记(Chen Ming Chi)营造厂由浙江鄞县人陈烈明于1897年2月创办,是南京首家由华人开办的营造厂。1933年,陈明记营造厂由陈烈明之子陈裕华、陈裕康经营。南京早期的很多学校、教堂、医院的建筑,包括金陵大学(今南京大学)、金陵女子文理学院(今南京师范大学)、金陵神学院、明德女子中学、中华女子中学的校舍,以及白下路圣保罗教堂、汉中路礼拜堂(今基督教莫愁路堂)、马林医院(今鼓楼医院)等,都是陈明记设计、承建的。

403

陈裕华先生,①我支付的承包合同款项如下:

1934 年

5 月 9 日 第一次付款	$ 7 120.00
7 月 3 日第二次付款	7 120.00
8 月 3 日第三次付款	3 560.00
10 月 24 日第四次付款(10 月)	2 000.00
11 月 29 日第四次付款(付清余款)	1 170.00

1935 年

1 月 22 日承包商附加费用	1 473.00
花园费用初次付款给 F. K. 傅	1 080.00

1935 年、1936 年、1937 年

房屋和花园增建与改善付款	<u>1 427.00</u>
房产总计	$ 24 950.00

个人财物包括所有家具和餐厅、起居室、书房、大厅、3 间卧室、楼上大客厅和阁楼房间里的陈设,此外还包括西屋牌冰箱、2 个维克托牌炉子和 4 只其他外国炉子、最新型的菲尔科牌收音机、陶器、餐具、卷轴、画、装饰品、1934 年型的福特车,还有许多无法以金钱来补偿的书籍、文章。

当然以上的赔偿要求是基于爱利生先生没有弄错我的房产,他的报告涉及的是我的而不是他人房产这一假设之上。

如能告知收到这一赔偿要求,将非常感激。

一贯真诚地

(签字)R. S. 诺曼

---

① 陈裕华(Yu-hua Chen,1903—1962),字蕴辉,金陵大学校长陈裕光的弟弟,1903 年 1 月 26 日出生于南京,1924 年毕业于金陵大学,1925 年 9 月赴美留学,入伊利诺伊大学,并于 1928 年 6 月在该校毕业,获建筑工程学士;1931 年获康奈尔大学土木工程系硕士学位。1931 年任南京陈明记营造厂工程师,后任厂主;1933 年任中央大学建筑系教师。1953 至 1960 年任南京工学院建筑工程系教授。陈裕华 1962 年在南京逝世。

附件二

南京中山路 244 号①

南　京
美国大使馆

先生阁下们：

12 月 26 日，我在中山门外苜蓿园察看德国朋友的房屋。由于我和罗勃特·S.诺曼先生的友谊，我也同时去看了他在陵园路 187 至 188 号的房屋。我可以很肯定地向你们保证那天他的房屋完好，大门关着，张贴着贵使馆的布告，显然，屋子没有被破门闯入，也没有被烧毁。

相信这些情况对你们有所帮助。

真诚地

（签名）克里斯卿·克罗格

附件三

中　华　民　国
　江　苏　省
　　南　京　市
美利坚合众国大使馆

我是经正式委任并合乎资格的美利坚合众国驻中国大使馆三等秘书查尔斯·A.库柏，约翰·M.爱利生亲自来到我面前，正式宣誓之后，作证并陈述：

我是美利坚合众国外交官，具体为驻中国南京大使馆三等秘书。

---

① 该信被爱斯比作为附件十二收进他的 1938 年 2 月 25 日《南京美国财产与权益的情况》报告（本书第四章）。

我曾隶属于美国驻东京大使馆两年，专门学习日语，通晓日语的书面与口头语言。

1938年2月27日下午，我察看了美国公民罗勃特·S.诺曼位于中国南京中山陵、陵园187/188号的房产，并注意到诺曼先生的房舍被严重损坏、掳掠，个人物品散布在各个房间的地板上和屋子外面的花园里。在楼下走廊的墙壁上写着许多日本文字。大体上有诸如"東洋平和の為"这样的词语，翻译出来意思大致是"为了东亚的和平"。相信这也是一首颇为流行的日军进行曲的歌名。至少在两个地方用日文写了1937年12月13日，也就是昭和12年12月13日，日军攻占南京的日子。在楼上的一个房间的墙上，有一处写着福田或藤田分队。第一字不怎么清楚，可能是提到的两个字中的一个。这是日军一支部队的名称。花园中似有座日本人的坟墓。土堆中直立着一个细小的木片，木片上有几个模糊不清的字，但也有日文写的日期——昭和12年12月13日。除了房屋内的财产几乎完全被摧毁之外，房屋本身也严重损坏，至少有两发炮弹击中房屋，墙壁和门被刺刀戳击，并被住在屋里的人粗暴地使用，也损伤严重。

本证人毋庸赘言。

（签名）约翰·M.爱利生

公元1938年7月1日在我面前签署并宣誓。

美国大使馆三等秘书

（签名）查尔斯·A.库柏

服务编号　11

没有收费

7月4日上午11时。[①]

日本总领事刚刚告诉我，据他的理解，通行证已发给美孚石油公司

[①] 这是爱利生发给上海总领事馆没有编号的电报。原件藏美国国家第二档案馆第84档案组国务院驻外使领馆档案，驻中国使领馆档案第2170卷（驻南京大使馆1938年档案第11卷）。

和德士古公司的代表,以便他们来南京。如果总领事馆能尽力证实这一消息并及早通知我,将非常感激。

7月5日中午12时。① 政治情况总结报告。

除了已经报告的情况,南京地区没有什么显著的政治动向。城内的军事活动仍很活跃,在此结集了大批海军舰只,其中包括日本第3舰队旗舰出云号。② 英国海军军官报告说,几天前,来自安庆方向的一艘舰舷有个大窟窿的日本驱逐舰被拖往下游。这在某种程度上证实了中国方面声称在长江上重创日本海军舰只的说法。两艘日本医院船只本月一部分时间泊在港口,但是两艘医院船中较小的一艘现已驶往下游。关于游击队在南京附近活动的未经证实的报告仍持续不断。

经济情况继续好转,然而,除非打折扣,否则中国币越来越难使用。中国人和一些粗暴的日本人从事抢劫的现象很多,但还没有成伙的强盗侵犯外国人财产的报道。收获、打谷季节的瓢泼大雨极大地损害了麦子的收成。煤炭奇缺。只有少数地方有电。仍然没有公共电话服务,不过现在可以和日本占领下的地区进行电报联络。小商店的数量持续增长,同时可供出售的商品种类也增加了。相信城内有100多家日本人经营的商业机构。有些房屋建筑在施工,但和以前相比是微不足道的。本地行政机构进行的人口统计为276 000,据信数字大体上准确。上述数据包括下关地区。

鸦片的销售价格在20到30元一盎司之间,据说海洛因为244元一盎司。用面粉掺杂着包成5分钱和1角钱一小包出售给贫困阶层的人们。使馆的工作人员亲眼看见在大街上公开出售吸食鸦片的烟枪与

---

① 这是爱利生发给驻北平大使馆的1938年6月南京状况的总结报告。原件藏美国国家第二档案馆第84档案组国务院驻外使领馆档案,驻中国使领馆档案第2169卷(驻南京大使馆1938年档案第10卷)。
② 出云号(Idzumo),9 750吨,1899年英国为日本建造的一艘装甲巡洋舰,1900年服役,1937年成为日本第三舰队的旗舰,大部分时间驻扎在上海。1945年7月24日在日本吴市(Kure)港口被美军轰炸机炸沉。

灯具。

约有14所公立学校和许多私立学校现已开学。大多数为小学,但相信有一些中学水平的班级。

爱利生

800-6月份政治情况总结报告

7月7日下午3时。①

参阅涉及汤姆森事件我于6月30日下午5时发129号电。

人力车苦力终于在7月3日下午获释。以下是苦力用中文就日本当局审问他一事对美国传教士W.P.米尔斯牧师谈话内容的概要。讲话的译文于7月4日下午翻译出来,并在最近呈交给本使馆。

苦力签署了一份详细叙述他拉汤姆森博士途经的路线以及汤姆森博士付给他两元中国币车资的材料给日本人。苦力说他没有受到伤害,但是有一次审问时,军刀背搁在他脖子上。7月2日上午,回答汤姆森博士被哨兵打耳光的问题时,日本警察对他说:"你不要说'他打了他',就说'我没有看见他打'。"苦力觉得脱不了身,最后对审问他的人说:"行了,就照你说的吧。"然而,苦力特别讲到,他没有就那句话签字画押。释放前,他签署了一个声明,说他没有受伤害,没有拿钱,但有饭吃。

7月4日上午,日本总领事对我说,人力车苦力拿了两块钱才到本使馆来作汤姆森博士被打耳光的证词。追问之下,他承认付给苦力的钱可能不是为了那个目的,但是苦力以为那是他拿到钱的原因。由于本地主管此事的日本当局采取这样的态度,此事不可能得到令人满意的解决。

除了米尔斯先生签署的苦力的证词外,本使馆还拥有下列两个文件:(1)由米尔斯先生签署、我6月30日下午5时发129号电文中提到的车行老板作的证词的译文;(2)由米尔斯先生签署、车行老板向米尔斯

---

① 第130号电报,美国国务院档案编号394.1123 Thomson,J.C./25。原件藏美国国家第二档案馆,59档案组国务院档案,1847盒。

先生作的,证明日本人叫他不要说出他们审问苦力一事的进一步证词的译文。

由于他们不想真正了解真相,我相信将证词的副本呈交给本地的日本当局起不了什么作用。证词的副本已邮寄给国务院和东京。

抄发汉口、北平和上海。北平请抄发东京。

494.11 Riggs,Charles H./1

1938年7月7日,南京

编号 7

(626)

文件主题:1937年—1938年中日战争造成美国财产损失,查尔斯·H.里格斯的索赔要求①

华盛顿特区

尊敬的国务卿

先生阁下:

1/ 根据国务院2月18日晚上7时就目前中日战争造成损失的赔偿要求发给美国驻汉口大使馆78号电报的条款,非常荣幸地呈上美国公民查尔斯·H.里格斯经宣誓的证词。该证词列出了1937年12月至1938年1月之间,在他位于中国南京汉口路23号住宅中遭受的总额为
2/ 662.85美元的个人财产损失。他把这些损失完全归咎于日本兵偷盗的行径。并附上了美国公民詹姆斯·H.麦考伦先生就汽车被偷时的情况所作的宣誓证词。里格斯先生在他的赔偿要求中也提到这些情况。

---

① 原件藏美国国家第二档案馆第84档案组国务院驻外使领馆档案,驻中国使领馆档案第2166卷(驻南京大使馆1938年档案第7卷)。

根据日本当局所表达的将南京的财产损失赔偿就地解决的愿望,附在此的每一份宣誓证词的副本都包括在1938年4月20日的来往照会里提交给日本驻南京总领事。尚没有收到日本总领事对该照会的答复。

     谨致敬意
     谨代表大使
    大使馆三等秘书
  (签名)约翰·M.爱利生

附件:

  所述1—2/
800/400
CAC:RW
原件及三个副本发往国务院。
一个副本发往美国驻东京大使馆。
一个副本发往美国驻上海总领事馆。

附件一

  中　华　民　国
    江　苏　省
     南　京　市
美利坚合众国大使馆

  我是经正式委任并合乎资格的美利坚合众国驻中国大使馆三等秘书约翰·M.爱利生,查尔斯·H.里格斯亲自来到我面前,正式宣誓之后,作证并陈述:

  我是美利坚合众国公民。
  我是中国南京金陵大学教授。
  我的住宅位于中国南京汉口路23号。

8. 索赔美国公民损失

从1937年12月16日至1938年1月8日这段相关的时期内,我居住在汉口路23号,每天晚上在那儿睡,但是白天要去做些必要的工作,所以大部分时间不在家,通常在外面吃两顿饭。已经在我邻居家和我自己家工作了5年的佣人时常在家。我还请一位在基督教青年会工作的朋友在情况紧张的那段时期内带他一家住在二楼;我从金陵大学请来另外一家中国人住在一楼。这些人都非常可靠,乐于助人,他们协助我了解我必须离开时家里发生的情况。

在这3个星期左右的时间内,日本兵闯入房屋达60多次。他们通常来寻找年轻女人,或者出于好奇来转悠,顺手偷些东西,并未有组织地从我的房屋里抢劫东西,不过日本兵好几次把许多家庭用品摔出去,拖过来。12月17日晚,我到家时发现他们刚刚强奸了一名50多岁的妇女。

在12月18日或12月18日左右,我见到4个日本兵来到门前,并将他们赶走。12月26日,我以同样的方式迫使7个企图闯进门来的日本兵走开。在我不在家的情况下日本兵多次闯进来之后,12月21日将日本宪兵队的布告张贴在大门口。我等在屋内,想看看布告是否有效用。45分钟之内,日本兵在3个不同的时间闯进来,并开始拿东西,只有在我露面赶他们走时才离开。第一次两个日本兵,第二次也是两个,第三次是另外一个当兵的。不久,日本兵来到佣人住的房间,抢劫东西,但在我露面时逃走了。

附上日本兵在我房屋里造成损失的清单:

(价值以中国币计算)

一顶毡帽	$17.50
一件雨衣	13.00
一根银柄手杖	12.00
两把剃须刀	4.50
一套梳妆用具	10.00
一串珠子和人造珍珠	25.00

一只手提箱	16.00
11 块上等手帕	3.30
8 块普通手帕	1.20
7 件衬衣	13.50
3 件厚棉内衣裤	10.50
3 条工作裤	8.40
一双拖鞋	2.60
13 双袜子	5.80
一辆雷明顿牌自行车	50.00
一辆蒙哥玛利·沃德牌自行车	35.00
一辆上海造女式自行车	15.00
一只瑞士表	15.00
一只英格索尔牌表	5.00
一把爱弗雷莱笛牌大手电筒	1.50
一只大电灯笼	8.25
两只电动老虎钳	2.20
两把扳手	3.60
一幅大刺绣画	25.00
200 支雪茄	15.00
27 听果酱	6.75
11 听牛奶	5.50
15 听蔬菜	4.05
6 大块象牙牌香皂	4.80
5 块碳酸肥皂	0.50
总计	340.45

或以 3.38 元中国币兑换 1 美元,计 100.72 美元。

1937 年 12 月 14 日约下午 5 时,日本兵在我汉口路 23 号房屋前方大门口,抢劫我南京牌照为 5040 的雪弗莱汽车,车是 1934 年型号,4 个门,赭色,有两只黄色的新车胎。由于从我家没有大路直接通到胡家菜园 11 号的农具店,我将车停在那锁好,沿小路向南走到农具店。

詹姆斯·H.麦考伦准备宣誓作证 12 月 14 日约下午 4 时,他途经汉口路,见到一个日本兵坐在我大门前面停着的汽车里,企图发动车子。麦考伦先生一直观察到日本兵离开。

附近的中国人向我报告说,麦考伦先生走后不久,日本兵要他们一伙人把汽车推到大路上。到大路上,弄来另一辆车拖这车,这样把车拖走。

12 月 15 日,我将车子失窃一事书面报告给了日本大使馆,同时报告的还有胡勃特·L.索尼和乔治·菲齐车子失窃的情况。大约一个星期之后,在福田副领事的要求之下,我送交给他那份报告的第二个副本。

此后,我曾 3 次见到日本兵开着这辆车,但在当时的情况下,没法阻止日本兵,也没法把车要回来。其中一次大约在 1 月 12 日上午 11 时半,在中山东路特务机关总部旁边的小巷子里,我当时正陪着福田先生。我把正在行驶的车子指给福田先生看,但是当时他正忙于索尼的车子一案,没有注意我的车。

除了蓄电池,这辆车的状况很好。说保守些,车子也值 1 900 元中国币,或 562.13 美元。

家庭用品和车子总计 662.85 美元。

(签名)查尔斯·H.里格斯

公元 1938 年 4 月 20 日在我面前签署并宣誓。

美国大使馆三等秘书

(签名)约翰·M.爱利生

服务编号　3

没有收费

附件二

中 华 民 国

江 苏 省

南 京 市

美利坚合众国大使馆

我是经正式委任并合乎资格的美利坚合众国驻中国大使馆三等秘书约翰·M.爱利生,詹姆斯·H.麦考伦亲自来到我面前,正式宣誓之后,作证并陈述:

我是美利坚合众国公民。

我是中国南京统一基督教会的传教士。

1937年12月14日约下午4时,我在回家的路上沿汉口路向西往平仓巷走,在里格斯先生位于汉口路23号大门前的巷子里,看见一个日本兵正在设法发动里格斯先生的雪佛兰车。我刚看到时,日本兵在车子里面。我在那儿待了几分钟,直到日本兵放弃努力离开。

本证人毋庸赘言:

詹姆斯·H.麦考伦

公元1938年4月20日在我面前签署并宣誓。

美国大使馆三等秘书

约翰·M.爱利生

服务编号　4

没有收费

494.11 Bates, M. S. /1

美利坚合众国大使馆
1938年7月7日,南京

编号 8
(627)

文件主题:1937年—1938年中日战争造成美国财产损失,M.S.贝茨的索赔要求①

华盛顿特区
　　尊敬的国务卿

先生阁下:

1/　　根据国务院2月18日晚上7时就目前中日战争造成损失的赔偿要求发给美国驻汉口大使馆78号电报的条款,非常荣幸地呈上美国公民,M.S.贝茨博士经宣誓的证词。该证词列出了1937年12月18日至1938年1月11日之间,在中国南京汉口路21号住宅中遭受的总额为

2/ 592.62美元的个人及家庭财物损失。他把这些损失完全归咎于日本兵的偷盗及蓄意破坏。并附上了美国公民查尔斯·H.里格斯先生的宣誓证词作为补充证据,以证实赔偿要求人关于日本兵闯入他家宅院的论点。

　　根据日本当局所表达的将南京的财产损失赔偿就地解决的愿望,附在此的保证书的副本都包括在1938年4月5日的来往照会里提交给日本驻南京总领事。尚没有收到日本总领事对该照会的答复。

谨致敬意
谨代表大使
大使馆三等秘书
(签名)约翰·M.爱利生

---

① 原件藏美国国家第二档案馆,59档案组国务院档案,2351盒。

附件:
　　所述1—2/
800/400
CAC:RW
原件及三个副本发往国务院。
一个副本发往美国驻东京大使馆。
一个副本发往美国驻上海总领事馆。

附件一

　　中　华　民　国
　　　　江　苏　省
　　　　　南　京　市
美利坚合众国大使馆

　　我是经正式委任并合乎资格的美利坚合众国驻中国大使馆三等秘书约翰·M.爱利生,M.S.贝茨博士亲自来到我面前,正式宣誓之后,作证并陈述:
　　我是美利坚合众国公民。
　　我是中国南京金陵大学教授。
　　我的住宅位于中国南京汉口路21号。
　　1937年12月18日至1938年1月11日之间,日本兵到我汉口路21号的住宅来了10次,或11次,他们偷窃、毁坏我下列的个人财产。从12月1日到3月1日,我平均每周回去察看3到6次。常常回去察看的情况显示,到12月18日,住宅内的财物情况良好。12月1日以来,房屋没有受到任何破坏。
　　一位我认识很久的看管人负责照看我的屋子,在那些困难的日子里,他日日夜夜都在那处房产上;我还邀请过去受雇于包括我自己在内的几家美国人的一位中国教师的一家住在那儿。日军进入南京后,我每天收到他们的报告一到两次,遭到抢劫时,我都去那儿察看。那栋房子离金陵大学和我在平仓巷3号的临时住所都只有步行5分钟的路程,所以报告和察看都很便捷。除了一次日本兵强行禁止住户跟他们上楼,其他所有的偷盗行为都被仔细观察到。

有两次,在12月19日或12月19日左右,以及12月27日或那个日子前后,成群的日本兵在屋子里逗留了长达两个小时,把抽屉、橱子、书桌、壁橱里的东西摔到地板上践踏。粗粗地将这些东西整理一下花费了我整整两天的功夫。我还发现几个房门和箱子上的锁被砸破,玻璃、瓷器也被打碎一些。

1月5日,或1月5日左右,在日本使馆警察高玉的陪同下视察金陵大学各处房产时,我们注意到这一片狼藉的景象,并匆匆忙忙记录下所受的损失。我的隔壁邻居,汉口路23号的查尔斯·H.里格斯先生在12月20日或那个日子前后,看见一个日本兵从他的院子闯入我的院子。12月22日或23日,他见到两个日本兵经前门从我家出来。里格斯先生将就这两次观察到的情况宣誓作证。

在我家屋顶上醒目地飘扬着一面美国旗,大门上张贴着美国大使馆的布告。从12月21日起,还在前、后门上张贴了日本大使馆的布告。12月21日下午,在向福田副领事口头和书面报告在这之前24小时内日本兵在金陵大学校产上胡作非为之际,我在报告中包括了同一天上午我和他在大使馆谈话的同时,我自己的住宅遭到第四次抢劫的事实。日本兵在我家的两个房间的地板上留下粪便,以此来进一步表达他们对美国财产的态度。也许应当补充一下,一名日本"临时宪兵"(普通士兵佩戴以示区别的袖章)1月11日闯入我家,我迅即将他在那儿的错误行径报告给了日本大使馆,以后还就此事提过几次;但是,时至今日,他们没有给予任何解释。然而,由于没有涉及盗窃,不必在此重复细节情况。

略去许多小东西,还有因我家属不在,恐怕所列的东西不完全,以下为被偷盗、毁坏财产的一个分类清单。除了最后三类,其他财物都被他们从我家中抢劫走。

中国币

Ⅰ．食品。罐头水果、牛肉和鱼。食糖。食品杂货。　　＄35.00

Ⅱ．工具、厨房用具。锯子、短柄小斧、两把榔头、
钢丝钳、理发剪刀、5只厚重铝锅、4只打火机。　　45.00

Ⅲ．羊毛衣物。厚大衣、两件毛线衣、女用皮毛衣服。　130.00

Ⅳ．绘画。5幅中国画、两大幅镶有镀金框的西画
印刷品；3幅小画。　　181.00

Ⅴ．唱机与唱片。唱机（75元），85张英美唱片，
平均每张＄4.50元。　　457.50

Ⅵ．地毯。两张大的北京地毯，160元与125元；
3张小北京地毯每张19元。　　342.00

Ⅶ．灯与灯罩。一套完整的大油灯；有特别灯罩的台灯。19.00

Ⅷ．瓷器。两只精致的花瓶。5只古碗。　　55.00

Ⅸ．台布与刺绣。4块上好质地的美国大台布，
每块52元；24条餐巾计70元；6块上好质地的午餐台布，
每块12元；42条餐巾计40元。
7件刺绣品和装饰丝绸65元。　　455.00

Ⅹ．床上用品。9条上好质量的床单，每条7.50元；
6个枕套，每个4元；4幅被单，每幅11元。　　135.50

Ⅺ．自行车。男童自行车。　　15.00

Ⅻ．集邮簿与收集的邮票。两本男孩的集邮簿。　　50.00

ⅩⅢ．书桌。质地优良的美国温斯罗波（Winthrop）
州长式样的书桌。桌面、玻璃门、锁着的抽屉被劈砍坏。25.00

ⅩⅣ．锁。（包括箱子、盒子上损坏的锁）5只贵重
的号码锁。　　20.00

ⅩⅤ．干洗，熨平，洗涤被弄脏、践踏的全家人的
衣服，家中剩下的台布餐巾等。　　50.00

　　　　　　　　　　　　　　　　　　　　　　＄2 015.00

3.40元中国币兑换1美元,计有592.65美元。

(签名)M. S. 贝茨

公元1938年4月2日在我面前签署并宣誓。

美国大使馆三等秘书

(签名)约翰·M. 爱利生

服务编号　1

没有收费

附件二

中　华　民　国

江　苏　省

南　京　市

美利坚合众国大使馆

我是经正式委任并合乎资格的美利坚合众国驻中国大使馆三等秘书约翰·M. 爱利生,查尔斯·H. 里格斯亲自来到我面前,正式宣誓之后,作证并陈述:

我是美利坚合众国公民。

我是中国南京金陵大学教授。

我的住宅位于中国南京汉口路23号。

1937年12月20日,或12月20日前后,我看见一个日本兵从我的院子穿过篱笆进入住在我隔壁,汉口路21号的M. S. 贝茨先生的院子。这个日本兵从贝茨先生佣人住的屋子后面消失了。1937年12月22日或23日,我见到两个日本兵经由前门从贝茨先生家出来。

(签名)查尔斯·H. 里格斯

公元1938年4月2日在我面前签署并宣誓。

美国大使馆三等秘书

(签名)约翰·M. 爱利生

服务编号　2

没有收费

494.11 Brady,R.H./1

1938年7月7日,南京

编号 9
(628)

文件主题:1937年—1938年中日战争造成美国财产损失, R.F.布莱笛的赔偿要求①

华盛顿特区
  尊敬的国务卿

先生阁下:

1/ 根据国务院2月28晚上7时就目前中日战争造成损失的赔偿要求发给美国驻汉口大使馆78号电报的条款,非常荣幸地呈上美国公民,R.F.布莱笛经宣誓的证词。该证词列出了1937年12月14日至12月31日之间,在他位于南京双龙巷11号B的车库与房屋,以及南京汉口路19号住宅中损失的个人财物数额共计547.94美元。他把这些损失完全归

2—3/ 咎于日本兵的行径。并附上了美国公民M.S.贝茨博士和詹姆斯·H.麦考伦作为佐证而作的宣誓证词。

  根据日本当局所表达的将南京的财产损失赔偿就地解决的愿望,附在此的三份宣誓证词的副本都包括在1938年5月3日的来往照会里提交给日本驻南京总领事。尚没有收到日本总领事对该照会的答复。

谨致敬意
谨代表大使
大使馆三等秘书
约翰·M.爱利生

---

① 原件藏美国国家第二档案馆第84档案组国务院驻外使领馆档案,驻中国使领馆档案第2164卷(驻南京大使馆1938年档案第5卷)。

附件：

所述 1—3/
800/400
CAC:T
原件及三个副本发往国务院。
一个副本发往美国驻东京大使馆。
一个副本发往美国驻上海总领事馆。

附件一

中　华　民　国
　江　苏　省
　　南　京　市
美利坚合众国大使馆

我是经正式委任并合乎资格的美利坚合众国驻中国大使馆三等秘书约翰·M.爱利生,R.F.布莱笛亲自来到我面前,正式宣誓之后,作证并陈述:

我是美利坚合众国公民。

我是在中国南京鼓楼医院工作的一名医生。

1937年12月14日至12月31日之间,日本兵至少4次闯到我位于汉口路19号(楼上)的住宅,偷窃、毁坏下列属于我的个人财物。我在双龙巷11号B的临时住所在12月14日至12月31日之间也至少被日本兵闯入6次。他们偷走的个人财物也在下面列出。

汉口路19号的房屋暂时由金陵大学的一名工作人员使用。

我在该地址的个人财物锁在二楼西北角的一个房间里。这些财物由我的一位名叫俞德平(Yu Teh Ping)的厨师看管,我在南京居住的6年中,他一直很忠诚。

我当时在牯岭,但是住在我隔壁的M.S.贝茨所作的宣誓证词附在

421

此作为由他观察到汉口路19号遭受掳掠的证据。

我从1937年8月17日住在双龙巷11号B的房屋里直到12月3日,那天由于我10岁的女儿生病而去牯岭。我和詹姆斯·H.麦考伦合住在这座房屋里,他在1937年12月14日至12月31日住在平仓巷3号,这段时间内,他时常查访这座房屋。附上的宣誓证词显示他察看这做座房屋时的观察。

上述两处房产以及屋内的物品直到我离开的12月3日都情况良好,宣誓证词也显示直到上述那段时间,这些房产仍完好无损。

12月14日詹姆斯·麦考伦察看了双龙巷11号B的房屋与车库,以及里面的东西,没有发现房屋被闯入的迹象。

以下是财产分类的清单,这些都是被日本兵从双龙巷11号B的车库与房屋,或从汉口路19号锁着的房间中抢劫走的东西。最后两项是从汉口路19号抢走的。

	中国币
1935年都铎8缸型福特车标准48型 发动机号码1333983	$1627.50
电钟	35.00
电熨斗	10.50
食品,罐头食品	37.10
两张 2⅓ 乘 3¼ 尺爱克斯明斯特(Axminster)牌地毯	21.00
女式自行车	10.50
衣服,一套男式西装	24.50
3本照相簿	35.00
新的室内棒球和棒子	7.50
15加仑汽油	16.50
一加仑汽车机油	3.85
3夸脱酒精	1.40
约20张唱片,每张平均3.5元	70.00

留声机	17.50
总计	$1 917.85

以1美元兑3.5中国币计,要求547.94美元。

本证人作证到此为止：

(签名)R.F.布莱笛

公元1938年5月3日在我面前签署并宣誓。

美国大使馆三等秘书
(签名)约翰·M.爱利生

服务编号　7

没有收费

附件二

中　华　民　国
江　苏　省
南　京　市

美利坚合众国大使馆

我是经正式委任并合乎资格的美利坚合众国驻中国大使馆三等秘书约翰·M.爱利生,M.S.贝茨博士亲自来到我面前,正式宣誓之后,作证并陈述：

我是美利坚合众国公民。

我是中国南京金陵大学教授。

1937年12月至1938年1月期间,我负责金陵大学的房产,常常有仆役和工作人员把我叫到不法的日本兵犯下抢劫和其他罪行的那些房屋去。我好几次被叫到汉口路19号那座位于我在汉口路21号住所紧隔壁的金大住宅,房屋上张贴着美国大使馆的布告,12月21日之后张贴了日本宪兵队的布告,还悬挂着美国旗。R.F.布莱笛医生的一部分个人财物锁在屋内一个房间里。直到12月14日,情况都很好,12月14日这天日本兵开始闯入这一带的房屋。住在那儿的中国工作人员一家人一直待到一伙日本兵来强奸妇女的19日。布莱笛的佣人尽其所能地保护财产,当然面对步枪与刺刀,他们无能为力。

12月16日左右,我帮着把日本兵从这座房屋里驱赶走,12月19日又去赶了一次(安全区报告给日本大使馆的第77号案件),①12月底之前又去赶了两次。我发现日本兵把房屋里所有的锁都砸破,洗劫了每一个房间、抽屉、箱子里的东西,其中包括布莱笛的财物。1938年1月14日,日军占领城市一个多月之后,我发现一名"临时宪兵"在拿屋子里包括布莱笛的东西,并通过美国大使馆迅速报告了此事。显然,即使在那个日子,当局并未认真制止他们的军人和宪兵损坏美国财产的行为,因为我在1月18日发现同一个日本兵在小粉桥32号"临时宪兵队"对面小粉桥3号金陵大学校产的各个房屋中搜寻东西。

本证人作证到此为止:

M. S. 贝茨

公元1938年5月2日在我面前签署并宣誓。

美国大使馆三等秘书
约翰·M. 爱利生

服务编号 5

没有收费

附件三

　中　华　民　国

　　江　苏　省

　　南　京　市

美利坚合众国大使馆

我是经正式委任并合乎资格的美利坚合众国驻中国大使馆三等秘书约翰·M. 爱利生,詹姆斯·H. 麦考伦亲自来到我面前,正式宣誓之

---

① 见第二章爱斯比编撰的《南京的状况》报告附件一C。

后,作证并陈述:

我是美利坚合众国公民。

我是中国南京统一基督教会的传教士。

12月14日,我查访了双龙巷11号B我自己和R.F.布莱笛作为临时住所的房屋与车库,发现房屋、车库和里面的东西都没有被人动过。我再次于12月15日察看房屋与车库时,发现车库被破门而入,布莱笛医生8缸的福特车右门的玻璃被打破,在锁着的车子里发现一个日本兵的钢盔。15日下午,我再次造访了上述房屋。我在那儿时,两个日本兵闯入车库,开始修车子。我向他们走过去,他们就溜走了。

我发现12月14日和15日,或者之前,房屋没有被侵扰。但是车库里的一辆自行车被抢走了。

12月16日,我发现一个日本兵在车库里正用工具修车子。我提出抗议并把他劝走。他坐上等在附近中山路上的卡车。卡车上有粗绳子,显然,如有必要,他们准备把车拖走。第二天,12月17日上午,我发现车库空空如也。房屋也被闯入,物品要么被拖得到处都是,要么被偷走。那天我在那儿时,两个日本兵企图闯进屋。房屋上清楚地由一面美国旗和美国政府的布告标示着。18日房屋再次被闯入并洗劫。1938年1月1日之前,房屋又被闯入多次。

本证人作证到此为止:

詹姆斯·H.麦考伦

公元1938年5月2日在我面前签署并宣誓。

美国大使馆三等秘书

约翰·M.爱利生

服务编号　6

没有收费

494.11 Bran, F. Catherine/4
1938年7月8日,南京

编号 10
(629)

文件主题:1937 年—1938 年中日战争造成美国财产损失,F.凯瑟琳·布莱恩小姐的索赔要求①

华盛顿特区
　　尊敬的国务卿

先生阁下:
　　非常荣幸地提及 F.凯瑟琳·布莱恩小姐②就她位于中国南京湖南路大同新村 11 号住宅中个人财产遭受损失向日本政府要求赔偿而于 1938 年 4 月 20 日在美国驻香港总领事馆所作的宣誓证词。她把这些损失归咎于日军的行为。布莱恩小姐将宣誓证词的一个副本寄给本使馆,据推断,驻香港总领事馆根据国务院 2 月 18 日晚上 7 时发给美国驻汉口大使馆 78 号电报的条款已将宣誓证词的副本发往国务院和美国驻东京大使馆。
　　在此呈上佐证布莱恩小姐赔偿要求的补充证据,我于 1938 年 7 月 8 日描述 1938 年 2 月 24 日造访布莱恩小姐在南京的寓所之际观察到情况的宣誓证词。
　　根据日本当局所表达的将南京的财产损失赔偿就地解决的愿望,附在此的布莱恩小姐宣誓证词的副本和具体体现所附宣誓证词所含信息的一份备忘录的副本均包括在 1938 年 6 月 22 日的来往照会里提交给日

---

① 原件藏美国国家第二档案馆第 84 档案组国务院驻外使领馆档案,驻中国使领馆档案第 2164 卷(驻南京大使馆 1938 年档案第 5 卷)。
② 菲勒比·凯瑟琳·布莱恩(Ferrebee Catherine Bryan,1886—1982),见本书第 188 页注②。

本驻南京总领事。尚没有收到日本总领事对该照会的答复。

　　　　　　谨致敬意

　　　　　　谨代表大使

　　　　　　大使馆三等秘书

　　　　　　约翰·M. 爱利生

附件：

　　所述 1/

800/400

CAC:T

原件及三个副本发往国务院。

一个副本发往美国驻东京大使馆。

一个副本发往美国驻上海总领事馆。

附件一

　　中　华　民　国

　　　江　苏　省

　　　南　京　市

美利坚合众国大使馆

　　我是经正式委任并合乎资格的美利坚合众国驻中国大使馆三等秘书查尔斯·A. 库柏,约翰·M. 爱利生亲自来到我面前,正式宣誓之后,作证并陈述:

　　我是美利坚合众国外交官,具体为驻中国南京大使馆三等秘书。

　　我曾隶属于美国驻东京大使馆两年,专门学习日语,通晓日语的书面与口头语言。

　　1938 年 2 月 24 日上午,我造访了 F. 凯瑟琳·布莱恩小姐位于南京湖南路大同新村 11 号的寓所,发现该房产被闯入,彻底洗劫,严重掳掠。家具、瓷器和布莱恩小姐的其他用品被砸碎,房屋的门窗给打破。

前门上原来张贴着美国大使馆布告的地方只剩些碎纸片。前门的锁给砸破,边门的门板被砸坏,由此进入房屋。在房间里,我察看了写在许多墙上的东方文字,并认定它们为日文。在一个地方写着"大日本",另一处写着"昭和12年12月17日",这是以日本纪年来表示1937年12月17日。

那时房屋无人居住,但前门敞开着,前院新建了个厕所,供驻扎在附近房屋内的日本军人使用。本证人作证到此为止。

约翰·M.爱利生

公元1938年7月8日在我面前签署并宣誓。

美国大使馆三等秘书
查尔斯·A.库柏

服务编号　12

没有收费

附件二　　　　　　**美利坚合众国**
外交事务

美国驻香港总领事馆

1938年7月9日，香港

中国南京
美国大使馆
　三等秘书
约翰·M. 爱利生先生

先生阁下：

1938年4月20日F. 凯瑟琳·布莱恩小姐在本总领事馆就要求对其南京湖南路大同新村11号寓所财产损失赔偿作了宣誓证词。根据援引国务院2月18日晚上7时发给驻汉口大使馆78号电报相关部分的汉口大使馆1938年2月21日下午4时拍发供传阅的电报指示的条款，宣誓证词的原件已寄往国务院，一个副本发往驻东京大使馆。

国务院在7月3日下午5时发的电报中通知本总领事馆，日本当局在此之前表示愿意将日军占领南京时所发生的某些种类的赔偿要求在南京当地解决，并建议将布莱恩小姐宣誓证词经验证过的副本寄往南京大使馆，以呈交给日本当局。因此，附上验证过的宣誓证词的副本，以及另外一个副本以为使馆提供方便。

谨致敬意
美国总领事
爱笛生·E. 沙特哈德[①]

[①] 爱笛生·E. 沙特哈德(Addison E. Southard, 1884—1970)1884年10月18日出生于肯塔基州路易斯维尔(Louisville)，曾就读菲律宾圣托玛斯(Santo Tomas)大学，1915年4月在美国驻北京公使馆任职员而进入外交界。此后在美国驻马丁、阿比西尼亚、波斯和新加坡的使领馆任职。1927至1934年任美国驻埃塞俄比亚公使兼总领事。之后在斯德哥尔摩与巴黎任总领事，1937年4月调任驻香港总领事。1941年12月珍珠港事件爆发后，他在香港被日军羁押6个月。1970年2月11日在旧金山逝世。

附件：

两份验证过的宣誓证词副本。

英国殖民地香港
维多利亚城
美国总领事馆

我，小 F. C. 福斯，①美国驻香港领事片正式委任并合乎资格的领事，在此证实附上的由 F. 凯瑟琳·布莱恩为了提交赔偿个人财产损失要求所作的宣誓证词的副本是原件签名副本的一个准确忠实的副本，因为签过名的原件副本在美国驻香港总领事馆存档，我仔细进行了核查，和前述原件签名的副本加以比较，发觉它们字句、数字均相符。

我于 1938 年 7 月 8 日这一天，郑重地手触公章，对此作证。

美国领事
小 F. C. 福斯

服务号码：3311

没有收费

英国殖民地香港
维多利亚城
美国总领事馆

我是美国驻香港领事片正式委任并合乎资格的领事小 F. C. 福斯，

---

① 小弗瑞德里克·查尔斯·福斯(Frederic Charles Fornes, Jr., 1905—1975)1905 年 8 月 22 日出生于纽约州布法罗(Buffalo)，1927 年毕业于堪尼斯特斯(Canistus)学院，1929 年进入外交界，在美国驻加拿大多伦多总领事馆工作。1930 至 1935 年在美国驻巴西圣保罗总领事馆任职，并升任三等秘书，1935 年 12 月调至驻巴西里约热内卢大使馆任职，1936 年 5 月调往美国驻香港总领事馆工作。1941 年 12 月珍珠港事件爆发后，他在香港被日军羁押 6 个月。1975 年 1 月在马里兰州北博瑟斯达(North Bethesda)逝世。

8. 索赔美国公民损失

F. 凯瑟琳·布莱恩亲自来到我面前,正式宣誓之后,作证并陈述:

我是美国公民,持有美国驻上海总领事馆1936年4月28日颁发的89(E68291)号护照。该护照于1938年4月19日由美国驻香港总领事馆延期两年。

我是总部设于美国弗吉尼亚州里士满的南方浸礼会国外传教团董事会的一名传教士。

1937年春天,我被分配到中国南京做传教工作。1937年8月1日搬进新建的位于南京湖南路大同新村11号的住宅。3个多星期之后的1937年8月28日,因为日军轰炸首都而被迫撤离,在驻汉口总领事馆(我先逃到汉口)的催促下,我前往华南。离开时在美国驻南京大使馆的劝告下,我在房屋里面所有的门上,以及通到外面的门上,上了锁,或加了双锁。窗户是铁框架的,又牢牢地闩上,从里面关紧。房屋内的陈设是为了适合我在南京新的工作,在28天前刚刚购置的,所以大多数陈设是崭新的。我还将以前在上海工作时用的一些名贵的乐器带来。所有这些个人财产和用品在我离开时情况完好,如前所述牢牢地锁上,加了闩。在美国驻南京大使馆的进一步劝告下,我向大使馆递交了我在南京湖南路大同新村11号住宅内物品的完整清单。1937年8月28日我被迫撤离南京去汉口时只带了几件东西。

1937年10月10日,在日军尚未抵达南京之前,我给美国大使馆的J.豪尔·巴克斯顿先生写信,询问我住宅当时的情况。在此摘录一段他的回信:

中国南京
美国大使馆
1937年10月19日

亲爱的布莱恩小姐:

昨天收到您1937年10月10日的来信,同一天我找了个机会和您记得的那位席(Hsi)先生一道开车到您的住所。

我们发现房屋没有受损,门窗如您离开之时都牢牢地关着……

      （签名）J. 豪尔·巴克斯顿

  1938年2月10日，美国驻南京大使馆三等秘书约翰·M. 爱利生先生写了以下内容给在华南澳门的我：

    今天上午调查了您提及的两处房产。非常遗憾地向您通报，您在大同新村11号的住宅损失相当严重。房屋本身没有损坏，但是被人闯入，从上到下彻底遭洗劫、掳掠。一楼的餐厅和起居室里都没有家具，只有一个电冰箱在起居室中间，冰箱顶上的马达好像被卸走了。厨房里的炉子、留下的几件厨房用具和盘子都在那儿；但有些盘子被打碎，四散在地板上。在二楼，可以见到一些家具，诸如办公桌、书桌和几张椅子，但这些家具被部分砸破。刺刀将一、两扇门捅破。在二楼上的边室里有3只箱子被撬开，里面的东西被拿走或丢得到处都是。后面楼梯的平台边上的房间里存放着几只包装箱，这些箱子也被撬开，东西被拿走，或四散各处。房屋内的水管装置似乎完好。每一层楼上都到处四散着被践踏过的一堆堆衣物、书籍、纸张、家庭用品的碎片，有的地方有一英寸厚。

……

    至于您询问要过多久能回南京，我不得不告诉您，日本当局除了官员，仍然不允许外国人返回南京。

  1938年3月2日，美国驻南京大使馆三等秘书约翰·M. 爱利生先生又寄给我一封涉及房产遭掳掠的信，劝我"向日本政府提出赔偿所有财产损失的要求"。

  1938年4月10日，在答复我要他尽量挽救些东西的请求时，爱利生先生又写道：

    如我向您解释的，您剩下来的东西四散在所有房间的地板上，遭践踏。因此，这些东西很难收集。

在此附上我开列出妥善锁藏在我租用的南京湖南路大同新村11号住宅中的家庭用品和个人用品的清单。

财产总计2746元中国币,按我离开南京时通行的一美元兑换3元中国币的兑换率,相当于915美元。

鉴于这些损失是由于日军损坏与掳掠造成的,就此作此宣誓证词以提交我的赔偿要求;本证人作证到此为止。

(签名)F. 凯瑟琳·布莱恩

公元1938年4月20日在我面前签署并宣誓。

美国领事　小F. C. 福斯

服务号码:1945

没有收费

属于F. 凯瑟琳·布莱恩在中国南京湖南路大同新村11号的家庭用品和个人财物的清单

起居室

一只维克托牌暖炉	$300.00
一套厚沙发和两把椅子	100.00
两只雕刻的柚木椅子——传家宝	75.00
一张雕刻的乌木凳子	15.00
两张藤柳扶手椅	5.00
一个橡木书柜和书籍	500.00

餐厅

一个碗橱,以及碗盘	50.00
一张平面书桌,3只相配的椅子	40.00
一台小风琴	50.00
4只木箱和里面的东西	30.00
一个电冰箱	400.00

厨房

一只两灶头的烧饭火油炉	60.00
一只装满杯盘的玻璃橱柜	50.00
一个直立的三层架子	5.00
一张厨房用的桌子	5.00
厨房用具	15.00
两张黑色高凳子	4.00

佣人住房的陈设

一张铁床	5.00
一张小桌,5张矮凳,一把折叠凳子	10.00

二楼

卧室

一张 3¼ 英尺铁床,外加:一张席梦思弹簧床垫,两张毛发床垫	100.00
一张折叠帆布床、3张白色的椅子、一张幼儿园用的小椅子	13.00
一张梳妆台和凳子	28.00
一张五斗橱和镶镜框的镜子	25.00
一个衣柜	30.00
一张小桌	5.00
一套盥洗室用的磅秤	30.00

书房

一张桌面可滚动的大书桌	35.00
一张黑色桌子	5.00
一个书架和书籍	30.00
一张床头柜($3)和办公椅($5)	8.00
连盒子的银质法国号	300.00
一张书桌台灯	2.00
一个电风扇	15.00

| 一只电暖炉 | 7.00 |
| 烧油的取暖器 | 11.00 |

一只用绳子捆扎的箱子,里面装有手稿、数据和私人文章——对我来说价值巨大——F.C.B.

后楼梯平台边存放箱子的屋子

一张藤条桌子,两个藤柳屏风	6.00
烧油的烤箱($5),一只电烤具	8.00
一只皮箱,里面装有200张巴勒斯坦的幻灯片	75.00
4只木箱和里面的东西	100.00

阁楼

7张北京地毯	70.00
3个壁橱	10.00
3只大箱子和里面的东西	100.00
一只黑色方橡木桌	4.00
一个乌木灯架和灯罩	10.00
以中国币计算总价值为	$2 746.00

7月9日上午11时。①

隶属于本使馆的海军无线电发报员会讲日语。南京的两个日本餐馆的老板告诉他,他们得知现在驻扎在南京的日军将于7月28日调防到芜湖,只留很少的部队驻防在这里。这些日本人被告知,如果他们想把餐馆搬到芜湖去,军事当局将提供协助。当然,我们不可能证实这一报告,但是,鉴于日本人往长江上游推进,将军事行动的基地向前线靠拢,看来是合乎情理的。

发往汉口大使馆、上海和北平。北平请邮往东京。

---

① 第131号电报,美国国务院档案编号793.94/13415。原件藏美国国家第二档案馆,59档案组国务院档案,微缩胶卷M976组,54卷。

7月9日晚上6时。①

参阅上海6月24日上午10时发893号电。

美孚石油公司的L.J.米德和德士古公司的T.F.希尔兹两个美国公民今天下午乘美舰瓦胡号一起抵达南京。他们是日军占领南京以来首批回南京的美国商人。

抄发汉口、北平和上海。北平请抄发东京。

7月12日下午3时。②

参阅东京7月11日下午5时发涉及桐油一案的454号电报。

一、涉及上述东京电报第二段的内容，应该向日本外务省指出，虽然上海的日本当局声称他们愿意将桐油送交南京的美国当局保管，但是这里的日本当局，如我6月27日下午4时发127号电报报告的，在接到上海的进一步指示之前，拒绝就此事采取任何行动。

二、很难提供东京电报第三段要求的准确数据，因为要做到那一点，必须持续不断地观察货物从上岸一直到发送到各个商店。然而，本使馆的工作人员在很多情况下看到从江边船上卸下的朝日牌啤酒与麒麟牌啤酒、③"锚牌"汽油、罐头食品和其他商品，后来在城内日本商店里看到有同样商标的货物供中国人和外国人购买。前一段时期，我购买罐头食品的日本食品商店的经理亲自告诉我货物是日本船只从上海运来的。就此还应提到的是，英国海军军官对我说日本人最近允许怡和洋行派一艘拖船来南京将留在这里的一艘驳船拖回上海。既然这可以办到，很难理解为什么怡和洋行不能像当初施美洋行建议的那样派艘拖船来把桐油运往上海。

抄发汉口和上海。上海请抄发东京。

---

① 第132号电报，美国国务院档案编号393.115/383。原件藏美国国家第二档案馆，59档案组国务院档案，1821盒。

② 第134号电报，美国国务院档案编号394.1153 Smith Company, Werner G. /25。原件藏美国国家第二档案馆，59档案组国务院档案，1857盒。

③ 此处英文原文是日文"アサヒ"与"キリン"或"麒麟"的音译"Asahi"，"Kirin"。这是两种至今在日本都很畅销的啤酒。

7月12日下午5时。①

参阅国务院7月12日下午4时发给北平命令我回国休假并指定史密斯②为替换官员的175号电报。

北平说史密斯在作安排,将乘美舰瓦胡号于7月30日抵达南京。我已订了库律基总统号③(第一艘可供乘坐的美国船只)的船票,于8月30日从横滨启航,9月12日抵旧金山。我期望8月10日乘瓦胡号离开南京,8月22日乘奇特拉尔号汽轮④离开上海。爱利生夫人⑤将在横滨和我会合。

抄发汉口、北平和上海。

---

① 第133号电报,美国国务院档案编号123 Allison,John M./218。原件藏美国国家第二档案馆,59档案组国务院档案,355盒。
② 罗勃特·莱斯·史密斯(Robert Lacy Smyth,1894—1960)1894年12月18日在中国福州出生,其时,他的父亲,乔治·布拉德·史密斯(George Blood Smyth)是福州中英学院(Anglo-Chinese College)的院长。1917年他从加利福尼亚大学毕业后,去法国参加第一次世界大战。1919年回到加利福尼亚大学读研究生。1923年在美国驻重庆总领事馆任副领事,开始了外交生涯。此后在汉口、天津、汕头、上海等使领馆任职,1932年调到南京大使馆任二等秘书,1934年任驻北平使馆二等秘书。1938年7月底调往南京。爱利生1938年8月10日离开南京后,由史密斯主管美国驻南京大使馆的日常工作,数月之后又调回北平。二次大战以后,他历任美国驻重庆大使馆参赞,驻天津总领事直到1950年离开中国。此后,他担任美国驻温哥华总领事五年至1955年退休。史密斯1960年4月24日在加利福尼亚州的圣拉斐尔(St. Rafael)逝世。
③ 库律基总统号(SS. President Coolidge)为美国大来公司的一艘在日本与旧金山航线运营的豪华远洋客轮,1931年下水,以美国第三十任总统约翰·卡尔文·库律基(John Calvin Cooledge,1872—1933)的名字命名。1941年珍珠港事件之后,该轮被改装为在南太平洋运送美军部队的船只。1942年10月26日在瓦努阿图的埃斯皮里图·桑托岛(Espiritu Santo)港口触水雷沉没。
④ 奇特拉尔号汽轮(SS Chitral)为英国半岛东方轮船公司(Peninsular and Oriental Steam Navigation Company,London,俗称铁行轮船公司或大英轮船公司,简称P & O)的一艘远洋客轮,1925年下水,1935年起在远东的航线运营。1953年4月在伦敦拆解。
⑤ 爱利生1933年6月在东京和玛丽·简内特·布鲁克斯(Marie Jeannette Brooks,1902—1984)结婚,这次婚姻以离婚而告终。1948年10月与埃菲·布雷德维尔·维赛(Effie Bridewell Vesey,1899—1977)结婚,埃菲于1977年8月去世。他于1978年初与明塔·道特·苏·麦卡锡(Minta Dott Sue McArthur,1922—1979)结婚。爱利生逝世于1978年10月28日。此处的爱利生夫人为玛丽·简内特·布鲁克斯。1937年8月,日军逼近济南之际,当时在济南任领事的爱利生将妻子送往日本东京,并一直留在日本直至1938年8月。

394.1123 Thomson, J. C. /40

美利坚合众国大使馆

1938年7月12日，南京

编号　11
(630)

文件主题：日军哨兵打美国公民汤姆森博士耳光事件①

华盛顿特区

　　尊敬的国务卿

先生阁下：

　　参阅我1938年6月25日涉及1938年6月15日日本哨兵打C.J.汤姆森博士耳光事件的编号为5号(624)的文件，以及我报告该事件以后动向的6月27日下午3时发126号电、6月28日中午发128号电、6月30日下午5时发129号电和7月7日下午3时发130号电，我非常荣幸地在此呈上在上述诸电报中提到的述词和译文。

　　下列为附上的几个文件的副本，并同时列出首先提及该文件的电报：

　　1. 由本使馆邓先生根据中文打印的日军当局证人祁永林的证词翻译的译文。1938年6月27日，日本总领事将这份证词送交给我。（见我6月28日中午发128号电报。）

　　2. 汤姆森博士的人力车苦力陈世宝1938年7月4日向美国公民W.P.米尔斯牧师，所谈日本宪兵1938年6月28日至7月3日拘捕陈期间发生情况述词的副本。附在述词副本上的是由米尔斯牧师签署的译

---

① 原件藏美国国家第二档案馆，59档案组国务院档案，1847盒。

文。(见我7月7日下午3时发130号电报。)

3. 陈世宝工作的人力车行老板李长森1938年6月30日向米尔斯牧师所作述词的中文副本,以及由米尔斯牧师签署的该述词译文的副本。(见我7月7日下午3时发130号电报。)

4. 李长森1938年7月1日向米尔斯牧师所作述词的中文副本,以及由米尔斯牧师签署的该述词译文的副本。在述词中,李描述了1938年6月30日他和日本宪兵的谈话。(见我7月7日下午3时发130号电报。)

为了保护中国证人不受日军可能的报复行为,也因为本地日本当局不愿相信本使馆就打汤姆森博士耳光一事提交给他们的证据,我们还没有通报日本驻南京总领事本使馆掌握着以上列举的后面3份文件。

　　谨致敬意
　　谨代表大使
　　大使馆三等秘书
　　约翰·M.爱利生

附件:
　　所述1—4/
300/CAC:T
原件及三个副本发往国务院。
一个副本发给美国驻汉口、北平和东京大使馆。

附件一

译文

6月15日中午12时,良民由家内送饭经过大石桥路,见有美国人坐人力车自来复会出来,经大石桥遇有日本步哨兵叫人力车停止。当时检查车夫后,美国人大不满意,怒气冲冲,则美国人与日本兵以致言语撞突。因此日本步哨兵检查后,并无其他事件。实未见有日本兵殴打美国人情形,只看见美国人拿相片给日本兵看。该日本兵见有相片,即叫他通行。当时美国人坐车而去。良民眼见实情，并无谎言。

祁永林俱

（抄件）

六月十五日中午十二時良民由家內送飯經過大石橋路見有美國人坐人力車自來復會出來經大石橋遇有日本步哨兵叫人力車停止當時檢查車夫後美國人大不滿意怒氣冲冲則美國人與日本兵以致言語撞突因此日本步哨兵檢查後並無其他事件實未見有日本兵毆打美國人情形祇看見美國人拿相片給日本兵看該日本兵見有相片即叫他人通行當時美國人坐車而去良民眼見實情並無謊言

祁永林俱

附件二

陈世宝述词

1938年7月4日

(事发当日,陈世宝是拉汤姆森博士的人力车夫。)

6月28日晚10点多钟到了宪兵队。第二天宪兵问他那一天拉美国人经过的路程,也问他得了多少车钱。车夫陈世宝实说给我两块钱。宪兵问还有话么,并且用刀背放在陈世宝的颈子上惊吓他,叫他说还有话吗。陈世宝说实在没有别的话。宪兵把这话记在纸上,叫陈世宝打了手印。

第5天是7月2日,上午宪兵队的人问陈世宝日本卫兵打没打美国人,陈世宝说是打的。后来宪兵叫陈世宝说,不要说是打的,就说没有看见。不要说打,也不要说没有打。陈世宝说没有办法,只好照你的话说没有看见。陈世宝说,我在这张纸上没有打手印。

7月3日午后3点钟,宪兵队把陈世宝放回家,在没有放他回家以前,宪兵说你在我们这里,我们没有给你钱,没有打你,没有骂你,只给你饭吃。现在你可以回去。这张纸上写的这样话,叫陈世宝打了手印。

注:1938年7月4日,星期一下午,在我们教会(基督教长老会)的办公室,在赵树南(Djao Shu-nan)先生和我本人在场的情况下,陈世宝讲了上述述词。我将赵树南先生当时记下的述词译成英文。中文述词的副本呈交给您备案。

(签名)W. P. 米尔斯

1938年7月6日。

車伕陳世寶述詞

民國二十七年七月四日下午四點鐘

六月二十八日晚十點多鐘到3憲兵隊第二元憲兵問他那一天拉美國人經過的路程也問他得了多少車錢車伕陳世寶說給我兩塊錢憲兵問還有話麼並且用刀背放在陳世寶的頸子上警嚇他說還有話嗎陳世寶說實在沒有別的話憲兵把這話記在紙上叫陳世寶打了手印

第五天是七月二日上午憲兵隊的人問陳世寶日本憲兵打沒打美國人陳世寶說是打的後來憲兵叫陳世寶說子要說是弄的說沒有看見不要說打也不要說沒有打陳世寶說沒有辦法只好照你的話說沒有看見陳世寶說我在這張紙上沒有打手印

七月三日午後三点鐘憲兵隊把陳世寶放回家在沒有故他回家以前憲兵說你在我們這裏我們沒有給你錢沒有打你只給你飯吃現在你可以回去這張紙上寫的這樣話叫陳世寶打了手印

Copy in
Chinese of
statement
made by
Chen Shih
Bao on
July 4, 1938.
(Signed)
W.P.Mills.

附件三

李长森述词

1938年6月30日

（李长森是陈世宝工作的人力车行的老板。）

李长森在6月30日午后6点在明德说，他是在28日早晨10点的时候，日宪兵队将我带到宪兵队，叫我把陈世宝交出来。这一天下午，日宪兵队有两个人，一是日本人，穿便衣，一是中国人，也穿便衣，在柏果树一号李长森家中等陈世宝回来。等到5点，陈世宝还没有回来。这两个日宪兵队的人要回去吃晚饭，就叫李长森找保人，他们回去吃饭。到了晚上10点光景,陈世宝回到李长森的家。所以李长森同陈世宝到宪兵队去,宪兵队就把李长森放回家去,陈世宝押在宪兵队。在李长森同陈世宝初到宪兵队的时候,宪兵队的人问陈世宝,日卫兵是不是打美国人。陈世宝说是有这件事,因为我是拉这个美国人坐的车子。这样问答的话,李长森也当场听见的。

注一:翻译成"是的,他打了。"这个词组也可灵活些译成"是有这件事"。

注二:1938年6月30日,星期四下午,在我们教会(基督教长老会)办公室,在赵树南先生和我本人在场的情况下,李长森讲了上述述词。我将赵树南先生当时记下的述词译成英文。中文述词的副本呈交给您备案。

(签名)W. P. 米尔斯
1938年7月6日。

附件四

李长森述词

1938年7月1日

（李长森是陈世宝工作的人力车行的老板。）

7月1日早8点半，李长森到明德来说，我昨天晚上到宪兵队去问问陈世宝要不要衣裳，因为他穿的衣裳很少。在这个时候日宪兵队的人问我，今天有没有人到你的家里去的。他说有一个美国人去问问车夫在什么地方。当时宪兵队的人就说，放你回去，叫你不要说，为什么要说呢？随即把我的姓名、年龄、住址记了下去。我很害怕宪兵再来带我。

注一：明德是美国基督教长老会开办的中学的名字。我们教会的办公室即位于该中学的校园内。

注二：上面提到的"美国人"就是下面的签字人。

注三：1938年7月1日，星期五上午，在我们教会办公室，李长森向赵树南先生讲了上述述词。当天晚些时候，赵先生和我在一起时他复述了述词。我将赵树南先生当时记下的述词译成英文。中文述词的副本呈交给您备案。

(签名)W. P. 米尔斯

1938年7月6日。

车行老板李长森述词　民国二十七年七月一日

七月一日早八点半钟李长森到明德来说我昨天晚上到宪兵队去问问陈世宝要不要衣裳因为他穿的衣裳很少在这个时候宪兵队的人问我今天有没有人到你的家里去的他说有一个美国人去问车伕在甚么地方当时宪兵队的人就说放你回去叫你不要说为甚么要说呢随即把我的姓名年龄住址记了下去我很害怕宪兵再来带我

Statement of Li Chang Seng, owner of the ricksha hong where Chen Shih Bao works. Statement made July 1, 1938.
　　　　(Signed) W. P. Mills.

7月14日下午4时。①

参阅涉及美国人返回南京的东京7月12日晚11时发459号电和上海7月13日晚上6时发987号电。

就日本外务省备忘录第二项而论,这位官员了解到5、6月间只有21个美国人来南京。这个数字包括3个短暂来访者。6个或7个日军占领之前一直留在南京的美国人短暂地旅行去上海,并在这艰难的情况下返回南京,也许日本人将这些人包括在提到的35人之列。目前,不算使馆

---

① 第135号电报,美国国务院档案编号393.115/393。原件藏美国国家第二档案馆,59档案组国务院档案,1821盒。

445

工作人员,只有29个美国人在南京。这个数字包括最近来的两个商人,其中一个今天离开。

抄发汉口和上海。上海请抄发东京。

7月21日下午3时。①

参阅上海7月20日下午4时发涉及桐油的1016号电报。

关于日方提出将桐油存放在南京的一座仓库里的建议,应该指出,就我们所知,目前没有可供使用的商业仓库,除非日军当局作出安排。这个公司也许可以和美孚石油公司或德士古公司安排在属于这两个公司的仓库存放桐油,但是除非军事当局提供设施,否则根本不可能将桐油运去,卸下来。考虑到这方面,应该指出有一艘装满属于美孚石油公司的汽油和油料的大舢板船目前困在一大群美国船只之中,6个星期以来,以口头和书面形式请求日军当局允许将这艘船上的货物搬到该公司的仓库去,以防损耗与变质,但一直没有成功。外国人从事商业贸易的设施完全掌握在日军手中,事先没有得到他们的允许,什么也别想做成,对此怎么强调都不算过分。如果日本海军当局同意发放桐油储存在南京,可能要等相当长的时间日军才会提供储存的地方。

刚刚短暂去芜湖一趟后回来的美孚石油公司的米德先生说怡和洋行可望很快派一艘驳船去芜湖,把属于该公司的财产拖到上海去。如果桐油仍确实存在,我们应该坚持日本当局允许同时将桐油拖往上海。

抄发上海和汉口。上海请抄发东京。

7月26日上午11时。②

承蒙泊在芜湖的英舰圣甲虫号与南京的英国海军高级军官的协助,我们收到芜湖总医院院长R. E. 布朗医生谈到医院的美国籍工作人员

---

① 第136号电报,美国国务院档案编号394.1153 Smith Company, Werner G. /32。原件藏美国国家第二档案馆,59档案组国务院档案,1857盒。
② 第138号电报,美国国务院档案编号393.1162 Wuhu Clinic/1。原件藏美国国家第二档案馆,59档案组国务院档案,1831盒。

L.S.摩根医生①昨天在医院的医务所为病人看病时被日本兵强行抓走的信息。据也是美国公民的布朗医生说,日方声称我们没有获得经营医疗诊所的许可证,因此要逮捕摩根医生。这个为穷人开设的医疗诊所据说已经存在了20年。

布朗医生说他立即就逮捕美国人,无理干涉美国医院从事人道工作而向日本当局提出抗议。他要求负有罪责的军官赔礼道歉,并保证不再发生这样的事件。

今天上午,我照会本地日本总领事,向他通报了这一事件,并要求他立即进行调查。

发给大使。抄发北平和上海。上海请抄发东京。

7月27日。②

发给贝克的电报。

在南京卖车的前景非常渺茫。您希望像大使那样把车运到上海储存起来,或出售吗?

7月27日晚上6时。③

日本总领事今天下午告诉本使馆一名工作人员日军攻占了九江,并已派一名日本领事官员前往那座城市重开领事馆。

发给在汉口的大使、北平和上海。

---

① 洛伦佐·赛默·摩根(Lorenzo Seymour Morgan,1875—1955)1875年8月15日出生于伊利诺伊州盖尔瓦(Galva),1900年毕业于诺克斯(Knox)学院,1904年在约翰·霍普金斯(Johns Hopkins)大学医学院获医学博士,1904年11月携同时获得约翰·霍普金斯医学博士的新婚妻子茹丝·本内特·摩根(Ruth Bennet Morgan,1877—1955)前往中国,夫妻双双在江苏淮阴、海州、镇江的医院做医生至1934年。此后,他们调往安徽芜湖总医院工作至1941年。茹丝因身体不好于1941年春回美国;洛伦佐在珍珠港事件之后被日军关进上海沪西第二集中营(Ash Camp)至1945年战争结束。洛伦佐1946年3月离开中国,1955年6月10日在新泽西州万因(Wayne)逝世。

② 第139号电报,美国国务院档案编号123 P 33/430。原件藏美国国家第二档案馆,59档案组国务院档案,624盒。

③ 第140号电报,美国国务院档案编号793.94/13568。原件藏美国国家第二档案馆,59档案组国务院档案,微缩胶卷M976组,55卷。

7月28日下午3时。①

昨天下午日本海军当局阻止卸运由英国炮艇运来的大使馆官方补给用品近3小时之久。我们向日本总领事馆抗议后,直到一名日本领事馆的代表专程亲自到日本旗舰出云号解释此事,才最终放行这批给养品。按照惯例,我们事先已经通知日本领事馆将卸运补给用品,并提供一份物品的清单。

今天下午接到的日本总领事的信件称,按出云号日本海军当局的要求,他必须通知我"鉴于在安宅(Ataka)(原中山)码头船只拥塞,贵方海军当局必须就贵方交通艇何时驶往码头事先和我国海军当局取得联系。"

昨天下午,使馆的一名工作人员被告知必须提出这样的请求。日方在回答他的问题时,告诉他这并不意味着只在卸运补给品时必须通报日本海军当局,而是在海军交通艇以任何原因驶往码头的时候都要这么办。

这一命令的含意显而易见,我仅仅只是认可收到这一照会,并说照会的内容要报告给大使和长江巡逻司令。鉴于瓦胡舰按计划将于7月30日晚抵达南京,并可能为使馆运来物品和其他给养,非常感谢能在此之前收到就应以什么态度来对付日方最近试图控制美国人行动的企图而给予指示。目前码头确实拥挤,但是并不比以往更拥挤,那时卸运给养并没有困难。

发给在汉口的大使和北平。汉口请抄发给长江巡逻司令。

7月29日晚上6时。②

参阅我7月26日上午11时发138号电。

收到布朗医生详细叙述芜湖事件的来信。据这封信,这是有关医疗

---

① 第141号电报,美国国务院档案编号124.932/610。原件藏美国国家第二档案馆,59档案组国务院档案,0815盒。
② 第142号电报,美国国务院档案编号393.1162 Wuhu Clinic/2。原件藏美国国家第二档案馆,59档案组国务院档案,1831盒。

所的间谍纠纷与日本当局多次会谈而登峰造极的事件。医疗所 7 月 11 日重新开业。目前医疗所位于和医院同属一个教会的一座教堂内。教堂被日军部队占据了一段时间,但是在 5 月底正式归还给教会。医疗所的房屋上现在飘扬着美国旗,并得到日本领事给予的这是美国财产应予以保护的承诺。

7 月 20 日日本宪兵就医疗所的问题询问了布朗医生,布朗医生回答了所有问题。7 月 24 日日方要他去宪兵队,那儿的一名下级军官通知他,在向日方申请开业许可证之前关闭医疗所。布朗医生答道,日本领事了解医疗所的情况,而且他愿意提供任何日方所需的信息,甚至将医疗所登记注册,但是他觉得没有理由要在申请注册的过程中停止医疗所的工作。几经商讨之后,给了他注册表,他填写了表格并在当天下午呈交给当局。7 月 25 日下午,医院被告知还要填写一份申请表,显然这个消息收到得太迟了,医院无法在宪兵队关闭的 4 点之前按要求办完。

布朗医生大约在下午 4 点 30 分得知两个日本兵和一名军官到医疗所要摩根医生跟他们去宪兵队商讨此事。摩根医生答道他不管行政事务,并要日本兵到医院去找布朗医生。军官随后命令士兵把摩根抓到宪兵队。两个日本兵揪住摩根医生,把他的胳膊扭得生疼,强迫他跟他们走。布朗医生迅即赶到医疗所进行调查,然后去了宪兵队。在路上他遇到被放出来的摩根医生,两人去日本当局提出抗议。布朗医生最后在信上说:"我们还要继续去医疗所上班。"

到目前为止,日本总领事还没有对我 7 月 26 日通报该事件并要求进行调查的照会给予答复。

发往汉口,抄发北平和上海。上海请抄发东京。

7 月 30 日下午 5 时。①

昨天上午驶离上海前往南京的列车被游击队拦截了约 20 个小时,

---

① 这是爱利生发给上海总领事馆没有编号的电报。原件藏美国国家第二档案馆第 84 档案组国务院驻外使领馆档案,驻中国使领馆档案第 2171 卷(驻南京大使馆 1938 年档案第 13 卷)。

449

直到今天下午3点多钟才抵达南京。据我们所知,这是通往上海的铁路线第一次因为这种原因而中断。

发往上海。抄发汉口和北平。

8月2日上午10时。①

就日本人报告他们的一艘医疗船在九江附近被中国人轰炸一事,美舰瓦胡号船长报告说,不久前向上游驶往九江的日本医疗船在路过南京时,船上装满了日军部队。那些人不可能都是伤员,因为将整船的伤病员运往前线是毫无意义的。

对此,我们注意到过去几天内,大量日军医疗部队开进南京。大使馆的工作人员,以及其他见到这些部队的外国人证实,虽然每个军人都佩戴红十字臂章,但是大约50%的军人都配备步枪,军官和军曹携带手枪。

发往上海。抄发汉口和北平。北平请邮寄给东京。

8月2日下午3时。② 参阅您7月25日的电文。政治情况报告。

本地的恐怖分子7月25日上午企图炸市长办公室和老市政府办公地点的行动是本月最令人震惊的政治事件。本地当局采取了严厉的防范措施,以防止南京的老百姓得悉这一事件的消息。3天了,本地的报纸均没有报道这个事件。炸弹没有造成严重损坏,也没有伤及高级官员。根据未经证实的来自中国人的报道,日本人处决了9名预谋这一事件的中国人。

本月上海外围地区继续有游击队的活动。据当时乘坐火车的一名美国医生说,7月29日上午驶离上海的火车由于游击队拆卸了铁轨而耽

---

① 第144号电报,美国国务院档案编号793.94/13605。原件藏美国国家第二档案馆,59档案组国务院档案,微缩胶卷M976组,55卷。
② 这是爱利生发给驻北平大使馆的1938年7月南京状况的总结报告。原件藏美国国家第二档案馆第84档案组国务院驻外使领馆档案,驻中国使领馆档案第2169卷(驻南京大使馆1938年档案第10卷)。

搁了20几个小时。

在我7月9日上午11时发的131号电报中提及的日军司令部打算搬迁到芜湖的计划,据信由于前所未有的大雨,也因为游击队的活动,而没有实施。7月底,大批部队调入南京,结集的海军舰只数量也增加了。

7月25日,在芜湖的美国医生摩根以没有从日本当局领取医务所营业许可证为由而被日本兵强行从一座教会医务所绑架走。本使馆要求本地的日本总领事进行调查,到本月底尚没有得到他的答复(见我7月26日上午11时发138号电和7月29日晚6时发142号电)。

日本海军当局开始禁止在南京的美国和英国炮艇派遣小艇自由地停靠中山码头,到本月底这事还没有圆满地解决(见我7月28日下午3时发141号电)。

7月份本地的经济状况大体依旧,虽然本地的日本商店曾一度抱怨由于长江上运输军用物资拥挤,无法获得充足的商品。

这个月,日本人准许两名美国商人来南京,其中之一的美孚石油公司的代表仍在这儿。还允许他到芜湖和镇江巡视该公司的产业,但是完全没有迹象表明他能够哪怕是在有限的范围内恢复经营。

爱利生

800－7月份政治报告

8月4日下午2时。①

参阅我涉及芜湖事件的7月29日晚上6时发142号电和7月26日上午11时发138号电。

刚刚收到布朗医生日期为8月2日的又一封信件。信中谈到在从日本当局获得许可之前,日军一再企图关闭医院的医疗所。日本领事馆的代表已告诉布朗医生,如果医疗所关门3天,日军就同意发给许可证。问及

---

① 第145号电报,美国国务院档案编号393.1162 Wuhu Clinic/3。原件藏美国国家第二档案馆,59档案组国务院档案,1831盒。

为什么必须关门时,布朗医生被告知,由于芜湖位于占领区,没有日军的允许,什么事都办不成,并暗示可能会强行关闭医疗所。布朗医生说,除非国务院指示他关门,他打算继续开办医疗所。他请求我给予指示。

我感到涉及的是一个相当重要的原则问题,这将影响到沦陷区内美国机构的工作。因此,请指示我是否可以受权通报日本当局,美国政府不承认日本当局有权干涉美国公民及美国机构从事合法的活动,并敬请他们发指示给芜湖的日本当局对医院和医疗所的工作提供保护措施。

发往上海。抄发给大使和北平。

8月5日上午11时。①

已确知一名帝国的特使目前正在南京,日本陆军与海军的高级将领正在出云号上召开一系列的会议。冬天曾来南京调查日军暴行的日本参谋本部的本间少将也在南京与会,虽然还不清楚他是否就是那个特使。

发往上海。抄发大使和北平。

8月5日中午12时。②

昨晚,我的英国同行通知我,由一名中国经理经营的英国机构扬子旅馆前天被日本宪兵强行关闭,并被威胁要以他无视先前日方关闭旅馆的命令为由将中国经理关进监牢。两个月以来,日方一直试图让经理自愿将旅馆关闭,但是在英国领事的指示下,他拒绝关闭旅馆。此事已报告给英国大使馆,还不清楚会采取什么步骤。日本人和中国人在南京经营旅馆,因此这是明显的歧视。

发往上海。抄发大使和北平。

8月6日上午10时。③

据报告,身份不明的中国人前天向鼓楼附近的日本宪兵队住房的窗

---

① 这是爱利生发给上海总领事馆没有编号的电报。原件藏美国国家第二档案馆第84档案组国务院驻外使领馆档案,驻中国使领馆档案第2168卷(驻南京大使馆1938年档案第9卷)。
② 这是爱利生发给上海总领事馆没有编号的电报。原件藏美国国家第二档案馆第84档案组国务院驻外使领馆档案,驻中国使领馆档案第2168卷(驻南京大使馆1938年档案第9卷)。
③ 这是爱利生发给国务院没有编号的电报,美国国务院档案编号793.94/13631。原件藏美国国家第二档案馆,59档案组国务院档案,微缩胶卷M976组,55卷。

户里投掷了手榴弹。据日本总领事说,两、三个日本兵受了伤,但是来自中国人的消息说数名日本兵被炸死。据有条件了解情况的可靠外国消息来源,过去几周内,数名日本哨兵在南京站岗时遭到中国爱国志士的枪击。南京的日军部队正严格加强防范,更加使人相信即使日军占领7个多月之后,南京城的老百姓仍没有顺从日本人的统治。

抄发给大使和北平。

8月6日下午2时。①

参阅涉及芜湖事件的上海8月5日晚上7时所发援引国务院8月4日下午4时发472号电文的电报。

今天照会了本地日本总领事,通报他又有试图关闭芜湖医院的企图,以及"美国政府不承认日本当局有权干涉美国公民及美国机构在华从事合法的活动"。并请求发指示给芜湖的日本当局为医院、诊所提供保护措施。

发往上海。抄发给大使和北平。

123 Allison,John M. /222

电报来源:南京无线电报
日　　　期:1938年8月10日
收报时间:上午8:20

华盛顿,国务卿:

149. 8月10日下午4时。②

爱利生今天上午乘瓦胡号离开南京前往上海。发往上海;抄送给大使、北平。

史密斯

---

① 第146号电报,美国国务院档案编号 393.1162 Wuhu Clinic/7。原件藏美国国家第二档案馆,59档案组国务院档案,1831盒。
② 第149号电报,原件藏美国国家第二档案馆,59档案组国务院档案,355盒。

1938年8月23日，南京

编号 1

文件主题：1937年—1938年中日战争造成美国财产损失，詹姆斯·H.麦考伦牧师的索赔要求①

华盛顿特区

  尊敬的国务卿

先生阁下：

1/   根据国务院2月18日晚上7时发给美国驻汉口大使馆78号电报的条款，非常荣幸地呈上詹姆斯·H.麦考伦牧师于1938年8月6日所作陈述1937年12月至1938年1月之间在其南京白下路209号住所由于
2—3/ 日军非法闯入、破坏与掳掠而造成损失向日本政府要求赔偿的宣誓证词。还附上另外两位美国公民路易斯·S.C.史迈斯博士和欧内斯特·H.福斯特牧师为佐证麦考伦牧师赔偿要求而作的宣誓证词。

4/   麦考伦牧师的赔偿要求包括在1938年8月23日的来往照会里提交给日本驻南京总领事，附上照会的副本。

谨致敬意

谨代表美国驻上海总领事

美国领事

R.L.史密斯

附件：

  （仅限原件）

1/ 詹姆斯·H.麦考伦牧师1938年8月6日作的宣誓证词。

---

① 原件藏美国国家第二档案馆第84档案组国务院驻外使领馆档案，驻中国使领馆档案第2166卷（驻南京大使馆1938年档案第7卷）。

2/ 路易斯·S. C. 史迈斯博士 1938 年 7 月 18 日日作的宣誓证词。

3/ 欧内斯特·H. 福斯特牧师 1938 年 8 月 6 日作的宣誓证词。

4/ 1938 年 8 月 23 日给日本驻南京总领事信函的副本。

800/400

CAC:T

原件及三个副本发往国务院。

一个副本发往美国驻东京大使馆。

一个副本发往美国驻上海总领事馆。

附件一

中　华　民　国

　　江　苏　省

　　南　京　市

美利坚合众国大使馆

　　我是经正式委任并合乎资格的美利坚合众国驻中国大使馆三等秘书查尔斯·A. 库柏，詹姆斯·H. 麦考伦亲自来到我面前，正式宣誓之后，作证并陈述：

　　我是美国公民，持有华盛顿国务院 1931 年 5 月 20 日颁发的 386573 号护照。

　　我是总部在印第安纳州印第安纳布利斯的统一基督教会的一名传教士。

　　我在南京白下路 209 号美国基督教会大院内一座住宅里一直住到 1937 年 8 月 26 日，在我搬到位于城内其他地方的临时住所之后，我妻子和我本人的家庭及个人财物仍留在上述住宅内。

　　南京白下路 209 号美国基督教会的房产是美国拥有的财产，由美国驻南京大使馆颁发的布告清楚地标示出，大院的每座大门上都张贴了布告,大院内数处飘扬着美国国旗。美国大使馆颁发的布告也张贴在我存放财物的房屋上。

1937年12月11日,日军第一次攻入南京的前一天,我察看了位于白下路209号我的住宅和其他房屋,发现屋子和里面的东西均没有受侵扰。正如E. H. 福斯特牧师在为我作证所作的宣誓证词中指出的,同一天(1937年12月11日)他也巡视了该房产,证实在白下路209号的房屋和里面的东西到那时为止都没有受到侵扰。

1937年12月14日路易斯·S. C. 史迈斯博士、E. H. 福斯特牧师和约翰·H. D. 拉贝先生造访了南京白下路209号美国基督教会大院,犹如史迈斯博士和福斯特牧师在为我作证的宣誓证词中指出的,发现大院中的房屋被破门而入,并在他们查访时发现有日本兵在教会的房产上与房屋里。

收到史迈斯博士、福斯特牧师和拉贝先生的查访报告之后,我在当天(1937年12月14日)下午前往白下路209号。那天到达那儿时,发现4个日本兵在我房屋里的楼上,翻寻被撬开的箱子、盒子里的东西。我把美国国旗指给他们看,他们才离去。在那次查访的过程中,我还见到其他日本兵在教会大院别的房屋中。当时作了部分检查,我发现所有的食品和床上用品,大多数衣服、大量小体积的贵重物品和3辆自行车不见了。然而,我特别注意到,以后不见了的留声机、盘子和厨房用具以及其他一些东西在我1937年12月14日察看时仍在那儿。

此后我每隔3、4天便查访那处房产。12月间几乎每次去都发现有日本兵在那座房产上。至少有两次,同样的几个日本兵都在那儿。不断有东西不见了,1937年12月18日发现钢琴被严重损坏,虽然,如同路易斯·S. C. 史迈斯博士在为我作证的宣誓证词中证实的,1937年12月14日钢琴仍然完好。

日本兵似乎驻扎在紧邻房产的中国旅馆内。由于在12月那段时间内中国人几乎完全离开南京这一地区,也由于日本兵在这段时间内,或者确实在教会的房产上,或在附近的驻地,中国人不会有机会参与上述的掳掠活动。

在此附上我列出的从我最后一次查访并发现房产完好的1937年12月11日至1938年1月1日之间我在南京白下路209号住宅遭受总价值为858美元的家庭与个人财产损失的清单。

鉴于上述损失是由于日军损坏与掳掠我的财产而造成的。因此,我作此宣誓证词,向日本政府提交索赔损失的要求。

本证人作证到此为止。

(签名)詹姆斯·H.麦考伦

公元1938年8月6日在我面前签署并宣誓。

美国大使馆三等秘书

(签名)查尔斯·A.库柏

服务编号16

没有收费

1937年12月11日至1938年1月1日之间詹姆斯·H.麦考伦牧师在其位于南京白下路209号住宅遭受的个人财产与家具的损失

(所有损失均以美元计算)

衣物

一套男式燕尾服	$40.00
一件男式长礼服和条纹裤子	45.00
一套棕黄色羊毛西装	35.00
一套夏季西装	12.00
一件美军军官制服,皮革护腿和帽子	45.00
一件丝绸中装长袍(丝绵衬里),漆皮鞋、衬衫、领带、衬衫前胸饰扣、领口和袖口纽扣	20.00

床上用品

一床盖被（传家宝）	25.00（只是商业价值）
两床被子	20.00
3床羊毛毯	24.00
4张床单	16.00
两张床垫	3.00
4个枕头	8.00
3条床单	9.00
枕套、毛巾	5.00

碗碟

一套美式晚餐具，每样12件	20.00
一套早餐具	8.00
一套中餐具，花卉图案，西式和中式盘子每样10件	20.00
48只酒杯、冰淇淋盘子、高脚酒杯	8.00
一套绿玻璃盘、杯、碗等	5.00
用于吃中餐的有中国稻米图案的盘子，还有其他风格的花卉图案瓷器	10.00

食品

36只装满罐头水果、腌菜和肉冻杯的瓦坛子	30.00
罐头食品、肉、牛奶、水果、果酱	10.00

自行车

一辆有车灯、车铃的英国邓禄普牌自行车[①]	30.00
一辆英国飞马牌自行车	25.00
一辆男童自行车	10.00

[①] 英国人约翰·博伊德·邓禄普（John Boyd Dunlop，1840—1921）于1886年发明第一条充气自行车轮胎后在1888年创办邓禄普（Dunlop）轮胎公司，同时，该公司也生产邓禄普牌自行车。

贵重物品

一套文具,包括书桌用犀飞利牌笔①	20.00
一盒女用首饰,包括金手镯和琥珀、金、白金胸针等	50.00
一只壁炉时钟	15.00
一只装有3只手表、古钱币等物的坚固盒子	15.00
(在上述盒子里还有美军奖章等物,没有商业价值)	

乐器

钢琴的损坏	75.00
直立留声机	50.00
35张唱片	35.00
尤克里里琴、②横笛,以及节拍器和口琴等小乐器	15.00

厨房用具

没有实地检查,估计四分之一的用具,包括铁壶、厚质铝锅不知去向,做冰淇淋的冻箱的部件不见了,还有煤油炉和一听煤油也不见踪影	25.00

工具

斧头、钳子、锤子、扳手等	10.00

杂物

过滤器、皮革药箱、一套象牙梳妆用具等	10.00

破损的物品

10只画框(3只木雕的)、打坏4把锁、4只网球拍,家具砸坏、刮伤、一盒圣诞饰物、儿童玩具无法再用了,还有镜子被打破,还有很多东西都得扔掉	30.00

---

① 美国人华特·犀飞利(Walter A. Sharffer,1867—1946)1913年创办犀飞利制笔公司,生产著名的犀飞利牌(Sharffer)墨水笔。在很多重要的场合,诸如美国总统签署颁布重要文件、法律,签订条约都使用犀飞利牌笔。
② 尤克里里琴(ukulele)是一种流行于夏威夷等地,类似吉他的四弦琴。

459

洗涤，干洗等 15.00

总计 ＄858.00

附件二

中 华 民 国
　江 苏 省
　　南 京 市
美利坚合众国大使馆

我是经正式委任并合乎资格的美利坚合众国驻中国大使馆三等秘书查尔斯·A.库柏，路易斯·S.C.史迈斯亲自来到我面前，正式宣誓之后，作证并陈述：

我是美国公民，持有华盛顿特区国务院1935年6月17日颁发的214420号护照。

我是中国南京金陵大学的教授。

大约在1937年12月14日中午，我和约翰·H.D.拉贝先生与E.H.福斯特牧师一道前往南京白下路209号，去察看在那个地址上的美国基督教会房产。由于日军攻占城市的战斗已经结束，除了日本兵破门闯入商店，一路上一切都很平静。

福斯特牧师和我进入美国基督教会的大院，他察看其他房屋时，我查访了詹姆斯·麦考伦牧师的住宅。麦考伦牧师房屋的前门被砸破，右面的书房被翻了个底朝天，左边的起居室里的东西也遭到侵扰，但据我看，大的家具还没有被搬运走。我发现在起居室门右边的钢琴完好。我试了试琴键，还能弹。

离开大院时，我在大门口遇到福斯特牧师，他说在另一间屋子里有个日本兵。我们朝外面向汽车走去时，一小群日本兵来了。福斯特牧师对他们中的一个看上去像似下级军官的说，一个日本兵在大院里掳掠，并向那群日本兵指出张贴在大门上的美国使馆布告和美国国旗。日本兵向大门内张望,但是由于拉贝先生急于要回去,我们离开了。

(签名)路易斯·S.C.史迈斯

公元1938年8月6日在我面前签署并宣誓。

美国大使馆三等秘书

(签名)查尔斯·A.库柏

没有收费

服务编号　13

附件三

中　华　民　国
　　江　苏　省
　　南　京　市
美利坚合众国大使馆

我是经正式委任并合乎资格的美利坚合众国驻中国大使馆三等秘书查尔斯·A.库柏,欧内斯特·H.福斯特亲自来到我面前,正式宣誓之后,作证并陈述:

我是美国公民,持有美国驻南京总领事馆1935年8月7日颁发的210号护照。

我是美国基督教会,一个美国组织的一名传教士。

位于南京白下路209号的大院是美国基督教会的房产。大院中的一座住宅由统一基督教会租用,为詹姆斯·H.麦考伦牧师及其家人使用,他们也确实居住在那儿。

1937年12月,教会必须撤离那片城区时,把所有的房屋都关上,加了锁。美国驻南京大使馆颁发,表明白下路209号为美国财产的布告在撤离房产之前醒目地张贴在大门上,一面美国国旗飘扬在住宅大院内。

461

1937年12月11日，星期六下午约2点，在白俄人N.波德希伏洛夫先生的陪同下，我查访了白下路209号的大院。那次查访时，院子的大门被轰炸城市的炮弹片损坏了一些，但是布告和国旗未受侵扰，大院内房屋没有动过，屋子里的东西也没有遭到骚扰。

1937年12月14日上午约11时，与德国公民约翰·拉贝先生和美国公民路易斯·史迈斯博士一道，我又一次造访白下路209号大院。我们发现院子的大门被强行撞开，房屋被人闯入。在其中的一座住宅中，发现两个携带着斧子的日本兵。一个日本兵正在偷窃一部自行车。麦考伦牧师的住宅被人闯入，遭掳掠。在麦考伦牧师住宅旁的草坪上我们发现一本照相簿，经史迈斯博士辨认，照相簿是麦考伦牧师的。没有见到中国人在院子内或房屋里。

本证人作证到此为止。

    （签名）欧内斯特·H.福斯特

公元1938年8月6日在我面前签署并宣誓。

    美国大使馆三等秘书

    （签名）查尔斯·A.库柏

服务编号 15

没有收费

"海外中国研究丛书"书目

1. 中国的现代化　[美]吉尔伯特·罗兹曼 主编　国家社会科学基金"比较现代化"课题组 译　沈宗美 校
2. 寻求富强：严复与西方　[美]本杰明·史华兹 著　叶凤美 译
3. 中国现代思想中的唯科学主义(1900—1950)　[美]郭颖颐 著　雷颐 译
4. 台湾：走向工业化社会　[美]吴元黎 著
5. 中国思想传统的现代诠释　余英时 著
6. 胡适与中国的文艺复兴：中国革命中的自由主义,1917—1937　[美]格里德 著　鲁奇 译
7. 德国思想家论中国　[德]夏瑞春 编　陈爱政 等译
8. 摆脱困境：新儒学与中国政治文化的演进　[美]墨子刻 著　颜世安 高华 黄东兰 译
9. 儒家思想新论：创造性转换的自我　[美]杜维明 著　曹幼华 单丁 译　周文彰 等校
10. 洪业：清朝开国史　[美]魏斐德 著　陈苏镇 薄小莹　包伟民 陈晓燕 牛朴 谭天星 译　阎步克 等校
11. 走向21世纪：中国经济的现状、问题和前景　[美]D. H. 帕金斯 著　陈志标 编译
12. 中国：传统与变革　[美]费正清 赖肖尔 主编　陈仲丹 潘兴明 庞朝阳 译　吴世民 张子清　洪邮生 校
13. 中华帝国的法律　[美]D. 布朗 C. 莫里斯 著　朱勇 译　梁治平 校
14. 梁启超与中国思想的过渡(1890—1907)　[美]张灏 著　崔志海 葛夫平 译
15. 儒教与道教　[德]马克斯·韦伯 著　洪天富 译
16. 中国政治　[美]詹姆斯·R. 汤森 布兰特利·沃马克 著　顾速 董方 译
17. 文化、权力与国家：1900—1942年的华北农村　[美]杜赞奇 著　王福明 译
18. 义和团运动的起源　[美]周锡瑞 著　张俊义 王栋 译
19. 在传统与现代性之间：王韬与晚清革命　[美]柯文 著　雷颐 罗检秋 译
20. 最后的儒家：梁漱溟与中国现代化的两难　[美]艾恺 著　王宗昱 冀建中 译
21. 蒙元入侵前夜的中国日常生活　[法]谢和耐 著　刘东 译
22. 东亚之锋　[美]小 R. 霍夫亨兹 K. E. 柯德尔 著　黎鸣 译
23. 中国社会史　[法]谢和耐 著　黄建华 黄迅余 译
24. 从理学到朴学：中华帝国晚期思想与社会变化面面观　[美]艾尔曼 著　赵刚 译
25. 孔子哲学思微　[美]郝大维 安乐哲 著　蒋弋为 李志林 译
26. 北美中国古典文学研究名家十年文选　乐黛云 陈珏 编选
27. 东亚文明：五个阶段的对话　[美]狄百瑞 著　何兆武 何冰 译
28. 五四运动：现代中国的思想革命　[美]周策纵 著　周子平 等译
29. 近代中国与新世界：康有为变法与大同思想研究　[美]萧公权 著　汪荣祖 译
30. 功利主义儒家：陈亮对朱熹的挑战　[美]田浩 著　姜长苏 译
31. 莱布尼兹和儒学　[美]孟德卫 著　张学智 译
32. 佛教征服中国：佛教在中国中古早期的传播与适应　[荷兰]许理和 著　李四龙 裴勇 等译
33. 新政革命与日本：中国,1898—1912　[美]任达 著　李仲贤 译
34. 经学、政治和宗族：中华帝国晚期常州今文学派研究　[美]艾尔曼 著　赵刚 译
35. 中国制度史研究　[美]杨联陞 著　彭刚 程钢 译

36. 汉代农业:早期中国农业经济的形成　[美]许倬云 著　程农 张鸣 译　邓正来 校
37. 转变的中国:历史变迁与欧洲经验的局限　[美]王国斌 著　李伯重 连玲玲 译
38. 欧洲中国古典文学研究名家十年文选　乐黛云 陈珏 龚刚 编选
39. 中国农民经济:河北和山东的农民发展,1890—1949　[美]马若孟 著　史建云 译
40. 汉哲学思维的文化探源　[美]郝大维 安乐哲 著　施忠连 译
41. 近代中国之种族观念　[英]冯客 著　杨立华 译
42. 血路:革命中国中的沈定一(玄庐)传奇　[美]萧邦奇 著　周武彪 译
43. 历史三调:作为事件、经历和神话的义和团　[美]柯文 著　杜继东 译
44. 斯文:唐宋思想的转型　[美]包弼德 著　刘宁 译
45. 宋代江南经济史研究　[日]斯波义信 著　方健 何忠礼 译
46. 一个中国村庄:山东台头　杨懋春 著　张雄 沈炜 秦美珠 译
47. 现实主义的限制:革命时代的中国小说　[美]安敏成 著　姜涛 译
48. 上海罢工:中国工人政治研究　[美]裴宜理 著　刘平 译
49. 中国转向内在:两宋之际的文化转向　[美]刘子健 著　赵冬梅 译
50. 孔子:即凡而圣　[美]赫伯特·芬格莱特 著　彭国翔 张华 译
51. 18 世纪中国的官僚制度与荒政　[法]魏丕信 著　徐建青 译
52. 他山的石头记:宇文所安自选集　[美]宇文所安 著　田晓菲 编译
53. 危险的愉悦:20 世纪上海的娼妓问题与现代性　[美]贺萧 著　韩敏中 盛宁 译
54. 中国食物　[美]尤金·N. 安德森 著　马孆 刘东 译　刘东 审校
55. 大分流:欧洲、中国及现代世界经济的发展　[美]彭慕兰 著　史建云 译
56. 古代中国的思想世界　[美]本杰明·史华兹 著　程钢 译　刘东 校
57. 内闱:宋代的婚姻和妇女生活　[美]伊沛霞 著　胡志宏 译
58. 中国北方村落的社会性别与权力　[加]朱爱岚 著　胡玉坤 译
59. 先贤的民主:杜威、孔子与中国民主之希望　[美]郝大维 安乐哲 著　何刚强 译
60. 向往心灵转化的庄子:内篇分析　[美]爱莲心 著　周炽成 译
61. 中国人的幸福观　[德]鲍吾刚 著　严蓓雯 韩雪临 吴德祖 译
62. 闺塾师:明末清初江南的才女文化　[美]高彦颐 著　李志生 译
63. 缀珍录:十八世纪及其前后的中国妇女　[美]曼素恩 著　定宜庄 颜宜葳 译
64. 革命与历史:中国马克思主义历史学的起源,1919—1937　[美]德里克 著　翁贺凯 译
65. 竞争的话语:明清小说中的正统性、本真性及所生成之意义　[美]艾梅兰 著　罗琳 译
66. 中国妇女与农村发展:云南禄村六十年的变迁　[加]宝森 著　胡玉坤 译
67. 中国近代思维的挫折　[日]岛田虔次 著　甘万萍 译
68. 中国的亚洲内陆边疆　[美]拉铁摩尔 著　唐晓峰 译
69. 为权力祈祷:佛教与晚明中国士绅社会的形成　[加]卜正民 著　张华 译
70. 天潢贵胄:宋代宗室史　[美]贾志扬 著　赵冬梅 译
71. 儒家之道:中国哲学之探讨　[美]倪德卫 著　[美]万白安 编　周炽成 译
72. 都市里的农家女:性别、流动与社会变迁　[澳]杰华 著　吴小英 译
73. 另类的现代性:改革开放时代中国性别化的渴望　[美]罗丽莎 著　黄新 译
74. 近代中国的知识分子与文明　[日]佐藤慎一 著　刘岳兵 译
75. 繁盛之阴:中国医学史中的性(960—1665)　[美]费侠莉 著　甄橙 主译　吴朝霞 主校
76. 中国大众宗教　[美]韦思谛 编　陈仲丹 译
77. 中国诗画语言研究　[法]程抱一 著　涂卫群 译
78. 中国的思维世界　[日]沟口雄三 小岛毅 著　孙歌 等译

79. 德国与中华民国　[美]柯伟林 著　陈谦平 陈红民 武菁 申晓云 译　钱乘旦 校
80. 中国近代经济史研究:清末海关财政与通商口岸市场圈　[日]滨下武志 著　高淑娟 孙彬 译
81. 回应革命与改革:皖北李村的社会变迁与延续　韩敏 著　陆益龙 徐新玉 译
82. 中国现代文学与电影中的城市:空间、时间与性别构形　[美]张英进 著　秦立彦 译
83. 现代的诱惑:书写半殖民地中国的现代主义(1917—1937)　[美]史书美 著　何恬 译
84. 开放的帝国:1600年前的中国历史　[美]芮乐伟·韩森 著　梁侃 邹劲风 译
85. 改良与革命:辛亥革命在两湖　[美]周锡瑞 著　杨慎之 译
86. 章学诚的生平与思想　[美]倪德卫 著　杨立华 译
87. 卫生的现代性:中国通商口岸健康与疾病的意义　[美]罗芙芸 著　向磊 译
88. 道与庶道:宋代以来的道教、民间信仰和神灵模式　[美]韩明士 著　皮庆生 译
89. 间谍王:戴笠与中国特工　[美]魏斐德 著　梁禾 译
90. 中国的女性与性相:1949年以来的性别话语　[英]艾华 著　施施 译
91. 近代中国的犯罪、惩罚与监狱　[荷]冯客 著　徐有威 等译　潘兴明 校
92. 帝国的隐喻:中国民间宗教　[英]王斯福 著　赵旭东 译
93. 王弼《老子注》研究　[德]瓦格纳 著　杨立华 译
94. 寻求正义:1905—1906年的抵制美货运动　[美]王冠华 著　刘甜甜 译
95. 传统中国日常生活中的协商:中古契约研究　[美]韩森 著　鲁西奇 译
96. 从民族国家拯救历史:民族主义话语与中国现代史研究　[美]杜赞奇 著　王宪明 高继美 李海燕 李点 译
97. 欧几里得在中国:汉译《几何原本》的源流与影响　[荷]安国风 著　纪志刚 郑诚 郑方磊 译
98. 十八世纪中国社会　[美]韩书瑞 罗友枝 著　陈仲丹 译
99. 中国与达尔文　[美]浦嘉珉 著　钟永强 译
100. 私人领域的变形:唐宋诗词中的园林与玩好　[美]杨晓山 著　文韬 译
101. 理解农民中国:社会科学哲学的案例研究　[美]李丹 著　张天虹 张洪云 张胜波 译
102. 山东叛乱:1774年的王伦起义　[美]韩书瑞 著　刘平 唐雁超 译
103. 毁灭的种子:战争与革命中的国民党中国(1937—1949)　[美]易劳逸 著　王建朗 王贤知 贾维 译
104. 缠足:"金莲崇拜"盛极而衰的演变　[美]高彦颐 著　苗延威 译
105. 饕餮之欲:当代中国的食与色　[美]冯珠娣 著　郭乙瑶 马磊 江素侠 译
106. 翻译的传说:中国新女性的形成(1898—1918)　胡缨 著　龙瑜宬 彭珊珊 译
107. 中国的经济革命:20世纪的乡村工业　[日]顾琳 著　王玉茹 张玮 李进霞 译
108. 礼物、关系学与国家:中国人际关系与主体性建构　杨美惠 著　赵旭东 孙珉 译　张跃宏 译校
109. 朱熹的思维世界　[美]田浩 著
110. 皇帝和祖宗:华南的国家与宗族　[英]科大卫 著　卜永坚 译
111. 明清时代东亚海域的文化交流　[日]松浦章 著　郑洁西 等译
112. 中国美学问题　[美]苏源熙 著　卞东波 译　张强强 朱霞欢 校
113. 清代内河水运史研究　[日]松浦章 著　董科 译
114. 大萧条时期的中国:市场、国家与世界经济　[日]城山智子 著　孟凡礼 尚国敏 译　唐磊 校
115. 美国的中国形象(1931—1949)　[美]T.克里斯托弗·杰斯普森 著　姜智芹 译
116. 技术与性别:晚期帝制中国的权力经纬　[英]白馥兰 著　江湄 邓京力 译

117. 中国善书研究　[日]酒井忠夫 著　刘岳兵 何英莺 孙雪梅 译
118. 千年末世之乱：1813年八卦教起义　[美]韩书瑞 著　陈仲丹 译
119. 西学东渐与中国事情　[日]增田涉 著　由其民 周启乾 译
120. 六朝精神史研究　[日]吉川忠夫 著　王启发 译
121. 矢志不渝：明清时期的贞女现象　[美]卢苇菁 著　秦立彦 译
122. 明代乡村纠纷与秩序：以徽州文书为中心　[日]中岛乐章 著　郭万平 高飞 译
123. 中华帝国晚期的欲望与小说叙述　[美]黄卫总 著　张蕴爽 译
124. 虎、米、丝、泥：帝制晚期华南的环境与经济　[美]马立博 著　王玉茹 关永强 译
125. 一江黑水：中国未来的环境挑战　[美]易明 著　姜智芹 译
126. 《诗经》原意研究　[日]家井真 著　陆越 译
127. 施剑翘复仇案：民国时期公众同情的兴起与影响　[美]林郁沁 著　陈湘静 译
128. 华北的暴力和恐慌：义和团运动前夕基督教传播和社会冲突　[德]狄德满 著　崔华杰 译
129. 铁泪图：19世纪中国对于饥馑的文化反应　[美]艾志端 著　曹曦 译
130. 饶家驹安全区：战时上海的难民　[美]阮玛霞 著　白华山 译
131. 危险的边疆：游牧帝国与中国　[美]巴菲尔德 著　袁剑 译
132. 工程国家：民国时期(1927—1937)的淮河治理及国家建设　[美]戴维·艾伦·佩兹 著　姜智芹 译
133. 历史宝筏：过去、西方与中国妇女问题　[美]季家珍 著　杨可 译
134. 姐妹们与陌生人：上海棉纱厂女工，1919—1949　[美]韩起澜 著　韩慈 译
135. 银线：19世纪的世界与中国　林满红 著　詹庆华 林满红 译
136. 寻求中国民主　[澳]冯兆基 著　刘悦斌 徐硙 译
137. 墨梅　[美]毕嘉珍 著　陆敏珍 译
138. 清代上海沙船航运业史研究　[日]松浦章 著　杨蕾 王亦铮 董科 译
139. 男性特质论：中国的社会与性别　[澳]雷金庆 著　[澳]刘婷 译
140. 重读中国女性生命故事　游鉴明 胡缨 季家珍 主编
141. 跨太平洋位移：20世纪美国文学中的民族志、翻译和文本间旅行　黄运特 著　陈倩 译
142. 认知诸形式：反思人类精神的统一性与多样性　[英]G.E.R.劳埃德 著　池志培 译
143. 中国乡村的基督教：1860—1900江西省的冲突与适应　[美]史维东 著　吴薇 译
144. 假想的"满大人"：同情、现代性与中国疼痛　[美]韩瑞 著　袁剑 译
145. 中国的捐纳制度与社会　伍跃 著
146. 文书行政的汉帝国　[日]富谷至 著　刘恒武 孔李波 译
147. 城市里的陌生人：中国流动人口的空间、权力与社会网络的重构　[美]张骊 著　袁长庚 译
148. 性别、政治与民主：近代中国的妇女参政　[澳]李木兰 著　方小平 译
149. 近代日本的中国认识　[日]野村浩一 著　张学锋 译
150. 狮龙共舞：一个英国人笔下的威海卫与中国传统文化　[英]庄士敦 著　刘本森 译　威海市博物馆 郭大松 校
151. 人物、角色与心灵：《牡丹亭》与《桃花扇》中的身份认同　[美]吕立亭 著　白华山 译
152. 中国社会中的宗教与仪式　[美]武雅士 著　彭泽安 邵铁峰 译　郭潇威 校
153. 自贡商人：近代早期中国的企业家　[美]曾小萍 著　董建中 译
154. 大象的退却：一部中国环境史　[英]伊懋可 著　梅雪芹 毛利霞 王玉山 译
155. 明代江南土地制度研究　[日]森正夫 著　伍跃 张学锋 等译　范金民 夏维中 审校
156. 儒学与女性　[美]罗莎莉 著　丁佳伟 曹秀娟 译

157. 行善的艺术:晚明中国的慈善事业(新译本)　[美]韩德玲 著　曹晔 译
158. 近代中国的渔业战争和环境变化　[美]穆盛博 著　胡文亮 译
159. 权力关系:宋代中国的家族、地位与国家　[美]柏文莉 著　刘云军 译
160. 权力源自地位:北京大学、知识分子与中国政治文化,1898—1929　[美]魏定熙 著　张蒙 译
161. 工开万物:17世纪中国的知识与技术　[德]薛凤 著　吴秀杰 白岚玲 译
162. 忠贞不贰:辽代的越境之举　[英]史怀梅 著　曹流 译
163. 内藤湖南:政治与汉学(1866—1934)　[美]傅佛果 著　陶德民 何英莺 译
164. 他者中的华人:中国近现代移民史　[美]孔飞力 著　李明欢 译　黄鸣奋 校
165. 古代中国的动物与灵异　[英]胡司德 著　蓝旭 译
166. 两访中国茶乡　[英]罗伯特·福琼 著　敖雪岗 译
167. 缔造选本:《花间集》的文化语境与诗学实践　[美]田安 著　马强才 译
168. 扬州评话探讨　[丹麦]易德波 著　米锋 易德波 译　李今芸 校译
169. 《左传》的书写与解读　李惠仪 著　文韬 许明德 译
170. 以竹为生:一个四川手工造纸村的20世纪社会史　[德]艾约博 著　韩巍 译　吴秀杰 校
171. 东方之旅:1579—1724耶稣会传教团在中国　[美]柏理安 著　毛瑞方 译
172. "地域社会"视野下的明清史研究:以江南和福建为中心　[日]森正夫 著　于志嘉 马一虹 黄东兰 阿风 等译
173. 技术、性别、历史:重新审视帝制中国的大转型　[英]白馥兰 著　吴秀杰 白岚玲 译
174. 中国小说戏曲史　[日]狩野直喜　张真 译
175. 历史上的黑暗一页:英国外交文件与英美海军档案中的南京大屠杀　[美]陆束屏 编著/翻译
176. 罗马与中国:比较视野下的古代世界帝国　[奥]沃尔特·施德尔 主编　李平 译
177. 矛与盾的共存:明清时期江西社会研究　[韩]吴金成 著　崔荣根 译　薛戈 校译
178. 唯一的希望:在中国独生子女政策下成年　[美]冯文 著　常姝 译
179. 国之枭雄:曹操传　[澳]张磊夫 著　方笑天 译
180. 汉帝国的日常生活　[英]鲁惟一 著　刘洁 余霄 译
181. 大分流之外:中国和欧洲经济变迁的政治　[美]王国斌 罗森塔尔 著　周琳 译　王国斌 张萌 审校
182. 中正之笔:颜真卿书法与宋代文人政治　[美]倪雅梅 著　杨简茹 译　祝帅 校译
183. 江南三角洲市镇研究　[日]森正夫 编　丁韵 胡婧 等译　范金民 审校
184. 忍辱负重的使命:美国外交官记载的南京大屠杀与劫后的社会状况　[美]陆束屏 编著/翻译
185. 修仙:古代中国的修行与社会记忆　[美]康儒博 著　顾漩 译
186. 烧钱:中国人生活世界中的物质精神　[美]柏桦 著　袁剑 刘玺鸿 译
187. 话语的长城:文化中国历险记　[美]苏源熙 著　盛珂 译
188. 诸葛武侯　[日]内藤湖南 著　张真 译
189. 盟友背信:一战中的中国　[英]吴芳思 克里斯托弗·阿南德尔 著　张宇扬 译
190. 亚里士多德在中国:语言、范畴与翻译　[英]罗伯特·沃迪 著　韩小强 译
191. 马背上的朝廷:巡幸与清朝统治的建构,1680—1785　[美]张勉治 著　董建中 译
192. 申不害:公元前四世纪中国的政治哲学家　[美]顾立雅 著　马腾 译
193. 晋武帝司马炎　[日]福原启郎 著　陆帅 译
194. 唐人如何吟诗:带你走进汉语音韵学　[日]大岛正二 著　柳悦 译

195. 古代中国的宇宙论　[日]浅野裕一 著　吴昊阳 译
196. 中国思想的道家之论:一种哲学解释　[美]陈汉生 著　周景松 谢尔逊 等译　张丰乾 校译
197. 诗歌之力:袁枚女弟子屈秉筠(1767—1810)　[加]孟留喜 著　吴夏平 译
198. 中国逻辑的发现　[德]顾有信 著　陈志伟 译
199. 高丽时代宋商往来研究　[韩]李镇汉 著　李廷青 戴琳剑 译　楼正豪 校
200. 中国近世财政史研究　[日]岩井茂树 著　付勇 译　范金民 审校
201. 魏晋政治社会史研究　[日]福原启郎 著　陆帅 刘萃峰 张紫毫 译
202. 宋帝国的危机与维系:信息、领土与人际网络　[比利时]魏希德 著　刘云军 译
203. 中国精英与政治变迁:20世纪初的浙江　[美]萧邦奇 著　徐立望 杨涛羽 译　李齐 校
204. 北京的人力车夫:1920年代的市民与政治　[美]史谦德 著　周书垚 袁剑 译　周育民 校
205. 1901—1909年的门户开放政策:西奥多·罗斯福与中国　[美]格雷戈里·摩尔 著　赵嘉玉 译
206. 清帝国之乱:义和团运动与八国联军之役　[美]明恩溥 著　郭大松 刘本森 译